동학농민혁명 시기
공주전투 연구

동학농민혁명 시기
공주전투 연구

정선원 지음

도서출판 모시는사람들

동학농민혁명 시기 공주전투 연구

등록 1994.7.1 제1-1071
1쇄 발행 2024년 11월 15일

지은이   정선원
펴낸이   박길수
편집장   소경희
편 집   조영준
관 리   위현정
디자인   조영준
펴낸곳   도서출판 모시는사람들
           03147 서울시 종로구 삼일대로 457(경운동 수운회관) 1306호
전 화   02-735-7173 / 팩스 02-730-7173

인 쇄   피오디북(031-955-8100)
배 본   문화유통북스(031-937-6100)
홈페이지   http://www.mosinsaram.com/

값은 뒤표지에 있습니다.
ISBN   979-11-6629-209-5   93910

이 책은 동학농민혁명 시기 공주전투에 대한 선행연구와 사료, 구전 조사를 정리한 결과이며 또한 공주지역 동학기념사업에 앞장섰던 어른들의 헌신과 정신에 힘입어 세상에 내어놓게 되었다.

필자가 동학농민혁명의 역사적 현장인 우금티를 만난 것은 1979년 공주사범대학에 유학 와서 민주화운동(학생운동)을 고민하면서부터였다. 동료들과 두 발로 탄천에서 이인을 지나 우금티위령탑까지 그리고 효포에서 능티를 넘어 공주 시가지를 걸으면서 민주화운동의 결의를 다지며 우리 시대의 동학 정신을 되새겼다. 1985년 엄혹했던 군사정권 시기에 충남지역 대학 제적생들이 중심이 되어 충남민주운동청년연합을 결성했고, 그 첫 사업으로 역사왜곡을 바로잡기 위해 우금티위령탑 비문의 몇 글자를 쪼아내는 행사를 했다. 구속을 각오한 실천의 중심에는 오원진 회장이 있었고, 필자도 그 현장에 있었다. 오원진 선배는 민주화운동으로 여러 차례 구속되는 고단한 삶을 살았고, 이른 나이에 세상을 떠났다.

공주에서 동학기념사업은 1993년부터 단체를 만들며 본격적으로 시작되었는데, 이때 이끌어 주신 심우성, 구상회, 조재훈, 이장호, 진영일 선생님의 헌신과 가르침은 올바른 동학의 정신으로 기념사업과 동학 연구를 하는 디딤돌이 되었다. 구상회 선생님은 친구 신동엽 시인과 함께 일찍이 동학이 우리 근대사의 원동력이라는 것을 자각하였고, 2000년을 전후하여 많은 시간 공주 구석구석까지 동학답사를 하였는데 필자도 함께하였고, 공주 동학의 답사체계를 세워 후학에게 길을 안내해 주었다.

구전 조사 과정에서는 계룡의 오세웅 님 등 많은 어른들의 도움이 있었다. 그분들은 마을과 집안에서 전승되어오던 동학농민군의 활동과 염원을 소중하게 기억하고 있다가 뒷사람에게 알려주었다. 봉정동의 오성영 님은 백 년 동안 집안 헛간에 간직하고 있던, 우금티전투에서 농민군이 사용했던 북통을 후손들에게 남겨주었고, "무르팍으로 내밀어도 나갈 수 있었는데, 주먹만 내질러도 나갈 수 있었는데…." 라는 이야기로 우금티에서 좌절된, 통한의 농민군의 꿈을 전해주었다.

박맹수 명예교수(원광대)는 1993년 공주대학교 학술토론회에서 '동학농민전쟁과 공주전투'의 발표자로 초청받은 이래, 공주전투에 대한 여러 차례 논문과 책자를 출간하였다. 특히『공주와 동학농민혁명』(2005년, 2015년 두 차례)의 학술서를 출간할 때, 필자가 조사한 공주지역 동학 구전 자료를 같이 싣는 배려를 받았고, 필자의 박사학위 논문 심사위원장으로 가르침을 주었다. 이 책은 그 박사학위 논문을 기반으로 정리되었다. 논문 심사 과정에서 심사위원 김태웅, 김민영, 원도연, 조성환 교수는 동학농민혁명에 대한 관점과 내용, 논문의 체계를 바로 세워주었다. 특히 김태웅 교수의 공주 지역 옛길에 관한 교정으로 오류를 바로잡았다. 이 책에 게재된 18장의 지도는 수년에 걸친 둘째 딸의 수고로 완성되었다. 지면으로나마 이 책의 출판에 도움 주신 모든 분들께 감사 인사를 드린다. 끝으로 어려운 출판 환경에서 이 책을 발간한 〈도서출판 모시는사람들〉의 박길수 대표와 가족들에게도 감사의 인사를 올린다.

동학농민혁명 130주년(2024년)

우금티 영령이 살아 숨 쉬는 공주에서 필자 모심

동학농민혁명 시기
공주전투 연구

머리말 / 5

서론 ——————————————————— 15

제1부 동학사상과 동학농민혁명 그리고 공주 ————— 33

들어가며 ——————————————————— 35

제1장 동학의 창도와 발전 ———————————— 37

　1. 최제우의 동학 창도 ———————————— 37

　2. 최시형의 동학 전파 ———————————— 40

제2장 동학사상과 동학농민혁명 ———————————— 42

　1. 시천주 사상 ————————————————— 44

　2. 보국안민사상 ———————————————— 60

　3. 후천개벽사상 ———————————————— 64

　4. 민족자주사상 ———————————————— 68

제3장 동학과 공주 ———————————————— 75

　1. 공주의 공간적 배경 ———————————— 75

　2. 최시형의 공주 포교와 공주접주 윤상오 ———— 82

　3. 교조신원운동의 시작, 공주 ———————————— 87

　4. 동학농민혁명 시기 공주 동학교도의 활동 ———— 92

제2부　1894년 동학농민군 봉기와 청일전쟁, 공주전투 전야 —— 111

제1장 동학농민혁명과 일본군의 조선 왕궁 점령, 청일전쟁 —— 113

　1. 동학농민군의 1차 봉기 ———————————— 113

    2. 일본군의 조선 왕궁 점령과 청일전쟁 ——————— 121

제2장 농민군 항일 2차 봉기와 조일진압군의 출병 ——————— 126

    1. 남접, 북접 농민군의 항일 봉기와 연대 ——————— 126

    2. 일본군 후비보병 독립 제19대대 및 도순무영(경군)의 출병 —— 129

제3장 공주로 집결하는 농민군과 조일진압군 ——————— 144

    1. 공주의 주요 전투 지역 및 농민군 거점 지역 ——————— 144

    2. 공주를 포위한 남접 및 북접 농민군, 지역 농민군 ——————— 157

    3. 공주를 방어한 조일진압군 ——————— 170

제3부 공주전투 22일, 제1차 전투와 2차례 대치 ——————— 185

제1장 공주전투 제1차 대치(10월 22일) ——————— 187

제2장 제1차 공주전투(10월 23일~25일) ——————— 190

    1. 이인전투(利仁戰鬪, 10월 23일) ——————— 190

    2. 효포전투(孝浦戰鬪, 10월 24일~25일) ——————— 201

    3. 대교전투(大橋戰鬪, 10월 24일) ——————— 231

    4. 옥녀봉전투(玉女峯戰鬪, 10월 25일) ——————— 248

제3장 공주전투 제2차 대치(10월 26일~11월 7일) ——————— 260

    1. 농민군의 퇴각과 11일간의 대치 ——————— 260

    2. 효포 농민군 피습 사건(10월 26일) ——————— 262

    3. 공주의 경천을 확보한 농민군 ——————— 263

    4. 공주 방어에 급급했던 조일진압군 ——————— 265

제4부 공주전투 22일, 제2차 전투와 제3차 대치 ——————— 271

제1장 이인전투(利仁戰鬪, 11월 8일) ——————— 273

    1. 11월 8일, 대규모 북접 농민군 이인 포위 ——————— 273

    2. 농민군의 이인 점거와 경리청 성하영·백낙완 부대 우금티로 탈출 277

제2장 제2차 공주전투; 농민군의 공주 포위와 조일진압군 배치 279

1. 11월 8일 무렵, 공주를 포위한 농민군 세력 및 거점 지역 ———— 279

2. 11월 8일 밤, 농민군의 공주바깥산줄기 포위 ———————— 282

3. 11월 9일 아침, 농민군의 공주 삼면(三面) 포위 ——————— 291

4. 조일진압군의 배치 —————————————————— 294

제3장 11월 9일 공주전투 ——————————————————— 296

1. 우금티전투 ————————————————————— 299

2. 송장배미산자락전투 ————————————————— 316

3. 오실산자락전투 ——————————————————— 326

4. 효포전투(11월 9일) —————————————————— 332

제4장 공주전투 제3차 대치(11월 10일~14일) —————— 336

1. 5일간의 제3차 대치 ————————————————— 336

2. 중대·우와리의 대치와 농민군 피습 사건(11월 11일) ————— 338

3. 유구 농민군 침탈 사건(11월 11일) ——————————— 344

4. 조일진압군의 반격과 논산 진출 ———————————— 347

제5부 공주전투와 동학농민혁명 ——————————————— 349

제1장 공주전투에 참전한 농민군 인원 ——————————— 351

1. 선행연구와 사료 검토 ———————————————— 351

2. 공주전투에 참전한 농민군 인원에 대한 가설 ——————— 354

제2장 공주전투에서 학살된 농민군 ———————————— 356

1. 사료에서 보는 공주전투에서 학살된 농민군 인원 ————— 357

2. 구전에서 보는 농민군 공주 대규모 학살지 ———————— 363

제3장 동학농민혁명, 정규전과 유격전 ——————————— 372

1. 진압군 일본군이 본 동학농민군의 유격전 ———————— 372

2. 동학농민군의 유격전에 대한 연구자들의 평가 ——————— 375

    3. 동학농민혁명 시기 농민군이 유격전을 벌인 사례 ———— 378

    4. 정규전에 의한 농민군의 참혹한 패배 ———— 382

    5. '전봉준의 공주 점거와 항일 농성전 견해' 비판 ———— 384

    6. 동학농민혁명 시기 유격전의 의의 ———— 387

제4장 공주전투의 평가와 의의 ———— 389

    1. 일본군의 동학농민군 진압 계획 파탄 ———— 389

    2. 공주전투는 제국주의 일본의 제노사이드 사건 ———— 391

    3. 남접과 북접, 토착 동학농민군이 연대한 공주전투 ———— 394

    4. 민족연합전선의 실천장 공주전투 ———— 397

    5. 장기적, 조직적, 결사적으로 항쟁한 공주전투 ———— 401

    6. 우금티전투를 넘어선 '공주전투 역사'의 정립 ———— 404

결론 ———— 407

부록 ———— 421

    부록 1 『동학농민혁명과 공주 인물』 ———— 423

    부록 2 『사료에서 보는 공주전투에 모인

        농민군 인원, 40리 포위망』 ———— 448

    부록 3 『동학농민혁명 공주전투 관련 일지』 ———— 458

참고문헌 / 489

찾아보기 / 500

표 목차

[표 1] 일본군 후비19대대, 삼로분진대(三路分進隊)의 농민군 진압 계획 ——— 133

[표 2] 일본군 후비19대대, 삼로분진대의 29일간의 농민군 진압 일정표 ——— 134

[표 3] 도순무영 휘하 경군 부대 및 인원 현황 ——— 141

[표 4] 공주전투에 참전한 남접 및 북접, 지역 농민군 ——— 168

[표 5] 10월 25일~11월 14일, 공주전투 참전 경군 ——— 184

[표 6] 효포전투 및 효포 농민군 피습 사건에서 농민군이 탈취당한 물품 ——— 230

[표 7] 효포전투(10월 24일~25일) 농민군 사상자 ——— 358

[부록, 표 1] 제1차 공주전투에 참전한 남북접 농민군 인원 ——— 449

[부록, 표 2] 제1차 공주전투와 농민군의 40리 포위망 ——— 451

[부록, 표 3] 11월 8일 밤, 공주를 포위한 10만여 농민군 ——— 454

[부록, 표 4] 11월 9일, 농민군의 40리 포위망 ——— 456

지도 목차

[지도 1] 동학농민혁명 관련 공주 주요 전적지 / 「대동여지도」의 공주 ————— 77

[지도 2] 충청감영과 공주목 ——————————————————— 79

[지도 3] 조선 후기 공주목 영역과 현재 공주시(2021년) 영역 ———————— 80

[지도 4] 공주목의 우영(右營, 공주진公州鎭) ———————————————— 80

[지도 5] 일본군 후비19대대의 농민군 29일 진압 작전 계획 / 일본군 후비19

　　　 대대의 농민군 90일 진압 작전 실행 ——————————————— 136

[지도 6] 조일진압군 방어선-공주바깥산줄기 / 조일진압군 방어선과 공주시

　　　 행정 구역 / 「공산초비기」 우금지사'의 조일진압군 방어선 ————— 149

[지도 7] 경천과 동학농민군, '혈전의 땅 금반산' ———————————— 153

[지도 8] 공주전투 제1차 대치 ——————————————————— 188

[지도 9] 10월 23일, 이인전투와 충청감영을 포위한 남북접 농민군 ———— 194

[지도 10] 효포전투(10월 24일~25일)와 농민군의 충청감영 포위 ————— 203

[지도 11] 10월 25일 효포전투(추정) ———————————————— 219

[지도 12] 대교전투(10월 24일) ——————————————————— 237

[지도 13] 옥녀봉전투(10월 25일) —————————————————— 249

[지도 14] 11월 8일 밤, 농민군의 충청감영 포위 ———————————— 285

[지도 15] 11월 9일 공주전투 농민군 지휘소, "전적유진" 위치 '점말' ——— 293

[지도 16] 11월 9일 공주전투와 농민군의 충청감영 포위 ————————— 302

[지도 17] 우금티전투와 농민군 대규모 전사지역 및 피학살지역 / 정주봉·봉

　　　 정동, 국가사적 제387호 우금치 전적 범위 ——————————— 314

[지도 18] 중대·우와리 농민군 피습 사건(11월 11일) —————————— 342

서론

이 책에서 논구하는 내용을 간략하게 요약하면 다음과 같다.

첫째, 공주전투의 배경을 살펴본다. 최제우가 창도하고, 최시형이 발전시킨 동학사상이 동학농민혁명[1]과 공주전투에 미친 사상적, 조직적 영향을 살펴본다. 또한 공주전투의 역사적 배경으로 동학농민군의 1차 및 2차 봉기와 일본군의 조선 왕궁(경복궁) 점령 그리고 청일전쟁을 개관한다.

둘째, 공주전투 전체 개요를 파악하고, 동학농민혁명 전체 전개 과정에서의 공주전투의 특징과 의의를 규명한다. 공주전투는 남북접 동학농민군과 조일진압군[2] 사이에 벌어진 22일간의 전투이다. 이 전투는 남북접 농민

---

* 이 책에서 역사적 사건의 날짜는 '음력'을 기준으로 하였다. 양력 날짜의 경우에는 별도로 표기하였다.

1 이 책에서는 1894년 갑오년을 전후한 조선에서의 역사적 사건의 명칭으로 '동학농민혁명'을 채택하였다. 그 이유는 다음의 네 가지이다. 첫째, 2004년 2월 9일에 국회에서 통과되고, 동년 3월 5일에 공포된 〈동학농민혁명 참여자 등의 명예회복에 관한 특별법〉; 둘째, 1894년 농민군의 봉기에서 동학사상 및 동학 조직의 역할이 지대했다는 점; 셋째, 농민군의 대다수가 농민들이었다는 점; 넷째, 봉기한 농민군이 전근대적인 조선 왕조의 지배체제를 무장봉기를 통해 개혁하려 했다는 점이다. 박맹수,『개벽의 꿈, 동아시아를 깨우다』, 모시는사람들, 2012 (이하, '박맹수,『개벽의 꿈』'으로 약칭), 655쪽 참조.
  또 동학농민혁명 시기에 봉기한 농민군을 이 책에서는 '동학농민군'으로 호칭하고, 경우에 따라서는 '농민군'으로 약칭하였다.
  또 주로 '우금치전투'로 불리는, 동학농민혁명 당시의 역사적 사건은 '공주전투'로 명명한다. 그 이유에 대해서는 본문에서 상세하게 밝힌다.

2 ① 동학농민군 2차 봉기 시기에 농민군에 대한 진압은 조선의 친일개화파 정권에 대한 일본의 압력으로 일본군이 조선군의 군사지휘권을 장악하고 실행하였다. ② 그런데 개항부터 1905년 을사늑약으로 조선이 사실상 식민지가 되기 전까지, 조선은 동학농민혁명, 청일전쟁, 삼국간섭, 의병전쟁, 아관파천, 계몽운동, 대한제국 수립 및 러일전쟁 등 자주적

군이 동학농민군 진압을 위한 일본군 특별부대 '후비보병 독립 제19대대(이하, 후비19대대) 제2중대(서로분진대, 중대장 모리오 마사카즈[森尾雅一] 대위, 이하 모리오 부대)'를 공주에서 저지시켜, 일본의 조선에 대한 제국주의적 침략에 저항했던 사건이다.

셋째, 공주전투에서 남접과 북접 농민군이 전개한 전투의 실상을 규명한다. 공주전투는 남접과 북접 농민군이 연대하여 조일진압군에 대항하여 공동으로 투쟁한 전투이다. 따라서 이 전투에서 보여준 남접과 북접 농민군 연합 부대의 활동상은 공주전투의 실상과 전투에 참여한 농민군의 규모 그리고 학살의 정도를 파악하는 데 핵심적인 관건이 된다.

넷째, 공주전투에 참전한 농민군의 규모를 규명한다. 이 작업은 공주전투의 역사적 의의 중의 하나인 반일 투쟁에 동참한 당시 조선 민중들의 항거를 합당하게 평가하는 핵심적인 근거가 된다. 공주전투에 참전한 농민군의 규모는 선행연구에서는 2만여 명에서 4만여 명 그리고 수십만 명까지 다양하게 제시되고 있다. 본 연구에서는 사료를 정리하고 구전을 종합하며 공주 지형을 고려하여, 공주전투에 참여한 농민군 규모에 대한 새로운 의견을 제시하였다.

다섯째, 공주전투에서 농민군이 학살된 실상을 규명한다. 공주전투에서 실제로 학살된 농민군 숫자는 그리 많지 않다는 선행연구도 있다.[3] 그래서

힘과 외세가 충돌하는 역동적인 시기였다. ③ 이러한 이유로 동학농민혁명 시기 조선군과 일본군의 관계는 조선의 자주적 역량을 강조하는 의미에서 잠정적으로 '조일진압군'이라는 표현을 사용하였다.

3 "동학농민혁명 과정에서 가장 많은 희생자를 낸 전투는 공주전투라고 생각되지만, 전투 장소가 효포·이인·판치·우금치 등지로 분산되어 있고, 전투 기간도 10여 일이 계속되었

본 연구에서는 공주전투의 개별 전투 기록들을 검토하고 관련 구전 자료를 종합하여, 전투 과정에서 농민군이 희생된 양상과 숫자를 최대한 사실 그대로 밝히고자 하였다.

여섯째, 공주전투에 참여한 공주 및 인근 지역 농민군과 인물들을 규명한다. 공주전투는 흔히 남북접 농민군이 주도한 전투라고 말한다. 그런데 공주 및 인근 지역 농민군도 다수가 이 전투에 참전하였다. 공주전투에 동참한 공주와 인근 지역 농민군을 규명하는 것은 한국 근대사의 역사 현장에 지역 민중들이 어떻게 주체적으로 참여했는지를 확인하며, 이로써 지역 주민의 자긍심을 높일 수 있을 것이다.

최근까지 동학농민혁명사 연구는 배경(사회·경제, 사상·종교, 농민항쟁), 전개 과정, 청일전쟁과 갑오개혁과의 관련, 동학사상과의 연관성, 성격(운동, 혁명, 전쟁), 지역별 사례, 인물에 관련한 연구가 주를 이루었다.[4] 특히 동학농민혁명 100주년을 전후하여 『1894년 농민전쟁연구』(1~5권) 등의 연구 성과가 있었고, 최근까지도 여러 단체에서 학술토론회를 개최하고 있으며 학술자료집을 발간하고 있다.[5] 동학학회에서는 2011년 경주 추계학술대회를

기 때문에 사망자 숫자에 관한 기록이 불분명합니다. 그리고 많은 사망자의 시신이 묻혀 있다는 구전도 없고, 다수의 시신이 발견된 적도 없었습니다." 신순철, 「동학농민혁명의 역사상과 강원도 홍천」, 『강원도 홍천 동학농민혁명』, 모시는사람들, 2016, 21쪽.

4 동학농민혁명참여자명예회복심의위원회, 『동학농민혁명사 논저목록』, 2006년 참조.

5 동학농민혁명기념재단이 정리한 자료를 중심으로 다음과 같이 정리하였다.
  ·「충청지역의 동학농민전쟁」, 『백제문화』 23, 공주대학교 백제문화연구소, 1994.
  ·『동학혁명100주년기념 국제학술대회』, 동학혁명100주년 기념사업회, 1994.
  ·『동학농민혁명의 지역적 전개와 사회변동』, 호남사회연구회 주최, (사)동학농민혁명기념사업회·전북일보사 주관, 1994.

시작으로 정읍, 고창, 보은, 예산 등에서 동학농민혁명 학술대회를 개최해

・『동학농민혁명학술세미나』, 동학농민혁명유족회, 1999.
・『갑오농민혁명의 민중사적 조명』(국제학술대회), 갑오농민혁명계승사업회・정읍시 주최, 갑오농민혁명계승사업회・정인대학 주관, 2000.
・『동학혁명인가 농민봉기인가』, 동학학회, 2001.
・『동학에서 통일로』, (사)정읍동학농민혁명계승사업회・정읍시, 2006.
・『장흥 동학농민혁명 사료집』, 장흥동학농민혁명 기념사업회, 2006.
・『동학농민혁명학술대회 논문집』, 전라북도동학농민혁명기념관관리사업소, 2007.
・『장흥 동학농민혁명과 석대들 전적지』, 동학농민혁명기념재단, 2009.
・『삼암 표영삼(본명:응삼) 선생의 생애와 동학농민혁명 관련 저술활동』, 동학혁명정신계승사업회, 2009.
・『농민전쟁 115주년 기념 학술대회; 농민전쟁, 새로운 시각과 전망』, 역사학연구소, 2009.
・『동학의 관점에서 본 동아시아 평화와 한반도 통일』, 동학학회, 2010.
・『새로운 자료를 통해 본 동학농민혁명의 동아시아적 의미』, 동학농민혁명기념재단・한국사연구회, 2010.
・『역사교과서의 동학농민혁명 서술 어떻게 할 것인가』, 동학농민혁명기념재단・한국근현대사학회, 2011.
・『동학농민혁명과 태평천국운동 과거・현재・미래를 논하다』, 동학농민혁명기념재단・정읍시 주최, 전북사학회 주관, 2012.
・『1890년 초반 조선 사회와 민중 동향』, 역사문제연구소・고창군, 2013.
・『청일전쟁・동학농민혁명과 21세기 동아시아 미래 전망』, 동북아역사재단・한국사연구회 주최 국제학술대회, 2014.
・『동학농민혁명 평화・화해・상생의 시대를 열다』(국제학술대회), 동학농민혁명기념재단・전국동학농민혁명유족회・천도교, 2014.
・『갑오군정실기를 통해 본 동학농민혁명의 재인식』, 동학농민혁명기념재단, 2016.
・『2020 동학농민혁명 공주 시민 토론회』, (사)동학농민전쟁 우금티기념사업회, 2020.
・『동학으로 여는 새로운 미래』, 원광대학교 원불교사상연구원 동학연구소, 2021.
・『나주동학농민혁명 한・일학술대회』, 나주시 주최, 원광대학교 원불교사상연구원 주관, 2019~2021.
・『반일항쟁을 지향한 동학농민혁명 2차 봉기와 농민군 서훈』, 동학농민혁명기념재단, 2021.
・『동학에서 통일로』(제3회 동행 아카데미), 동학실천시민행동, 2021.

왔고, 그 성과를 단행본으로 발간하였다.[6] 또한 동학 정신 계승사업으로 일본 홋카이도대학(北海道大學)의 나카츠카 아키라(中塚明) 명예교수와 한국 원광대학의 박맹수 교수가 중심이 되어 한일 시민 교류 및 동학 유적지 답사 사업을 진행하여, 〈한일 시민이 함께하는, 동학농민군 역사를 찾아가는 여행〉을 2006년부터 진행하고 있다. 이 기획은 2022년 현재 17회까지 신행되었다.

한편, 동학농민혁명 시기 공주전투에 대해서는 일본군을 몰아내기 위해 봉기한 동학농민혁명의 제2차 봉기 시기에, 동학농민군의 핵심 세력인 남접의 전봉준 세력과 손병희를 중심으로 하는 동학교단 측의 북접 농민군 세력이 함께 참전하여,[7] 서울로 가는 길목인 공주를 두고 조일진압군과 투쟁한 전투로 소개되어 왔다. 또한 공주전투는 대체로 "1894년 당시 동학농민혁명 최대의 격전이자 동학농민혁명의 분수령",[8] "대격전지 우금티",[9] "20여 일에 걸친 공주 공방전",[10] "2차 봉기 최대의 격전 우금치전투"[11] 등 긍정적

6 동학학회에서 동학농민혁명 지역 연구 결과를 연구서로 발간한 지역은 영해, 남원, 대구, 홍천, 구미, 김천, 청주, 수원, 영동, 원주, 전주, 여주, 옥천, 태안이다.
7 동학농민혁명 시기 남접과 북접의 관계 및 실체에 대해 오지영의 『동학사』나 정창렬, 조경달의 견해와 같이 대립을 주장하는 견해가 있고, 표영삼, 박맹수처럼 대립의 실체는 없다고 보는 견해가 맞서고 있다. 이 책에서는 위의 견해들을 함께 검토하면서 공주전투에서 남접과 북접 각각의 구체적 활동과 그들 사이의 관계를 살펴보고자 한다.
8 박맹수·정선원, 『공주와 동학농민혁명』, 모시는사람들, 2015(이하, 『공주와 동학농민혁명』으로 약칭), 4쪽.
9 나카츠카 아키라·이노우에 가쓰오·박맹수 지음, 한혜인 옮김, 『동학농민전쟁과 일본』, 모시는사람들, 2014, 163쪽.
10 배항섭, 『신편 한국사』 39, 국사편찬위원회, 1999, 472쪽.
11 서영희, 「1894년 농민전쟁의 2차 봉기」, 『1894년 농민전쟁연구』 4, 역사비평사, 1995, 160쪽.

으로 평가되고 있다.

그런데 정작 공주전투를 본격적으로 다룬 저서나 논문은 그리 많지 않다. 대부분 동학농민혁명의 개설서나 동학농민혁명 관련 연구 논문에서 많은 사건과 여러 전투의 일부로만 소개되어 왔다.[12] 지금까지 간행된, 동학농민혁명 공주전투만을 다룬 연구서는 1권이고 논문은 5편이다.

〈동학농민혁명 공주전투 관련 연구서〉

---

12 공주전투를 서술한 동학농민혁명 개설서는 다음과 같다.
  ① 오지영,『동학사(東學史)』, 영창서관, 1940(『東學思想資料集』 2 수록). '유도(儒道) 수령 이유상이 東軍에 투합', '공주접전'
  ② 김상기,『동학과 동학란』, 한국일보사, 1975. '제3절 동학군의 북상과 그의 결과'
  ③ 한우근,『동학 농민 봉기』, 세종대왕기념사업회, 1976. '제4장 3.공주성 전투'
  ④ 신용하,『신판 동학과 갑오농민전쟁 연구』, 일조각, 2016(초판 1993년). '제8장 7.동학농민군 주력부대의 북상과 주요 전투'
  ⑤ 우윤,『전봉준과 갑오농민전쟁』, 창작과비평사, 1993. '제10부 공주 대회전과 최후의 항전'
  ⑥ 배항섭,『신편 한국사』 39, 'Ⅶ 4)농민군의 북상과 공주전투'
  ⑦ 나카츠카 아키라·이노우에 가쓰오·박맹수 지음, 한혜인 옮김,『동학농민전쟁과 일본』, 모시는사람들, 2014 (이하, '나카츠카 아키라 외,『동학농민전쟁과 일본』'으로 약칭). '공주를 눈앞에 둔 대격전지 우금티'
  ⑧ 표영삼,『표영삼의 동학 이야기』, 모시는사람들, 2014, 428~435쪽.
  ⑨ 이이화,『동학농민혁명사 2』, 교유당, 2020. '처절한 공주대회전', '우금치의 마지막 결전'
    공주전투가 일부 기록된 동학농민혁명 연구 논문은 다음과 같다.
  ① 이이화, 「(집중분재 전봉준과 동학농민전쟁) ❸전봉준, 반제의 봉화 높이 들다」,『역사비평』 11, 1990년 여름.
  ② 양진석,「충청지역 농민전쟁의 전개양상」,『백제문화』 23, 공주대학교 백제문화연구소, 1994.
  ③ 서영희,「1894년 농민전쟁의 2차 봉기」,『1894년 농민전쟁연구』 4, 역사비평사, 1995. '2)공주전투와 농민군의 최후'
  ④ 양진석,「1894년 충청도 지역의 농민전쟁」,『1894년 농민전쟁연구』 4, 역사비평사, 1995.
  ⑤ 신영우,「북접 농민군의 공주 우금치·연산·원평·태인전투」,『한국사연구』 154, 2011.

박맹수·정선원, 『공주와 동학농민혁명』, 모시는사람들, 2015.(초판 2005년)

〈동학농민혁명 공주전투 관련 논문〉

① 박맹수, 「동학농민전쟁과 공주전투」, 『백제문화』 23, 공주대학교 백제문화연구소, 1994.

② 최덕수, 「동학농민군의 공주전투」, 『滄海(창해) 朴秉國(박병국) 교수 정년기념 사학논총』, 1994.

③ 박맹수, 「동학농민혁명기 충청도 공주지역 농민군의 동향: 새로 발굴된 사료를 중심으로」, 『사료로 보는 동학과 동학농민혁명』, 모시는사람들, 2009.

④ 박맹수, 「동학농민혁명과 우금티전투」, 『개벽의 꿈』, 모시는사람들, 2012.

⑤ 정선원, 「1894년 동학농민혁명의 공주전투 시기 남접과 북접농민군의 동향」, 『동학학보』 56, 동학학회, 2020.

이 외에도 『신인간』 제735호에 실린 성강현의 「의암성사와 우금티전투」(2011, 41~49쪽)가 있다.

공주전투에 관한 지금까지의 연구 성과를 정리하면 다음과 같다.

박맹수[13]는 전라도 무장기포를 전후하여 공주 궁원에서 일어난 접주 임

---

13 공주전투에 관한 박맹수의 연구 성과가 수록된 단행본과 논문은 다음과 같다. 박맹수, 「동학농민전쟁과 공주전투」, 『백제문화』, 23, 1994. "대교전투는 공주전투의 전초전"; 박맹수, 「동학농민혁명기 충청도 공주지역 농민군의 동향」, 『사료로 보는 동학과 동학농민혁명』, 모시는사람들, 2009; 박맹수, 「동학농민혁명과 우금티전투」, 『개벽의 꿈』, 2012; 박맹수·정선원, 『공주와 동학농민혁명』, 31~114쪽. 참고로 박맹수는 공주전투뿐만 아니라 공주전투 이전에 공주에서 펼쳐졌던 최시형의 동학 포교 및 교조신원운동 시기의 공주 상황도 폭넓게 연구하였다.

기준(任基準)이 주도한 대교 유회(儒會) 습격 사건과 이인역(利仁驛)의 동학
농민군 봉기를 소개하였다. 여기에서 충청도 농민군과 전라도 농민군이 모
종의 연계 활동을 했을 가능성을 제시하였다. 또한 도회소(즉 집강소)[14] 통치
기와 2차 기포를 전후하여 공주에서 일어난 이인 반송접의 활동, 궁원과 공
주부내에서 일어난 농민군의 대규모 집회를 다루었다. 공주전투의 기본 사
료로『공산초비기(公山剿匪記)』[15]와『주한일본공사관기록』의「공주부근 전
투상보(公州附近 戰鬪詳報)」[16]를 소개하였고, 대교(大橋)전투를 공주전투의
전초전으로 자리매김하였다. 공주전투를 제1차 전투와 제2차 전투로 나누
어 정리하고, 공주전투에서 농민군에 합세한 유생 출신 의병장 이유상(李裕
尙)을 소개하였다.

최덕수는「동학농민군의 공주전투」[17]에서『금번집략(錦藩集略)』,[18]『공산

---

14 동학농민혁명 시기 전라도 동학농민군의 지방통치기구로 알려진 집강소(執綱所)는 또한
   유생들의 반농민군 조직 명칭으로 사용한 사례가 보고되어(「소모일기」,「갑오척사록」), 잠정
   적으로 농민군 통치기구의 명칭으로 도회소(都會所)를 사용한다.(박맹수,「일본군의 동학농민
   군 학살기록」,『한국독립운동사연구』제63집, 205쪽 참조)
15 필자는 미상이지만, 공주전투에 참전하였던 관군 지휘자가 기록한 것으로 추정한다. 공
   주전투에서의 일본군, 경군(京軍)의 농민군 진압 활동 상황을 기록하고 있으며, 10월 23일
   이인전투부터 11월 14일 장위영 이두황 부대의 이인 점령까지 기록되어 있다. 특히 이인
   전투(10월 23일), 효포전투(10월 24일~25일), 우금티전투(11월 9일)의 전투 상황을 상세하게
   기록하였고, 약식 지형도 위에 각 전투 상황 개요가 기록된〈전투 개념도〉3장이 첨부되
   어 있다.
16 『주한일본공사관기록』은 국사편찬위원회가 소장하고 있는 당시 주한일본공사관의 자료
   를 출판 및 디지털 데이터베이스화하였다.「공주부근 전투상보(公州附近 戰鬪詳報)」는 모
   리오(森尾雅一) 대위의 '10월 25일', '11월 8일~9일'의 2차례의 전투 보고로『주한일본공사
   관기록』1권에 실려 있다.
17 최덕수,「동학농민군의 공주전투」,『滄海 朴秉國 교수 정년기념 사학논총』, 1994.
18 이헌영이 충청도 관찰사 재임 기간 동안의 사건을 기록한 공무 일지로, 1894년 4월 25일
   부터 1894년 8월 29일까지의 사건을 기록하고 있다. 충청도 지역의 동학농민군의 활동과

초비기』, 『주한일본공사관기록』 등의 사료를 분석하여, 1894년 7월 초부터 공주와 충청도 지역에서 농민군의 봉기가 본격적으로 전개되었고, 공주지역의 농민군은 전체 동학농민혁명 지역 중에서도 반외세의 기치를 가장 먼저 표방했다고 평가하였다. 그런데 10월 23일부터 11일 10일까지 공주전투를 정리하는 과정에서 10월 24일의 효포전투가 누락되었고, 11월 9일 진투는 우금티전투[19]만 기록하고 있다.

성강현은 「의암성사와 우금티전투」[20]에서 공주 1차 전투에서 전봉준의 호남동학군은 효포(孝浦)전투를 담당하였고, 손병희의 호서동학군은 이인(利仁)전투를 담당하였다고 정리하였다. 또한 11월 9일 공주 2차 전투에서 손병희의 호서동학군은 우금티 서쪽과 봉황산 일대에서 10여 차례 교전을 벌인 사실을 정리하였다.[21]

이에 대한 충청감영의 대책, 청일전쟁 전투 상황 등이 기록되어 있다.

19 고개 '우금티'는 주로 '우금치'로 알려져 있는데, 이 책에서는 공주 사람들이 동학농민혁명 이전부터 불러왔던 '우금티'로 표기하였다. 공주 지역 세거 집안 후손인 구상회, 심우성은 공주의 동학기념사업회 출범(1993)에 참여하였고, 출범 이전부터 공주에서 동학 정신 계승의 중요성을 강조하였다. 그분들은 '우금치'가 아니라 원래 공주 사람들이 발음하던 '우금티'로 불러야 한다고 역설하였다. 공주 인근에서는 고개 이름을 지금도 '티'를 넣어 우금티와 함께 능티, 늘티, 마티로 부른다. 공주전투에 관한 경군 측 한글 기록인 「남정록」에서는 '우금틔'로 기록하였다.(「남정록」, 『동학농민전쟁사료총서』(이하 『사료총서』'로 표기) 17, 사운연구소, 1996, 257, 258쪽 등) 「선봉진일기」 등 경군 기록에서는 '牛金峙'로 기록하였다.(「선봉진일기」, 『동학란기록』 상, 236쪽; 「공산초비기」, 『사료총서』 2, 429쪽) 공주전투의 일본군 지휘자 모리오 대위는 모두 '牛禁峙'로 기록하였으며(『주한일본공사관기록』 1, 247쪽), 1740년대에 제작된 것으로 추정되는 「공주목 지도」에는 '牛禁峙'로 표기하였다.(『충청감영 400년』, 공주시·충남발전연구원, 2003, 26쪽)

20 성강현, 「의암성사와 우금티전투」, 『신인간』 제735호, 2011, 41~49쪽.

21 성강현의 연구는 『시천교종역사(侍天敎宗繹史)』를 주요 근거로 하였다. 이 책은 시천교(侍天敎) 관도사(觀道使) 박형채(朴衡采)가 집필하여 1915년 1월에 간행한 동학의 역사서이다. 『시천교종역사』의 원문과 번역은 〈동학농민혁명 사료(史料)아카이브〉의 '1차 사료'에 실

신영우는 「북접 농민군의 공주 우금치·연산·원평·태인전투」[22]에서 우금티전투 전황을 알 수 있는 새로운 사료로서 『균암장임동호씨약력』을 소개하고, 이를 근거로 2차 봉기에서 북접 농민군이 기포하여 공주전투에 참전한 뒤, 이후 연산전투와 논산전투를 치른 뒤 퇴각하면서 원평·태인전투를 치르고, 다시 북상하는 과정을 정리하였다. 또한 10월 24일 대교전투는 북접 농민군이 주도한 전투였고, 대교전투 이후 논산에서 남접과 북접 농민군이 합진(合陣)하였고, 11월 9일에 하 고개 쪽에서 송장배미산자락전투가 있었던 사실을 밝혔다. 그런데 이 논문에서는 『균암장임동호씨약력』에서 기록하고 있는 이인전투(11월 8일)[23]와 『공산초비기』에서 기록하고 있는 이인전투(10월 23일)[24]를 혼동하고 있다.[25] 또한 10월 24일과 25일 양일 간에 걸쳐 치러졌던 효포전투를 10월 25일 하루에 벌어진 것으로 정리하고 있다.[26]

정선원은 「1894년 동학농민혁명의 공주전투 시기 남접과 북접농민군의 동향」에서 공주전투에서의 남접과 북접 농민군의 활동 동향 정리를 시도했고, 공주전투의 하나인 옥녀봉전투 상황을 규명하였으며, 이인전투가 10월 23일과 11월 8일 두 차례에 걸쳐 있었던 사실을 밝혔다.[27]

려 있다.

22 신영우, 「북접 농민군의 공주 우금치·연산·원평·태인전투」, 『한국사연구』 154, 2011.

23 「균암장임동호씨약력」, 『동학농민혁명 신국역총서』(이하, 『신국역총서』로 약칭) 1, 117쪽.

24 10월 23일 이인전투는 「공산초비기」, 『동학농민혁명 국역총서』(이하, 『국역총서』로 약칭) 9, 379~382쪽에 기술되어 있다. 「공산초비기」에 11월 8일 이인전투는 '우금티전투' 부분에 기술되어 있다.(「공산초비기」, 위의 책, 386쪽)

25 신영우, 앞의 논문, 270~271쪽.

26 위의 논문, 271~273쪽.

27 정선원, 「1894년 동학농민혁명의 공주전투 시기 남접과 북접농민군의 동향」, 『동학학보』 56, 동학학회, 2020 참조.

박맹수와 함께 동학농민혁명에 관해서 많은 연구를 진행해 온 일본학자 나카츠카 아키라와 이노우에 가쓰오(井上勝生)는 동학농민혁명을 청일전쟁과 반침략 항일투쟁, 그리고 동학농민군의 유격전쟁과 같은 관점에서 보는 거시적인 시각을 제시히였다.[28] 특히 이노우에 가쓰오의 연구는 동학농민혁명 시기 동학농민군은 여러 전투에서 화승총·죽창으로 유격전생을 벌여 스나이더 소총·무라다 소총을 가지고 동학농민군을 진압했던 일본군 남부 병참감부와 후비19대대를 악전고투하게 했다는 사실을 일본 측 자료를 통해 밝혀, 동학농민혁명의 여러 전투가 패배만 했던 전투가 아니라 한국 근대 반일 무장투쟁의 초기 역사에서, 이후 독립군 항일투쟁의 중요한 전술이 되는 유격전쟁을 모색한 과정으로 볼 수 있다는 견해를 제시하였다.

표영삼과 박맹수는 동학농민혁명 전사(前史)로서 동학 포교의 역사와 교조신원운동에서 공주 지역과 공주 사람들이 중요한 역할을 해 왔음을 밝혔다.[29] 동학 포교의 과정에서 동학의 공주접이 『동경대전』(1883년 경주판)과

28 ① 나카츠카 아키라 지음·박맹수 옮김, 『1894년, 경복궁을 점령하라!』, 푸른역사, 2002; ② 나카츠카 아키라 외, 『동학농민전쟁과 일본』, 모시는사람들, 2014; ③ 나카츠카 아키라 지음·박맹수 옮김, 『'일본의 양심'이 보는 현대 일본의 역사인식』, 모시는사람들, 2014; ④ 이노우에 가쓰오 지음·동선회 옮김, 『메이지 일본의 식민지 지배』, 어문학사, 2014(이하, '이노우에 가쓰오, 『메이지 일본의 식민지 지배』'로 약칭); ⑤ 이노우에 가쓰오, 「일본군의 동학농민 섬멸 작전에 대한 조사로부터 동아시아의 미래로」, 『동학농민혁명 평화·화해·상생의 시대를 열다』(자료집), 동학농민혁명기념재단·전국동학농민혁명유족회·천도교, 2014; ⑥ 이노우에 가쓰오, 「일본군, 동학농민군 섬멸 작전의 사실」, 『청일전쟁·동학농민혁명과 21세기 동아시아 미래 전망』(자료집), 동북아역사재단·한국사연구회, 2014.
29 ① 박맹수, 「최시형 연구: 주요 활동과 사상을 중심으로」, 한국정신문화연구원 한국학대학원 박사학위논문, 1996, 101, 106~111, 168~173쪽; ② 표영삼, 『동학』 2, 통나무, 2005, 116~118, 193~220쪽; ③ 박맹수, 「동학농민혁명기 충청도 공주지역 농민군의 동향」, 『사료로 보는 동학과 동학농민혁명』, 268~277쪽; ④ 박맹수·정선원, 『공주와 동학농민혁명』, 57~66쪽.

『용담유사』 발간을 주도했고, 이때 활동한 인물이 공주 사람 윤상오라는 점과 교조신원운동이 공주에서 시작된 역사를 정리하였다. 또 동학 비밀 포교 시기인 1891년에 공주지역은 윤상오의 도움을 받은 최시형이 주도하여 충청도와 전라도 포교의 전진기지 역할을 한 사실을 밝혔다.

오지영의 『동학사(東學史)』에는 유학의 두령으로서 공주전투에서 농민군의 한 축을 담당했던 이유상이 등장하는데,[30] 이이화는 그를 "우금치 마루에 선 유교 두령 이유상"으로 널리 소개하였다.[31]

공주전투와 관련된 기존의 연구를 검토하면, 공주전투를 전반적으로 파악할 수 있을 만큼 종합적이지 않다. 그리고 공주전투의 세부 내용, 즉 공주전투의 시작과 끝, 여러 개별 전투들의 정황, 공주전투에서 남접과 북접 농민군의 활동 정황, 공주전투에 참여한 남접과 북접 농민군 인원 그리고 관군 및 일본군의 규모 등에 대해서 상이한 학설이 제시되고 있는 것이 확인된다.

이 책은 공주전투의 전모를 종합적으로 규명하여 그 실상을 파악하고, 의의를 규정하기 위하여 다음과 같은 연구방법을 취하였다. 먼저 동학농민혁명 시기 공주전투에 관한 선행연구와 관련 사료를 비판적으로 검토·종합하고, 현장답사와 구전자료를 통해 사료의 의미를 보완하여 정리하였다. 동학농민혁명 공주전투와 관련해서 본 연구에서 참고한 사료집은 다음과 같다.

---

30 오지영, 「동학사」, 『동학사상자료집』 2(이하, '오지영, 『동학사』'로 약칭), 497~498쪽. '儒道 首領 李裕尙이 東軍에 投合'.
31 이이화, 『파랑새는 산을 넘고』, 김영사, 2008, 260~267쪽; 이이화, 『발굴 동학농민전쟁 인물열전』, 한겨레신문사, 1994, 234~241쪽.

① 『동학란기록』 상·하, 국사편찬위원회, 1959.

② 한국학문헌연구소 편, 『동학사상자료집』 1~3, 아세아문화사, 1978.

③ 동학농민전쟁100주년기념사업추진위원회, 『동학농민전쟁사료총서』 1~29권, 사운연구소, 1996.

④ 국학진흥연구사업추진위원회, 『한국학자료총서(9) 동학농민운동 편』, 한국정신문화연구원, 1996.

위 사료집의 번역본으로 『동학농민혁명 국역총서』(1~13권)와 『동학농민혁명 신국역총서』(1~14권, 이상 동학농민혁명기념재단)를 참고하였다. 「동학농민혁명지식정보시스템」의 DB 자료(〈동학농민혁명 사료(史料)아카이브〉)도 주요하게 참고, 인용하였다.

다음으로 관변 측 자료는 도순무영 기록인 「갑오군정실기(甲午軍政實記)」(1~10권), 「순무사각진전령(巡撫使各陣傳令)」, 「순무사정보첩(巡撫使呈報牒)」과 공주전투에 참여한 경군(京軍)[32] 측 최고 지휘자인 선봉진(先鋒陣) 이규태(李圭泰) 관련 기록인 「선봉진일기(先鋒陣日記)」, 「선봉진상순무사서부잡기(先鋒陣上巡撫使書附雜記)」, 「선봉진서목(先鋒陣書目)」, 「선봉진전령각진(先鋒陣傳令各陣)」, 「선봉진정보첩(先鋒陣呈報牒)」, 「순무선봉진등록(巡撫先鋒陣謄錄)」, 「이규태왕복서병묘지명(李圭泰往復書並墓誌銘)」 등, 그 밖의 관변 자료인 「각진장졸성책(各陣將卒成册)」, 「공산초비기(公山剿匪記)」, 「금번집략(錦

---

32 동학농민혁명 시기 지방 관군과 대비하여, 조선 왕조가 농민군 진압을 위해 서울에 도순무영을 설치하고 산하에 편성한 통위영, 경리청, 장위영 등의 조선 관군을 말하며, 공주 등 지방에 파견되었다.

藩集略)」, 「남정록」, 「선유방문병동도상서소지등서(宣諭榜文竝東徒上書所志謄書)」, 「소모일기(召募日記)」, 「양호우선봉일기(兩湖右先鋒日記)」, 「전봉준공초(全琫準供草)」, 「홍양기사(洪陽紀事)」 등이 있다.

유생 측 자료로는 공주 유생의 기록 「갑오동란록(甲午動亂錄)」, 「시문기(時聞記)」, 「약사(略史)」, 부여 유생의 기록 「남유수록(南游隨錄)」, 서천 유생의 기록 「갑오기사(甲午記事)」, 그리고 「오하기문(梧下記聞)」, 「나암수록(羅巖隨錄)」 등을 참고하였다. 동학교단 측 자료로는 「갑오동학란(甲午東學亂)」, 「균암장임동호씨약력(均菴丈林東豪氏略歷)」, 「동학도종역사(東學道宗繹史)」, 『동학사(東學史)』, 「시천교종역사(侍天敎宗繹史)」, 「이종훈약력(李鍾勳略歷)」, 「천도교창건사(天道敎創建史)」 등을, 일본 측 자료로는 『주한일본공사관기록(駐韓日本公使館記錄)』, 『미나미 고시로 문서(南小四郎文書)』 등을, 그리고 기타 「동학문서(東學文書)」(『뮈텔문서』)를 참고하였다.

구전 자료는 필자가 두 차례에 걸쳐 수집·정리한 자료를 참고하였다. 이 자료는 박맹수·정선원, 『공주와 동학농민혁명』(2015, 초판 2005)에 수록되어 있다. 공주전투에 관한 구전 조사에서 이이화는 경천에서 전봉준 휘하 농민군의 활동 장소와 활동 내용을 찾았으며,[33] 구상회는 우금티 근처 봉정동 마을이 농민군의 무덤으로 된 이야기, 가마울(효포 옆 마을) 동네 사람으로 제삿날이 같은 농민군 전사자 3명을 찾아내어 세상에 알렸다.[34]

필자는 10여 년에 걸쳐 공주지역 동학 관련 구전을 조사하여, 공주전투

---

33 이이화, 「(집중분재 전봉준과 동학농민전쟁) ③ 전봉준, 반제의 봉화 높이 들다」, 앞의 책, 296쪽.
34 『공주와 동학농민혁명』, 137, 176~181쪽.

가 우금티에서만 벌어진 사건이 아니고 이인, 효포, 송장배미, 오실 마을에서도 큰 전투가 있었던 것을 확인하였다. 또한 공주 일대에서 벌어진 여러 전투에서 농민군이 학살된 많은 사례와 이야기를 찾았다. 그리고 금강의 남쪽과 북쪽에 있는 공주의 여러 마을에 동학 관련 이야기가 남아 있어 공주 전역이 동학농민혁명의 큰 소용돌이에 있었던 것을 확인하였다. 『공주지명지』(1997년 발간)[35]에는 공주 지역에 전해지는 여러 가지 동학 이야기가 숨어 있어서 공주 지역 동학 이야기를 조사하고 정리하는 데 많은 도움이 됐다.

공주전투 연구에서 현장 답사는 사료의 진위와 실상을 확인하는 과정이었으며, 관련된 생생한 구전을 채록하는 과정이었다. 현장 답사를 바탕으로 고증, 조사한 사료와 지형, 구전을 참고하여 공주전투의 상세한 전개과정을 이 책에서 지도상에 표시할 수 있었다. 100여 년 뒤 현장에 남아있는 구전에서, 공주 사람들은 공주전투를 '조직적이고 결사적으로 항쟁한 전쟁'으로 기억하고 있다는 것, 그리고 그 현장들은 '제노사이드 사건'으로 인식하고 있다는 것을 확인하였다.

---

35 공주대학교지역개발연구소·충청남도·공주시, 『공주지명지』, 1997(이하, 『공주지명지』로 약칭).

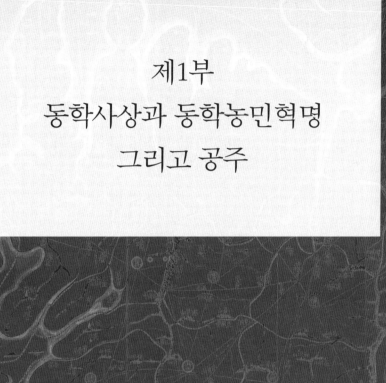

제1부
동학사상과 동학농민혁명
그리고 공주

들어가며

　동학농민혁명은 시기적으로는 1894년 1월 전라도 고부농민봉기를 시작으로 1895년 3월 황해도 농민들의 투쟁까지, 지역적으로는 평양 이남의 조선 땅을 뒤흔들면서 조선 왕조 개혁을 추진하였다. 동시에 항일 투쟁을 벌이면서 보국안민(輔國安民)의 이념을 실현하여 조선의 주권을 수호코자 하는 과정에서 동북아시아 전체에 전운을 일으키고 큰 변화를 야기하였으며, 세계의 이목을 한반도로 집중케 한 세계사적인 사건이다.

　동학농민혁명은 조선 후기의 여러 갈래 민중운동을 계승하였으며, 그 직접적인 사상적·조직적 배경과 기반은 1860년에 최제우가 창도한 동학과 최시형에 의한 동학의 계승 및 전국적인 포교 활동, 그로부터 형성된 동학교단과 교도들이었다. 동학농민혁명은 그 후 한편으로는 신종교운동으로 계승되어 천도교, 증산교, 대종교, 원불교 등의 탄생을 가져왔고, 다른 한편으로는 독립운동·사회운동으로 계승되어 의병전쟁, 일제하 독립운동과 3·1운동, 만주의 무장독립전쟁으로 전개되었으며, 해방 후에는 통일운동과

민주화운동의 이념적 기반이 되었다.[1]

이 장에서는 최제우의 동학 창도와 최시형의 동학 포교로 조선 전역에 확산된 동학사상과 세력이 동학농민혁명에 미친 영향에 대해 서술한다. 이어서 동학과 공주와의 관련성에 좀 더 집중하여 공주의 공간적 배경, 최시형의 비밀 포교와 공주, 교조신원운동 시기 공주취회, 동학농민혁명 시기의 공주 상황에 대하여 사건과 인물을 중심으로 고찰한다.

---

1 1990년대 동학 기념사업 및 2004년 설립된 동학농민혁명기념재단(민간)을 계승하여, 2010년에 발족한 문체부 산하 특수법인인 동학농민혁명기념재단은 재단의 목적을 다음과 같이 밝히고 있다: "제3조(목적) 재단은 동학농민혁명을 기념하고 그 정신을 계승하기 위한 사업을 수행함으로써 민족의 대화합과 통일, 민주주의의 발전에 기여함을 목적으로 한다."

제1장 동학의 창도와 발전

1. 최제우의 동학 창도

경주에서 세거한 양반 집안에서 재가녀(再嫁女)의 아들로 태어난 최제우(崔濟愚, 號는 水雲, 1824.10.28.~1864.03.10.)가 1860년에 동학을 창시하였다. 최제우의 부친 최옥(崔鋈, 號는 近庵, 1762~1840)은 영남에서 퇴계의 학풍을 계승한 저명한 유학자였는데, 벼슬길에는 나가지 못하였다. 최옥은 청상과부의 재가 허용, 토지의 평균분작설 등을 제시하여 당시 영남 유림 중에서는 개혁적 입장을 취하고 있었는데, 이러한 성향은 아들인 최제우의 사상 형성에도 영향을 주었으리라 생각된다.[1]

최제우는 부친으로부터 유학을 공부했는데, 10세 때 모친 곡산 한씨(谷山韓氏, 1793~1833)와 사별하였고, 17세 때는 부친도 별세하였다. 부친이 세상을 떠나고 수운은 곤궁한 처지로 내몰렸다. "삼년상을 마치니 가산은 점점 쇠퇴하고 글공부도 이루지 못하였다. 무예 공부를 하다가 2년 만에 활을 거

---

1   신항수, 「19세기 전후 남인의 학풍과 최옥」, 『동학학보』 7, 2004, 240쪽 참조.

두고 장삿길로 나섰다."[2] 재가녀의 아들로 태어나 가문의 차별,[3] 과거(文科)에 응시할 수 없는 조선 사회의 차별을 온몸으로 느끼며 나선 장삿길이었다. 이 시기는 한편으로는 세상의 인심과 풍속을 살피고, 다른 한편으로는 장사를 하면서 가족의 부양을 고민하였다. '49일 기도'를 하면서 세상의 근원적 의미와 불우한 처지를 극복할 길을 모색하는 15년여의 세월이었다.

19세기의 조선 사회는 민중에 대한 지배층의 과도한 수탈과 탄압이 가중되어 농민봉기가 연이어 일어나는 민란의 시대였다. 게다가 전염병, 가뭄·홍수·기근 등의 자연재해가 연이어 일어나면서 민중들의 삶은 더욱 피폐해져 갔다. 그뿐만 아니라 당시 동아시아 질서의 중심이었던 중국이 아편전쟁(1840~1860)에서 패하고, 북경이 서양 세력에게 점령당하는 등 기존의 동아시아 체제가 흔들리고 있었다. 이러한 내우외환의 상황 속에서 최제우는 동학을 창도하고 포덕(布德; 포교)을 시작하였다. 유교가 아닌 동학으로 민중들을 새로운 사회의 주체로 내세우려 한 최제우는, 1864년에 조선 왕조에 의해 "좌도난정(左道亂正)", 즉 "그릇된 도로 정도를 어지럽혔다"는 죄목으로 효수형에 처해졌다. 최제우의 가르침과 저작은 제자인 최시형에 의해 계승되었고, 1880년 초에 『동경대전』과 『용담유사』로 편찬 보급되었다.

최제우의 포덕 기간은 3년 남짓에 불과했지만, 민중들의 마음은 걷잡을

---

2 「대선생사적」, 『국역총서』 13, 36~37쪽.
3 1979년 조동일의 구전 조사에 의하면, "최제우가 서자로 태어났으므로 어려서부터 집안에서 천대를 받으며 서럽게 자랐다."는 이야기가 최제우가 태어났던 가정리에 전하고 있다.(조동일, 『동학 성립과 이야기』, 모시는사람들, 2011, 177, 185~189쪽) 또한 유학자 집안에서 동학을 포덕하자 경주 최씨 문중들의 비난도 있었다. 가령 『용담유사』 「교훈가」에서 최제우는 "이내 문운(門運) 가련하다 알도 못한 흉언괴설(凶言怪說) 남보다가 배나 하며 육친(肉親)이 무삼일고 원수같이 대접하며 살부지수(殺父之讐) 있었던가…"라고 한탄하였다.

수 없을 정도로 동학으로 기울어졌다. 그 정황은 최제우가 저술한 『용담유사』 「도수사」에서 "만고 없는 무극대도 여몽여각(如夢如覺) 받아 내어… 불과 일 년 지낸 후에 원처근처(遠處近處) 어진 선비 풍운(風雲)같이 모아드니…"라는 기록에서 확인할 수 있다. 또한 최제우가 경주 구미산 속의 용담에서 포덕을 시작하자 용담으로 찾아드는 사람들이 너무나 많아서, 예물로 가지고 온 곶감을 먹고 버린 싸리가지를 동네 나무꾼들이 나뭇짐으로 가져갔다고 하는 이야기도 전해진다.[4] 최제우는 종교체험을 한 지 1년여 만인 1861년 6월에 포덕을 시작하여 1년 반쯤 후인 1862년 12월에는 늘어난 제자(교인)들을 효과적으로 지도 관리하기 위한 접을 조직하여 16명의 접주를 임명하였다. 이 시기에 이미 동학은 경상도를 넘어 경기도, 충청도, 강원도까지 전파되었다.[5]

당시 동학이 민중 속으로 확산되어 간 상황, 특히 경상도 일대에 동학이 폭발적으로 전파되어 간 상황은 1863년 12월 조정의 지시를 받아 최제우를 체포하러 갔던 선전관(宣傳官) 정운구(鄭雲龜)가 조선 왕실에 올린 「서계(書啓)」에서 여실히 확인할 수 있다.

조령(鳥嶺)에서 경주까지는 400여 리가 되고 주군(州郡)이 모두 10여 개나 되는데, 동학에 관한 이야기가 귀에 들어오지 않는 날이 거의 하루도 없었고, 주막집 여인과 산골 아이들까지 그 글을 외우지 못하는 자가 없었습니다. '위

---

4 小春(김기전), 「大神師 收養女인 八十 老人과의 問答」, 『신인간』 제16호, 1927년 9월(이하, '김기전, 「대신사 수양녀인 팔십 노인과의 문답」'으로 약칭).

5 윤석산 역주, 『도원기서』, 모시는사람들, 2020, 43쪽; 「대선생사적(해월선생문집)」, 『사료총서』 27, 199~200쪽("최시형이 울진 김생원 등에 포덕하다." 당시 울진은 강원도).

천주(爲天主)'라고 하고 '시천주(侍天主)'라고도 하면서, 조금도 부끄러워하지 않고 숨기려고도 하지 않았습니다.[6]

2. 최시형의 동학 전파

최제우가 처형당한 후 관의 탄압 속에서 우여곡절을 겪으면서도 동학의 확산은 계속되어, 동학농민혁명의 조직적, 사상적 기반이 되었다. 그 중심에 있던 인물이 최제우의 제자인 최시형(崔時亨, 號는 海月, 1827.03.21.~1898.06.02.)이다. 최시형은 1861년 6월에 동학에 입도하여 1898년 6월에 처형당하기까지, 38년 동안 전국 각지를 돌며 비밀 포교 활동을 하였다. 최시형의 활동으로 동학교단은 교리의 체계화, 조직의 재건, 지역 기반 확대, 경전 간행, 각종 제도와 의례 제정, 정기적 수련 제도를 통한 지도자 양성과 같은 많은 성과를 거두었고,[7] 동학 조직은 동학농민혁명 직전에는 황해도 이남의 조선 전역으로 확대되었다.

최시형은 조실부모하고 일찍부터 남의 집 머슴과 종이 공장 직공 등으로 일하는 등 고통받는 민중의 처지에 있었다. 동학에 입도해서는 최제우의 사상을 만인평등사상(事人如天), 만물평등사상(三敬), 생명사상(天地父母) 등으

---

6   『조선왕조실록』 1863년 12월 20일 6번째 기사. 이 책에서 인용하는 『조선왕조실록』의 원문과 번역은 홈페이지에 의한다(https://sillok.history.go.kr/). 번역은 필요에 따라 약간의 수정을 가했다.
7   박맹수, 『생명의 눈으로 보는 동학』, 모시는사람들, 2015(이하, '박맹수, 『생명의 눈으로 보는 동학』'으로 약칭), 131쪽.

로 발전시켜, 조선 후기의 시대적 과제에 응답하였다.[8] 1894년 1월 전라도 고부에서 시작되어 1895년 3월 황해도 농민봉기까지[9] 조선 전역을 뒤흔든 동학농민혁명 과정에서, 농민군 봉기의 조직적 기반은 최시형의 포교에 의해 이루어진 황해도 이남의 동학 접포 조직이 그 근간이 되었으며, 봉기를 주도한 핵심 인물들 역시 최시형으로부터 직긴접적인 지도를 받고 성장한 동학 접주들이 대부분이었다.[10]

────

8 박맹수, 위의 책, 133쪽; 박맹수, 「동학계 종교운동의 역사적 전개와 사상의 시대적 변화」, 『한국 신종교 지형과 문화』, 집문당, 2015, 221~223쪽.
9 황해도에는 동학이 1886년경부터 전파되기 시작하여 1893년에는 김구 등 황해도 동학교도 15명이 보은의 최시형을 찾아와 이 지역 접주들의 첩지를 다량으로 받아서 돌아갔다. 1894년에는 동학농민군이 해주감영을 9일간 점거하였고(10월 25일~11월 4일), 1895년 1월부터 3월까지 동학농민군 수백 명에서 수천 명이 참가하는 전투가 10여 차례 계속되었다. 이상, 송찬섭, 「황해도 지방의 농민전쟁의 전개와 성격」, 『동학농민혁명의 지역적 전개와 사회변동』, 새길, 1995, 229쪽 각주 8; 백범 김구의 『백범일지』 참조.
10 박맹수, 『생명의 눈으로 보는 동학』, 131~132쪽.

제2장 동학사상과 동학농민혁명

    1894년 동학농민혁명 진압을 주도했던 일본 정부와 일본군 핵심 관계자인 우치다 사다쓰지(內田定槌)[1]와 미나미 고시로(南小四郎)[2]의 보고에서는, 일본군을 상대로 전투했던 당시 농민군을 "최시형과 전봉준을 수령으로 모인 종교 집단인 동학당"[3]이라고 지칭하였다. 청일전쟁에 대한 일본군 참모본부의 공식 기록인 『메이지 27·8년 일청전사(明治二十七八年日淸戰史)』에는 당시 조선에서 일본군의 병참선을 위태롭게 하여 청일전쟁 수행을 막아선 농민군의 활동을 "동학당의 폭동"으로 기술하였다.[4] 즉 동학농민혁명 시기

---

1 우치다 사다쓰지(內田定槌)는 동학농민혁명 당시 서울에 있던 경성영사관의 일등영사였다. 특명전권공사 이노우에 가오루(井上馨)의 훈령으로 1894년 10월 5일(양력 11월 2일)부터 1895년 4월 1일(양력 4월 25일)까지 서울에서 동학농민군 재판을 직접 지휘하였다.

2 미나미 고시로(南小四郎)는 동학농민군 진압특별부대로 일본 대본영에서 조선에 파견한 후비19대대의 최고 지휘관으로 '동학교도 전원살육 작전'을 최일선에서 담당하였다. 박맹수, 「제2차 동학농민혁명 시기 연산전투에 관한 일본 측 자료 검토」, 『한국독립운동사연구』 72, 2020, 339쪽 참조.

3 『주한일본공사관기록』 8, 48쪽; 『주한일본공사관기록』 6, 24쪽.

4 이노우에 가쓰오, 「미나미 코시로 대대장과 병사들, 그리고 일본군 대본영과 정부」, 『나주동학농민혁명의 세계사적 의의와 시민사회로의 확산』(나주동학농민혁명 한·일학술대회 자료집), 2021, 95쪽.

농민군의 활동을 '동학당의 활동'으로 보고 있는 것이다.

물론 동학농민혁명 시기 동학농민군으로 모인 조선 민중들 대다수가 동학교도가 아닐 수도 있다. 가령 동학농민혁명 시기 충청도에서 활동하며 10월 23일의 이인전투에 참전하여 동학농민군을 진압했고, 이후에 황해도에서 약 3개월간 동학농민군 진압 활동을 했던 스즈키(鈴木) 소위는 "황해도 민중의 3분의 2가 동학교도이나, 동학을 신봉하는 진정한 동학당은 소수이고, 대부분 일시적 동학당 또는 가짜 동학당이다."라고 하였다.[5] 스즈키 소위의 진술에 의하면, 당시 황해도에서 동학을 신봉하는 동학교도는 소수이다. 하지만 문맥으로부터 당시 황해도에서 대다수 민중들의 민심은 동학으로 기울어지고 있었던 것을 알 수 있다.

동학사상은 조선 후기에 이르러 일정하게 성장하고 있었던 민중 의식, 민중들의 이해와 요구,[6] 즉 시대적 과제를 대변하였다. 동학농민혁명은 동학농민군이 항일·반봉건·신분제 철폐 투쟁을 벌인 사건이었고, 이는 동학사상의 발현이었다. 동학농민혁명 시기에 발현된 동학의 핵심 사상을 시천주 사상, 보국안민사상, 후천개벽사상, 민족자주사상으로 나누어서 서술하고자 한다.[7]

---

5 「황해도동학당정토략기」, 『국역총서』 4, 502, 512~514쪽.

6 박맹수, 『생명의 눈으로 보는 동학』, 122쪽.

7 오익제는 동학의 핵심 사상으로 시천주 신앙, 보국안민사상, 후천개벽사상을 제시했다.(『신인간』 제416호, 41~47쪽. 유병덕 편, 『동학·천도교』, 敎文社, 1993, 626~627쪽에서 재인용) 박맹수는 최제우의 핵심 사상으로 시천주, 보국안민, 다시개벽(후천개벽), 유무상자(有無相資)를 꼽았다.(박맹수, 「동학계 신종교의 사회운동사」, 『한국 신종교의 사회운동사적 조명』, 집문당, 2017, 87쪽) 임형진은 동학의 기본사상을 시천주 사상, 지기(至氣)의 철학, 개벽사상으로 보았다.(임형진, 『동학의 정치사상』, 모시는사람들, 2004)

1. 시천주 사상

1) 시천주(侍天主)의 의미

최제우가 동학을 창시하면서 제시한 시천주 사상은 예로부터 한반도에 사는 사람들이 경건하게 모셔오던 하늘님[8]이 모든 사람 안에 내재되어 있고, 따라서 누구나 하늘님을 깨달아 하늘님 같은 삶을 살 수 있고, 그러므로 모든 사람은 하늘님 같은 존재로서 평등하다는 사상이다. 『동경대전』 「논학문」에 나오는 시천주의 의미는 다음과 같다.

> (侍天主에서) 모심[侍]이란 안으로 신령함이 있고 밖으로 기화(氣化)가 있으며, 온 세상 사람들이 각각 자기의 본성으로부터 옮기지 못할 것을 안다는 뜻이다. 주(主)란 존칭으로, 부모처럼 섬긴다는 뜻이다.[9]

『용담유사』에서 최제우는 자신을 따르는 동학교도에게 나, 즉 최제우를 믿지 말고 "모든 이의 몸에 공통적으로 모셔진 하늘님"[10]을 믿으라고 하면

8　최고신의 호칭을 천도교에서는 '한울님', 그리스도교에서는 '하나님' 또는 '하느님'으로 부르고 있다.(표영삼, 『동학』 1, 통나무, 2004, 111~112쪽; 김용옥, 『도올심득 동경대전(1)』, 통나무, 2004, 147~159쪽) 이 책에서는 오랜 옛날부터 한국인들이 최고신으로 숭앙해 왔던 최고신을 '하늘님'으로 표현한다. 아울러 동학의 최고신도, 『용담유사』에 나오는 'ㅎ 늘 님'을 참고하여, '하늘님'으로 표기하고자 한다.

9　侍者, 內有神靈, 外有氣化, 一世之人 各知不移者也. 主者, 稱其尊而與父母同事者也. 최제우 지음·박맹수 옮김, 『동경대전』, 지식을만드는지식, 2012, 15쪽. 번역은 필요에 따라 약간의 수정을 가했다. 이하도 마찬가지.

10　최제우와 최시형의 동학 시대에는 '한울님'이 아닌 'ㅎ 늘 님' 또는 '하늘님' 등으로 불렸다.

서, 차별 없는 인간 존엄을 말하고 있다.

나는 도시 믿지 말고 ᄒᆞᄂᆞᆯ님을 믿어스라.

네 몸에 모셨으니 사근취원(捨近取遠) 하단 말가.[11]

최제우는 인간이 하늘님과 일체화를 이루어 고귀한 존재가 되는 구체적 방법으로 주문 수행(21자 및 13자)과 성경신(誠敬信)의 윤리, 그리고 수심정기(守心正氣) 수행법을 제시하였다.[12] 이 외에도 질병을 막고 장수하는 방법으로 하늘님으로부터 받은 영부(靈符, 부적)의 효험도 제시되고 있지만, 부적 자체보다 더 중요한 것으로 마음수련, 즉 정성과 공경을 제시하고 있다.

나는 상제의 그 말씀에 감동해 그 신령한 부적을 받아… 그런데 사람들의 병에 사용해 보니 어떤 사람에게는 차도가 있고 또 어떤 사람에게는 차도가 없어 왜 그런지 단서를 알지 못하여 까닭을 살펴보니 정성을 들이고 또 들여서 지극한 마음으로 하늘님을 위하는 사람은 매번 들어맞았고, 하늘의 도와 덕을 따르지 않는 자는 조금도 효험이 없었나니, '이 같은 차이는 곧 신령한 부적을 받는 사람의 태도, 즉 정성과 공경하는 자세의 차이가 아니고 무엇이겠

'한울님'이라는 호칭은 1911년에 『천도교회월보』에 처음으로 등장한다. 이에 대해서는 조성환·이우진, 「ᄒᆞᄂᆞᆯ님에서 한울님으로: 동학·천도교에서의 천명(天名)의 변화」, 『대동철학』 100, 2022 참조.

11 『용담유사』 「교훈가」.

12 박맹수, 『생명의 눈으로 보는 동학』, 126쪽.

는가?(此非受人之誠敬耶)'[13]

성경(誠敬) 이자(二字) 지켜내어 차차차차 닦아내면
무극대도 아닐런가[14]

　여기에서 고귀한 존재가 되는 길은 조선시대처럼 타고난 신분도 아니고 민간 전통의 양생법인 부적을 쓰는 것도 아닌, 성경(誠敬)의 마음공부라고 제시하고 있다.[15]

2) 신분 해방 사상

　동학사상은 신분제 철폐 운동의 사상적 근거를 제공하였다. 최제우는 모든 사람이 하늘님을 모시고 있는 고귀한 존재라고 하는 시천주 사상을 몸소 실천하였다. 최제우는 동학 창도를 전후하여 자신이 거느리고 있던 두 명의 여자 종을 해방하여 한 사람은 며느리로 다른 한 사람은 수양딸로 삼았다.[16] 최제우 자신이 재가녀(再嫁女)의 아들로 태어나 차별받는 존재였기 때문에,

---

13 『동경대전』 「포덕문」. 박맹수 옮김, 5쪽.
14 『용담유사』 「도수사」.
15 "수운 선생이 자신의 도에 이르는 덕목으로 이야기하고 있는 '성과 경'은… 깨달음에 이르기 위한 수련자, 또는 신앙인이 견지하고 또 지켜야 할 덕목… '정성'이 오직 한울님을 향한 변함없는 마음을 가리킨다면, '공경'은 한울님을 외경하고 공경하는 태도를 가리킨다." 윤석산, 『동학교조 수운 최제우』, 모시는사람들, 2014, 228~231쪽.
16 오지영, 『동학사』, 425쪽; 起田(김기전), 「慶州聖地拜觀實記」, 『신인간』 제15호, 1927년 8월; 김기전, 「대신사 수양녀인 팔십 노인과의 문답」.

최제우에게 있어 동학사상은 자신 역시 온전한 인간으로 해방시키는 사상이었다.

경상도에 동학이 확산되자 1863년 7월부터 유림들의 동학 배척 운동이 일어났다. 1863년 12월 1일, 경상도 상주의 도남서원(道南書院)에서 경상도 여러 서원에 통문('동학배척통문')을 보냈는데, 그 내용은 동학을 배척해야 하며, 관이 나서서 엄벌해야 한다는 것이었다.

> 귀천과 등위에 차별이 없으니 백정과 술장사들이 모이고, 남녀를 차별하지 아니하고 포교소를 세우니 과부와 홀아비들이 모여들고, 돈과 재물을 좋아하여 있는 사람과 없는 사람이 서로 도우니 가난하고 궁핍한 사람들이 기뻐한다.[17]

이에 의하면, 1863년경의 초기 동학 공동체는 신분 차별이나 남녀 차별이 없고, 있는 사람과 없는 사람이 서로 돕는 경제적 공동체를 실천하고 있었다.[18]

한편 최제우가 처형당한 뒤, 최시형은 조선 왕조 및 지방관의 탄압 아래서 도피 활동을 하면서도 동학 포덕 활동을 계속하고 시천주 사상을 현실에서 실천하였다. 그는 귀천(貴賤)의 차별을 철폐하고, 적서(嫡庶)의 구별을 두지 말라고 가르쳤다.[19] "사람이 곧 하늘님이니 사람 섬기기를 하늘님처럼 하

---

17 一貴賤而等威無別, 則屠沽者往焉. 混男女而帷薄設, 則怨曠者就焉. 好貨財而有無相資, 貧窮者悅焉. 표영삼,『동학』1, 270~272쪽; 박맹수,『생명의 눈으로 보는 동학』, 328쪽.
18 박맹수,『개벽의 꿈』, 69쪽.
19 「천도교창건사」,『동학사상자료집』2, 97쪽(1865).

라."는 사인여천(事人如天) 사상을 선포하였다.[20] 시천주 사상이 사람을 하늘님을 모신 고귀한 존재로 파악했다면, 사인여천 사상은 사람을 누구나 존엄성을 타고난 사회적 존재로 대하라고 하는 것이다. 1885년의 '천주직포설(天主織布說)'은 시천주 사상을 현실에 구체적으로 접목한 것으로, 그 내용은 『해월신사법설』에 다음과 같이 서술되어 있다.

> 내가 청주를 지나다가 서택순의 집에서 그 며느리의 베 짜는 소리를 듣고 서군에게 묻기를 "저 누가 베를 짜는 소리인가?" 하니, 서군이 대답하기를 "제며느리가 베를 짭니다" 하는지라. 내가 또 묻기를 "그대의 며느리가 베 짜는 것이 참으로 그대의 며느리가 베 짜는 것인가?" 하니, 서군이 나의 말을 분간치 못하더라.[21]

최시형에 의해 시천주 사상은, "며느리가 바로 하늘님"이라고 하여 여성 존중 사상과 노동신성 사상으로 구체화되었다. 즉 며느리가 베 짜는 행위가 하늘님이 베 짜는 행위로 재정의 되면서 노동의 주체와 노동 행위 모두가 존중되고 있다.[22] 최시형은 또한 "어린아이도 하늘님이다"라고 선언한다.[23] 그뿐만 아니라 1888년 11월에 경상도 김산군 복호동 김창준의 집에서 각 포

---

20 人是天, 事人如天. 『해월신사법설』 「대인접물(待人接物)」; 「천도교창건사」, 앞의 책, 127~128쪽(1885).
21 『해월신사법설』 「대인접물」.
22 박맹수, 『생명의 눈으로 보는 동학』, 134쪽.
23 아이를 때리는 것은 곧 하늘님을 때리는 것이다(打兒卽打天矣). 『해월신사법설』 「대인접물」; 어린 자식 치지 말고 울리지 마옵소서. 어린아이도 하늘님을 모셨으니 아이 치는 것이 곧 하늘님을 치는 것이오니. 『해월신사법설』 「내수도문(內修道文)」.

에 보낸 「내수도문」에서는 "노비를 자식같이 사랑하라"고 하였다.[24] 이것은 "노비도 똑같은 인간으로 대접해야 한다"는, 동학교단의 사회 윤리 기준을 선포한 것으로, "귀천과 등위에 차별이 없던"[25] 최제우 시대의 동학 정신을 계승하는 것이었다.

최제우에서 최시형을 거치면서 시천주에서 사인여천 등으로 교리를 정립해 나가는 가운데 동학교단은 1871년 3월에 이필제가 주도한 영해교조신원운동[26]을 통해서 신분제 타파를 교단 차원의 사회적 실천 운동으로 표출하였다. 1860년대 후반, 경상도 영해와 영덕 일대의 신향(新鄕)[27]들이 대거 동학에 가담하였다가 구향(舊鄕)들로부터 대대적인 탄압을 받는데, 최시형과 동학교단은 이필제와 함께 영해교조신원운동에서 병란(兵亂)을 진행하면서 신분제 타파 운동에 나섰다.[28]

동학농민혁명 시기에 일본군의 조선 왕궁(경복궁) 점령 이후 그 영향권 아래서 출범한 친일개화파 정권이 위로부터의 개혁 정책의 일환으로, 양반·상민의 계급타파와 노비제도 철폐의 법령을 공표하였다. 이로써 노비 해방이 제도적으로 이루어지는데,[29] 이것은 실은 지배 세력의 배려로 이루

---

24 「천도교창건사」, 앞의 책, 130쪽.
25 貴賤而等威無別. 「동학배척통문」.
26 '영해교조신원운동'은 이 사건을 보는 관점에 따라서 '이필제란' 또는 '영해작변'이라고도 부른다.
27 '신향(新鄕)'은 양반 출신 서얼 세력으로, 재산·학식·인맥 면에서 큰 세력을 형성한 새로운 신분 상승 세력을 말한다.
28 박맹수, 『생명의 눈으로 보는 동학』, 133~134쪽; 박맹수, 「동학자료 『교남공적』 해제」, 『사료로 보는 동학과 동학농민혁명』, 209~230쪽.
29 『조선왕조실록』 1894년 6월 28일자. "문벌(門閥), 양반(兩班)과 상인(常人)들의 등급을 없애고 귀천(貴賤)에 관계없이 인재를 선발하여 등용한다." "공노비(公奴婢)와 사노비(私奴

어진 것이라기보다는 민중들의 끊임없는 저항의 결과였다.[30] 영해교조신원
운동을 비롯하여 동학농민혁명 시기에 농민군들에 의한 신분 해방 운동, 즉
신분 차별 철폐운동의 실천은 양반·평민·노비·천인의 계급제도가 발생한
이래 역사적으로 지속되었던 피지배층의 끊임없는 신분 해방 운동의 흐름
을 계승하는 것이었다.

　동학농민혁명 시기 대다수 양반 세력은 노비제 및 신분제 유지를 삼강오
륜의 도리를 지키는 일로 여겨 완강하게 농민군의 활동에 저항하고 그들을
탄압하였다. 1894년 부여의 양반 이복영은 다수의 가내 노비들을 소유하고,
그들의 노동력으로 생활하였으며 노비들을 앞장세워 금강을 따라 함열의
웅포에서 부강까지 상거래를 하였다.[31] 갑오정권에서 외무대신이 되어 일
본과의 교섭에 나섰던 김윤식은 1893년 2월 충청도 면천에서 정배가 해제
되어 이후 면천에서 생활하는데, 가내 노비 등 여러 노비들을 소유하고 있
었다. 그는 1893년 3월~4월의 보은집회·원평집회, 예산·덕산의 동학교도
의 활동을 지켜보고 기록으로도 남겼다(1893년 4월 6일 기록). 그런데도 김윤
식은 1894년 2월 1일 가까운 덕산에서 여자 노비를 사왔다. 그의 이름은 순
녀(順女)이고 가격은 600냥이었는데, 2월 3일 도망을 갔다고 기록하고 있

────

婢)에 관한 법을 일체 폐지하고 사람을 사고파는 일을 금지한다."라는 군국기무처에서 올
　린 의안이 윤허되었다.
30　고조선 시대에 노비가 발생한 이래로 노비들의 도망, 신공 거부와 상전 살해 사건들
　　이 있었고, 고려시대 사노(私奴) 만적의 투쟁, 조선 숙종 시기 살주계·검계, 장길산 활
　　동, 미륵신앙 사건 등 집단적인 노비들의 저항이 계속되었다. 전형택, 「노비의 저항과
　　해방」, 『역사비평』, 1996, 325쪽.
31　「남유수록」, 『국역총서』 4, 169(3월 11일), 220쪽(5월 25일).

다.[32]

동학농민혁명 시기 농민군을 진압했던 경군 장위영의 장교 이두황(李斗
璜)은 농민군 진압 명분의 하나로 동학이 유학의 '명분(名分)', 즉 삼강오륜의
법도에 따른 조선의 신분제를 훼손시키는 것을 지적하고 있다.[33] 동학농민
혁명 2차 봉기가 시작되고 전국으로 확산되어 가자 조선 왕조는 9월 10일에
장위영 영관 이두황을 죽산부사로 임명하여 농민군 진압에 나서게 하였다.
10월 13일, 이두황이 보은 장내리에 있는 농민군을 진압하기 위해 청주 미
원 장터에 도착할 즈음에 발표한 농민군에 대한 효유문에서, 농민군이 저지
른, 대벽(大辟 즉 사형死刑)이 마땅한 중죄 10가지 중의 하나로 "평등을 거짓
으로 일컬어 명분(名分)을 훼손시킨 것이 여섯 번째"라고 하였다.

동학농민혁명 시기 농민군들은 동학의 평등사상을 체득하여 아래로부터
스스로 신분 해방을 실천하고 있었다. 이는 동학농민혁명 당시 양반들의 기
록으로부터 확인할 수 있다.

> 그들의 법은 귀천과 노소에 구애됨 없이 똑같이 인사를 주고받았다. 또 포군
> 을 '포사접장'이라고 했고 미성년자는 '동몽접장'이라고 했다. 노비와 주인이
> 함께 입도한 경우에는 서로를 '접장(接長)'이라고 불러, 마치 벗들이 교제하는
> 것 같았다. 이런 까닭에 사노비와 역참에서 일하는 사람, 무당이나 백정과 같

---

32 「면양행견일기」, 『국역총서』 10, 87~88쪽.
33 假稱平等, 而毁壞名分六也. 「양호우선봉일기」, 『동학란기록』 상, 272쪽.(『국역총서』 7, 32
  쪽) 조선시대 신분 차별의 이념적 기초는 유학의 '명분론'이다.(금장태, 『유교사상과 한국사
  회』, 성균관대학교출판부, 1987, 25쪽)

이 천한 사람들이 가장 좋아라 하면서 추종하였다.[34]

- 전라도 구례 유생 황현

대개 (동학에) 함께 입도한 자들은 귀천이나 상하나 노비나 주인이나 성년과 미성년을 가리지 않고 한결같이 서로 '접장'이라 하였고, 서로 만나면 반드시 서로 절하였고, 또 사람을 칭할 때에는 '도인(道人)'이라고 하였다.[35]

- 충청도 부여 유생 이철영

동학에 들어간 자는 양반과 상놈의 구분이 없고, 설령 피공(皮工)이나 무녀(巫女)와 같은 천민들이 사대부와 함께 들어가도 서로 공경하고 절하면서 '접장'이라고 부르고, 심지어 사가(私家)의 노예들이 그 상전에게도 그렇게 대하였다.[36]

- 경상도 김산의 양반 최봉길

또한 황해도 출신 김구는 동학농민혁명 시기 팔봉접주가 되어 해주성 전투에 참전했는데, 그는 '동학 도인은 상놈과 양반이 맞절을 하고, 빈부귀천으로 사람을 차별대우하지 않는 동학의 신분 해방의 실천에 감동하여 동학에 입도하였다'고 했다.[37]

34 황현 지음·김종익 옮김, 『오하기문』, 역사비평사, 1994(이하, 『오하기문』(번역본)'으로 약칭), 129쪽.
35 「갑오동란록」, 『국역총서』 6, 70쪽.
36 「세장년록」, 위의 책, 359쪽.
37 김구 지음·도진순 엮음, 『쉽게 읽는 백범일지』, 돌베개, 2005, 33쪽.

이상의 사례에 의하면, 동학농민혁명 기포 이전에 동학도가 되거나 혁명의 시기에 농민군이 된 민중들은 스스로 신분 해방과 평등세상을 실천하여 양반뿐만 아니라 노비와 어린이, 여성도 평등하게 대접하는 예법(인사법)을 실천하였고, 서로 평등하게 '접장' 또는 '도인'이라고 부르면서 조선시대 양반 중심의 예법과 신분제를 무너뜨리고 있다. 이와 같이 동학농민군들의 신분 해방 실천은 전라도, 충청도, 경상도, 황해도와 같이 동학이 포교되고 동학농민군이 세력을 확장하였던 대부분의 지역에서 확인할 수 있다.

또한 동학농민혁명 시기에 노비와 천인들이 동학에 들어가거나 동학의 위세를 빌려 적극적으로 신분 해방을 꾀한 것도 확인된다.

어느 곳을 따질 것 없이 사가(私家)의 노예들이 대부분 동학에 들어가 그 상전인 자들이 값을 받지도 않고 속량하였다. 그렇지 않은 경우에는 망측한 피해를 당하였기 때문에 우리 세 집안(三家)의 노비 역시 세상(흐름)에 따라 방출하여, 수하에 (노비가) 한 명도 없어서 근심스럽고 답답하였다.[38]

무릇 남의 집 종으로 적을 추종한 사람들뿐만 아니라 비록 적을 추종하지 않는 사람들도 한결같이 적을 끌어다 대며 주인을 협박하여 노비문서를 불태우고 면천해 줄 것을 강요하였다. 이들 중 몇몇은 주인을 결박하여 주리를 틀고 곤장을 때리기도 하였다. 이 무렵 노비가 있는 집안에서는 이런 소문을 듣고 노비문서를 불태워 화를 피하기도 하였다.[39]

---

38 「세장년록」, 앞의 책, 374쪽. 1894년 8월 6일 경상도 김산의 양반 최봉길의 일기이다.
39 『오하기문』(번역문), 231쪽.

또한 동학농민혁명 시기에 노비·천인들이 농민군의 접주·지도자가 되어 활동한 사례도 적지 않게 보인다. 수천 명의 광대·백정·역졸·대장장이·승려 등의 천인들을 모아서 지휘한 재인(광대) 출신 홍낙관(손화중 포),[40] 전라도 홍덕 이남면(二南面) 해천(海川)의 재인 출신 김도순(金道順) 접주,[41] 목천 관아의 노령(奴令) 출신의 동학 괴수 장돌용(張乭用)과 안천복(安千卜)[42] 등이 그들이다.

시천주 사상의 사회적 발현인 신분철폐 사상은 동학농민혁명 시기 농민군에 의해 신분철폐 운동으로 실천되었고, 1894년의 갑오개혁에 반영되었다. 이 외에도 남녀평등의 실현 및 유무상자(有無相資)[43]의 복지공동체 지향도 시천주 사상의 사회적 실천 운동으로서 주목할 만하다.

3) 근대 시민적 자각

시천주 사상은 당시 빈부, 귀천, 반상이 구별되고 이를 근거로 인간을 차

---

40 황현 지음·김종익 옮김, 『오동나무 아래에서 역사를 기록하다』, 역사비평사, 2016, 382, 462쪽.
41 「양호우선봉일기」,『국역총서』7, 212쪽.
42 「갑오군정실기」1·2·3,『동학농민혁명 신국역총서』6(이하, '「갑오군정실기」1·2·3'으로 약칭), 272쪽.
43 '수운과 해월을 거치면서 정립되고 실천된 유무상자의 정신'(박맹수, 『개벽의 꿈』, 136-143, 227, 247쪽 참고)은 동학농민혁명 시기에는 "죽이고 밥이고 아침이고 저녁이고 도인이면 서로 도와주고 서로 먹으라는 데서 모두 집안 식구같이 일심단결이 되었습니다. 그때야말로 천국천민(天國天民)들이었지요."라는 모습으로 실천되었다.(洪鍾植 口演,「七十年史上의 最大活劇 東學亂實話」,『신인간』제34호, 1929년 4월(이하, '홍종식,「70년 사상의 최대 활극 동학란 실화」'로 약칭)

별하는 신분제 사회에서 인간의 보편적인 존엄과 사회적 평등을 주창하여,[44] 동학농민혁명으로 하여금 근대 국가 형성으로 나아가는 민족운동이 되게 하였다. 유바다에 의하면, 동학농민혁명 시기 폐정개혁안은 서유럽의 시민혁명인 1215년 영국혁명, 1776년 미국혁명, 1789년 프랑스혁명의 결과 이룩된 민중의 인권과 평등권을 보장한 조세법률주의와 죄형법정주의 개혁과 대체로 부합한다.[45]

왕·귀족·양반만이 독점하고 있던 왕조 시대의 정치에서는 왕과 군자(또는 士)만이 정치의 주체였고, 피지배층인 일반 민중은 정치의 객체로서 일반 민중이 정치의 주체로서 참여하는 것은 거부되었다.[46] 그러나 동학에서는 일반 민중 누구나 동학에 입교함으로써, 즉 시천주의 존귀한 존재임을 깨달음으로써 누구나 유학에서 지향하는 군자와 같은 이상적 인간이 되어 신분 차별을 받지 않고 사회의 주인인 "군자" 또는 "지상신선"이 되는 모습을 다음과 같이 묘사하고 있다.

> 입도한 세상사람 그날부터 군자되어 무위이화(無爲而化) 될 것이니 지상신선(地上神仙) 네 아니냐[47]

이것은 단지 최제우의 바람으로 끝난 것이 아니다. 실제로 1894년경에

---

44 박광수, 『한국신종교의 사상과 종교문화』, 집문당, 2012, 134쪽.
45 유바다, 「동학농민전쟁과 갑오개혁에 대한 시민혁명적 관점의 분석」, 『동학학보』 58, 2021, 329쪽.
46 안현수, 「한국 사상사와 동학사상의 재음미」, 『대동철학』 제24집, 2004, 474쪽.
47 『용담유사』 「교훈가」.

30세였던 서산접주 홍종식의 구술에 의하면, 동학농민혁명 당시 충청도 서산에서는 동학에 입도하면 바로 양반이 된다고 하여 온갖 하층 계급들이 물밀듯이 들어와 한두 달 만에 거의 동학 세상이 되었다고 한다.

> 불과 일이 삭 안에 서산 일군이 거의 동학화가 되어 버렸습니다. 그 까닭은 말할 것도 없이 첫째 시운이 번복하는 까닭이요 만민평등을 표방한 까닭입니다. 그래서 재래로 하층계급에서 불평으로 지내든 가난쟁이, 상놈, 백정, 종놈 등 왼갓 하층계급은 물밀듯이 다 들어와 버렸습니다. 더구나 때마침 전라도 등지에서 동학군이 승승장구한다는 기쁜 소식이 날로 때로 올라 뻗치니 누가 기운이 아니 나겠습니까.… 하루라도 먼저 하면 하루 더 양반이요 하루라도 뒤져 하면 하루 더 상놈이라는 생각에서 어데서나 닥치는 대로 입도부터 하고 보았습니다. 참말로 야단법석이었지요.[48]

이에 의하면, 우주의 근원적 존재를 모신 '시천주'의 인간이 동학농민혁명에 이르면 '보국안민'과 '척왜양창의'의 주체로 진화하고 있음을 유추할 수 있다. 즉 최제우의 동학사상이 일반 민중들을 사회 운영의 주체로 거듭나게 하였고,[49] 근대 시민적 자각으로 한 발 나아가게 한 것이다.

물론 이러한 해석에 대해서는 연구자들 사이에서 이견도 있다. 동학농민혁명의 변혁적 성격은 대체로 인정하면서도, 동학농민군의 반근대적 성격에 무게를 두는 연구도 있기 때문이다. 또한 근대와 반근대의 너머를 전망

---

48 홍종식, 「칠십년 사상의 최대 활극 동학란 실화」, 45쪽.
49 구태환, 「최제우와 동학사상」, 『처음 읽는 한국 현대철학』, 동녘, 2015, 96~97쪽.

하는 시론 내지는 비서구적 근대 지향으로 보는 연구도 있다.[50] 이에 대해 필자는 한국근대사가 동학농민혁명에서 시작하여 의병전쟁과 공화제 지향의 3·1운동을 거치면서 상해임시정부의 공화국 수립 운동으로 나아갔다는 점에서, 한국근대사는 서양의 근대에 비견되는 근대적 지향이 있었으며, 동학농민혁명의 신분 해방 투쟁은 근대적 시민의 형성 과정, 근대적 시민의 자각 과정이었다고 보고자 한다.

4) 생명평화사상으로 발전

최제우의 시천주 사상은 최시형에 의해 생명사상과 평화사상으로 구체화하고 발전한다.[51] 생명사상은 사람만이 하늘님이 아니라 우주 만물 전체가 하늘님이라는 사상을 기반으로 성립한 것이다. 최시형은 "천지만물이 시천주 아님이 없으므로"[52] "하늘과 사람에 대한 공경뿐만 아니라 사물에 대한 경건하고 겸손한 삶의 태도를 지닐 것"[53]을 주장하였다. 서구적 근대가 인간 중심적 세계관, 기계론적 자연관을 기반으로 성립된 것이라면 최시형의 생명사상은 만인의 평등뿐만 아니라 만물의 평등까지 주창하여 동학은 서구

50 유바다, 「동학농민전쟁과 갑오개혁에 대한 시민혁명적 관점의 분석」, 앞의 책, 294쪽; 박맹수, 「한국 근대 민중종교와 비서구적 근대의 길」, 『개벽의 꿈』.

51 박맹수, 『생명의 눈으로 보는 동학』, 133쪽; 박맹수, 「전봉준의 평화사상」, 『통일과 평화』 9-1, 2017.

52 萬物莫非侍天主. 『해월신사법설』 「대인접물」.

53 "셋째는 물건을 공경함이니 사람은 사람을 공경함으로써 도덕의 최고 경지가 되지 못하고, 나아가 물건을 공경함에까지 이르러야 천지기화(天地氣化)의 덕에 합일될 수 있느니라." 『해월신사법설』 「삼경(三敬)」.

적 근대에서 한 걸음 더 나아가고 있다.[54] 특히 최시형의 생명사상은 인간의 탐욕과 전쟁으로 지구의 존립 자체가 위기로 다가온 현시대에 인간과 지구 환경을 살릴 수 있는 대안 사상으로 그 의의가 더욱 분명해진다.

동학농민혁명 1차 봉기 시기인 1894년 4월에 동학농민군의 '4개조 약속'과 '12개조 군율'이 천명되었다. 이 점은 관변 측 기록과 주한일본공사관의 기록, 당시 일본 신문 등에서 공통적으로 확인된다.[55]

4개조 약속

一. 늘 적을 상대할 때마다 우리 칼에 피를 묻히지 않고 이기는 자가 공이 있다.

一. 어쩔 수 없이 싸우더라도 절대로 목숨을 해치지 않는 것이 중요하다.

一. 늘 행군하며 지나갈 때에 절대로 사람과 가축을 해치지 말라.

一. 효자와 충신과 우애와 신망이 두터운 사람이 사는 마을의 10리 안에는 주둔하지 말라.[56]

---

54 조성환, 「한국에서의 전통사상의 근대화: 동학을 중심으로」, 『한일전통사상의 근대화 과정과 비판적 성찰』, 원광대학교 종교문제연구소 50주년기념 한일국제학술대회 자료집, 2017, 17쪽.

55 ① 「동비토록」, 『국역총서』 3, 115~116쪽; ② 『주한일본공사관기록』 1, 19~20쪽; ③ 김윤식, 「면양행견일기(沔陽行遣日記)」(5월 2일), 『국역총서』 10, 111쪽; ④ 「괴수 각 부장에게 슈하다」, 「시사신보(時事新報)」 1894년 6월 2일; ⑤ 「동학당 대장의 號令」, 「도쿄아사히신문(東京朝日新聞)」 1894년 6월 3일. 이 중에서 일본 신문 「시사신보」, 「도쿄아사히신문」의 기록은 박맹수, 『개벽의 꿈』, 531~532쪽에서 재인용.

56 동학농민혁명 시기 공주 정안면에서는 '동학군이 지나가면서, 거지에게도 상을 차려 대접해 왔던 덕망가이며 지주였던 이참봉네는 피해를 주지 않도록 배려했다'는 이야기가 전하고 있다.(『공주와 동학농민혁명』, 289~290쪽) 또한 '동학군이 그동안 선행을 많이 베풀어 온 새터(효포초등학교의 건너편 동남쪽 마을)의 김주사 양반네에게 치사를 했다'고 한다.(같은 책, 166쪽)

12개조 군율

一. 항복한 자는 아끼고 대우한다(降者愛待)

一. 곤궁한 자는 구제한다(困者救濟)

一. 탐욕스런 자는 내쫓는다(貪者逐之)

一. 따르는 자는 공경하여 복종시킨다(順者敬服)

一. 배고픈 자는 음식을 준다(飢者饋之)

一. 간특하고 교활한 사람은 그만두게 한다(奸猾息之)

一. 도망가는 자는 추격하지 않는다(走者勿追)

一. 가난한 자는 진휼한다(貧者賑恤)

一. 충성스럽지 못한 자는 제거한다(不忠除之)

一. 반역하는 자는 잘 타이른다(逆者曉諭)

一. 아픈 자는 약을 준다(病者給藥)

一. 불효자는 죽인다(不孝殺之)

이에 의하면 동학농민군이 백성에게 폐를 끼치는 행위를 삼갔으며, 백성
들의 생명·생업·생활에 해를 끼치는 탐관오리를 제거하되, 어디까지나 불
살생을 추구하는 것을 최고의 가치로 삼았음을 알 수 있다.[57] 동학농민군은
전쟁 중에도 적과 아군을 막론하고 사람의 목숨을 귀중하게 여겼고, 도덕
을 중시하였다. 최제우의 시천주 사상과 최시형의 생명 존중 사상은 동학농
민혁명 시기 동학농민군이 '도덕의 군대', 불살생을 추구하는 '평화의 군대'

---

57 박맹수, 「전봉준의 평화사상」, 앞의 책, 86~87쪽.

를 지향하게 하였음을 알 수 있다. 이것을 요즘 식으로 말하면 '동학의 생명 평화 사상'이라고 명명할 수 있을 것이다.[58]

2. 보국안민사상

보국안민(輔國安民)사상은 일반적으로 동학농민혁명 시기 동학농민군의 핵심 이념으로 알려져 있다. "잘못되어 가는 나라를 바로잡고, 극심한 고통에 빠진 백성을 편안하게 한다"는 보국안민사상은 「무장포고문」(茂長布告文)[59]에 나타나 있다. 「무장포고문」은 전라도 무장현에서 전봉준 장군이 주도하여 무장기포(3월 21일)를 하던 즈음에 발표한 것이다. 「무장포고문」에는 중앙과 지방 수령들의 탐학으로 백성들이 도탄에 빠져 있어, 이를 바로잡아 보국안민[60] 하고자 봉기하였다고 명시하였다.

그런데 '보국안민(輔國安民)'이라는 이념은 최제우가 1861년에 저술한

---

58 박맹수·조성환, 「전봉준의 동학사상」, 『한국종교』 53, 2022 참조.
59 「무장포고문」은 오지영 『동학사』(464~465쪽, 국한문), 「취어」(『사료총서』 2, 124~126쪽, 한문), 「오하기문」(『사료총서』 1, 52~54쪽, 한문), 「수록」(『사료총서』 5, 157~159쪽, 한문), 「동비토록」 (『사료총서』 3, 159~160쪽, 한문), 「東學文書」(『Mutel 文書』)에 2종(각각 한문, 『사료총서』 5, 136~137쪽.「全羅道東學輩布告文 茂長縣」; 위의 책, 138~140쪽. 「布告文」)에 기록되어 있고, 약간의 문구가 차이가 있으나 내용은 거의 동일하다.
60 「무장포고문」에 나오는 '보국안민'의 한자 표현은 사료마다 조금씩 다르다. 『동학사』, 「취어」, 「수록」, 「동비토록」, 「東學文書」에는 "輔國安民"으로 기록되어 있고, 『오하기문』에는 "保國安民"으로, 「나암수록」에는 "報國安民"으로 기록되어 있다. 의미는 대동소이하지만, '輔國安民'이 『동경대전』에 나오는 표현이다.

『동경대전』「포덕문」[61]에 이미 나온다.

이런 까닭에 우리나라에는 나쁜 병이 가득해 백성들이 사시사철 단 하루도
편안한 날이 없으니 이런 현상 역시 다치고 해를 입을 운수다. 서양 각 나라
는 싸우면 이기고 지면 빼앗아 성공하지 않는 일이 하나도 없으니 천하(중국)
가 다 멸망해 버리면 역시 입술이 없어져 이가 시리게 되는 한탄이 없지 않게
되리니 보국안민의 계책이 장차 어디에서 나올 수 있을 것인가?[62]

위 「포덕문」에는 보국안민의 계책이 필요한 이유로 "나쁜 병" 즉 "악질(惡
疾)"과 "서양 세력의 침략"을 이야기하고 있다. "악질"은 당시 유행하던 콜
레라 등 전염병뿐만 아니라 가뭄 등 자연재해 및 삼정문란에서 야기되어
조선 후기에 빈발했던 농민봉기(민란)를 총칭한 말일 것이다.[63] 『용담유사』
「권학가」에도 "강산 구경 다 던지고 인심풍속 살펴보니"라는 말이 나오는
데, 여기에서 '인심풍속'은 최제우가 10여 년간 장삿길을 다니면서 목격한
전염병과 가뭄과 같은 자연재해뿐만 아니라 조선 후기에 계속되어 오던 민
란의 상황 등을 총칭하는 말일 것이다. 「포덕문」의 "악질"은 이러한 부정적
상황들을 포괄적으로 표현한 것이라고 생각된다. 「권학가」에서도 "온 세상
사람들이 진흙 구덩이 또는 사지에 빠져 있어 보국안민이 필요하다"고 말

---

61 「포덕문」의 저술 시기는 박맹수는 1861년 봄(『개벽의 꿈』, 171쪽), 표영삼은 1861년 7월 중
   순(『동학』 1, 138쪽)으로 보고 있다.
62 是故, 我國惡疾滿世, 民無四時之安. 是亦傷害之數也. 西洋戰勝功取, 無事不成, 而天下盡滅,
   亦不無脣亡之歎. 輔國安民, 計將安出. 박맹수 옮김, 『동경대전』, 5쪽.
63 박맹수, 『생명의 눈으로 보는 동학』, 171쪽.

하였다.

일 세상 저 인물이 도탄(塗炭) 중 아닐런가. 함지사지(陷之死地) 출생들아 보국안민(輔國安民) 어찌 할꼬.[64]

동학농민혁명의 지도자 전봉준은 재판받을 때의 진술(『전봉준공초』)에서, 2차 봉기의 목적을 "일본과 접전(接戰)"하고자 또는 "일본군이 대궐을 침입한 연유를 힐문(詰問)"하기 위해서, 그리고 "보국안민의 계획을 행하고자"라고 진술하였다.[65] 그뿐만 아니라 『전봉준공초』에는 동학사상과 보국안민의 관계를 살펴볼 수 있는 다음과 같은 진술이 있다.

문: 동학이라는 것은 무슨 주의, 무슨 도학인가?
답: 수심(守心)하여 충효로 근본을 삼아 보국안민(輔國安民)하자는 일이다.
문: 너도 동학을 몹시 좋아하는 자이냐?
답: 동학은 수심경천(守心敬天)하는 도이기 때문에 몹시 좋아한다.[66]

이 진술의 의미에 대해서 박맹수는 "수심경천은 개개인의 영성 함양이고, 보국안민은 사회변혁을 위한 실천 운동 즉 사회혁명인데, 전봉준은 개인의 영성과 사회의 혁명을 아우르고 있는 동학사상에 매료되어 동학에 입

---

64 『용담유사』 「권학가」. 「권학가」는 1862년 1월 초 남원 교룡산성 내 은적암에서 지었다.(표영삼, 『동학』 1, 166쪽)
65 「전봉준공초」, 『국역총서』 12, 15, 25, 37쪽.
66 위의 책, 21~22쪽.

도, 혁명 지도자가 되었다"고 해석하였다.[67] 이것으로 미루어보아 전봉준이 동학농민혁명 시기에 봉기의 지도자로 나선 것은 "수심(守心)" 또는 "수심경천(守心敬天)"하는 동학의 개인적 수양을 바탕으로 나라와 민중의 고통을 해결하고자 하는 사회개혁인 "보국안민(輔國安民)"의 길에 나선 것으로 볼 수 있다. 동학농민혁명의 지도자 전봉준의 삶에는 동학적인 개인 수양과 사회개혁을 지향하는 보국안민의 동학사상이 자리 잡고 있음을 알 수 있다.

공주전투(10월 22일~11월 14일)가 한창인 11월 7일, 부산 주재 일등영사 가토 마스오(加藤增雄)가 서울에 있던 특명전권공사 이노우에게 보고하기를, "진짜 동학교도도 결코 정사(政事)와 관계없는 것이 아닙니다. 도리어 가짜 동학교도보다 무서운 혁명의 씨를 품고 있습니다. 왜냐하면 그들이 부르짖는 바는 항상 '보국안민(輔國安民)'의 4자(字)로서, 그들은 일반 조선인 중에서 가장 완강한 인민이기 때문입니다."[68]라고 하여, 동학교도들의 사회개혁과 항일 의지를 '보국안민'으로 특정하여 이해하고, 그것을 높이 평가하고 있다.

'보국안민'은 최제우의 『동경대전』에 등장한 이래로, 동학농민혁명 시기에는 「무장포고문」, 『전봉준공초』 등에서도 동학농민군의 봉기 목적으로 표현되었으며, 재조선 일본 관리 가토 마스오도 동학농민군의 봉기 목적으로 진술하였다. 이로부터 '보국안민'은 동학사상의 중요한 개념의 하나이면서 동시에, 동학농민혁명의 사회개혁 사상으로 자리 잡고 있음을 알 수 있다.

---

67 박맹수, 『생명의 눈으로 보는 동학』, 87쪽.
68 『주한일본공사관기록』 2, 93쪽(「機密 제34호」, 親展).

3. 후천개벽사상

동학사상의 주요 개념 중 또 다른 하나는 후천개벽(後天開闢) 사상이다. 최제우의 사상을 전하는『동경대전』과『용담유사』에는 '후천개벽'이라는 말은 나오지 않고, "개벽" 또는 "다시개벽"으로 나온다. 구체적으로는 한글가사체 저작집인『용담유사』에만 다음과 같이 5회의 용례가 보인다(밑줄은 인용자).

① 개벽시(開闢時) 국초일(國初日)을 만지장서(滿紙長書) 나리시고 십이제국(十二諸國) 다 버리고 아국(我國) 운수 먼저 하네.(「안심가」)
② 십이제국(十二諸國) 괴질(怪疾) 운수 다시개벽(開闢) 아닐런가.(「안심가」)
③ 하늘님 하신 말씀 개벽 후 오만 년에 네가 또한 첨이로다. 나도 또한 개벽 이후 노이무공(勞而無功) 하다 가서 너를 만나 성공하니…(「용담가」)
④ 근심 말고 돌아가서 윤회시운 구경하소. 십이제국 괴질운수 다시개벽 아닐런가(「몽중노소문답가」).

'가사(歌辭)'는 고려 말기에 등장하여 조선 말기에는 양반, 사대부 및 아녀자 등의 사상과 생활 감정을 표현하는 문학 양식으로 자리매김했다.[69] 한글가사 모음집인『용담유사』에서 언급된 "개벽"이라는 말로부터, 지식층은 물론이고 현실적으로 가장 고통받는 계층인 민중들에게 개벽 시운(時運)의 도

---

69 윤석산 주해,『용담유사』, 동학사, 1999, 263~265쪽.

래를 말하고자 했던 최제우의 의도를 엿볼 수 있다.[70]

최제우의 '다시개벽'은 최시형에 이르면 '후천개벽'으로 개념화된다. 『주역』과 소강절의 「원회운세론(元會運世論)」 등에 나타나는 후천개벽사상은 갑자년(甲子年)을 분기점으로, 그 이전까지의 낡은 세상인 선천(先天) 5만 년이 끝나고 이상적인 세상, 즉 후천(後天) 5만 년이 새로 열린다는 사상이다.[71] 최제우와 최시형은 이러한 사상을 발전시켜 지금까지의 시대는 반드시 무너지고 마는 모순에 찬 낡은 시대로, '각자위심(各自爲心)의 시대', 악질의 시대, 서양 침략의 시대였지만, 후천개벽 시대는 인류 문명 자체의 근원적 변화의 시대라고 전망하고 있다.[72]

조선에서 문명 전환의 필요성을 주창한 최제우의 다시개벽과 최시형의 후천개벽사상은 이후에 신종교 운동으로 이어져 천도교, 증산교, 대종교, 원불교 등으로 계승되었다. 최시형의 인심개벽, 강일순의 천지개벽, 손병희의 인여물(人與物)개벽, 이돈화의 삼대개벽(정신개벽·민족개벽·사회개벽), 대종교의 중광(重光), 원불교의 정신개벽 등이 그것이다.[73] 또한 천도교에서는 1912년에 손병희가 '성신쌍전론(性身雙全論)·교정일치론(敎政一致論)'을 정

---

70 정향옥, 「원불교 개벽사상의 역사적 전개와 특징」, 원광대학교불교학과 박사학위논문, 25~26쪽; 윤석산 주해, 『용담유사』, 264~265쪽.

71 박맹수, 『개벽의 꿈』, 107쪽.

72 박맹수, 『생명의 눈으로 보는 동학』, 130~131쪽. 최제우는 반드시 무너지고 말 모순에 찬 낡은 시대를 '지난 시절'·'하원갑'·'전만고'·'전춘추'·'개벽 후 오만 년'으로 표현하고 있으며, 낙관적으로 전망하는 다가오는 새로운 시대를 '오는 시절'·'상원갑'·'후만고'·'후춘추'·'오만년지 운수'·'다시개벽' 등으로 표현하고 있다.(표영삼, 『동학』 1, 78쪽; 박맹수, 『생명의 눈으로 보는 동학』, 123쪽)

73 박광수, 『한국 신종교의 사상과 종교문화』, 228~229쪽; 조성환, 「동학이 그린 공공세계」, 『근대 한국 개벽종교를 공공하다』, 모시는사람들, 2018, 149쪽.

립하여 천도교 현실 참여의 이론적인 기반으로 삼았고, 3·1운동의 준비와 조직적 확산에 기여하였다.[74] 증산은 '해원상생(解冤相生)'된 지상낙원을 제시하였고, 대종교의 '수전병행사상(修戰並行思想)'은 항일무장투쟁의 사상적 원동력으로 되었다.[75] 원불교는 식민지 시대 조선 땅에서 "물질이 개벽되니 정신을 개벽하자"는 개교 표어를 내걸고, 후천개벽의 광대무량한 낙원 세계를 이루는 종교운동을 전개하였다.[76]

최제우의 후천개벽사상은 인간의 실천에 의한 지상천국 건설을 추구하는 사상으로, 농민군의 사회개혁, 즉 동학농민혁명의 사상적 근거이기도 하다. 그 이유는 다음과 같다.

첫째, 최제우의 후천개벽사상은 인간의 실천을 중요시한다. 역사란 운명적으로 정해진 길을 가거나 초월적인 힘에 의해 좌우되는 것이 아니라, 꿈을 가진 인간 즉 현숙한 모든 군자가 만들어 가는 과정이라고 보기 때문이다.[77] 이 점은 『용담유사』「권학가」에 나오는 다음과 같은 이야기로부터 확인된다.

시운을 의논해도 일성일쇠 아닐런가 쇠운(衰運)이 지극하면 성운(盛運)이 오지마는 현숙한 모든 군자 동귀일체(同歸一體) 하였던가.[78]

---

74 「천도교창건사」, 『동학사상자료집』 2, 244~246쪽; 정용서, 「천도교의 '교정일치'론과 현실 참여」, 『인문과학 연구논총』 제37권 3호, 2016, 103쪽.
75 박맹수, 『근대 한국 개벽종교를 공공하다』, 서문 7쪽.
76 박광수, 『한국신종교의 사상과 종교문화』, 107쪽.
77 표영삼, 『동학』 1, 79쪽; 정향옥, 앞의 논문, 27쪽.
78 『용담유사』「권학가」.

여기서 최제우는 성운(盛運)의 시대는 반드시 오지만 사람들이 함께 노력하는 것, 즉 '동귀일체'의 노력이 필요하다고 역설하고 있다.

둘째, 최제우의 후천개벽사상은 살아 있는 생명들을 천시하고 내세 극락을 지향하는 저승 중심의 종교가 아니라, 현세의 지상천국을 지향하고 있다.[79] 『용담유사』 「도덕가」에서 최제우는 "상제가 인간 세상과 따로 떨어진 옥경대에 있다"는 말을 '허무지설'이라고 비판한다: "천상에 상제님이 옥경대(玉京臺)에 계시다고 보는 듯이 말을 하니 음양이치 고사하고 허무지설(虛無之說) 아닐런가." 동학은 저세상이 아닌 이 세상을 모든 사람이 하늘님처럼 대접하며 살아가는 세상으로 만들고자 하였다.[80] 동학이 추구하는 이상세계인 후천개벽 세상은 현실 세계에서 모두가 도덕적으로 완성된 인간인 "군자"가 되고, 무병장수 하는 "지상신선"이 된 세계이다. 이에 대해서는 『용담유사』 「교훈가」에서 다음과 같이 노래한다.

입도한 세상사람 그날부터 군자되어 무위이화(無爲而化) 될 것이니 지상신선(地上神仙) 네 아니냐.[81]

현재의 인간이 살아가는 현실에서 만들어 가는 지상낙원을 지향하는 후천개벽사상은 낡은 왕조 사회의 해체를 고무하는 혁명사상이 되어, 동학농

79 박광수, 『한국신종교의 사상과 종교문화』, 231쪽; 유초하, 「섬김과 어울림의 문화에 자양이 되는 쌀을 살리자」, 『보은취회 110주년기념 학술포럼 자료집』, 2003, 5쪽(박맹수, 『개벽의 꿈』, 48쪽에서 재인용).
80 표영삼, 『동학』 1, 머리말 19쪽.
81 『용담유사』 「교훈가」.

민혁명을 추동한 핵심 사상으로 작동한다.[82] 동학농민혁명 시기 동학농민
군은 '보국안민', '척양척왜'를 쓴 깃발과 함께, 후천개벽의 새로운 시대를
표방하는 '오만년수운대의(五萬年受運大義)'라고 크게 쓴 깃발[83]을 높이 들고
항일·반봉건·반신분제 투쟁을 전개하였다. 여기에서 '오만년'은 후천개벽
시대를 말한다. 이러한 오만년의 시간 관념은 『용담유사』 「용담가」에 '오만
년지운수(五萬年之運數)'로 나온다. 이 외에도 『용담유사』, 『해월신사법설』
에 '오만년(五萬年)'이라는 표현은 여러 차례 보인다.

4. 민족자주사상

동학농민혁명의 2차 봉기는 항일 전쟁이었다. 1894년 6월 21일(음) 일본
군이 조선 왕궁을 점령하자, 전주화약 이후 도회소 통치를 확대하며 외세의
동향을 예의주시하던 동학농민군은 일본군을 몰아내기 위해 재차 봉기하
였다. 9월 10일 삼례에서 재기포의 깃발을 세운 전봉준은 이 2차 기포가 "일
본과 전쟁하기 위해서" 봉기하였다고 밝혔다.[84] 해월 최시형의 총기포령에
따라 9월 18일 청산에서 기포한 북접 농민군의 목적도 "왜적을 치기 위해

82 한국종교연구회, 『한국 종교문화사 강의』, 청년사, 1998, 367~368쪽; 오익제, 『신인간』 제
   416호, 1984, 41~47쪽(유병덕 편저, 『동학·천도교』, 敎文社, 627쪽에서 재인용); 박맹수, 「동학계
   종교운동의 역사적 전개와 사상의 시대적 변화」, 『한국 신종교 지형과 문화』, 222쪽.
83 「동학도종역사」, 『국역총서』 11, 124쪽; 「시천교종역사」, 위의 책, 284쪽. 소강절의 원회운
   세론(元會運世論)에서 '후천 5만 년'은 후천개벽 시대를 말한다. (박맹수, 『생명의 눈으로 보는
   동학』, 154쪽)
84 與日人接戰. 「전봉준공초」, 『동학란기록』 하, 529쪽.

서"였다.[85] 이와 같이 동학농민혁명 2차 봉기에 나선 남접과 북접 농민군의 직접적인 거사 목표는 척왜(斥倭)·항일(抗日)의 대외적인 전쟁이었다.

그런데 다음『전봉준공초』의 진술로 보면, 전봉준은 '통상(通商)'과 '영토 침략'을 구분하여, '통상'은 배격하지 않고 있다.

문(問): 그렇다면 일본 병사며 각국의 사람들이 경성에 머무는 자를 몰아내려 하느냐?

공(供): 그렇지 않다. 각국 사람들은 다만 통상(通商)만 하는데 일본 사람들은 병사를 거느리고 경성에 진영(陣營)을 주둔하기 때문에, 우리나라의 영토[境土]를 침략하는 것이 아닌가 의심한 것이다.[86]

위 진술에서 전봉준은 일본군의 조선 왕궁 점령 사건은 '영토 침략'으로 규정하고, 전쟁으로 일본군을 몰아내야 할 사건으로 보고 있다. 또한 전봉준은 '침략'은 반대하지만, '통상'하는 열린 세계를 지향하는 개방적인 민족주의를 견지한다는 것을 확인할 수 있다.

척왜양·반침략 사상은 최제우의 동학 창도 동기의 하나이기도 하다.『동경대전』「포덕문」에는 동학 창도의 배경으로, '세상 사람들의 각자위심(各

---

85 일본 측에서 입수한 10월 15일 무렵의 동학교단 측 상황에 의하면, 접주의 통문(通文)에 '우리 접주들은 힘을 합하여 왜적을 치자.'라고 하였다.(『주한일본공사관기록』1, 173쪽) 이 자료는 문경부사의 탐지 보고를 일본군 남부문경병참사령부(南部聞慶兵站司令部) 데와(出羽) 소좌(少佐)가 취득하여 상부인 남부병참감 이토 스케요시(伊藤祐義) 포병중좌(砲兵中佐)에게 보고한 것이다.

86 「전봉준공초」,『국역총서』12, 25쪽.

自爲心, 즉 이기심)'과 함께 '서양인의 침략'을 언급하고 있다.

> 1860(경신년)이 되어 소문을 들으니, 서양 사람들은 하늘님의 뜻이라 하여 부
> 귀는 취하지 않는다고 하면서, 한편으로 천하를 공격해 취하고 교회당을 세
> 워 서양의 도를 가르친다고 한다.[87]

여기에서 최제우는 서양인들이 겉으로는 서학(西學)을 내세우면서 실제
로는 침략을 일삼고 있다고 비판한다. 이로부터 동학 창도는 서양인의 조선
과 중국 침략에 보국안민의 관점으로 대처하려는 것임을 알 수 있다. 이러
한 경계 의식은 일본에 대해서도 마찬가지이다. 최제우는 『용담유사』 「안
심가」에서, 임진년(1592)의 일본의 조선 침략에 대해 "개 같은 왜적 놈"이라
고 매우 강하게, 세 차례나 비난하고 있다.[88] 그리고 임진왜란 때 조선을 지
킨 명현(名賢) 오성 이항복과 한음 이덕형처럼 자신도 국난에 맞서 조선을
지킬 것이라고 다짐한다.[89]

1876년 개항 이래 조선 사회는 세계 자본주의 체제에 강제적으로 편입되
면서 전통적인 조선 경제 체계가 파탄의 위기에 처하게 된다. 이러한 사회

---

87 至於庚申, 傳聞西洋之人, 以爲天主之意, 不取富貴, 攻取天下, 立其堂, 行其道. 박맹수 옮
　김, 『동경대전』, 4쪽.
88 ① "개 같은 왜적 놈아 너희 신명 돌아보라 너희 역시 하륙(下陸)해서 무슨 은덕 있었던
　고…." ② "개 같은 왜적 놈이 전세(前世) 임진(壬辰) 왔다 가서…." ③ "개 같은 왜적 놈을
　하늘님께 조화 받아 일야(一夜)에 멸(滅)하고서…." 『용담유사』 「안심가」.
89 "전세(前世) 임진(壬辰) 그때라도 오성(鰲城) 한음(漢陰) 없었으면 옥새보전(玉璽保全) 뉘가
　할꼬 아국 명현(名賢) 다시없다 나도 또한 하늘님께 옥새보전 봉명(奉命)하네." 『용담유
　사』 「안심가」.

상황에서 1892년 최시형은 교도들에게 사치를 금하면서 아울러 수입품인 '서양 비단(洋紗)', '당목(唐木)'을 일체 금지하도록 다음과 같은 통문을 발송하였다.

하나. 우리 동학 도유(道儒)들은 통양(通樣)갓, 서양 비단(洋紗), 당목(唐木), 채단(綵緞) 등을 일체 금지하며, 오직 추포(麤布)와 추목(麤木)만을 입을 것.[90]

최제우의 척왜양·반침략 사상은 최시형 시대에 이르러 수입품 사용 금지 및 국산품애용운동으로, 그리고 교조신원운동 시기에는 척왜양운동으로 일상생활상의 윤리 규범 수준에서부터 정치적인 투쟁에 이르기까지 전방위적으로 구체화되며 계승된다. 1892년 10월 공주취회에서 시작되고 1893년 보은취회로 마무리되는 교조신원운동에서 일관된 주장 중의 하나도 "서학과, 불법적으로 상업 활동을 벌이는 일본 상인을 포함하여 외국 세력을 물리치자는 요구"[91] 즉 척왜양의 요구였다. 1893년 3월 11일에 시작되어 4월 2일에 해산한 보은취회에는 동학교도 및 일반 민중들이 최소 2만 7천 명 이상 몰려들었고, 동학교도들은 척왜양의 주장을 일관되게 천명했다. 보은취회에서는 '척왜양창의(斥倭洋倡義)'라고 쓰인 큰 깃발을 세우고 있었고, 동학교도들은 보은군수와의 대화에서도 "척왜양을 위해 모였다"고 명시했으며(3월 22일, 3월 23일), 3월 11일 동학교도가 보은 관아의 삼문(三門)

---

90 吾道中道儒, 通樣笠·洋紗·唐木·綵緞等物, 一切嚴禁, 只着麤布·麤木事. 「해월문집」(「임진통문」, 1892), 『한국학자료총서(9) 동학농민운동편』, 한국정신문화연구원, 1996, 317쪽; 박맹수, 『개벽의 꿈』, 142쪽.
91 박맹수, 『생명의 눈으로 보는 동학』, 336쪽.

에 세운 '보은관아통고(報恩官衙通告)', 3월 16일의 '동학인령(東學人令)', 3월 22일 무렵의 '동학인방(東學人榜)'에도 집회의 목적으로 '척왜양'을 명시하였다.[92]

교조신원운동에 이어 동학농민혁명의 1차 봉기 때에도 척왜양·반침략 구호는 계속해서 제기되었다. 3월 21일 무장기포 무렵에 발표된 「무장포고문」에는 탐관오리 청산을 통한 국내 개혁을 추구하는 보국안민의 필요성이 천명되었지만, 3월 25일 무렵의 백산대회의 격문에는 "밖으로는 횡포한 강적의 무리를 구축하고자 함"[93]이라고 하여 척왜양·반침략의 목표가 제시된다. 또한 백산 격문과 함께 발표된 「사대명의(四大名義)」에 "왜를 내쫓고 성도(聖道)를 밝게 한다"[94]는 척왜양·반침략의 구호가 제시되었다.

최제우는 동학을 세울 수밖에 없는 이유 중의 하나로, 서양 세력의 침략에 대한 반대와 함께 서학은 "도무지 하늘님을 위하고자 하는 단서가 없고, 다만 자기 한 몸만을 위하여 빌 뿐"[95]임을 제시하였다. 즉 서학에는 영성이 없다고 본 것이다. 다만, 서학과 동학의 동이(同異)에 대해서는 "운은 하나요 도는 같지만 이치는 같지 않다(運則一, 道則同, 理則非)"(『동경대전』 「논학문」)라고 하였다. 즉 "서학이 지닌 근대성과 보편성을 인정"하면서, "리(理), 즉 구체적 방법론만 다르다."고 평가하고 있다.[96]

---

92 「취어」, 『국역총서』 1, 18~28쪽.
93 오지영, 『동학사』, 468쪽.
94 「大韓季年史」에는 '왜이(倭夷)를 내쫓고(逐滅倭夷 澄淸聖道)'라고 기록되어 있다.(『사료총서』 4, 363쪽) 『주한일본공사관기록』 1의 (1) 全羅監司書目大槪에는 '양인과 왜인을 내쫓고'(逐滅洋倭, 澄淸聖道)라고 기록되어 있다.(『주한일본공사관기록』 1, 1쪽)
95 頓無爲天主之端, 只祝自爲身之謀. 박맹수 옮김, 『동경대전』 「논학문」, 14쪽.
96 박맹수, 『생명의 눈으로 보는 동학』, 101쪽.

최제우는 이러한 서학 비판과 함께 자신의 깨달음을 '동학'이라 명명하고, 서학과의 차이를 제시하였다.

> 나 또한 동쪽 나라 조선에서 태어나 동쪽에서 도를 받았으니 도는 비록 하늘의 도라 할 수 있지만 학문으로 말하면 동학이라 해야 하느니라.… 나의 도 역시 이곳 조선에서 받아서 여기에서 펴고 있으니 서학이라 부르면 어찌 되겠느냐?[97]

여기에서 '도(道)'는 표영삼에 의하면 '신념체계'를 가리킨다. 반면에 학(學), 법(法), 교(敎), 술(術)은 수행체제에 해당한다.[98] 박맹수는 '동학'은 서양식 종교가 아니라 이 땅의 오랜 전통이었던 도학(道學)을 계승하여 나온 천도(天道)이고, 하늘의 길을 닦아가는 '우리 학문(東學)'이라고 평가하였다.[99]

지금까지 살펴본 바와 같이, 척왜양·반침략의 민족자주사상은 최제우와 최시형의 핵심 사상 중의 하나였고, 동학 창도와 포덕 과정, 교조신원운동 그리고 동학농민혁명 시기에도 일관되게 표명되었다. 이러한 민족자주사상은 민중들에게 실천의 정당성을 부여하였고 또한 민족의 독립과 자주를 지향했던 한국 근대사의 귀중한 유산으로 되었다.

---

97 吾亦生於東, 受於東, 道雖天道, 學則東學,…吾道受於斯布於斯, 豈可謂以西名之者乎. 박맹수 옮김, 『동경대전』 「논학문」, 14~15쪽. 최제우의 민족자주사상은 조선 후기의 유학 비판과 함께 탈중화사상을 띠고 있다.(황선희, 『동학·천도교 역사의 재조명』, 모시는사람들, 2009, 37쪽)
98 표영삼, 『동학』 1, 108쪽.
99 박맹수, 『생명의 눈으로 보는 동학』, 104쪽.

또한 동학 포교의 역사에서 형성된 동학의 포(包)와 접(接) 조직은 1894년 동학농민군의 토대가 되었다. 동학 창도 초기 조직인 접은 인적 관계로 결합한 조직인 반면에, 포 조직은 인적 결합 관계 외에 지역적 결합의 성격이 강한 조직이었다. 동학조직은 대접주의 포가 예하의 접 조직을 이끄는 상위에 위치해서 인맥으로 연결된 수많은 교도들을 통제하였다.[100]

이상, 동학농민혁명의 사상적 배경으로서의 동학사상을 살펴보았고, 다음 동학농민혁명 공주전투의 공간적 배경으로서의 공주와 동학의 관계를 살펴보겠다.

---

100 표영삼, 『동학』 2, 301~302쪽; 신영우, 「1894년 남원대도소의 9월봉기론과 김개남군의 해산 배경」, 『전라도 남원 동학농민혁명』, 모시는사람들, 2015, 90쪽.

제3장 동학과 공주

1. 공주의 공간적 배경

공주는 역로(驛路)를 기반으로 사통팔달의 도로망을 갖추었고 또한 서해
와 이어지는 금강을 통한 물길로 상업이 번창하고 있어,[1] 사방에서 농민군
이 모여들기 쉽고 식량을 모으기 편리한 장소였다. 또한 공주에는 교조신원
운동에서 확인된 동학교도 세력이 든든한 토대를 구축하고 있어 농민군의
세력 확장에 유리하였다.

조선 왕조에게 공주는 전라도에서 서울로 향하는 인마와 물산이 집중되
고,[2] 충청감영(忠淸監營)[3] 등 충청도 지방의 핵심 권력 기관이 있는 충청도

---

1 『공주시지』 상권(공주시지편찬위원회, 2002년), 457쪽. "공주는 북으로 금강이 흘러 서해
   와 교통하고, 남으로 효포의 큰길이 양남을 연결하여 수륙이 병진하는 땅이다."(「남정
   록」,『사료총서』 17(이하,「남정록」으로 표기), 262~263쪽)『남유수록』에서 보면, 부여 대방면
   의 유생 이복영은 1894년에 노비를 여럿 소유하고 있으며, 노비를 부려 금강을 따라
   전라도 함열의 웅포에서 공주를 거쳐 부강까지 소금과 생선 등을 거래하고 있다. 공주
   는 전라도 삼례역에서 '통영로'로 경상도와 연결되어 경상도와도 소통하였다.
2 "호서는 경기를 방어하는 삼남의 요충지이다."(「금번집략」,『국역총서』 4, 4쪽) 1894년 6월 14
   일 고종이 충청감사로 부임하는 이헌영에게 한 말이다.
3 공주에 있던 충청감영은 '금영(錦營)'(「시문기」,『사료총서』 2, 180쪽;「약사」, 위의 책, 227쪽)

의 요충지였다. 1차 봉기 이후 전라도 수부 전주를 점거했고, 이후 도회소 활동을 통해 세력을 키워 가던 전봉준의 농민군은 서울로 가는 핵심 경로를 공주 방면으로 정하였다. 북접 농민군도 공주 공략을 위한 전봉준의 농민군과 결합하는 전략을 취했다. 충청도 수부 공주가 농민군 수중에 떨어지면 전라·충청 양도가 농민군 세상이 되어 조선의 민심과 경제적 토대가 농민군 측으로 넘어가고, 군사적으로도 바로 서울을 위협하는 형세여서 조선 정부 측이나 농민군 측 모두에게 양보할 수 없는 전략적 요충지였다. 이러한 이유로 동학농민혁명 2차 봉기 시기에 공주는 서울로 진격하려는 동학농민군 남북접 연합군과 이를 저지하려는 조일진압군이 충돌하는 공간이 되었다. 한편 남원을 중심으로 세력을 확장했던 김개남 농민군은 전봉준과 연계 하면서도 서울로 가는 경로를 충청도 청주 방면으로 선택하여, 청주도 농민군과 조일진압군이 대규모로 충돌했던 또 하나의 지점이 되었다.

　공주에는 이인역(利仁驛)·광정역(廣程驛)·일신역(日新驛)·단평역(丹平驛)·유구역(維鳩驛)·경천역(敬天驛) 등 6개 역참(驛站)이 있었다.[4]

또는 '공주감영(公州監營)'(「갑오기사」, 『사료총서』 9, 254쪽)이라고도 부른다.
4　「대동지지」, 『공주지리지·읍지』, 공주문화원, 2001, 122쪽; 「공산지」, 위의 책, 136쪽. '역(驛, 역참驛站)'은 국가의 명령과 공문서, 변방의 긴급한 군사정보 전달 및 외국 사신 왕래에 따른 영송(迎送)과 접대, 그리고 공공 물자의 운송 등을 위해 설치된 교통 통신 기관이다.

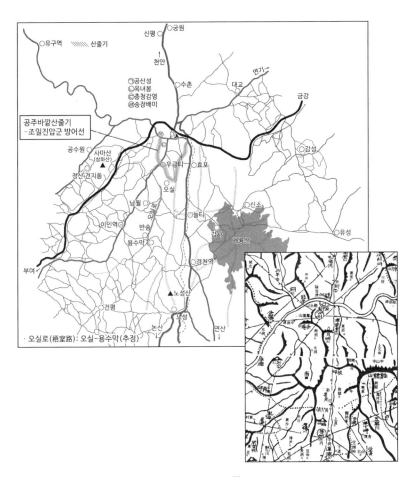

[지도 1] (위) 동학농민혁명 관련 공주 주요 전적지[105]
(아래) 「대동여지도」의 공주

---

5   (위) 지도의 '길'은 동학농민혁명 당시의 길을 가장 원형에 가깝게 추정할 수 있는 〈조
선총독부〉에서 간행한 다음 지도를 참조함. 「1914년 1:50,000 지도,《公州》」,「1914년
1:50,000 지도,《廣亭里》」,「1915년 1:50,000 지도,《儒城》」,「1915년 1:50,000 지도,《論
山》」,「1914년 1:50,000 지도,《扶餘》」. 금강 남쪽에서 공산성-청벽을 지나는 금강변의 옛
길은 '해동지도」 공주목 지도'를 참고함(이하, 지도 같음). (아래) 「대동여지도」(1861년 간행)

공주전투 시기 이인역은 공주 남쪽에서 농민군이 공주에 접근하는 길목이다. 공주 북서쪽의 유구역은 장위영 이두황 부대가 내포 농민군과 정산 농민군을 진압하러 오고 가던 길목이다. 공주 북동쪽의 대교는 역이 설치되지 않았으나 청주 등 충청도 동부와 소통하던 길목으로 북접 농민군이 공주를 포위하며 접근하던 길목이다. 공주 북쪽 광정역은 공주에서 천안·서울로 향하던 길목이고, 조일진압군이 공주로 내려올 때 이곳을 지나왔다. 남쪽 경천역은 효포를 지나는 큰길에서 이어지며 서울·경기와 전라도·경상도와 소통하는 길목이다. 공주전투 시기 공주 외곽에 있던 이인역·유구역·경천역과 대교는 공주 농민군의 거점이기도 했다.

조선 후기 공주에 있던 '충청감영', '공주목', '우영'의 행정 기관은 조선 왕조를 방위하는 데서 충청도 지역의 핵심 무력이면서, 토호 세력과 쌍벽을 이루며 동학교도와 민중을 수탈하고 탄압하던 중요한 주체 중 하나였다. 조선 왕조가 최제우를 좌도난정(左道亂正)의 중죄로 처형한 이래 동학을 공부하고 수행하는 것이 불법시 되면서 충청도에서도 충청감사 심상훈과 조병식에 의한 동학도의 탄압이 있었다.[6] 또한 각 군현의 사또나 아전, 양반 토호들의 탄압과 토색도 끊이지 않았다.

『여지도서(輿地圖書)』에 의하면 충청감영에는 충청감사(忠淸監司, 충청도 최고 행정 책임자, 문관 종2품)의 직속 관속(官屬)으로 비장(裨將) 8명·기고관

에서 조선 후기 공주의 주요한 길을 개략적으로 살펴볼 수 있다.

6 ① 1885년 충청감사 심상훈과 단양군수의 동학교도 체포령(「대선생사적(해월선생문집)」, 『사료총서』 27, 227쪽; 「천도교서」, 『국역총서』 13, 258쪽; 「동학도종역사」, 『국역총서』 11, 65쪽); ② 1892년 충청도 관찰사 조병식의 탄압(「본교역사」, 위의 책, 420쪽; 「천도교서」, 『국역총서』 13, 273쪽).

(旗鼓官) 2명 등 2,280명, 도사(都事) 직속의 관속으로 영리(營吏) 3명 등 26
명, 중군(中軍) 직속의 관속으로는 69명이 있어, 모두 2,375명의 관속이 있
었다.[7] 공주전투 직전 8월 25일 공주목에서 충청감사 업무를 시작한 박제순
(朴齊純)은 대원군과 연계되어 활동을 하던 박세강과 박동진을 효수하였고,[8]
전봉준의 서신을 전한 문석렬, 백윤문을 금강나루터에서 효수하면서[9] 반대
원군, 반농민군 입장에서 서서 공주전투를 맞이하였다. 이어 공주에 도착한
조일진압군에 협조하면서 충청도 역내에 주재하는 조선인 중 최고위직 관
리로서 공주전투에 종사하였다.

[지도 2] 충청감영과 공주목[10]

7 『충청감영 400년』, 35쪽.
8 『조선왕조실록』 1894년 9월 21일. 9월 21일 사건이다.
9 「갑오군정실기」 1·2·3, 245쪽. 1894년 10월 20일 사건이다.
10 지도의 모본은 「고려대학교 민족문화연구원 조선시대 전자문화지도 시스템, 조선 후기

[지도 3] 조선 후기 공주목 영역과 현재 공주시(2021년) 영역[11]

[지도 4] 공주목의 우영(右營, 공주진公州鎭)[12]

현 공주시의 기원이 되는 공주목(公州牧)은 조선 왕조 초기부터 충청도의 충주·청주·홍주와 함께 정3품 목사가 파견된 충청도 4목 중의 하나였다. 『여지도서』에 의하면 공주목에 속한 관속은 좌수(座首) 등 292명이었다.[13] 공주전투 시기 충청감사 박제순이 모리오 대위의 압박으로 업무를 그만두자 공주목 판관이 업무를 대신하기도 하였다.[14]

우영(右營)은 인조 때에 재정비되어 공주진(公州鎭)으로도 불렸으며, 책임자는 우영장(右營將)이었다.[15] 우영의 관할 구역은 공주목과 주변 10개 군현(부여현·석성현·은진현·노성현·연산현·진잠현·옥천군·회덕현·연기현·전의현)이었으며,[16] 우영장은 양인 농민을 현역 군인인 정병(正兵)과 정병을 재정적으로 돕는 봉족(奉足)으로 관리하였다. 『공산지(公山誌)』(1859년 편찬)에 따르면 우영의 관속은 행수군관(行首軍官) 1명 등 90명이었다.[17] 1893년 3월의 보은집회를 해산시키려고 조정에서 양호도어사(兩湖都御史) 어윤중을 파견할 때 공주영장(公州營將) 이승원(李承遠)이 보은 장내리에 어윤중과 함께하였고,[18] 동학농민혁명 시기에는 공주에서 영장 이기동(李基東)이 농민군 진압

13 「여지도서」, 『공주의 지리지·읍지』, 공주문화원, 2001, 60쪽.
14 「선봉진상순무사서부잡기」, 『국역총서』 8, 308쪽; 「갑오군정실기」 4·5·6, 『동학농민혁명 신국역총서』 7(이하, '갑오군정실기' 4·5·6'으로 약칭), 110~102쪽.
15 「공산지」, 앞의 책, 147~148쪽; 「대동지지」, 앞의 책, 122쪽. 「대동지지」에 의하면 공주에 공주진(公州鎭, 右營)이 설치되었을 때 洪州 淇州鎭(前營), 瑞山 平薪鎭, 泰安 所斤鎭 安興鎭, 舒川 舒川鎭, 庇仁 馬梁鎭, 保寧 水營, 海美 左營, 忠州 忠州鎭(後營), 淸州 淸州鎭(中營)과 兵營이 설치되었다.
16 「공산지」, 앞의 책, 147~148쪽; 「대동지지」, 앞의 책, 122쪽.
17 「공산지」, 앞의 책, 148쪽.
18 「취어」, 『국역총서』 1, 32쪽.

활동을 하였다.[19]

2. 최시형의 공주 포교와 공주접주 윤상오

1864년 최제우의 처형, 1871년 영해교조신원운동의 실패로 인한 관의 탄압으로 최시형은 강원도와 충청도 산악지대로 쫓겨 가 비밀 포교 활동을 계속한다. 그러다가 1880년대에 들어서 충청도 평야 지대와 전라도로 포교를 확대하였다. 1880년 초에 최시형을 직접 만나 동학에 입교한 인물로 공주 사람 윤상오(尹相五)가 있다.[20] 윤상오는 공주 신평(薪坪) 사람으로, 최시형을 도와서 충청도와 전라도의 동학 포교에 큰 역할을 하였다. 천도교에서 간행한 『본교역사』와 『천도교회사 초고』에는 당시의 상황을 다음과 같이 전하고 있다.

> 1881년 8월에 유경순(柳敬順)·윤상오(尹相五)·김영식(金榮植)·김은경(金殷卿)·김성지(金成之) 등이 신사(神師, 최시형)를 뵙고 수도(修道)의 절차를 물었다.[21]

---

19 「금번집략」, 『사료총서』 4, 7쪽. 營將 李基東; 「공산초비기」, 『사료총서』 2, 420쪽(右營將 李基東), 430쪽(營將 李基東); 「선봉진정보첩」, 『동학란기록』 하, 163쪽. 公州鎭 右營將.

20 "윤상오는 대체로 1880년경에 동학에 입도하였던 것으로 짐작되며, 이듬해(1881) 8월에는 충청도 단양 두솔봉 아래의 송두둑에 은거하고 있던 해월 최시형을 찾아 동학의 수도 절차를 배웠다." 박맹수, 『사료로 보는 동학과 동학농민혁명』, 268쪽.

21 「본교역사」, 『국역총서』 11, 412쪽; 「천도교회사 초고」, 『동학사상자료집』 1, 428쪽. 이 외에도 1880년 초에 동학에 입교한 충청도 인물로는 손병희, 손천민, 박인호, 서인주(서장옥)

비밀 포교 시기에 경전 간행은 동학 세력의 확대와 함께 진행되었다. 동학교단의 비밀 포교 시기에 『동경대전』은 모두 4차례 간행된다.[22] 1880년에 인제에서 처음 발간되었고, 두 번째는 1883년 2월에 충청도 목천에서, 세 번째도 목천에서 1883년 5월에 출간되었고, 네 번째는 1888년에 다시 인제에서 발간되었다. 세 번째로 출간된 『동경대전』은 '선생께서 도를 받은 곳, 포덕한 곳을 기념한 경주판'으로 공주접의 주도로 진행되었는데, 안교선(安敎善)과 함께 공주 출신 윤상오가 유사(有司)로 기록되어 있다.[23] 한편 『용담유사』는 1881년에 단양의 여규덕 가에서 처음 간행되었고, 이후 공주접의 주도로 1883년 8월에 『용담유사』를 발간한다.[24] 이상으로부터 동학 경전의 발간 역사에서 윤상오와 공주접이 중요한 역할을 했음을 확인할 수 있다.

최시형은 동학 포교와 피신의 역사에서 공주와는 네 차례 정도 인연을 맺었다. 최시형은 1884년 10월에 공주 가섭사에서 손병희, 박인호, 송보여와 함께 21일 기도를 하며 동학교단 조직체계인 '육임제(六任制)' 구상을 하였고, 손병희와 박인호 등 훗날 교단의 주요 지도자들을 이 시기에 집중적으로 교육·양성하였다.[25] 1885년에는 최시형이 충청감사 심상훈과 단양군수 최희진의 체포령을 피해 보은 장내를 거쳐 6월~7월 사이에 한 달가량 공주 마곡(마곡리, 마곡사)[26]으로 피신했다가 보은으로 돌아갔다. 1890년 8월에

가 있다.

22 김용옥, 『도올심득 동경대전(1)』, 218~220쪽.

23 「동경대전」, 『동학사상자료집』 1, 55쪽; 표영삼, 『동학』 2, 통나무, 2005, 116쪽.

24 표영삼, 위의 책, 118쪽.

25 표영삼, 위의 책, 119~120쪽; 「천도교회사 초고」, 『동학사상자료집』 1, 429쪽; 「천도교서」, 『국역총서』 13, 254쪽.

26 당시에 최시형이 피신했던 공주 지명은 사료에 따라 '麻谷', '麻谷里', '馬谷寺' 등으로 조금

최시형은 공주 궁원에서 7월에 미리 피신한 가족들을 만나고, 이후 한 달 동안 공주 신평의 윤상오 집에서 은신하였다.[27]

최시형은 1890년 12월부터 이듬해 12월까지 공주 신평의 윤상오 집에서 약 1년간 은신과 포교 활동을 하는데, 이때 공주 신평은 충청도와 전라도 포교의 중심지 역할을 하였다.[28] 1891년에 공주 신평리에서 최시형은 여러 차례 도인(道人)들과 교리문답을 했는데,[29] 『천도교회사초고』에는 공주 신평리의 집에서 교리문답을 할 때 참여한 이로 "호남도인 남계천(南啓天), 김영조(金永祚), 김낙철(金洛喆), 김낙삼(金洛三), 김낙봉(金洛葑), 손화중(孫和中)" 등의 이름이 전한다.[30] 오지영의 『동학사』에는 공주 신평에서 최시형이 손병희, 김연국, 손천민과 도(道)의 문답을 하고, 호남도인 손화중, 김덕명, 김기범(김개남) 등이 찾아와서 만났다는 기록이 있다.[31] 1891년에 최시형은 공주 신평리를 거주지로 하면서 전라도의 태인군, 부안군, 전주군에서 포교 활동을 하고 있다. 청주군 금성동에서 잠시 거처하기도 하지만,[32] 당시에 공주는 충청도와 전라도 포교의 거점이었다.

씩 다르게 기록되어 있다: 公州郡麻谷(「본교역사」, 『국역총서』 11, 415쪽; 「시천교종역사」, 위의 책, 258쪽; 「동학도종역사」, 위의 책, 65쪽), 公州麻谷里(「천도교서」, 『국역총서』 13, 258쪽), 公州馬谷寺(「대선생사적(해월선생문집)」, 『사료총서』 27, 227쪽).

27 「대선생사적(해월선생문집)」, 위의 책, 233~234쪽; 표영삼, 『동학』 2, 160쪽.
28 박맹수, 『사료로 보는 동학과 동학농민혁명』, 270쪽; 박맹수, 『생명의 눈으로 보는 동학』, 396쪽 각주 41; 「천도교회사 초고」, 앞의 책, 434쪽.
29 「시천교종역사」, 『국역총서』 11, 263쪽; 「동학도종역사」, 위의 책, 76쪽; 「천도교회사 초고」, 앞의 책, 434쪽; 「천도교서」, 『국역총서』 13, 268쪽; 오지영, 『동학사』, 424~425쪽.
30 「천도교회사 초고」, 앞의 책, 434쪽.
31 오지영, 『동학사』, 424~425쪽.
32 「천도교서」, 앞의 책, 270~271쪽.

최시형이 비밀 포교 시에 공주에 머물렀던 장소로 공주 가섭사(가섭암), 마곡, 궁원(활원活院, 弓院), 동막(東幕),[33] 신평(薪坪, 薪坪里)[34] 등이 있다. 이들 장소는 최시형의 공주 동학 포교와 관련된 중요한 유적지이다.

공주 동학의 역사에서 윤상오는 1881년에 최시형을 직접 찾아가서 동학에 입도한 이래, 1883년 『동경대전』과 『용담유사』의 발간에 공주접의 대표적 인물로 참여하였다. 그뿐만 아니라 1884년 10월의 가섭사 기도 모임, 1885년에 한 달여 동안의 최시형의 마곡 피신, 1890년 최시형 가족의 궁원 피신과 최시형의 신평 피신에 윤상오는 적지 않은 역할을 했을 것이다. 또한 1891년에 최시형이 1년 가량 신평의 윤상오의 집을 거점으로 포교와 은신 활동을 할 수 있었던 것도 동학의 공주 포교에서 윤상오가 선구적 역할을 했기 때문일 것이다.

1889년 10월에 서인주 등이 서울에서 체포되자, 1890년 8월에 윤상오 등이 최시형을 만나 재물로 보석(保釋)할 것을 건의한다.[35] 이즈음 윤상오는 최시형과 교단의 중요 문제를 의논하는 인물로 등장한다.[36] 1891년에 윤상

---

33 辛卯(1891년)二月, 搬移于公州東幕.「대선생사적(해월선생문집)」,『사료총서』 27, 234쪽.
34 표영삼은 윤상오의 거주지 및 활동 거점인 공주 신평(薪坪)을 현 공주 사곡면 신영리로 보았다.(표영삼,『동학』2, 160쪽) 2021년 8월에 윤상오 접주의 후손 윤좌인의 안내로 공주 정안면의 석송리 섭돌, 평정리 일대를 답사하였다. 정안면에서 섭돌과 궁원(정안면 운궁리 등), 동막(동막골, 정안면 평정리)은 서로 멀지 않은 생활권이다. 윤좌인은 집안의 구전을 바탕으로 석송리 섭돌 일대가 신평이라고 보았다. 윤좌인의 증언으로 평정리 동막골에서 최시형이 거처하던 집을 확인하였다. 1891년 공주 신평으로 근거지를 옮긴 최시형은 윤상오의 집(석송리 신평)과 근처 동막골을 중심으로 활동했던 것으로 추정된다.
35 「시천교종역사」,『국역총서』 11, 262쪽;「동학도종역사」, 위의 책, 75쪽.
36 1891년 윤상오는 동학 조직에서 접주로 확인되며(尹相五接中.「대선생사적(해월선생문집)」,『사료총서』 27, 234쪽), 또한 '호남우도편의장'에 임명되었다.

오는 호남에서 동학 교세가 확대됨에 따라 '호남우도편의장(湖南右道便義長)'
에 임명될 만큼 동학교단의 중요 인물이었다. 이때 '호남좌도편의장'에는
천민 출신의 남계천이 임명되었다. 그런데 이로 인해 호남의 동학도인(東學
道人)들이 둘로 나누어져 서로를 인정하지 못하는 사태가 벌어졌다. 그러자
최시형은 신분을 중시하는 옛 관습을 고쳐 신분이 낮은 남계천을 '호남좌우
도편의장'에 임명하여 사건을 수습한다.[37] 이 분란의 수습 과정은 동학교단
조직의 지위는 조선시대의 신분이 아니라 개인의 자질로 결정된다는 원칙
을 세워 나가는 과정이었다고 생각된다. 이러한 수습 과정에서 보여준 동학
교단의 새로운 사회질서관도 동학 조직이 민심에 뿌리내리는 계기가 되었
을 것이다.

　윤상오가 호남우도편의장에 임명된 1891년은 교조신원운동 1년 전이고,
동학농민혁명 3년 전이다. 동학의 조직과 사상 그리고 동학 지도자(동학접
주)들이 1894년의 동학농민혁명에 절대적 영향력을 끼쳤다는 사실을 감안
한다면, 윤상오는 동학에 입도하여 공주접주 및 호남우도편의장이 되어, 최
시형을 도와 동학교단 발전에 큰 역할을 했고, 1894년 동학농민혁명 대변
혁 운동의 기초를 든든하게 하는 역할을 했음을 미루어 짐작할 수 있다.

---

37 「본교역사」, 『국역총서』 11, 419~420쪽; 「시천교종역사」, 위의 책, 265쪽; 「천도교
　서」, 『국역총서』 13, 271쪽; 「천도교회사 초고」, 앞의 책, 434쪽; 오지영, 『동학사』,
　425쪽; 「동학도종역사」, 『국역총서』 11, 97쪽.

3. 교조신원운동의 시작, 공주

동학이 충청도와 전라도에 급속도로 퍼지자 충청감사 조병식과 전라감사 이경직은 동학교도를 잡아 고문하거나 무고한 농민들의 재산을 갈취했다.[38] 충청도와 전라도의 일부 동학교도들은 토호와 관원의 탄압을 견디지 못하고 마을에서 쫓겨나 길거리로 내몰렸다.[39] 1892년 7월 서인주와 서병학이 상주 공성면 왕실로 찾아가 최시형에게 교조신원운동을 건의하였다.[40] 이후 최시형은 교조신원운동을 준비하여,[41] 10월 17일에는 동학의 각 접주와 교도들에게 「입의통문(立義通文)」을 보내 신원의 대의에 적극 참여하도록 독려하였고,[42] 공주의송소(公州議送所)를 설치하여 공주의 교조신원운동

---

38 이이화, 『이이화의 동학농민혁명사』 1, 교유당, 2020, 91쪽. 1885년 충청감사와 단양군수의 동학교도 체포령(「대선생사적(해월선생문집)」, 『사료총서』 27, 227쪽; 「천도교서」, 『국역총서』 13, 258쪽; 「동학도종역사」, 『국역총서』 11, 65쪽), 1889년 겨울 동학교도 체포령(「본교역사」, 『국역총서』 11, 417쪽; 「시천교종역사」, 위의 책, 262쪽; 「천도교회사 초고」, 앞의 책, 433쪽), 1892년 충청도 관찰사 조병식의 탄압(「본교역사」, 앞의 책, 420쪽; 「천도교서」, 『국역총서』 13, 273쪽), 1892년 전라도에서 동학교도의 탄압이 있었다.(박맹수, 「최시형 연구」, 156쪽)

39 표영삼, 『동학』 2, 193쪽.

40 「대선생사적(해월선생문집)」, 『사료총서』 27, 237쪽; 「본교역사」, 『국역총서』 11, 421쪽; 「시천교종역사」, 위의 책, 270쪽; 「천도교서」, 앞의 책, 273쪽; 「천도교창건사」, 『동학사상자료집』 2, 135쪽; 「동학도종역사」, 『국역총서』 11, 104쪽.

41 이하 내용은 박맹수의 정리이다.(『개벽의 꿈』, 188쪽) 최시형은 1892년 8월 21일 청주 송산(松山) 손천민가(孫天民家)에 머물면서 충주에 거주하는 신사과(辛司果)에게 서한을 보내 40명의 '망석지사(望碩之士; 교도들 사이에 신망이 두텁고 사리를 아는 교도)'를 선발하여 그 명단을 가지고 9월 10일까지 직접 청주 송산의 손천민가로 찾아오도록 지시하고 있다.(「神師의 遺墨」, 『천도교회월보』 195, 1927년 3월) 1892년 8월 29일에는 호남좌우도편의장 남계천에게도 비슷한 내용의 윤조(輪照)를 하달하였다. 남계천에게 보낸 윤조의 내용 역시 1백여 명을 선발하여 주소 성명이 적힌 명단을 9월 5일까지 보내도록 지시하고 있다.(「해월문집」, 『한국학자료총서 (9) 동학농민운동편』(이하, '『해월문집』'으로 약칭), 326~327쪽)

42 『해월문집』, 327~330쪽; 「시천교종역사」, 『국역총서』 11, 270~271쪽; 「동학도종역사」, 위

을 지휘하였다.[43]

교조신원운동은 그동안 성장한 동학 교세를 바탕으로 1892년 10월 충청도 수부 공주에 있는 충청감영 정문 앞에 전국의 동학교도 천여 명이 모여 충청감사에게 진정을 하는 "공개적인 시위운동"[44]으로 시작되었다('제1차 공주취회'). 공주취회에서 일정한 성과를 거두었다고 판단한 동학 지도부는 11월에는 전라도 삼례에서 모여 전주감영(전라감영)에 진정하였고, 이듬해인 1893년 2월에는 서울에서 임금에게 직접 상소하는 광화문복합상소 사건이 있었으며, 3월에는 보은·금구취회로 이어졌다.

교조신원운동의 주장은 첫째, 교조 최제우의 신원(伸寃)과 명예 회복, 둘째, 동학 금지를 구실로 민중들의 재산을 수탈하는 지방관들과 호민(豪民, 지방 세력가)들의 수탈 금지, 셋째, 서학의 무분별한 유입 차단과, 불법적으로 상업 활동을 벌이는 일본 상인을 포함한 외국 세력을 타파(척왜양) 등이었다.[45]

일련의 동학교조신원운동 과정에서 동학교단과 당대 민중들은 조선 왕조 체제의 한계에 대한 인식의 심화와 동학 세력의 위력에 대한 새로운 자

의 책, 104~105쪽. 「동학도종역사」에서는 「입의통문」 발표일이 '10월 7일'로 기록되어 있다.

43 『해월문집』, 330쪽. 해월 최시형은 청주 손천민가에서 지휘하고 있었다.(박맹수, 『개벽의 꿈』, 189쪽에서 재인용)

44 박맹수, 『사료로 보는 동학과 동학농민혁명』, 267쪽.

45 공주취회부터 보은취회까지의 교조신원운동에서 동학교도의 주장에 대해서는 박맹수, 『생명의 눈으로 보는 동학』, 336쪽을 참고하였다. 한편 표영삼은 "공주 취회에서 충청감사에게 보낸 「各道東學儒生議送單子」에는 관리와 호민(豪民)의 부정부패에 대해서는 지적하지 않았는데, 이는 교조신원을 전면에 내세워 관리의 비위를 건드리지 않으려는 전술이라고 본다."라고 분석하고 있다.(표영삼, 『동학』 2, 215쪽)

각을 확장시켜 1893년 3월의 보은·금구 취회로 총결집되었고, 조선왕조와 비무력에 입각한 최후의 담판을 시도하였다.

보은취회에는 조선말 330여 고을 중, 60개 고을의 수만 명이 참가하였다. 참가한 지역은 강원도에서는 원주, 경기도에서는 광주 등 10개 고을, 경상도에서는 김산 등 9개 고을, 전라도에서는 나주 등 24개 고을, 충청도에서는 공주 등 16개 고을이었다.[46] 보은취회와 동시에 열린 금구취회에도 전라도 동학교도 1만여 명이 모였다.[47]

1893년 보은취회에 공주 사람들이 참가한 것은 1891년까지 확인되는 윤상오의 활동으로 보아 당연할 것이다.[48] 그런데 공주(1892년 10월) - 삼례(11월) - 광화문(1893년 2월) - 보은·금구 취회(3월)이라는 일반적인 기록 외에, 1892년 12월 1일에 공주에서 1만 7천 명의 동학교도가 모여 '제2차 공주취회'를 했다는 기록이 있다. 이 시기는 삼례취회가 해산되는 11월 21일과 광화문 앞 상소가 시작되는 1893년 2월 11일 사이 중간 지점에 해당한다. 당시의 상황을 「조선국 동학당(東學黨) 동정(動靜)에 관한 제국공사관 보고 일건(一件)」에는 다음과 같이 전하고 있다.

작년(1892년) 음력 12월 1일에 이상의 지방(永東, 玉川, 換江(黃澗의 오기), 西營,

---

46 박맹수, 『개벽의 꿈』, 428쪽.
47 표영삼, 『동학』 2, 363쪽; 박맹수, 『개벽의 꿈』, 257쪽.
48 「취어」(『국역총서』 1)에 나오는 보은취회에 모인 공주접 및 공주 사람은 "샛길로 밤을 이용하여 몰래 도주한 사람은 헤아릴 수 없지만"(같은 책, 47쪽), "공주(公州)·옥천(沃川)·문의(文義) 등지 사람이 해산한 것이 15명"(같은 책, 38쪽), "공주접(公州接)이 5명"(같은 책, 47쪽)이 있다.

新都 등) 및 전라도 등으로부터 동당(同黨)이 공주에 크게 모였는데, 그 수가 무려 1만 7천 명의 규모에 달했다고 한다. 위에 집합한 다수의 동(同) 당원(黨員)은 그때 다음의 세 건을 충청감사에게 요구했다고 한다.

첫째, 충청도 중민(衆民)에게 동학에 귀의하도록 하는 영달(令達)을 발할 것 (동학을 공인해 줄 것을 요구하는 조항)

둘째, 지난번 동학당 체포령(1892년 1월에 충청감사 조병식이 내린 동학금령을 말함)이 있었을 때 당시 지방관들이 동학도인들로부터 받은 뇌물들을 다시 되돌려 줄 것.

셋째, 감영에서 멀리 떨어져 있는 촌과 읍의 상황을 시찰하기 위해 관찰사가 가서 직접 시찰할 것.[49]

'제2차 공주취회'는 충청도와 전라도의 동학교도들이 모여 충청감사에게 충청도 동학교도에 대한 관의 탄압과 수탈을 중지할 것을 요구하면서 동시에 광화문 앞 상소를 준비하는 집회였을 것이다. '제2차 공주취회'는 '제1차 공주취회'와 함께 교조신원운동 시기 공주가 비교적 튼튼한 동학 교세를 바탕으로 동학교도들의 중심 거점이었던 사실을 보여주고 있다.

그래서 어떤 사료에서는 동학농민혁명 시기에 공주가 동학의 중심지였다고 전하고 있다. 『동학도종역사(東學道宗繹史)』[50]에서는 고부농민봉기, 백

---

49 박맹수, 『사료로 보는 동학과 동학농민혁명』, 275~276쪽에서 재인용.
50 『동학도종역사』의 저자 강필도(康弼道)는 동학농민혁명 시기에 황해도에서 접주로서 참가했다. 동학농민혁명 시기에는 관의 탄압을 피해 살아남았고, 이후 손병희로부터 대접주에 임명되었고(1900) 또한 시천교에 중견 간부로 참여하였다(1906). '동학농민혁명의 중심지, 공주'라는 평가는 동학농민혁명 당시 살아남은 동학지도자들의 평가의 하나일 것

산결진, 무장기포, 황토현 전투를 기술한 다음에 다음과 같이 기록하고 있
다.

> 이때에 호서대접주 전봉준, 무장접주 손화중, 부안접주 김개남… 충북·경기
> 2개 도의 내접주 이하의 각 포와 청주도회(淸州都會), 관서내접주 이용구… 고
> 재당 등이 도유(道儒) 수십만 명을 거느리고 연합했고, 공주(公州)가 그 중심
> 지가 되었다.[51]

　교조신원운동은 조선 왕조가 관리들의 수탈과 외세의 침략에 대해 이렇
다 할 해결책을 내놓지 못하고, 동학교도에 대한 탄압까지 계속하자, 이를
해결하기 위해 동학교도들이 결집하여 조선 왕조의 통치체제에 거대한 파
열구를 낸 일련의 운동이었다. 교조신원운동의 결과로 동학교단은 동학의
합법화 등 목적은 완전히 달성하지 못했지만 조선 사회개혁의 현실적 대안
세력으로 부상되었고, 다수의 일반 민중들을 동학 조직으로 결집시키는 계
기가 되어 다음 해 본격적으로 전개되는 동학농민혁명의 경험적, 조직적 기
반을 제공했다.[52]

　이다. 〈동학농민혁명 사료(史料)아카이브〉 '1차 사료'에 원문과 번역이 수록되어 있다.
51 「동학도종역사」, 『국역총서』 11, 124~125쪽.
52 「홍양기사」, 『국역총서』 4, 82쪽; 「피난록」, 위의 책, 301~302쪽; 「갑오동학란」, 『국역총
　서』 13, 95쪽.

4. 동학농민혁명 시기 공주 동학교도의 활동

한편으로는 청일전쟁이 진행되고, 다른 한편으로는 조일진압군과 남접·북접 동학농민군이 격돌하던 1894년 동학농민혁명 시기에, 공주의 동학교도들은 충청감영·공주목의 지방 권력, 지방 유생들에 대항하여 세력을 키우면서, 동시에 사회개혁을 지향하는 농민혁명군으로 변신해 가고 있었다. 또한 공주전투 시기에는 전국에서 모인 남접, 북접 동학농민군들과 함께 전투에 참가하였다.[53] 이하에서는 당시의 공주 동학교도들의 활동을 일본군의 '조선 왕궁 점령 사건'[54] 이전, 이후 그리고 공주전투 시기로 각각 나누어서 서술한다.

1) 일본군의 조선 왕궁 점령 사건 이전의 활동

1894년의 공주 동학교도들의 최초의 활동 기록은 전라도에서 광범위하게 농민봉기가 일어나고 있었던 3월 14일~16일 사이에 확인된다. 3월 14일경 공주의 대교(大橋)[55]에서 접주 임기준의 지휘 아래 동학교도 700여 명이 모여 유림들의 집회인 유회(儒會)와 향약(鄕約)을 해산시키고, 3월 16일에

---

53 1894년 공주의 동학접주, 동학농민군에 대한 기록은 주로 동학에 적대적이었던 유생과 관군의 기록 그리고 일본 측 기록인 『주한일본공사관기록』에 의한다.
54 이 책에서는 1894년 6월 21일에 일어난 일본군에 의한 '경복궁 점령 사건'의 명칭을 이 사건의 의미를 명확히 하기 위해, 나카츠카 아키라의 견해에 따라 '조선 왕궁 점령 사건'으로 부른다.(나카츠카 아키라 지음·박맹수 옮김, 『1894년, 경복궁을 점령하라』, 푸른역사, 2002 참조)
55 대교(大橋)는 공주에서 연기·청주·대전으로 가는 길목에 있다. 조선말에는 공주목의 장척면(長尺面)에 속했다.(『공주지명지』, 452쪽) 2012년에 세종특별자치시에 편입되었다.

스스로 해산하였다.[56] 『약사(略史)』는 장전(長田, 당시 대교와 같은 공주목 장척면에 속함)에 살던 유생의 기록으로, 유회(儒會)와 향약(鄕約)을 파괴한 세력으로 '동학접주 임기준'과 '동학교도 칠백여 명'을 지목하고 있다.

이 '대교 사건'으로 보면 당시 공주에서는 동학교도의 세력이 성장하여 관의 행정 권력도 동학교도의 유림 집회 해산을 막지 못했던 것을 살펴볼 수 있다. 또한 보은취회 이후 동학으로 민심이 쏠리는 가운데 1894년에 들어와 고부·무장 등의 전라도의 농민봉기와 충청도의 농민봉기 조짐 속에서 공주의 동학교도들도 농민군으로 변신하고 있는 장면이라고 평가할 수 있다.[57]

4월 7일에는 충청도의 농민군들이 공주 이인역과 진잠·연산·옥천 등지에서 각각 5천~6천 명씩 무리를 이루어 주둔하고 있었고, 같은 날에 공주 이인역에는 농민군에 대항하는 부상(負商)들 5천 명이 모였다.[58]

5월에는, 공주의 신소에 거주하던 유생의 기록인 「시문기」에 의하면, "경내(境內)에 동학이 접(接)을 수십여 곳에 설치하여 대접(大接)은 천여 명이고 소접(小接) 역시 3, 4백여 명 이하로 내려가지 않았다."[59]고 했다. 이것으로

---

56 「약사」, 『국역총서』 6, 26~27, 58쪽.
57 1894년 3월부터 충청도의 황간·영동·청산·보은·옥천 등지에서 동학교도가 크게 일어났다는 유생의 기록이 있다. 「백석서독」, 『국역총서』 10, 358~359쪽 참조.
58 한국정신문화연구원 근현대사자료팀 편, 『동학농민전쟁관계자료집』 I, 선인, 2000(이하, 『동학농민전쟁관계자료집』 I '로 약칭), 63쪽; 『주한일본공사관기록』 1, 5쪽. 위 두 자료에서 원문을 살펴보면 "공주의 이인역"은 "공주" 및 "이인역"으로 해석할 수도 있다. '『주한일본공사관기록』 1, 5쪽'의 원문 부분은 찢어져 있어서, 『동학농민전쟁관계자료집』 I, 63쪽'에서 찢어진 부분을 확인하였다.
59 「시문기」, 『국역총서』 6, 6쪽. 「시문기」는 계룡산 산줄기 동쪽에 있는 현재 공주시 반포면 신소마을(상·하신리)에 거주하던 유생 이단석의 기록이다.

미루어 보면 5월의 공주에서는 동학의 접이 수십여 곳에 뿌리를 내려, 광범하게 확대되고 있는 광경을 살펴볼 수 있다.

2) 일본군의 조선 왕궁 점령 사건 이후의 공주 동학

6월 21일 일본군은 조선 왕궁을 점령하고, 국왕을 포로로 삼고 친일개화파 정부를 출범시키면서, 청일전쟁을 도발하였다. 이에 일본군의 조선 왕궁 점령에 대한 저항운동이 동학교도를 중심으로 전라도와 충청도, 경상도의 여러 곳에서 일어났다.[60]

6월 28일경, 남원의 농민군들이 "궁중의 일을 물을 겨를조차 없으므로 우리가 먼저 일어나 일병(日兵)을 막아내야 한다."고 하였고,[61] 6월 29일에 전라도 무장의 농민군 5~6백 명이 "일본병이 장차 이를 것"이라면서 성중에 난입, 무기를 탈취하였다.[62] 6월 29일에 전라도 장성에서 "왜병이 장차 이를 것이다. 일이 심히 급박하다"면서 5~6백 명의 농민군이 성중에 난입하여 군기고를 열고 군기를 모두 빼앗아 갔다.[63] 같은 날 전라도 성당의 동학 도인(道人) 20여 명이 충청도 임천에 위국안민(爲國安民)을 명분으로 쳐들어와,

---

60 『주한일본공사관기록』 1, 132~134쪽.
61 「東京日日新聞」 1894년 8월 5일. 박종근 저·박영재 역, 『청일전쟁과 조선』, 일조각, 1989(이하, '박종근, 『청일전쟁과 조선』(번역본)'으로 약칭), 213쪽에서 재인용.
62 「古文書 2」, 서울대도서관, 1987, 412쪽. 『동학농민혁명사 일지』, 2006, 103쪽에서 재인용.
63 「古文書 2, 官府文書」, '古80943', 서울대도서관, 1987, 412쪽. 정창렬, 「갑오농민전쟁연구: 전봉준의 사상과 행동을 중심으로」, 연세대학교 박사학위논문, 1991(이하, '정창렬, 「갑오농민전쟁연구」'로 약칭), 241쪽에서 재인용.

총·마필·곡물·돈을 압류했다.[64] 7월 4일에는 전라도 함열 웅포의 300여 명의 농민군들이 강경 시장에 들어와 부민(富民)의 금곡(金穀)을 탈취하여 그 중 일부를 빈민에게 급여하고, 또 도총류(刀銃類)를 수색하여 가지고 갔다. 그리고 나서 황산에 가서 같은 활동을 한 뒤 북쪽을 향하여 갔다.[65]

한편 공주·강경·황산에서는 일본이 조선 왕궁을 점령한 나음 날부터 항일저항 운동이 일어났다. 『주한일본공사관기록』에 의하면, 6월 22일부터 강경·황산 지역에서 농민군들이 모여 일본군을 대적하는 군기(軍器)로 사용하기 위해 부민(富民)과 일본 상인들의 총·말·양산[鐵砲·馬·洋傘] 등을 압수하기 시작했는데, 이들은 공주 동학교도의 지휘하에 움직이고 있었다.[66] 7월 초에 충청감사 이헌영은 농민군들의 근거지인 이인민회소(利仁民會所)에 4차례에 걸쳐 해산을 종용하는 전령을 내렸는데, 이인민회소의 농민군들이 "위국안민(爲國安民)을 앞세우고 마을을 마음대로 다니며 돈과 곡물을 빼앗는다."고 했다.[67] 6~7월경 공주 농민군 활동의 핵심 지도자는 임기준으로 추정된다.[68]

---

64 「금번집략」, 『국역총서』 4, 23쪽.

65 『주한일본공사관기록』 3, 239쪽.

66 위의 책, 236~241쪽. "동학교도의 근거지는 충청도(忠淸道) 공주(公州)로서 만사(萬事)를 지휘하고 있다." 일본 상인 노무라(野村淸造) 등의 보고로 1894년 2월달부터 황산에 체류하면서 상업활동을 하였는데, 일본 상인들의 안전이 불안하여 7월 8일 황산을 탈출하여 인천에 도착하였다. 황산(黃山)은 현재 논산 강경읍에 속해 있는 황산으로 본다. 황산은 전북 여산군에 속했는데 1895년(고종 32년)에 은진군에 편입되었고, 1914년에 강경면에 편입되었다.(이상의 내용은 논산시 강경읍 홈페이지에 나와 있는 '지역 유래' 참조)

67 「금번집략」, 『국역총서』 4, 38~42쪽; 「남유수록」, 위의 책, 236쪽. 이인민회소는 이인취회소(利仁聚會所) 또는 이인도회소(利仁都會所)로도 불리고 있다.

68 「시문기」, 『국역총서』 6, 88쪽; 「금번집략」, 『국역총서』 4, 32~33쪽.

7월에도 공주 농민군들은 다음과 같이 활발한 활동을 전개하였다.

· 7월 3일 이인역에 동학교도들이 모였다.[69]

· 7월 5일 이인(利仁) 반송(盤松)의 동학접(東學接)이 공주의 신소(莘沼)에 사는 양반 이단석에게 '외국 침략에 대처하여, 병사를 일으켜 토평(討平)하기 위한 군수물품'을 요구하였다.[70]

· 7월 6일 대교에 동학교도들이 모였다.[71]

· 7월 7일 공주 판관 신욱이 보고하기를, "공주의 대교, 공수원, 반송 등지에 동학무리 10명 혹은 100명 정도가 무리를 이루었는데 모이는 것이 일정치 않으며, 압류한 돈과 곡물의 정황은 헤아릴 수 없다."[72]

· 7월 9일 이인역에 동학교도들이 모였다.[73]

· 7월 12일 홍주목사 이승우가 공주의 충청감영에서 홍주로 돌아가던 중 공주 동천점(銅川店)에서 '보국안민(輔國安民)'과 '척화거의(斥和擧義)'를 내세우며 일어난 농민군들에게 말 3필을 빼앗겼다가 다시 찾았다.[74]

7월 공주에서 봉기한 농민군의 집회 모습은 다음 두 군데에서 볼 수 있

---

69 「금번집략」, 위의 책, 9쪽.
70 吾等皆爲國義人, 外國之來撓我國者將討平, 而此是用於軍糧者也. 「시문기」, 『사료총서』 2, 178쪽.
71 「약사」, 『국역총서』 6, 37쪽. 이후 대교에서의 왕성했던 농민군의 활동은 '대교전투(10월 24일)'에서 상술한다.
72 「금번집략」, 앞의 책, 23쪽.
73 『조선왕조실록』 1894년 7월 9일; 「갑오실기」, 『국역총서』 9, 39쪽; 「나암수록」, 『국역총서』 6, 445쪽.
74 「홍양기사」, 『국역총서』 4, 60쪽.

다. 이 무렵 공주감영 외곽에서는 동학의 접이 조선 왕조의 지방 권력을 무력화시키며, 항일의 명분을 내세우며 거점을 확보하고 항일 무력을 준비해가고 있었다. 다음은 "외국내침(外國來侵)"에 대응하는 의병[義兵]임을 표명한 이인의 반송접의 모습이다.

(7월; 인용자 주) 초6일 반송에 가서 그들 접 안으로 들어가니, 흰 포장(布帳)을 넓게 펼쳐 놓고 수백 명이 모여 있었다. 빙 둘러 주둔해 있는 모습이 이른바 장사진(長蛇陣)이었다. 병풍을 두르고 자리를 깔고 앉아 있었는데, 그 위에 앉아 있는 40여 명은 이른바 대장들이었고 김필수(金弼洙)가 접주였다.[75]

다음은 7월 12일 공주 동천점에서 홍주목사를 막고 말을 빼앗았던 농민군들의 모습이다.

(동천점의; 인용자 주) 산의 중턱에 병풍과 장막을 치고 위에는 6~7명의 두령이 앉아 있었고 아래에는 수십 명의 무리들이 둘러싸고 있었다.[76]

7월 29일부터 8월 1일까지 3일간 농민군 1만여 명이 공주 정안면(正安面) 궁원(弓院)에 모였고,[77] 8월 2일에는 깃발을 잡거나 창과 칼을 지니고 공주

---

75 「시문기」, 『국역총서』 6, 6쪽.
76 「홍양기사」, 앞의 책, 60쪽.
77 「약사」, 『국역총서』 6, 40쪽; 「금번집략」, 『국역총서』 4, 32쪽. 궁원에서 7월 30일의 농민군 집회는 기록에 보이지 않지만, 7월 29일부터 계속된 1만여 명의 집회는 계속되었을 것으로 추정한다.

읍내로 들어와 길에 가득 찼으며 거리를 소란스럽게 하였다.[78] 8월 3일에 이르러 조금씩 흩어져서 공주에서 10여 리 혹은 30리 떨어진 곳에 각자 모였고,[79] 8월 4일에는 다시 농민군 수천 명이 공주부에 모였다.[80] 이때 농민군의 지도자는 임기준이었다.[81] 8월 4일 도인(道人) 700명이 공주에서 와서 광암(廣岩, 정산에 있다; 인용자 주)으로 들어갔다.[82]

신평을 정안면 석송리로 본다면(85쪽 '각주 34' 참조), 농민군들은 신평과 같은 생활권인 궁원에서 신평 일대의 튼튼한 동학 교세를 기반으로, 조선 시대 서울과 호남을 잇는 주요한 통행로이며 주막이 많이 있던 궁원의 지리적 이점을 활용하여 대규모 집회를 했을 것이다. 윤상오는 1881년 최시형을 만나 직접 가르침을 받았고, 이후 윤상오의 활동 거점 신평은 1891년에는 전라도와 충청도 포교의 거점이 되었을 만큼 튼튼한 동학 교세가 뒷받침된 곳이다. 위의 궁원에서 일어난 농민군들의 대규모 집회는 신평을 거점으로 활동했던 윤상오 접의 영향이 있었을 것이다. 궁원에서 대규모의 농민군들의 시위가 일어날 때, 공주 남쪽 건평에서는 7월 29일(또는 7월 30일) 수천 명이 모인 유림들의 집회[儒會]가 있었다.[83]

8월 19일부터 23일까지 5일간 농민군 수천 명이 금강 근처에 모여 공주

---

78 「금번집략」, 『사료총서』 4, 11, 43쪽.

79 위의 책, 11, 44쪽.

80 初四日, 東學輩, 幾千名, 府下聚會. 위의 책, 11쪽.

81 「금번집략」, 『국역총서』 4, 32~33쪽.

82 「갑오기사」, 『국역총서』 6, 101쪽. 정산 지역의 농민군들이 공주집회에 참가했다가 되돌아간 것으로 보인다.

83 「남유수록」, 『국역총서』 4, 246~247쪽; 「갑오동란록」, 『국역총서』 6, 73쪽. 건평 유회의 성격을 위 「남유수록」에 의거하여 '토왜(討倭)' 집회라고 보면, 궁원 집회와 건평 유회의 상당한 관련성에 대해 생각해 볼 수 있다.

부내로 들어가려 해서 충청감영에서는 충청감영 및 공주목의 군졸과 동민들을 동원해 밤낮으로 4~5곳의 길목을 막고 대치하였다. 이때 공주를 둘러싼 동학접은 반송접(盤松接)과 공주접(公州接)이 확인되고, 8월 21일 능티에서는 공주접이 진을 치고 있었다.[84]

9월 10일 무렵 삼례에서 전봉준에 의해 2차 기포의 막이 오르고, 9월 18일에는 동학교단 측에서도 기포령을 내려, 남접과 동학교단 측 모두 항일대전으로 치달린다. 그런데 9월에 들어서면 갑자기 공주에서는 눈에 띄는 농민군들의 활동이 보이지 않는다. 그 이유는 공주 농민군의 지도자 임기준의 배신 때문인 것으로 보인다.

온양에서는 8월에 "이인의 동도"(이인접주 임기준 세력으로 추정; 필자 주)에게 몽둥이질 등 협박 속에서 호장(戶長) 정석호(鄭錫好), 이방(吏房) 방구현(方九鉉), 수형리(首刑吏) 정제권(鄭濟權) 등 우두머리 아전들이 동학에 가담하였다가 9월 초에 동도(東徒)의 왕래가 뜸해서 동도(東徒)를 배반했다고 했다.[85] 선무사 정경원(鄭敬源)[86]이 충주에서 동학당 효유·설득 활동을 하면서 8월 24일에 일본군 충주병참사령관(忠州兵站司令官) 후쿠도미(福富孝元)를 만나 "이미 여기에 오기 전에 각지를 순시하였다. 공주와 전의(全義) 같은 데서는 그 당(黨)이 소집한 수가 2만 내지 3만 명에 이르지만, 내가 그 수령

84 「갑오기사」, 위의 책, 103~104쪽; 「금번집략」, 『국역총서』 4, 13~14쪽.
85 「순무선봉진등록」, 『국역총서』 2, 81~83쪽.
86 조선 정부에서 농민군 효유 활동을 위해 내무협판 정경원을 7월 9일 호서선무사(湖西宣撫使)로 임명하였고(「나암수록」, 『국역총서』 6, 445쪽), 7월 17일에는 삼남선무사(三南宣撫使)로 임명하였다.(『日省錄』)

을 효유·설득하여 무사히 해산시킬 수 있었다."[87]고 했다. 위의 온양 아전들과 정경원의 말로 미루어 보면, 8월 24일 이전에 임기준이 정경원에게 귀순 의사를 밝힌 것으로 추측된다. 임기준은 귀순 후 박제순에 의해 충청감영의 중군(中軍)으로 임명된다.[88]

8월에 흥선대원군이 농민군의 해산을 촉구하는 효유문을 발표한다. 이에 대해 농민군 측에서는 9월 9일에 "호서창의소(湖西倡義所) 지도자들(諸生等)"의 이름으로 충청감사 박제순에게 귀순 의사를 밝히는 '상서(上書)'를 보낸다. 위 문서에는 도접주 안교선, 대접주 임기준 등 21명의 동학 지도자들의 이름이 있다.[89]

위 '상서(上書)'로 미루어 보면 당시 공주접주·전의접주·연기접주의 군현 지역명의 조직(접)이 확인되며 또한 동학 조직이 공주목에는 공주접주 등 7개 조직, 정산에 2개 조직이 있었던 것을 알 수 있다. 1894년 9월 공주와 주위의 정산·전의·연기에 널리 세력을 확산하고 있는 동학접을 확인할 수 있다.[90]

---

87 『주한일본공사관기록』 2, 63쪽; 『주한일본공사관기록』 1, 194쪽. 이 문서에 '公州執綱 張俊煥', '全義執綱 任基準'이라는 기록이 있다. 임기준에 대한 조선 정부의 회유 시도는 8월에 서병학에 의한 활동도 있다. (「시문기」, 『국역총서』 6, 8쪽)

88 「선봉진상순무사서부잡기」, 『국역총서』 8, 306쪽.

89 「흥선대원군 효유동학도문(興宣大院君 曉諭東學徒文)」(「동학문서」), 『사료총서』 5, 100~110쪽; 한국교회사연구소 역주, 『뮈텔 주교 일기1(1890~1895)』, 335쪽. 위의 『뮈텔 주교 일기1(1890~1895)』에서는 "충청도의 우두머리 15명이 보낸 답서"라고 하였다.

90 위 「흥선대원군 효유동학도문」에 의하면, 거점 지역명의 접주로는 공주지역에서는 이인 접주·건평접주·반송접주·궁원접주·광정접주·수촌접주, 정산지역에서는 지동접주(건지동접주 김기창)·광암접주가 해당하는 것으로 추정되며, 현재 공주지역에서 지역명이 확인되는 접주로는 선근접주(공주 이인면)·덕지접주(공주 탄천면), 지역 추정 미상의 접주로 臥龍接主, 竹軒接主, 靈川接主, 浮田接主, 龍幕接主가 있다. 아산을 중심으로 활동한 도

그런데 9월 11일에 "호주대의소(湖州大義所)"의 이름으로 "공주호서구접 (公州湖西九接)에게" 말하기를, "방금 왜병이 크게 소란을 피워 조야가 근심 으로 가득 차 있다.… 오도(吾道)의 여러 군자들은 하나의 북소리에 함께 일 어나 이구동성으로 크게 힘쓰며, 제반 군대에 필요한 것을 재빨리 마련하고 훈련에 힘써서 충성을 다하여 나라에 보답하기를 바란다."라고 하여 '항일 거병 준비'를 촉구하고 있다.[91] 이는 공주 농민군의 임기준 등 일부 세력이 충청감영에 투항한 것에 대한 지역 농민군 세력의 대처로 보인다. 또한 9월 남접과 북접 농민군의 2차 봉기에 대한 호응일 것이다.

9월 공주에서 농민군의 활동이 주춤할 때, 9월 21일과 다음 날 22일에 걸 쳐 충청감영의 참모관 구완희(具完喜)가 우영(右營)[92]의 군사들을 거느리고 이인과 노성 그리고 정산의 농민군을 해산시켰고, 9월 초부터 노성 정수암 을 중심으로 조직되던 유생들의 의병 조직도 해체시켰다.[93] 구완희의 이러 한 적극적인 진압 활동은 그동안 공주지역에서 주도적으로 활동해 온 임기 준이 귀순하여 충청감영의 중군(中軍)으로 변신하는 사건의 영향을 받았을 것이다.

일본군의 왕궁 침범 사건에 반발하여 9월 10일 무렵 삼례에서 재기포한 전봉준이 지휘하는 남접 농민군이 10월 12일 논산에 도착했다. 이때 공주창

접주 안교선은 1891년 윤상오의 활동 중지 이후 연계된 상징적인 중심인물로 보았다. 사 료와 구전을 근거로 더 엄밀하게 정리되어야 할 것이다. 이들 접의 동학교도 대다수가 공 주전투의 주역으로 참전했을 것이다.

91 「황해도동학당정토략기」, 『국역총서』 4, 518쪽.
92 충청감영이 있는 공주에는 관찰사 직속의 관속과 공주목의 관속 그리고 공주와 주변 10 개 군현을 통할하는 우영(右營, 公州鎭)의 군대가 있었다.
93 『주한일본공사관기록』 8, 56~58쪽.

의소의장 이유상 휘하의 농민군도 논산에서 전봉준 농민군과 합세하여 공주 대회전(大會戰)을 준비한다.

10월 13일에는 공주 금강 북쪽에 있는 수촌(水村)에서 농민군들이 일본인 통역자 김현갑(金鉉甲)의 말과, 일본인 어학생(語學生) 사이토(齊藤) 마부의 말을 빼앗았는데, 이때 공주 인근에서 농민군 진압 활동을 벌이던 스즈키 부대가 출동하여 수촌 농민군의 도소(都所)를 습격해서 농민군 3명을 죽이고 21명을 체포했다.[94] 10월 13일 수촌에서 통역자 김현갑과 어학생 사이토는 정보 수집 활동을 하고 있었는데, 이를 제지하기 위해 농민군들이 말을 압수했고, 이에 일본군이 학살과 체포로 보복한 것이다.[95] 이때 스즈키 소위가 압수한 농민군의 문서 중에는 "청과 협력하여 왜적을 처부수자"는 문서가 있다. 위의 '수촌 사건'으로 볼 때 공주가 남접·북접 농민군과 조일진압군의 대결장이 되고 있을 때, 수촌의 농민군 등 공주 사람들은 자기 지역에서 항일 봉기를 준비하고 있었으며 또한 항일을 위해 청과 연대하는 현실적인 정치방침을 구상하였음을 확인할 수 있다.

---

94 『주한일본공사관기록』 1, 174쪽; 「선유방문병동도상서소지등서」, 『국역총서』 10, 433~434쪽; 「순무선봉진등록」, 『국역총서』 2, 178~179쪽.
95 동학농민혁명 당시 주한일본공사관 및 일본 육해군, 대륙낭인 및 재조선 일본인 및 유학생의 정보 수집 활동에 대해서는 박맹수, 「동학농민혁명기 일본군의 정보 수집 활동」, 『개벽의 꿈』 참조.

3) 공주전투 시기 공주지역 농민군의 활동[96]

공주전투 시기에 남북접의 농민군과 함께 전투하였던 공주지역 농민군으로 이유상·장준환·김기창 휘하의 농민군이 있다. 또한 공주의 유성에서 활동한 최명기·강채서·박화춘의 농민군도 있다. 그런데 10월 25일 효포전투 패배로 남북접 농민군이 노성·논산으로 물러났을 때, 공주 토착 농민군 중에는 관군의 영향력 아래 있던 공주지역에서 비밀리에 계속 활동을 하고 있었던 것도 확인된다. 이에 따른 관군 측의 대응으로 공주 일대에서는 농민군의 체포가 잇따라 일어났다. 공주전투와 그 직후에 공주에서 활동하다 체포된 농민군들은 일본 측과 관군의 기록에 의하면, 동학교도이고 동학접주였다.

(1) 이유상·김기창 농민군

공주전투 기간에 전봉준과 함께 투쟁한 이유상은 유생이고 전직 관리이며 또한 동학 건평접주였다.[97] 또 1894년 8월 6일 조선 정부의 선무사 정경원이 홍주에 도착하여 경내에 이름 있는 접주들을 불러 모아 효유할 때 참여한 접주 중에 정산접주 김기창이 있었다.[98]

10월 23일 이인전투에는 전봉준·이유상 농민군이 참전했고, 정산 김기창 농민군도 동참했다. 또한 김기창 농민군은 전봉준·이유상과 같이 효포

---

96 공주전투에 참전한 지역 농민군의 활동은 '제3부 및 제4부, 공주전투 22일'에서 상술한다.
97 「남유수록」, 『국역총서』 4, 274쪽.
98 「홍양기사」, 위의 책, 67쪽.

전투(10월 24일~25일)에도 함께했다. 11월 9일 전투에는 전봉준·이유상의 농민군은 우금티전투에 함께했고, 김기창 농민군은 오실산자락전투를 주도하며 공주전투에 참여했다. '선봉진의 첩보'에 의하면 제2차 공주전투 직전 11월 8일 공주를 포위하고 있는 지역 농민군 세력으로 계룡산 갑사의 농민군, 이인 김의권 농민군, 반송 농민군, 건평 이유상 농민군, 정산 김기창 농민군이 있었다.[99]

(2) 공주 유성에서 활동한 최명기·강채서·박화춘의 농민군

유성(儒城)과 대전(大田)은 조선말에는 공주목 관할 지역, 즉 공주지역이었다.[100] 공주전투 전후 유성과 감성, 대전에서는 농민군의 세력이 매우 지속적으로 존재하였고, 특히 유성은 공주전투 즈음에는 관의 영향력이 미치지 않았다. 유성에서 봉기한 농민군은 공주 북쪽 대교에 나타났고 또한 전봉준과 같이 논산으로 퇴각한 유성의 농민군 지도자들이 확인된다.

9월 28일에 대전에서 농민군의 활동이 있었다.[101] 10월 3일에는 공주의 대전평(大田坪)에서는 강건회(姜建會)[102] 농민군에게 충청병영(忠淸兵營, 鎭南

---

99 「선봉진상순무사서부잡기」, 『국역총서』 8, 344~345쪽.

100 「공산지」에 의하면, 유성시장(儒城場市, 공주부公州府의 동쪽 50리에 있고, 5일과 10일에 장이 선다), 대전시장(大田場市, 공주부의 동쪽 80리에 있고, 2일과 7일에 장이 열린다)이 있었다.(「공산지」, 앞의 책, 149쪽)

101 「약사」, 『국역총서』 6, 45쪽. "대전 등지에서 동비가 소동을 일으키고 있으며 소·집·돈·양식을 빼앗는다."(二十八日暘, 送錦峽人中路還來言, 大田等地東匪作梗, 牛隻卜物錢糧見奪云, 『사료총서』 2, 225쪽)

102 「갑오동학란」, 『국역총서』 13, 123쪽; 「시천교종역사」, 『국역총서』 11, 294쪽. 강건회는 1901년 김연국이 관에 체포될 때 같이 체포된 것으로 보아 북접 농민군과 같이 활동한 인물이다.(「시천교종역사」, 위의 책, 313쪽; 「김낙철역사」, 『국역총서』 5, 200쪽)

營) 영관(領官) 염도희(廉道希) 등 73명의 장졸(將卒)이 농민군에게 몰살당했다.[103] 다음은 10월 18일, 공주의 동쪽 유성과 대전 등의 지역에 농민군이 나타난 사실이다.

장위영 영관이 10월 18일 연기에 도착하여… 서산군수가 10월 18일 공주에 들어오려다가 20리를 물러나 모로원에 주둔… 비도(匪徒)의 출몰 상황을 말하면 공주의 유성과 대전 등의 지역, 즉 청주 관군이 타 죽은 곳에 수천 명이 모여 있다.[104]

이때 선봉진은 이두황에게 "유성에 출몰한 농민군을 감성(紺城)[105] 입구에서 막아 '호남비도(湖南匪徒)'가 지나가는 길이 되지 않도록 하라"[106]고 하였는데, 위 사료로 보면 유성에 출몰한 농민군은 "호남비도"와는 성격이 다른 북접 농민군 또는 공주지역 농민군이라고 볼 수 있다. 10월 20일에도 유

---

103 「모충사실기(慕忠祠實記)」(「모충사 전망장졸씨명록(慕忠祠 戰亡將卒氏名錄)」), 『사료총서』 10, 293쪽.

104 「순무선봉진등록」, 『국역총서』 2, 40쪽(壯衛領官, 十八日,…公州維城大田等地, 卽淸州官軍燒沒處, 又會數千人. 『사료총서』 13, 62쪽); 公州維城大田等地, 卽淸州官軍燒沒處, 又一云數千人. 「순무사각진전령」, 『사료총서』 16, 5~6쪽.

105 감성(紺城)은 현 세종시 금남면 감성리로 본다. 감성은 동학농민혁명 시기 공주목 양야리면에 속했다.(세종특별시 금남면 홈페이지 참조). 감성(甘城) 장시(場市)는 공주부의 동쪽 40리에 있다.(「공산지」, 앞의 책, 149쪽)

106 燕岐之距維城爲四十里. 今聞匪類, 亦從此處出沒云, 如爲移駐於紺城口等地, 先防其跳踉之弊, 而亦絕湖南匪徒經由之患是矣. 「선봉진일기」, 『사료총서』 16, 82쪽. 이 사료는 10월 18일 문서이다. 같은 문서가 「순무선봉진등록」(『국역총서』 2, 44쪽)과 「선봉진전령각진」(『국역총서』 8, 452쪽)에도 있는데, 10월 20일 문서로 기록되어 있다. 이 책에서는 빨리 접수된 '10월 18일자' 날짜를 채택하였다.

성에 농민군이 출몰하였다.[107] 11월 9일 공주전투 이후 보고에 "감성(甘城)과 유성(儒城) 등에서 농민군들이 무리를 지어 소요를 일으키고 있다."[108]고 하였다. 11월 10일에 김개남 휘하의 4만여 농민군이 진잠에서 청주로 향할 때 유성 등지에서 일제히 기포하기도 했다.[109] 날짜는 미상이나 공주전투 전후로 기록된 관군의 글에는, "유성은 원래 동도(東徒)의 소굴이어서 관아의 하예(下隸)와 영(營)의 관속이 감히 가까이 가지 못하고, 공물을 완강하게 거부하여 독촉할 수가 없습니다."[110]라고 할 정도로, 유성에는 농민군 세력이 강성하게 뿌리내리고 있다.

공주의 대교 유생의 글에는 공주전투 전후에 유성에서 일어난 농민군 최명기(崔明基)·강채서(姜采西)·박화춘(朴和春)의 활동이 나온다.[111] 이 중 최명기의 대교 점거 사실도 기록되어 있다.[112] 11월 15일, 논산 소토산·황화대 전투 직전에 전봉준과 함께 초포·논산으로 퇴각한 농민군 지도자 중에 유성 농민군 지도자 최명기·강채서·박화춘이 있다.[113] 유성의 최명기·강채

---

107 「일본사관함등」, 『국역총서』 12, 280쪽.
108 「선봉진상순무사부잡기」, 『국역총서』 8, 340쪽.
109 聞其所傳, 則金開南率四萬匪類, 再昨宿鑛岑, 而直向淸州云, 路過公州柳城, 而柳城等地 一齊起包, 聽聞危迫. 「이규태왕복서병묘지명」, 『사료총서』 16, 418쪽.(『국역총서』 8, 393쪽)
110 「이규태왕복서병묘지명」, 『국역총서』 8, 396쪽.
111 "호서의 경우 최명기(崔明基)·강채서(姜采西)·박화춘(朴和春)이 유성에서 일어나… ." (「약사」, 『국역총서』 6, 57쪽). 8월 24일, 선무사 정경원이 파악한 충청도 동학접주 41명 중에 최명기는 연기접주로 기록되어 있다.(『주한일본공사관기록』 2, 61~65쪽; 『주한일본공사관기록』 1, 194~196쪽)
112 「약사」, 위의 책, 57~58쪽.
113 全琫準·金可(介)南·孫化重(中)·李有相·姜采西·吳一相·崔命基·朴化春·安城包·尙州包, 此外不足數也. 今會於草浦論山. 「선봉진정보첩」, 『사료총서』 16, 201~202쪽.(『국역총서』 8, 78쪽)

서·박화춘의 농민군은 10월 23일 대교 점거부터 이후 21일간의 공주전투에 참여한 것으로 추정된다.

4) 농민군의 비밀 활동과 체포

(1) 공주접주 장준환(張俊煥)과 성찰 지삼석(池三石)

공주접주 장준환은 10월 25일 효포전투 이후에 남북접의 농민군이 논산으로 물러났을 때, 몰래 공주에서 농민군을 재조직하고자 자신의 근거지였던 공주 정안면 달동(達洞) 자신의 집으로 돌아왔다. 11월 1일에는 다행히 체포를 피했지만, 11월 3일에 체포되어 선봉진 앞에서 효수되었다. 조선 정부의 선무사 정경원은 1894년 8월에 충청도 동학당 41명의 접주 중에서 장준환이 공주를 대표하는 공주접주인 것으로 파악하고 있다.[114]

공주 정안면 달원에 거주하는 28세 지삼석(池三石)은 장준환 접에서 성찰(省察)의 직책으로 활동하다가, 장준환이 붙잡힌 뒤인 11월 8일 무렵에 동네 사람들에게 붙잡혔다.[115]

(2) 접주 설장률(薛長律)

11월 2일 공주진 우영장이 동학접주 설장률의 체포를 선봉진에 보고하자, 같은 날 선봉진에서 공주 삼기면(三岐面) 입석리(立石里) 주민들에게 설

114 『주한일본공사관기록』 2, 63쪽; 『주한일본공사관기록』 1, 194~196쪽.
115 「선유방문병동도상서소지등서」, 『국역총서』 10, 438쪽. (『사료총서』 10, 339~340쪽)

장률을 체포한 공로로 엽전(葉錢) 30냥을 포상한다.[116] 장준환의 체포에 공을 세운 선봉진 별군관 이상만에게는 선봉진에서 50냥, 충청감영에서 200냥을 각각 하사하였다. 마찬가지로 설장률의 체포에 대해 선봉진에서 금전적 포상을 한 점으로 미루어 보아, 설장률이 동학농민군에서 차지하는 위상이 매우 높았을 것이다. 삼기면 주민들에게 체포되었던 것으로 보아 설장률은 삼기면을 중심으로 활동했을 것이다. 공주목 삼기면은 1914년에 연기군에 편입되었다.[117]

(3) 소법헌(小法軒) 지명석(池命石)과 최판석(崔判石)

순무영의 별군관(別軍官) 최일환(崔日煥)은 11월 4일에 공주 신촌(新村)에 도착하여 지명석과 최판석을 체포하는데, 이 두 사람은 선봉진에서 바로 처형된다.[118] 지명석은 공주접주 장준환과 함께 활동했던 공주 달원의 성찰 지삼석을 1892년 9월에 동학에 입도시킨 인물이다. '소법헌(小法軒)'이라고 호칭되었는데, 용천검(龍泉劍)과 무수장삼(舞袖長衫) 등을 압수당했다. '소법헌'(小法軒, '法軒'은 동학 교주 해월 최시형에 대한 호칭; 필자 주)이라는 호칭으로 보아, 당시 지명석은 공주에서 동학 교리에 정통한 인물이었고, 동학을 중심으로 공주 사람들이 결집하고 있었음을 엿볼 수 있다. 또한 공주 농민군들은 동학교단 측과 긴밀한 연계를 유지하고 있는 증좌로 볼 수 있다. 지명석

---

116 「순무선봉진등록」, 『국역총서』 2, 104~105쪽.
117 『공주시 지명 변천 약사』, 공주시, 2007, 28~29쪽.
118 「갑오군정실기」 4·5·6, 74쪽; 「선봉진일기」, 『국역총서』 1, 283쪽; 「순무사정보첩」, 위의 책, 337~338쪽; 「선봉진상순무사서부잡기」, 『국역총서』 8, 346쪽; 「이규태왕복서병묘지명」, 위의 책, 418쪽.

과 같이 체포된 최판석은 동학문자(東學文字)와 전깃줄 1바리[駄]를 압수당했다. 동학문자(東學文字)를 압수당한 최판석은 동학 교리에 밝은 동학교도일 것이며, 또한 '전깃줄 1바리'를 가지고 있었던 것으로 볼 때, 일본군의 조선 침략 및 청일전쟁을 파탄시키는 전신선 절단 활동을 하였던 것으로 보인다.[119]

5) 그 밖의 인물들과 활동 내역

그 밖에 아래와 같은 인물들이 공주를 중심으로 활동한 흔적을 남기고 있다. 수많은 농민군들이 이들과 유사한 활동을 하였을 것이나, 좌절된 동학농민혁명으로 농민군들에 대한 기록은 거의 전면적으로 말살되고 말았다.

① 11월 3일 무렵, 공주 동천(銅川) 대문내포(大門內包)의 최접사(崔接司)[120]

② 봉명(鳳鳴)에 사는 접주 송두석(宋斗石)이 11월 4일 주민들에게 체포되

---

119 조선 정부가 1888년에 공주를 지나는 남로전신선(부산-대구-전주-공주-한성)을 가설하였는데, 1894년 동학농민군의 활동과 함께 남로전신선이 자주 불통되었다. (김연희, 「고종시대 근대 통신망 구축 사업」, 서울대학교 박사학위논문, 2006, 71~72쪽; 박진홍, 「1894년 일본군의 전라도 전신선 가설계획과 그 의미」, 『강원도와 북한 지역의 동학농민혁명』(자료집), 동학농민혁명기념재단, 2018, 7쪽) 이때 천안에서 청군 또는 동학교도가 전신선을 절단한 사건도 있었다. (「순무선봉진등록」, 『국역총서』 2, 105, 126쪽) 일본군의 조선 왕궁 점령 사건 이후 일본군이 조선 정부의 동의 없이 1894년 7월 중순 가설·완성한 서울-부산 군용전선은 7월~8월 사이에 농민군에게 10번이나 절단되었다. (『주한일본공사관기록』 2, 55~56, 61쪽)
120 「이규태왕복서병묘지명」, 『국역총서』 8, 400~401쪽. 11월 3일 이장한(李章漢)이 서신으로 공주에 주둔하고 있던 선봉진 이규태에게 특별 심문을 의뢰한 인물이다. 접사(接司)는 동학 직책의 하나로 접주(接主)의 지휘를 듣고 행하는 자이다. (「전봉준공초」, 『국역총서』 12, 23쪽; 「갑오동란록」, 『국역총서』 6, 70쪽)

어 11월 3일부터 늘티(판치)에 주둔하고 있던 통위영 부대에 넘겨져 즉시 포살(砲殺)[121]

③ 동학괴수(東學魁首) 최윤신(崔允信)이 11월 11일 공주 우정면 주민들에게 체포[122]

④ 동도접주(東徒接主) 최성록(崔成祿)과 임원갑(林元甲)이 11월 15일 공주 신상면 유구 주민들에게 체포[123]

⑤ 동도거괴(東徒巨魁) 임원갑(林元甲)과 한가(韓哥)가 11월 17일 공주 신하면 봉암에 사는 조석구(曺錫九)에게 체포[124]

⑥ 공주 산내면(山內面) 부사리(夫沙里)에 사는 정용업(鄭容業)은 금산 침범을 도모하였는데 피신하여 잡지 못함[125]

---

121 「순무선봉진등록」,『국역총서』 2, 168쪽. 봉명은 늘티 주변의 마을이다.

122 「선유방문병동도상서소지등서」,『국역총서』 10, 477쪽(『사료총서』 10, 360쪽);「순무선봉진등록」,『국역총서』 2, 159쪽(『동학란기록』 상, 491쪽). 최윤신은 유족들의 신청으로 2004년 '동학특별법'에 따라 동학농민혁명 참여자로 2006년 11월에 인정되었다.

123 「순무선봉진등록」,『국역총서』 2, 183쪽.

124 위의 책, 201쪽.

125 「의산유고(義山遺稿)」,『국역총서』 6, 150쪽. 「의산유고」는 1894년 11월에 '양호소모사(兩湖召募使)'로 임명되어 충청도 일대 농민군 토벌에 나섰던 문석봉의 기록이다. 1894년 3월 12일에 동학교도 수천 명이 금산군에 모여들어 벼슬아치들의 집을 불태웠는데(『오하기문』(번역본), 75쪽), 정용업은 이때 같이 활동한 인물일 것이다.

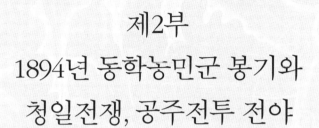

제2부
1894년 동학농민군 봉기와
청일전쟁, 공주전투 전야

제2부에서는 공주전투의 배경이 되는 동학농민군의 1차 봉기, 일본군의 조선 왕궁 점
령과 청일전쟁, 농민군의 항일 2차 봉기, 공주전투 직전에 공주로 집결하고 대치하였
던 남접, 북접 농민군 및 공주지역의 동학농민군 그리고 조일진압군에 대해 서술한다.

제1장 동학농민혁명과 일본군의 조선 왕궁 점령, 청일전쟁

1. 동학농민군의 1차 봉기

1) 전라도 농민군의 봉기

1894년 고부농민봉기(1월)·무장(茂長)기포(3월)를 시작으로 전라도의 많은 지역에서 농민봉기가 일어났다. 4월 7일에 황토현에서 전봉준이 지휘하는 농민군이 전라감영군을 격파하였고, 4월 23일에는 장성에서 양호초토사 홍계훈이 서울에서 이끌고 온 경군(京軍)을 물리쳤다. 이어서 4월 27일부터 5월 7일까지 전라도 수부(首府) 전주를 점거하였다.(11일간) 전라도 농민군은 '전주화약'을 맺고 전주성에서 철수하였고, 이후 전라도 각 지역에서는 농민자치기구인 도회소 활동이 일어났다.

2) 동학교단의 4월 기포

(1) 최시형의 4월 기포령

고부봉기·무장(茂長)기포를 전후하여 전라도에서 농민봉기가 확산될 때,

충청도에서도 많은 지역에서 농민봉기가 일어났다. 전라도와 충청도에서 농민봉기가 확산되자, 조선 왕조는 농민군을 진압하기 위해 홍계훈을 양호초토사(兩湖招討使)로 임명하여 관군을 전라도로 내려 보냈다. 홍계훈은 관군 3대(隊)의 부대를 인솔하고, 4월 4일에 인천항에서 출발하여 4월 6일에 군산을 거쳐 전주에 도착했다.[1]

이때 충청도에 있던 최시형이 동학교도들에게 통문(通文)을 돌려 "호남에서 (동학교도들이; 인용자 주) 모두 죽는 것을 앉아서 기다릴 수가 없으니 4월 6일에 청산(靑山)의 소사전(小蛇田)에서 모이자."라는 기포령을 내렸고, 이후 충청도에서 농민봉기가 이어졌다. 또한 "청산 소사전에 모인 동학교도들이 4월 8일에는 회덕의 군기를 빼앗았다."[2] '청산 소사전의 기포'에 관해서는 관군의 기록인 「동비토록(東匪討錄)」에 2회, 「양호전기(兩湖電記)」에 2회, 그리고 『주한일본공사관기록』에 1회 총 5회가 확인된다. 이를 소개하면 다음과 같다.

① 「동비토록(東匪討錄)」(『국역총서』 3, 97쪽)

"동도(東徒) 최법헌(崔法軒)이 통문을 돌려서 말하기를, '호남에서 모두 죽는 것을 앉아서 기다릴 수가 없다. 6일에 청산의 소사전에 모이자'라고 하였다."

(東徒崔法軒輪通內, 自湖南渠徒一竝打殺不可坐待. 初六日, 來會于靑山小蛇田云. 『사료총서』 6, 162쪽)

---

1 『주한일본공사관기록』 1, 11~12쪽. 홍계훈은 3월 29일에 '전라병사'를 제수받았고, 4월 2일에는 '양호초토사'가 되었다.(「갑오실기」, 『국역총서』 9, 7쪽)
2 「동비토록」, 『국역총서』 3, 98쪽.

② 「동비토록」(『국역총서』3, 98쪽)

"지금 금백의 전보를 보니, '저들 중에 최법헌이 윤통(輪通)하여, 6일에 청산의
소사전에 모여 회덕의 군기를 빼앗았다'라고 합니다."(卽見錦電, 彼類崔法軒輪
通, 初六日, 會靑山小蛇田, 奪懷德軍器. 『사료총서』6, 162~163쪽)

③ 「양호전기(兩湖電記)」(『국역총서』1, 190쪽)

"금영(錦營)에서 언문으로 전보하기를, '최한(崔漢, 즉 최시형; 인용자 주)의 통문
은 만 가지로 통탄할 일입니다. 저들이 회덕(懷德)의 백사장에 있다고 합니
다.'"(錦營諺電, 崔漢之通文, 萬萬可痛, 彼在懷德邑沙場云. 『사료총서』6, 88쪽)

④ 「양호전기」(『국역총서』1, 191쪽)

"지금 금백(錦伯)의 전보를 보니 '저들의 괴수 최법헌(崔法軒)이 통문을 돌려
초 6일에 청산의 소사전에 모여 회덕의 무기를 탈취했다'고 하니 매우 통분할
일입니다."(卽見錦伯電, 彼魁崔法軒輪通, 初六日, 會靑山小蛇田, 奪懷德軍器云, 甚忿
痛. 『사료총서』6, 89쪽)

⑤ 『주한일본공사관기록』1, 7쪽.

"정탐하러 간 본영의 교졸이 보내온 보고를 보니, '동학교도 최법헌(崔法軒)이
돌린 통문(通文) 내용에 호남(湖南)의 무리들이 모두 타살(打殺)되기를 기다릴
수 없으니 2일 청산(靑山) 소사전으로 모이라'고 하였습니다."

이 중에서 맨 마지막 『주한일본공사관기록』에는 다른 기록들과 달리, 기
포일이 4월 2일로 되어 있다. 이 외에도 1906년에 필사된 것으로 알려진 『대

선생사적(大先生事蹟)』과 『백범일지』의 기록도 4월 기포설을 뒷받침하는 내용을 담고 있다.[3]

『대선생사적(大先生事蹟)』

"갑오년 3월에 본군 시내 숲속에 수만 명이 모여 규약을 정했다." (三月日, 數萬 道儒期會於本郡邑下溪林中, 爛議定規.)[4]

『백범일지』

"호랑이가 물러 들어오면 가만히 앉아서 죽을까, 참나무 몽둥이라도 들고 나가서 싸우자. 선생의 이 말은 곧 동원령이다."

이와 같이 최시형이 지시하여 동학교단에 통지한 '청산 소사전의 봉기'는 "호남에서 모두 죽는 것을 앉아서 기다릴 수가 없어서," 즉 전라도 농민군의 봉기에 대한 관군의 탄압에 대처하여 동학교단 측에서 연대하여 일어난 봉기였다.[5]

(2) 동학교단의 4월 기포와 충청도 인근 농민군의 동향

다음은 동학교단의 4월 기포를 전후한 충청도 인근 농민군의 동향이다.

---

3   박맹수는 『대선생사적』과 『백범일지』의 기록을 4월 기포설과 관련된 내용으로 보고 있다. 박맹수, 『개벽의 꿈』, 339~340, 343쪽 참조.
4   『한국학자료총서 (9) 동학농민운동편』, 415쪽.
5   박맹수는 4월 6일의 '청산 소사전 봉기'는 '동학교단이 주도한 농민군의 1차 기포'라고 정리하였다. 박맹수, 『개벽의 꿈』, 343쪽.

충청도 지역의 3분 1이 농민봉기에 들어가고, 경상도 서부와 강원도에서도 농민봉기의 조짐을 보였다. 이를 정리하면 다음과 같다.

· 3월 11일~3월 29일. 동도(東徒)가 황간(黃澗)·영동(永同)·청산(靑山)·보은(報恩)·옥천(沃川) 등지에서 크게 일어났다.[6]

· 3월 12일. 동학교도 수천 명이 짧은 몽둥이를 들고 흰 두건을 머리에 쓰고서 금산군에 모여들어 구실아치들의 집을 불태웠다.[7] 그러자 4월 2일, 금산의 행상 우두머리인 김치홍·임한석 등이 상인과 고을 백성 천여 명을 인솔하여 진산에 있는 동학교도를 공격하여 114명을 죽였다.[8]

· 4월 4일. "청주성 밖에 동학교도 3천 명이 성 밖에 주둔하고 있는데 그 수가 늘어나고 있다."[9]

· 4월 6일. 최시형의 '청산 소사전 기포'

· 4월 7일. 동학교도들이 회인현에서 현감을 잡아 가두고 군기(軍器)와 전량(錢糧)을 탈취하였다.[10]

· 4월 7일. 청산에 집결한 수천 명의 도인들은 공주로 진출하였고, 계룡산 및 진잠·회덕·괴산·연풍 등지를 습격하여 관아와 토호들을 약탈하였다.[11]

· 4월 8일. 청산 소사전에 모인 동학교도들이 4월 8일에는 회덕 관아의 군기

6 「백석서독」, 『국역총서』 10, 357, 358, 359쪽.
7 『오하기문』(번역본), 75쪽.
8 위의 책, 78쪽.
9 『주한일본공사관기록』 1, 3쪽.
10 『동학농민전쟁관계자료집』 I, 62쪽; 『주한일본공사관기록』 1, 5쪽.
11 박성수 주해, 『저상일월(渚上日月)』, 민속원, 2003, 167쪽.

를 빼앗았다.[12]

· 4월 8일. 회덕의 관아를 점거한 수천 명 농민군들은 총과 창을 들고 회덕의
사오(沙塢)와 문지리(文旨里)에 주둔하였다.[13]

· 4월 11일. 충청도 정산 출신 김영배(金永培)가 전주에서 효수되었다. 그는
동학교도를 불러 모으는 사통(私通)을 가지고 있다가 전주 독교가에서 포교
에게 체포되었다. 충청도 정산(定山) 차현(車峴)에 사는 김영배(金永培)는 2월
20일이 지나서 서울에서 내려와 양성(陽城)의 소사평(素沙坪)에 도착하여 그
곳의 동학교도들과 10여 일 머무르다가 이어 금구의 원평 무리(聚黨)로 갔고
그리고 사통(私通)을 가지고 충청도로 가던 중이었다.[14]

· 4월 13일. 동학교도 3,000명 혹은 그 이상이 옥천(沃川)·회덕(懷德)·진잠(鎭
岑)·문의(文義)·청산(青山)·보은(報恩)·목천읍(木川邑) 등에 주둔하고 있다.[15]

· 4월 중순경 "경상도 서부인 김산(金山)·지례(知禮)·거창(居昌)·선산(善山)·
상주(尙州)·유곡(幽谷, 문경에 있는 역; 인용자 주)에 민란의 조짐이 있고, 상주에
서는 충청도의 소요 때에 동학당을 응원하기 위하여 그곳으로 간 사람이 적
지 않다."[16]

· 4월 중순경. "충청도 내의 동학교도가 전라도로 간다."(충청도 덕산에서 4월

---

12 「동비토록」, 『국역총서』 3, 98쪽.
13 『주한일본공사관기록』 1, 6쪽.
14 「양호초토등록」, 『국역총서』 1, 108~109쪽; 「양호전기」, 위의 책, 196쪽. 충청도 정산
에 사는 인물이 1차 봉기 시기에 서울, 양성(당시 경기도), 금구의 원평, 전주 및 충청도
로 돌아다니고 있고 또한 동학교도를 불러 모으는 문서를 가지고 연락을 하고 있다.
충청도 동학교도와 서울·경기도·전라도 동학교도가 서로 소통하고 있다.
15 『주한일본공사관기록』 1, 12쪽.
16 위의 책, 69쪽.

16일 인천으로 돌아온 일본 상인 쿠와나桑名市平의 보고)[17] "충청도에 있는 동학교도들이 무리를 지어 호남지방으로 많이 내려가 합세하고 있다."(4월 21일, 임시대리공사臨時代理公使 스기무라 후카시杉村濬의 보고)[18]

· 4월 18일. 충청도 괴산과 연풍 등지를 동학교도가 포위하였고, 회덕과 노성 등지를 유린하였다. 그들은 토호들을 몽둥이로 두들겨 다리를 부러뜨렸으며 심지어 뼈를 깎고 거세까지 했다.[19]

· 4월. 괴산(槐山)과 연풍(延豐) 등지에 동학교도의 세력이 이어졌다.[20]

· 4월 19일. "난민이 점거했거나 또는 횡행하였던 시읍은 전라·충청 양도의 거의 3분의 1에 걸쳐 있는데, 전라도에서는 고부(古阜)·태인(泰仁)·부안(扶安)·금구(金溝)·정읍(井邑)·고창(高敞)·무장(茂長)·나주(羅州)·함평(咸平)·무안(務安)·영광(靈光) 등의 각 읍, 충청도에서는 회덕(懷德)·진잠(鎭岑)·청산(靑山)·보은(報恩)·옥천(沃川)·문의(文義) 등의 각 읍이다."(일본공사관의 보고)[21]

· 4월 21일. 충청도 농민군[匪類]이 그 무리를 불러 모아서 호중(湖中)의 많은 사대부가 곤욕을 당했다.(남원 유생 김재홍)[22]

· 4월 26일. "동학교도들이 차례로 해산하였지만, 봉변을 당한 양반들 집에서 통문(通文)을 띄우고 가동(家童) 수백 명을 모아 동학교도를 쫓아가 살해

17 위의 책, 42쪽.
18 위의 책, 24쪽.
19 박성수 주해, 『저상일월』, 167쪽.
20 「나암수록」, 『국역총서』 6, 425쪽.
21 『주한일본공사관기록』 1, 47쪽.
22 「영상일기」, 『국역총서』 5, 26쪽.

하고 또 동학교도의 집에 불을 질러 수일 안에 동학교도 수만 명이 모여 다시 소란을 일으켰다."(충청감사의 전보)[23]

· 4월 28일. "동학교도가 다시 모여 보은이 곧 함락될 지경이다."(충청도 청주의 전보)[24]

· 4월 28일 무렵. "동학당은 충주·청풍 부근 지방으로부터 속속 남하하고 있다. 또 강원도 지방에서 와서 가담하는 자도 있다. 근래에는 강원도의 동학당은 따로 새 깃발을 행진 중에 들고 곧 경성을 칠 것이라는 소문이다."(4월 28일 충청도 청풍 지방에서 귀경한 와타나베渡邊倉吉의 보고)[25]

· 4월 29일. 청산현에 수천 명의 동학교도가 결집하였다.[26]

· 4월 29일. "공주 이하는 소식이 끊겼는데, 완백(完伯) 김문현(金文鉉)이 피신하여 본영(本營)까지 걸어 왔습니다. 그가 전한 소식을 들으면, '공주 이하는 국가의 소유가 아니다'라고 합니다."(충청감사 전보)[27]

· 6월 14일. 전임 충청감사 조병호(趙秉鎬)에 이어 4월 25일 신임 충청감사로 임명된 이헌영이 6월 14일 왕에게 하직 인사를 하는데, 왕이 "비류(匪類)들은 아직도 두려워 그칠 줄을 모르고 수시로 모였다가 흩어졌다 한다."고 하니, 이헌영은 "비류들은 작년 봄에 보은(報恩)에서 난을 겪은 이후부터, 남은 무리들이 아직까지도 모였다가 흩어지는 것을 수시로 하고 있습니다. 호서는 비록 호남처럼 창궐하지는 않았으나, 회덕(懷德), 진잠(鎭岑) 등의 고을은 침

23 『주한일본공사관기록』 1, 33쪽.
24 위의 책, 33쪽.
25 위의 책, 46쪽.
26 위의 책, 34쪽.
27 위의 책, 33쪽.

학 당했습니다."라고 하였다.[28]

2. 일본군의 조선 왕궁 점령과 청일전쟁

1) 메이지 유신과 침략 외교

서양 세력이 아시아를 침략하는 서세동점의 상황에서, 일본은 메이지 유신(1868년)을 단행하여 천황제 국가로 재편함 동시에 부국강병과 문명개화를 기치로 서양식 근대화 노선을 지향하였다. 대외적인 측면에서는 정한론(征韓論)의 기치 아래 조선과 중국 등 주변 나라에 대한 침략적 외교 정책을 추진하였다.[29]

메이지 유신 체제에서 조선과 일본의 첫 만남이었던 운요호 사건(雲揚號事件, 1875년)을 일으킨 운요호의 함장은 운요호 사건 직전 조선 동해안을 정찰하고 나가사키(長崎)로 귀향하여 '해군 중앙'에 조선으로 조속한 출병을 요청하는 보고서를 보내는데, "이 나라(조선; 인용자 주)를 우리가 소유하게 될 때에는 점차 나라의 기초를 강하게 만들어 세계에 웅비하는 첫걸음이 될 것이다.··· 좋은 기회를 깊이 통찰하시어 꼭 서둘러 출병할 것을 희망한다."[30]라고 하여 일본 해군 상층부 및 메이지 정부의 침략적 외교 정책 추진

---

28 「금번집략」, 『국역총서』 4, 4~5쪽.
29 박맹수, 『생명의 눈으로 보는 동학』, 252~253쪽.
30 「운양함장 이노우에 요시카의 메이지 8년 9월 29일부 강화도 사건 보고서」(원문서: 『明八孟春 雲揚 朝鮮回航記事』, 일본 방위청 방위연구소 전사부 도서관 소장, 청구기호 '④ 艦艇

의도를 명백히 보여주고 있다.

임오군란(1882년)과 갑신정변(1884년)에 대한 일본과 청의 개입은 조선에 대한 주도권 장악을 둘러싸고 일본과 청국 사이에 각축을 벌인 사건이었다. 일본 정부는 동아시아에 대한 침략 정책을 성공적으로 수행하기 위해서는 청국, 러시아와 전쟁을 피할 수 없다는 것을 인식하고, 갑신정변에서 패배 이후 전쟁 준비를 위해 일본 민중에 대한 가혹한 억압과 수탈정책을 통해 군비를 확장해 나갔다.[31]

청일전쟁은 일본 정부가 오랫동안 준비해 온 전쟁이었다.[32] 1893년 10월에 일본 군부 야마가타 아리토모(山縣有朋) 대장은 「군비의견서(軍備意見書)」에서 "러시아와의 전쟁이 10년이 지나지 않아 터진다면 전략 요충지인 조선을 사전에 확보하기 위해 빠른 기회에 청나라와의 전쟁을 일으키는 것은 절대로 필요한 전제"라고 했고, 이러한 작전 계획은 참모본부 제2국장 오가와 유지(小川又次) 대좌에 의해 이미 1887년에 「청국정토책안(淸國征討策安)」으로 완성되어 "1892년까지 청나라와의 전쟁 준비를 갖춰 시기가 오면 공격해야 한다"고 했다.[33]

1893년 4월 일본 군부의 가와카미 소로쿠(川上操六) 참모차장은 전쟁의 예비조사를 위해 청국과 조선을 방문했고, 5월에는 해군 군령부 조례를 제

139'). 나카츠카 아키라 지음·박맹수 옮김, 『'일본의 양심'이 보는 현대 일본의 역사인식』, 모시는사람들, 2014, 186~187쪽에서 재인용.

31 박맹수, 『생명의 눈으로 보는 동학』, 253쪽.

32 강효숙, 「동학농민전쟁과 조청일전쟁」, 『청일전쟁·동학농민혁명과 21세기 동아시아 미래 전망』(이하, '강효숙, 「동학농민전쟁과 조청일전쟁」'으로 약칭), 57쪽.

33 후지무라 미치오 지음·허남린 옮김, 『청일전쟁』, 소화, 1997(이하, '후지무라 미치오, 『청일전쟁』'으로 약칭), 68~69쪽.

정하였으며, 이어서 전시 대본영 조례를 제정하여 군제 면에서 전쟁준비를 갖추어 갔다.[34] 또한 일본 군부는 조선과 중국에 첩자를 보내 지도를 만들어 침략을 준비했다.

메이지 정부 시기의 일본 자본주의 체제와 일본 민중들의 비참한 현실은 메이지 정부를 침략전쟁으로 몰아간 요인의 하나였다. 서임금을 유지하기 위해 저미가(低米價) 유지가 필요했고, 조선의 지배와 점령은 저미가의 유지, 쌀의 안정적 공급과 과잉인구를 수출하기 위한 수단이기도 했다.[35]

일본은 청일전쟁을 도발하기 직전, 1893년 12월에 일본 육군의 전시 편제를 완료하였다. 동시에 조선의 정보·첩보 활동을 위해 군함 쓰쿠바(筑波), 오시마(大島)를 조선에 파견하여 전쟁에 필요한 정보를 수집, 정리하여 1894년 3월 말에 보고하였다. 이러한 준비가 있었기에 1894년 동학농민혁명 시기에 청국이 조선에 군대 파견하는 것을 확인하자 일본 정부는 곧바로 일본군을 조선에 파견할 수 있었다.[36]

2) 일본군의 조선 왕궁 점령과 청일전쟁 개전

1894년 3월에 본격적으로 전개되기 시작한 동학농민혁명은 일본으로서

---

34 위의 책, 70쪽; 박맹수, 「동학농민혁명기 일본군의 정보 수집 활동」, 『개벽의 꿈』.
35 후지무라 미치오, 『청일전쟁』, 50쪽. 1894년 무렵 일본 민중의 비참한 현실은 다음과 같다. 섬유공장 여공의 78%가 20세 이하이고 여공이 일가족 생계의 과반을 부담하는 비율이 85%였고, 노동자들은 겨우 식비를 버는 정도였다.(같은 책, 49쪽) 오전 4시에 출근하는 곳도 있으며 12시간~17시간의 장시간 노동이 일상이었다.(같은 책, 46쪽)
36 강효숙, 「동학농민전쟁과 조청일전쟁」, 57쪽.

는 호시탐탐 기다리던 조선 침략과 청일전쟁 도발의 기회였다. 농민군의 전주성 점거로 정권의 위기가 한계 상황에 도달했다고 판단한 조선 정부는 4월 30일 청국에 농민군의 소요를 진압하기 위한 "파병"을 요청하였다.[37] 그러자 일본 정부는 청국군 파병을 빌미로 조선에 일본군을 파병하여 5월 6일에는 청·일 양국 군대 모두 조선으로 진입했다. 청은 5월 22일까지 2,800여 명의 군대를 아산에 파견하였고, 일본은 5월 말까지 서울과 인천에 8천 명 이상의 병력을 상륙시키고, 한양으로 들어왔다.[38]

청군과 동시에 출병한 일본군은 6월 21일 선제적으로 조선의 왕궁인 경복궁을 점령하고, 고종을 인질로 삼고 대원군을 앞세워 김홍집 중심의 친일 개화파 내각을 조직하였다. 그리고 6월 23일 풍도 해전(6월 23일)을 시작으로 청일전쟁을 도발하였다.[39] 뒤이어 성환 전투(6월 27일), 평양 전투(8월 16일~17일), 황해 해전(8월 18일)에서 청국군에 승리하고, 9월 26일 압록강을 넘어 청국 영토에 침입했다. 일본군은 10월 24일 청국 여순항을 점령하고 비전투원을 포함하여 6만여 명을 학살한다.[40] 일본군은 1895년 1월 8일(양 2

---

37 후지무라 미치오, 『청일전쟁』, 83쪽; 「이홍장전집」, 『신국역총서』 9, 109~110쪽; 오타니 다다시 지음·이재우 옮김, 『청일전쟁, 국민의 탄생』, 오월의봄, 2018(이하, '오타니 다다시, 『청일전쟁, 국민의 탄생』'으로 약칭), 79쪽.

38 박맹수, 『개벽의 꿈』, 643쪽; 섭사성, 「동정일기」, 『신국역총서』 9, 49쪽; 『주한일본공사관기록』 1, 274쪽; 박종근, 『청일전쟁과 조선』(번역본), 13, 19쪽.

39 청일전쟁에서 일본이 동원했던 병력은 모두 7개 사단, 병력 24만 616명, 군부(軍夫, 軍屬)는 15만 4천 명으로, 군인, 군속 합계는 약 40만 명이다. 해외에 파견한 군대는 17만 4,017명이다. 청국은 1890년까지 전함 두 척, 장갑 순양함 6척, 순양함 두 척 그리고 여순 군항을 포용하는 근대적 함대를 건설했다. 청국 육군은 100만이라고 일컬어지고 있었지만, 신식 장비를 갖춘 부대는 이홍장 휘하의 북양 육군 3만 명과 동북 삼성의 연군 5천 명 정도였다.(후지무라 미치오, 『청일전쟁』, 62, 232쪽; 오타니 다다시, 『청일전쟁, 국민의 탄생』, 356쪽)

40 후지무라 미치오, 『청일전쟁』, 171쪽. 여순 학살의 규모에 대해 현대 중국에서는 약 2만여

월 2일) 산동반도의 위해위(威海衛)를 점령하였고, 3월 23일(양 4월 17일)에는 청·일 양국 간에 강화조약이 조인되었다. 그러나 3월 29일(양 4월 23일)에 러시아·독일·프랑스에 의한 일본에 대한 삼국간섭이 일어났다. 1895년 11월 18일(양력) 일본이 대만을 침략한 후 설치한 대만총독부에서 대만 평정을 대본영에 보고하였고, 1896년 4월 1일(양력) 일본 대본영이 해산되었다.

명으로 보고 있으며, 일본인 학자 오타니는 4,500~10,000명으로 추산하고 있다.(오타니 다다시, 『청일전쟁, 국민의 탄생』, 200~203쪽)

제2장 농민군 항일 2차 봉기와 조일진압군의 출병

1. 남접, 북접 농민군의 항일 봉기와 연대

1) 남접, 북접 농민군의 항일 봉기

남접의 농민군은 전봉준을 중심으로 9월 10일 무렵에 삼례에서 재봉기하여, 10월 12일에 논산에 도착하였다.[1] 동학농민군 2차 봉기의 목적은 전봉준 관련 기록을 보면, '일본군 구축(驅逐)'[2]이었다.

동학교단 측 농민군, 즉 북접 농민군은 9월 18일 최시형이 청산에서 기포령을 내리자, 청산으로 집결하여 손병희 통령의 지휘 아래 갑을 두 부대로 나뉘었다.[3] 10월 6일, 5~6만의 농민군이 괴산 아문을 점거하고, 일본군을 1

---

1 「남유수록」, 『사료총서』 3, 238쪽; 「공주창의소의장 이유상상서」(「선유방문병동도상서소지등서」), 『사료총서』 10, 336쪽.

2 「전봉준공초」, 『국역총서』 12, 15쪽(與日人接戰. 『동학란기록』 하, 529쪽); 「전봉준공초」, 『국역총서』 12, 25쪽(欲詰問犯闕緣由. 『동학란기록』 하, 538쪽); 「전봉준상서」, 『국역총서』 4, 515쪽("일본 도적놈이 전쟁을 일으키고 군사를 움직여 우리 임금을 핍박하고 우리 백성을 어지럽히고 있는데…").

3 「갑오동학란」, 『국역총서』 13, 120쪽; 「천도교회사 초고」, 『동학사상자료집』 1, 466~467쪽.

명 즉사, 4명을 부상시켰다.[4] 이후 북접 농민군은 옥천·황간·영동에 주둔해 있다가, 남접 전봉준 농민군과 소통하여 10월 23일에 6~7만을 이끌고 공주의 동쪽 대교 및 신소마을에 당도했다.[5]

10월 15일 무렵 동학교단 측 상황을 살펴보면, "최법헌이란 사람은 지금은 청산 문암리에 살고 있는데… 수십만 군중을 인솔하고… 이상 10읍의 많은 적당(賊黨)들은 각기 그 수가 수만 명으로 군기(軍器)를 탈취하고 사창(社倉)의 환곡도 다 먹고 백성들의 양곡도 집치(執置)하여 군량으로 삼았다. 전날에 일컬었던 법소(法所)와 도소(道所)를 지금은 창의소(唱義所)로 개칭하여 군호(軍號) 문자마다 모두 의(義) 자(字)를 사용하고 있다.… 접주의 통문(通文)에 '우리 접주들은 힘을 합하여 왜적을 치자.'라고 한다."[6]는 기록이 있다. 이 기록은 문경부사의 탐지 보고를 일본군 남부문경병참사령부(南部聞慶兵站司令部)의 데와(出羽) 소좌(少佐)가 습득하여, 이토 남부병참감에게 보낸 보고문인데, 이것으로부터 동학교단 측 농민군 역시 '일본군 구축'을 목표로 활동하고 있었음을 알 수 있다.[7]

---

4 『주한일본공사관기록』1, 217, 220~221쪽.
5 「균암장임동호씨약력」,『신국역총서』1(이하, '「균암장임동호씨약력」'으로 약칭), 117쪽;「약사」,『국역총서』6, 48쪽;「시문기」, 위의 책, 9쪽. 10월 19일, 영동에서 옥천으로 향한 동학교도의 인원이 6만여 명이라는 영동현감의 보고가 있다.(『갑오군정실기』4·5·6, 162쪽)
6 『주한일본공사관기록』1, 173쪽.
7 11월 7일에 부산에서 일등영사(一等領事) 가토 마스오가 특명전권공사 이노우에 가오루에게, "진짜 동학교도도 결코 정사(政事)와 무관한 것이 아닙니다. 도리어 가짜 동학교도보다 무서운 혁명의 씨를 품고 있습니다. 왜냐하면 그들이 부르짖는 바는 항상 '보국안민(輔國安民)'의 네 글자로, 그들은 일반 조선인 중에서 가장 완강한 인민이기 때문입니다."라고 보고하면서, 북접 농민군의 사회개혁과 항일 의지를 높이 평가하고 있다.(『주한일본공사관기록』2, 93쪽)

2) 남접과 북접 농민군의 연대

9월 10일 무렵 남접 농민군의 삼례 기포와 9월 18일 북접 농민군의 청산 기포 즈음, 서울 주재 오토리 일본 공사는 9월 11일, "충청·전라의 동학당은 연합해서 서울을 노리고 있다"[8]고 판단하고 있었고, 조선 정부는 9월 28일 "양호(兩湖)의 비류(匪類)가 서로 연결되어 있으며, 호서로부터 호남을 향해 구원을 요청했다"[9](兩湖匪類互相連結 自湖西見方請援於湖南云)고 인식하고 있었다. 외무대신 김윤식(金允植)도 9월 18일에 "호남(湖南) 비도(匪徒)가 호서(湖西)에 급보하여 일시에 깃발을 세우고 기계를 만들며, 열읍(列邑)에 전령을 보내 식량과 꼴을 준비토록 하여 장차 경성(京城)으로 향한다고 한다."고 파악하고 있었다.[10]

손병희는 후일 3·1운동과 관련해서 일본 관원으로부터 조사를 받을 때, "그때 동학당의 수령은 누구인가?"라는 질문에 "최시형이었으나 연로하므로 나를 통령(統領)으로 추천하여 사실상 내가 수령으로 있었고, 전라도 전봉준과 3인이 연락을 취하고 있었다."고 답하였다.[11]

8　『주한일본공사관기록』 3, 282쪽(발신 오토리 공사, 수신 대본영 육군참모).
9　『일성록』 9월 29일; 「갑오군정실기」 1·2·3(영인본), 27쪽; 「갑오실기」, 『국역총서』 9, 63쪽.
10　김윤식, 「면양행견일기」, 『국역총서』 10, 162~163쪽.
11　이병헌 편저, 『삼일운동비사(三一運動祕史)』, 시사시보사출판국, 단기 4292년(1959), 85쪽 (1919년 4월 10일, 경성지방법원 예심 조서).

2. 일본군 후비보병 독립 제19대대 및 도순무영(경군)의 출병

1) 동학농민군 전원 학살 명령[12]과 후비19대대의 삼로(三路) 남하(南下)

일본군의 조선 왕궁 점령 사건이 일어나자 경상도·전라도·충청도에서 농민군이 일본인과 일본군에 대한 공격을 시작하였다.[13] 또한 농민군이 일본군이 청일전쟁 수행을 위해 부산-서울 사이에 설치한 병참부를 공격하고, 부산-서울 사이 일본군 군용전선 절단을 계속하자, 일본군의 청일전쟁 수행은 심각한 위기로 내몰렸다. 이 점은 『주한일본공사관기록』에서 다음과 같이 확인할 수 있다.

> 작금의 상황으로는 부산·경성 간 병참지는 동학당 진압 때문에 모든 사업이 정지되어 있는 실정입니다.… 필경 동학당을 박멸하지 않고서는 우리의 병참로, 특히 귀중한 군용전선의 안전을 기할 수 없을 것입니다.(9월 22일 남부병참감 이토가 특명전권공사 오토리 게이스케(大鳥圭介)에게 보고한 내용)[14]

---

12 이노우에 가쓰오는 동학농민군의 항일 봉기에 대한 메이지 정부의 대응이 일본군에 항전한 농민군뿐만 아니라 동학교도에 대한 광범위한 학살이었다는 사실을 밝혔다.(이노우에 가쓰오, 「일본군에 의한 최초의 동아시아 민중학살」, 『동학농민혁명의 동아시아적 의미』, 서경문화사, 2002, 302쪽)

13 『주한일본공사관기록』 1, 132~134쪽.

14 『주한일본공사관기록』 1, 194쪽. 일본군은 조선 정부의 승인 없이 불법적으로 7월 중순 '경부선로 군용전선'을 완공하였다. '경부선로 일본군 군용전선이 동학교도 및 청국 패잔병의 활동으로 7월 23일부터 8월 29일까지 10차례 절단되었다'고 일본공사관에 보고되었다.(『주한일본공사관기록』 2, 55~56, 61쪽)

이에 대해 일본은 후비19대대를 포함하여 일본군 4천~5천여 명을 농민 군 진압에 동원하였다.[15] 또한 히로시마 대본영 참모차장 겸 병참총감 가와 카미 소로쿠는 9월 29일(양 10월 27일)에 "동학농민군(및 동학교도)을 모조리 살육하라"는 명령을 후비19대대를 지휘하는 남부병참감에 내렸다.[16]

일본의 대본영으로부터 동학농민군 진압특별부대 '후비보병 독립 제19 대대' 대대장으로 임명된 미나미 고시로(南小四郎, 1842~1921) 소좌(少佐)[17]는 막부(幕府) 말기 일본 사회에서 소외되어 있던 하급 사무라이 출신으로, 메 이지 유신 중심 세력의 하나인 일본 육군의 중추를 이루는 조슈번(長州藩) 인물들과 함께 활동하였다.

미나미는 막부 말기에는 조슈번의 존왕양이(尊王攘夷)운동·토막(討幕)운 동에 참가해서 '긴몬의 변(禁門의 変)', '바쿠쵸(幕長) 전쟁', '보신(戊辰) 전쟁', '하코네(箱根) 전쟁' 등 여러 내전에 참전하였으며, 이후 메이지 정부의 군인 으로 전신하여 '사가(佐賀)의 난', '하기(萩)의 난', '세이난(西南) 전쟁'에 출진 하여 메이지 신정부에 반대하는 일본 민중들의 봉기에 대한 진압에 적극적 으로 참전했다.

---

15 "강원도와 서울 이남에서 농민군 탄압에 동원된 일본군 숫자는 4,031명으로 추산." 강효 숙, 「일본군 제19대대 동로군, 제18대대, 원산수비대의 강원도 농민군 탄압」, 『동학학보』 37, 2015(이하, '강효숙, 「일본군의 강원도 농민군 탄압」'으로 약칭), 65쪽; "총 5천 명의 일본군이 동원." 이노우에 가쓰오, 『메이지 일본의 식민지 지배』, 231쪽.

16 박종근, 『청일전쟁과 조선』(번역본), 218쪽; 「남부병참감부 진중일지」.(이노우에 가츠오, 「동 학농민군 항일 봉기와 일본군 토멸 작전의 사실(史實)을 찾아서: 장흥 전투를 중심으로」, 『나주동학농 민혁명 재조명과 세계시민적 공공성구축』(자료집), 85쪽에서 재인용)

17 미나미 고시로에 대한 소개는 다음에 의거하였다. 박맹수, 「제2차 동학농민혁명 시기 연 산전투에 관한 일본측 자료 검토」, 앞의 책, 340쪽; 이노우에 가쓰오, 『메이지 일본의 식민 지 지배』, 122쪽.

이노우에는 존왕양이운동·토막운동 때 조슈번 군대의 총독이었고, 미나미는 참모 겸 서기로 만나서 같이 활동했는데, 동학농민혁명 시기에는 이노우에는 조선특명전권공사로, 미나미는 동학농민군 진압 특별부대인 후비19대대의 대대장으로 만나서 일본 제국주의 팽창과 동학농민혁명의 진압에 함께했다.

후비19대대의 미나미 소좌는 10월 1일에 히로시마 대본영에 직접 출두하여 명령을 받았다. 후비19대대를 인솔하여 10월 7일에 시모노세키를 출발하여 10월 10일에 인천에 상륙하였다. 인천의 남부병참감부 사령관 이토로부터 명령 및 훈령을 받고, 10월 14일에 서울에서 이노우에 공사로부터 특별훈령을 받았다.

이후 10월 15일 후비19대대의 3개 중대는 용산에서 출발하여 각각 삼로(三路)로 나누어 남하하였다.[18]

일본군 진압부대는, 일부 화승총을 보유하고 대부분 죽창이나 농기구로 무장한 농민군을 진압하기 위해 라이플총인 스나이더 소총과 무라다 소총,[19] 그리고 '20만분의 1 지도'인 「조선육도(朝鮮陸圖)」와 「조선전도(朝鮮全圖)」, 여기에 징병제 군대라는 근대적 군사력을 투입하였고,[20] 근대적 통신

---

18 「미나미 고시로 문서」, 『신국역총서』 5, 73~74쪽.
19 농민군 토벌을 위해 파견된 일본군 후비병들과 서울 수비대(후비보병 제18대대)가 소지했던 주력 개인화기는 스나이더 소총이다. 후비19대대 동로분진대와 함께 강원도 농민군을 진압했던 후비18대대 1중대는 뒤에 무라타 소총을 지급받는다.(박맹수, 「동학농민전쟁기 일본군의 무기」, 『한국근대사연구』, 2001년 여름호 제17집, 260쪽)
20 이노우에 가츠오, 「일본군의 동학농민 섬멸작전에 대한 조사로부터 동아시아의 미래로」, 『동학농민혁명 평화·화해·상생의 시대를 열다』(자료집), 2014, 76쪽; 나카츠카 아키라 외, 『동학농민전쟁과 일본』, 91쪽; 박맹수, 「제2차 동학농민혁명 시기 연산전투에 관한 일본 측 자료 검토」, 앞의 책, 345쪽.

수단인 군용전신선 그리고 전방위적인 정보 수집 활동을 활용하였다.[21]

일본 대본영 지휘 아래 후비19대대는 경기도·충청도·강원도·경상도 그리고 전라도를 휘저으며 동학농민군 진압에 앞장서서, 대본영의 지시대로 무수히 농민군을 학살했다. 후비19대대의 규모는 총인원은 본부 56명과 각 중대 221명으로 편성되었는데, 3개 중대로 구성되어 있었던 것에 비추어 볼 때 총인원은 약 719명으로 추산된다.[22]

미나미 소좌가 지휘하는 후비19대대는 대본영의 '동학농민군(및 동학교도) 전원 학살 명령'[23]을 충실히 시행하면서 공주전투 등 여러 전투를 치렀고, 농민군을 쫓아 진로를 수정하며, 전라도 서남해안 지역에 이르러서는 다수의 농민군 및 동학교도를 학살하면서 진압을 수행하였다.[24]

동학농민군 진압에 동원된 후비19대대가 '동학교도 전원 학살 명령'에 따라 10월 15일 용산에서 남하하며, 처음부터 동학농민군뿐만 아니라 비전투원인 동학교도의 학살에 동원된 것은 최근 공개된 다음의 후비19대대 병사의 진중일지를 통해서 밝혀졌다. 일지는 다음과 같은 내용으로 거의 매일 학살이 이루어진 경위와 내용을 소상히 밝히고 있다.

---

21 박맹수, 「동학농민혁명기 일본군의 정보 수집 활동」, 『개벽의 꿈』, 536쪽.
22 후비19대대의 규모는 강효숙의 최근 연구 성과를 수용하였다.(강효숙, 「일본군의 강원도 농민군 탄압」, 53쪽)
23 이노우에 가쓰오, 「일본군에 의한 최초의 동아시아 민중학살」, 앞의 책, 302~303쪽. 내훈(內訓, 9월 27일 『남부병참감부 진중일지』), 대본영 카와카미 소로쿠의 명령(9월 29일), 후비보병 19대대장에 대한 훈령(『주한일본공사관기록』 1, 154쪽; 『주한일본공사관기록』 5, 67쪽)을 그 증거로 제시하고 있다.
24 후비19대대의 29일 동학농민군 진압 작전 계획 및 수정되어 실시된 90일간의 작전 실행은 [지도 5] 참조.

10월 17일 곤지암에 도착한 후비1중대는 동학접주 김기룡을 체포하여 그날 저녁에 총살하고, 집집마다 수색해 달아나는 자들을 모두 총살했으며, 부녀자 13명을 구금했다.[25]

일본군이 용산을 출발하여 한반도 남부지역에 도달할 때까지의 진압 계획(주요 진로와 일자별 경로)은 [표 1] [표 2]와 같다.

[표 1] 일본군 후비19대대, 삼로분진대(三路分進隊)의 농민군 진압 계획[26]

	진행 경로	특별 지시	참고
모리오 부대 (후비19대대 제2중대. 서로분진대西路分進隊. 모리오 마사카즈森尾雅一 대위 지휘)	공주 경유, 전주가도(街道)	진로 좌우에 있는 역읍(驛邑)을 정찰할 것이며, 특히 은진·여산·함열·부안·금구·만경·고부·흥덕 지방을 엄밀히 수색하고, 더 전진해서 영광·장성을 경유해서 남원으로 진출, 남원 정찰은 각별히 엄밀히 할 것	통위영·장위영·경리영병 지휘
미나미 부대 (후비19대대 본부 및 제3중대(이시쿠로 아키마사石黑光正 대위)로 편성. 중로분진대中路分進隊. 미나미 고시로南小四郎 소좌 지휘)	청주 경유, 성주가도	진로 좌우에 있는 각 역읍을 정찰할 것이며, 특히 청주·보은·청산 지방은 엄밀히 수색할 것	-교도대(敎導隊) 지휘 -교도대 지휘를 위해 후비18대대의 장교 2명과 하사(下士) 이하 약간 명 배속
마츠키 부대 (후비19대대 제1중대. 동로분진대東路分進隊. 마츠키 마사야스松木正保 대위 지휘)	충주 경유, 대구가도(병참노선)	진로의 좌우 각 역읍을 정찰하고, 특히 좌측은 원주·청풍, 우측은 음성·괴산을 엄밀히 수색할 것	후비18대대 1중대(서울 수비대) 추가 배속

25 박맹수 번역,『메이지 27(1894)년 일청교전 종군일지(明治 二十七年 日淸交戰 從軍日誌)』.
26 『주한일본공사관기록』 1, 154~156쪽;『주한일본공사관기록』 5, 67~69쪽;『주한일본공사관기록』 6, 26~27쪽;「폭민 동학당」,『신국역총서』 14, 180~181쪽.

[표 2] 일본군 후비19대대, 삼로분진대의 29일간의 농민군 진압 일정표[27]

	모리오 부대 (서로분진대)	미나미 부대 (중로분진대)	마츠키 부대 (동로분진대)[28]
제1일	흑천(黑川) 부근	신원(新院) 부근	광주(廣州) 부근
제2일	수원(水原) 부근	용인(龍仁) 부근	안흥(安興) 부근
제3일	진위(振威) 부근	양지(陽智) 부근	장호원(長湖院) 부근
제4일	안성도(安城渡) 부근	죽산(竹山) 부근	가흥(可興) 부근
제5일	천안(天安) 부근	체재(滯在)	충주(忠州) 부근
제6일	체재(滯在)	진천(鎭川) 부근	체재(滯在)
제7일	대평(大坪) 부근	청주(淸州) 부근	안보(安保) 부근
제8일	공주(公州) 부근	문의(文義) 부근	오동(梧桐) 부근
제9일	노성(魯城) 부근	증약역(增若驛) 부근	태봉(台封) 부근
제10일	여산(礪山) 부근	체재(滯在)	낙동(洛東) 부근
제11일	삼례역(參禮驛) 부근	적등동(赤登洞) 부근	연향역(蓮香驛) 부근
제12일	전주(全州) 부근	영동(永同) 부근	체재(滯在)
제13일	태인(泰仁) 부근	추풍역(秋風驛) 부근	다부역(多富驛) 부근
제14일	천원역(川原驛) 부근	개령(開寧) 부근	대구(大邱) 부근
제15일	장성(長城) 부근	낙동(洛東) 부근	체재(滯在)
제16일	체재(滯在)		
제17일	담양(潭陽) 부근		
제18일	가왕리(柯王里) 부근		

27 『주한일본공사관기록』 1, 155~156쪽. 후비19대대는 충청도·강원도·전라도 농민군을 진
압하고 29일째 경상도 낙동·대구로 집결하는 계획이었다. 그런데 10월 28일 이토 병참감
은 이노우에게 진로를 수정한 전라 서남안의 나주·순천 등의 농민군 진압의 필요성을
제기하고 있다.(『주한일본공사관기록』 3, 381쪽) 또한 11월 7일, 후비19대대의 이러한 진로
계획을 뒤늦게 알게 된 부산 일등영사(一等領事) 가토는 부산에서 특명전권공사 이노우에
에게 "순천(順天)·홍양(興陽)·영암(靈岩)·나주(羅州) 등 전라 서남해안(西南海岸)은 모두 동
학교도가 만연하는 지방이므로 아군(我軍)의 출정을 필요로 하는 곳"이어서 "전라 서남단
(西南端)"으로 밀어붙여야 한다고 보고하였다.(『주한일본공사관기록』 2, 91쪽) 실제로 후비19
대대는 농민군을 쫓아 전라남도 서남쪽 해안 나주·강진·장흥·진도까지 추격하여 농민
군 진압에 90일(1894년 10월 15일~1895년 1월 15일)을 소모하였다.
28 동로분진대는 10월 25일~11월 17일(22일간) 남부병참감이 추가 파병된 후비18대대 1중대
와 함께 직접 지휘하여 강원도 농민군 진압 활동을 하다가, 11월 18일에 문경으로 들어와
후비19대대장 미나미의 지휘하에 들어간다.(『주한일본공사관기록』 6, 63~65쪽)

제19일	남원(南原) 부근		
제20일	운봉(雲峰) 부근		
제21일	함양(咸陽) 부근		
제22일	안의(安義) 부근		
제23일	거창(居昌) 부근		
제24일	체재(滯在)		
제25일	권빈역(勸賓驛) 부근		
제26일	고령(高靈) 부근		
제27일	성주(星州) 부근		
제28일	부상(扶桑) 부근		
제29일	낙동(洛東) 부근		

한편 미나미 소좌는 "장흥(長興)·강진(康津) 부근 전투 이후로 일본 공사와 사령관의 명령에 따라 많은 비도(匪徒)를 죽이는 방침을 취하여, 동학당이 잡히는 대로 죽였다"라고 하여, 전라도 서남해안 지방에서 특별히 동학교도에 대한 대량학살을 자행했음을 내부 보고서에서 스스로 밝히고 있다.[29]

이와 같은 일본군의 '동학교도에 대한 전원 학살 실행'의 문제점과 그 결과에 대해 한일 양국의 연구자들은 다음과 같이 지적하고 있다. 동학농민혁명 당시 조선 민중에 대한 사법권은 조선 정부와 조선군에 있었기 때문에 일본군의 조선 민중에 대한 학살 명령은 조선의 국내법과 조선의 사법권 침해이며 또한 당시의 국제법은 비전투원(및 포로)에 대한 보호가 명시되어 있어 일본군이 비전투원인 '동학교도에 대한 전원 학살'의 실행은 국제법 위반이었다.[30] 이로 인해 동학농민혁명 당시 일본군에 학살당한 동학농민군의 인원은 5만 명에 달하며, 이는 제국주의 일본이 동아시아에서 저지른 최

---

29 『주한일본공사관기록』 6, 53~54쪽 ((2) 「동학당정토략기(東學黨征討略記)」).
30 박맹수, 『사료로 보는 동학과 동학농민혁명』, 260~261쪽.

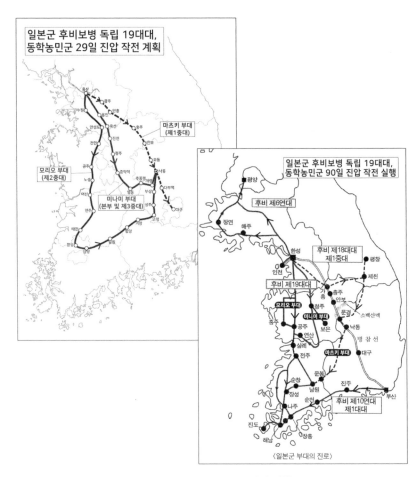

[지도 5] (위) 일본군 후비19대대의 농민군 29일 진압 작전 계획
         (아래) 일본군 후비19대대의 농민군 90일 진압 작전 실행[31]

---

31 나카츠카 아키라 외, 『동학농민전쟁과 일본』, 64쪽에서 〈지도〉 재인용 및 부분 수정.
    미나미의 전투 보고는 1895년 1월 11일(양력 2월 5일)까지 기록되어 있다.(10월 15일 후
    비19대대의 용산 출병부터 86일간이다. 『주한일본공사관기록』 6, 63~68쪽) 신용하는 후비19대
    대가 나주에서 철수를 시작한 직전일(1895년 1월 15일, 양력 2월 9일)까지를 후비19대대
    의 전투 기간으로 보았다.(신용하, 『신판 동학과 갑오농민전쟁 연구』(이하, '신용하, 『동학과 갑
    오농민전쟁 연구』'로 약칭), 450쪽) 필자는 신용하의 연구를 수용하여 후비19대대의 전투

초의 민중 대학살이었다.[32]

2) 후비19대대 훈령과 일본군의 조선군 지휘권 장악

일본군 남부병참감 이토, 전권공사 이노우에가 10월 12일에 협의하여 후비19대대장 미나미 소좌에게 내린 훈령 중에서 중요한 사항은 다음과 같다.[33]

① 세 개의 길로 나누어 진격하여 조선군과 협력, 연도(沿道)에 있는 동학당을 격파하고 그 화근을 초멸함으로써 동학당이 다시 일어나는 후환을 남기지 않도록 해야 한다.

② 그 우두머리로 인정되는 자는 체포하여 경성(京城) 공사관(公使館)으로 보내고, 동학당 거물급 간의 왕복 문서 혹은 정부 내부의 관리나 지방관 또는 유력한 측과 동학당 간에 왕복한 문서는 힘을 다해 이를 수집하여 함께 공사관으로 보내라.

③ 전후로 하여 파견된 조선군 각 부대는 일본군 사관으로부터 지휘·명령을 받는다.

④ 동로분진대를 조금 먼저 가게 해서 비도(匪徒)를 동북쪽에서 서남쪽으로 즉 전라도 방면으로 내몰도록 힘써야 한다. 만일 비도들이 강원도와 함경도

기간을 90일로 보았다.(1894년 10월 15일~1895년 1월 15일)

32 이노우에 가쓰오, 「일본군에 의한 최초의 동아시아 민중학살」, 앞의 책, 303쪽.

33 『주한일본공사관기록』 1, 153~156쪽; 『주한일본공사관기록』 5, 65~69쪽.

쪽 즉 러시아 국경에 가까운 곳으로 도피하게 하면 적지 않은 후환이 남을 것인즉 엄밀히 이를 예방해야 한다.

이 훈령으로부터 미나미 소좌에게 동학농민군 진압에 대해 매우 정치적인 목적이 부여되고 있음을 알 수 있다. 즉 진압 과정에서 인물과 서류를 통해 농민군과 조선 왕조 내의 유력한 상층 권력('관리 또는 유력한 측')이 서로 연락한 증거를 찾도록 하고 있다.[34] 여기서 '관리 또는 유력한 측'이란 주로 흥선대원군 측을 의미하는 것이다. 전권공사 이노우에가 새로 부임한 목적은 흥선대원군이 청군 또는 동학농민군과 연합해서 일본군을 몰아내고 정권을 창출하려는 계획을 꺾어 버리고, 흥선대원군을 정권에서 배제시켜서 조선을 완전히 속령화(屬領化)하는 것이었다.[35] 또한 농민군 진압도 러시아의 조선 문제 개입의 빌미가 되지 않도록 조선의 서남 방향·전라도 방향으로 내몰도록 계획되어 있었다.

후비19대대 대대장 미나미는 농민군 진압을 위해 출진한 조선군, 즉 도순무영 출진 병사 전체 경리청, 통위영, 장위영, 교도중대, 강화심영과 충청·전라의 지방병을 지휘하였다.[36]

---

34 『주한일본공사관기록』, 3, 304쪽; 『주한일본공사관기록』, 1, 154쪽.
35 후지무라 미치오, 『청일전쟁』, 174쪽. "9월 28일 서울에 부임한 이노우에 공사는 '우로는 대원군을 몰아내고, 좌로는 왕비를 억제한다'는 방침을 정해 대원군을 즉각 정권에서 배제했다."
36 「미나미 고시로 문서」, 『신국역총서』 5, 74쪽.

3) 조선 정부의 도순무영의 설치와 동학농민군 진압

　조선 정부의 동학농민군 진압 최고기관인 도순무영(都巡撫營, 최고 책임자는 都巡撫使 申正熙)은, 9월 22일에 설치되고 12월 27일에 폐지되어, 95일 동안 공식 활동을 하였다.[37] 갑오 정부의 농민군 진압 방침은 8월 24일 군 국기무처회의에서 정하려고 하였다.[38] 그러나 진압 방안에 대해 흥선대원군이 반대하여 전라, 경상, 충청 등 삼남 지방에 효유문을 보내 농민군을 설득시키기로 하고, 당분간 추이를 지켜보기로 했다.[39]

　조선 정부가 농민군 진압 방침을 최종적으로 확정한 것은 9월 14일이다.[40] 이때 일본은 이미 독자적으로 농민군 진압 방침을 세우고 조선 정부를 압박하여 9월 18일 조선 병사와 일병이 합세하여 농민군을 진압할 것을 일방적으로 통고하였다.[41] 이미 독자적인 진압작전 수행력을 상실하고 있던 조선 정부는 일본의 군사적 압력에 굴복하고 그것에 의존하면서 중앙의 정치권력, 즉 왕조체제를 유지하는 데 급급하였고, 도순무영을 설치하여 전국 각지에서 농민군 진압에 나섰다.[42]

　조선 정부의 도순무영은 진압 현장에 출진한 선봉진 부대가 도순무영의

---

37 『갑오군정실기』 1·2·3, 31쪽.
38 왕현종, 「조선 정부의 농민군 진압 지휘체계와 진압 과정」, 『갑오군정실기를 통해 본 동학농민혁명의 재인식』, 226~227쪽.
39 『주한일본공사관기록』 5, 48쪽.
40 『관초존안(關草存案)』 「훈령(訓令)」 9월 14일. 왕현종, 「조선 정부의 농민군 진압 지휘체계와 진압 과정」, 앞의 책, 228쪽에서 재인용.
41 『주한일본공사관기록』 1, 132~133쪽.
42 왕현종, 「조선 정부의 농민군 진압 지휘체계와 진압 과정」, 앞의 책, 229쪽.

지휘를 받아 통위영, 장위영, 경리청, 교도중대, 지역 부대 및 민보군을 지휘하는 체계였다. 그러나 일본은 조선 정부에 조선군은 일본군의 지휘를 따를 것을 요구했고, 조선 정부는 일본의 요구를 수용하고 도순무사 신정희를 통해 각 부대장 및 지방관에게 이러한 방침을 전달하였다.[43] 이에 따라 농민군 진압 현장에 출진한 경군은 일본군의 농민군 진압 전담부대인 후비 19대대의 지휘하에 들어갔다.[44]

[표 3]은 『갑오군정실기(甲午軍政實記)』에 의거하여 필자가 정리한 도순무영 휘하 경군 및 각 인원 현황이다. 도순무사 신정희를 포함하여 서울에 주둔한 인원 556명, 지방 출진 인원 2,523명 등, 모두 3,079명이었다.

---

43 『구한국외교문서(舊韓國外交文書)』 3, #3297 「죽산(竹山) 관군의 사기 독려와 助剿隊士官 지휘의 칙준(飭遵)…요청」, 일본공사(日本公使) 이노우에 가오루(井上馨) → 외무대신(外務大臣) 김윤식(金允植), 1894년 11월 6일(음력 10월 9일);『구한국외교문서(舊韓國外交文書)』 3, #3301 「관군독려(官軍督勵) 및 일사관지휘순응건시달회답(日士官指揮順應件示達回答)」, 외무대신 김윤식 → 일본공사 이노우에 가오루, 1894년 11월 7일(음력 10월 10일).(박진홍, 「청일전쟁기 조일 간의 군사 관계」,『한국근대사연구』 제79집(2016년 겨울호), 55쪽에서 재인용) 도순무영에서 10월 9일 동학농민군 진압 활동을 하고 있는 죽산부사 이두황(장위영 부대 지휘), 영관 구상조(경리청 부대 지휘), 안성군수 홍운섭(경리청 부대 지휘), 원세록(장위영 부대 지휘), 영관 이진호(교도중대 지휘)에게 일본군 지휘를 받을 것을 전령했고, 도순무영에서 10월 9일에 각 읍의 지방관에게 일본군 지휘를 받을 것을 전령하였다.(『갑오군정실기』 1·2·3, 149~150쪽) 10월 10일에 서울을 출발한 선봉진 이규태 부대에게는 도순무영에서 일본군 지휘를 받을 것을 10월 12일에 전령을 내려, 13일에 수원부에서 수령하였다.(「순무선봉진등록」,『국역총서』 2, 5쪽) 이두황 부대는 청주 부근 미원에서 10월 13일에 이 전령을 수령하였다.(「양호우선봉일기」,『국역총서』 7, 36쪽) 강화병은 10월 12일에 외무대신 김윤식이 일본군에게 지휘권을 넘겼다.(『주한일본공사관기록』 1, 187~188쪽) 일본에 의한 도순무영 장악은 「선봉진상순무사서부잡기」(『국역총서』 8, 332~333쪽)에서 확인된다.
44 「미나미 고시로 문서」,『신국역총서』 5, 73~74쪽.

[표 3] 도순무영 휘하 경군 부대 및 인원 현황[45]

	부대 및 지휘자	상세 내용(명)	인원(명)	비고
1	都巡撫使 申正熙		1	
2	中軍 警務使 許璡	中軍 警務使 許璡, 종사관 3, 참모사 7, 참모관 1, 별군관 27, 대솔군관 16, 집사 29, 본군관 3, 별무사 33, 마의 1, 서사 19, 각색패두 10, 기타(호위청 대장소 220, 중군소 50, 기타 135)	555	이상, 서울 주둔 (留陣) 인원
3	左先鋒 李圭泰 (統衞營 直率)	左先鋒 李圭泰, 統衞領官 張容鎭, 隊官 吳昌成·申昌熙 2, 교장·서기 등 6, 병정 284, 후병 9, 치중병 14, 장막군 등 26, 참모사 1, 참모관 5, 별군관 18, 군관 1, 별무사 2, 서자적 2, 치중병 4, 전배순령 등 32	408	이하, 출진 (出陣) 인원
4	右先鋒 李斗璜 (壯衞營 領率)	右先鋒 李斗璜, 壯衞隊官 朴永祜·金振豊 2, 교장 8, 별군관 3, 병정 321, 장부 등 56	391	
		領官 元世祿, 隊官 尹喜永·李圭植 2, 교장 4, 별군관 1, 병정 306, 후병 등 45	359	
5	經理廳 (經理領官 洪運燮)	經理領官 洪運燮, 隊官 曺秉完·白樂完 2, 교장 4, 서기 1, 병정 304, 후병 등 46	358	
6	經理廳 (瑞山郡守 成夏永, 經理領官 具相祖)	瑞山郡守 成夏永, 經理領官 具相祖, 隊官 尹泳成·李相德 2, 교장 4, 서기 1, 병정 304, 후병 등 기타 52, 참모관 3	368	
7	敎導所 (敎導領官 李軫鎬)	敎導領官 李軫鎬, 隊官 李敏宏·李謙濟·徐仁根·李承奎·崔永學 5, 교장 5, 서기 2, 병정 209, 군조 2, 후병 등 기타 31	255	
8	沁營 中 完營 파견	中軍 黃憲周, 領官 黃時中, 초관 3, 초장 3, 군의 1, 책응관1, 군관 1, 謙校 3, 서기 4, 병정 265, 화병 25, 잡색군 19	327	전주 감영
9	壯衞敎長 元奉錫	교장 1, 병정 32, 후병 등 3	36	天安 防守
10	日本軍陣 파견	별군관 11, 참모관 1	12	
11	兩湖·海西 파견	별군관 등 4명	4	兩湖出駐
		참모사 2, 별군관 2, 별군관 1	5	湖西左右道 分居, 海西
	합 계		3,079	

45 이 표는 「갑오군정실기」 7·8·9·10(영인본), 『동학농민혁명 신국역총서』 8, 259~300쪽을 정리했고, ① 「해제 갑오군정실기」(신영우, 『신국역총서』 6, 47~67쪽); ② 「조선 정부의 농민군 진압 지휘체계와 진압 과정」(왕현종, 앞의 책, 230쪽)을 참고하였다. 각 부대의 명칭은 「각진장졸성책(各陣將卒成冊)」(『국역총서』 12, 369~392쪽)을 참고하였다.

그런데 진압 현장에서는 일본군 지휘관과 경군 지휘관 및 관리들과 심각한 갈등이 있었다. 『선봉진상순무사서부잡기』에는 당시에 경군 지휘관과 관리들이 겪었던 고초를 다음과 같이 전하고 있다.

명령 하나 일상적 행동 하나에도 간섭하지 않는 것이 없다.[46]
- 10월 22일 선봉진 이규태가 순무사 신정희에게 보내는 편지

일본군이 충청감사를 핍박하여 충청감사가 사무를 그만두고 있다.[47]
- 이규태가 신정희에게 보내는 편지

어제 이 읍에 들어온 뒤에 비로소 일본군 대대장을 만났는데 책망을 당하는 것이 노예보다 심했습니다.[48]
- 이규태가 신정희에게 보내는 편지

서울의 군무(軍務)에 관한 일도 일본인의 제재를 받고 있다.[49]
- 12월 3일 신정희가 이규태에게 보내는 편지

더 나아가 일본 공사는 동학농민군 진압의 끝무렵에 조선 정부에 압력을 가해 도순무영을 와해시켜 버렸다. 즉 12월 23일 도순무사 신정희는 강화유

---

46 『국역총서』 8, 302쪽.
47 위의 책, 308쪽.
48 위의 책, 317쪽.
49 위의 책, 333쪽.

수로 전임, 중군 허진은 경기도 통진부사로 좌천, 좌선봉 이규태는 전라도 현지에서 소환되고 그 직후 12월 27일 도순무영을 해체하고 군무아문으로 업무가 이관된다.[50]

---

50 신영우, 「갑오군정실기」 1·2·3, 36쪽(해제); 『일성록』 1893년 12월 23일.

제3장 공주로 집결하는 농민군과 조일진압군

1. 공주의 주요 전투 지역 및 농민군 거점 지역

동학농민군의 공주전투는 공주에 있던 충청감영 함락을 위한 전투이다. 공주전투에서 충청감영을 방어했던 조일진압군의 최종 방어선은, 「공산초비기」의 우금지사(牛金之師) 〈그림 지도〉'에서 볼 수 있듯이, 충청감영을 둘러싸고 있는 공주의 산줄기이다.[1] 충청감영의 북동쪽 금강변에는 공산성(公山城)이 있다. 그런데 공주전투 당시 주요 전투는 공산성에서 일어난 것은 아니다.[2] 여기에서는 조일진압군의 공주방어선이었던 산줄기를 공산성과 구별하여 '공주바깥산줄기'로 부르기로 한다.([지도 6] 참고)[3]

---

1 「공산초비기」, 『국역총서』 9, 387쪽의 '牛金之師(우금티전투) 〈그림 지도〉' 참조.

2 공산성이 공주전투에서 등장하는 기록은 다음과 같다. "봉준은 공주의 경천에 진을 쳤는데 감영과의 거리가 삼십 리 정도였다. 이때 충청감사 박제순은 감영 내의 아전과 백성들을 이끌고 쌍수산성(공산성; 인용자 주)에 들어가 보호하고 있었다."(『오하기문』(번역본), 274~275쪽)

3 '공주바깥산줄기'는 공산성(公山城)과 구별된다. 사적 제12호로 지정된 공산성은 웅진성(熊津城) 또는 쌍수산성(雙樹山城)으로 불리며, 남쪽으로 공주 시가지와 연결되고, 북쪽으로는 금강의 물줄기와 접하고 있다. 성체의 총길이는 2,660미터이고 백제시대부터 건축되어 왔다.

공주전투를 기록한 선봉진의 기록에 공주 지형을 일컬어, "충청감영은 서북쪽의 큰길은 큰 강이 횡류(橫流)하는 곳에 이르고, 산성(山城)은 험한 곳을 의지하고 있고, 동남쪽의 산세는 높고 매우 험하여 다만 '몇 갈래의 길'이 있을 뿐이다. 그래서 공주는 성곽을 방어하는 담은 없더라도 의지할 만한 장소이다."[4]라고 하였다.

공주바깥산줄기는 위 선봉진의 기록에 따르면 '성곽을 방어하는 담은 없지만 의지할 만한 충청감영을 둘러싼 높고 매우 험한 동남쪽의 산세'와 개략 일치한다. 「공산초비기」 우금지사(牛金之師) 〈그림 지도〉'에서 보면 서쪽 끝에서는 송장배미에서 시작하여 남쪽으로 내려와 두리봉을 지나 우금티까지, 우금티에서 동남쪽으로 주미산과 향봉까지 그리고 북쪽으로 치달려 능티와 봉화대 그리고 납교(蠟橋) 마을 뒷산까지 이어지는 산줄기이다. 공주전투에서 주요 전투 지역과 농민군 거점 지역을 '공주바깥산줄기 관련 지역'과 '공주바깥산줄기 외곽 지역'으로 각각 구분해서 살펴보기로 한다.

1) 공주바깥산줄기 관련 지역

공주전투에서 충청감영을 방어하기 위한 조일진압군의 주 방어선은 공주바깥산줄기였다. 이 공주바깥산줄기에 있는 고개가 공주로 통하는 '몇 갈래의 길(數三通路)'이며, 우금티와 능티가 대표적인 고개이다. 이 우금티와

---

4 錦之爲營, 西北大路, 到大江橫流, 山城據險, 東南山勢, 高峯絶險, 只有數三道路. 故雖無城堞之防限, 素稱保障之可恃噫. 『동학란기록』 상, 237쪽(「선봉진일기」, 『국역총서』 1, 274쪽). 같은 내용이 ① 「순무사정보첩」(『국역총서』 1, 343쪽; 『사료총서』 16, 328쪽); ② 「이규태왕복서병묘지명」(『국역총서』 8, 404쪽; 『사료총서』 16, 424쪽)에도 실려 있다.

능티에서 큰 싸움이 있었고, 공주바깥산줄기에 걸쳐 있는 송장배미 산자락과 오실 마을 산자락에서도 전투가 있었으며, 공주바깥산줄기 동편 끝 금강변에 위치해 있는 옥녀봉도 큰 전투지가 되었다.

(1) 우금티, 견준산(234.4미터)

우금티는 공주의 남쪽 이인역에서 공주부내로 들어가는 고개이다. 11월 9일에 우금티 고개 일대(견준산 포함)에서 벌어진 우금티전투는 공주전투 중에서도 가장 큰 전투였다. 11월 9일 우금티전투에는 공주에 있던 일본군 대부분이 투입되었다. 우금티전투에 참전한 일본군 후비19대대 서로분진 대장 모리오 대위는 우금티전투에 관한 기록을 남겼고,[5] 관군도 『공산초비기』, 『선봉진일기』 등에 그 기록을 남기고 있다.

(2) 능티, 효포(孝浦), 봉화대(烽火臺, 312.6미터)

능티[6]는 충청감영을 둘러싼 공주바깥산줄기의 동쪽에 위치한 고개이다. 능티는 공주 남쪽 논산에서 공주로 들어가는 주요한 통행로이다. 능티는 효포 마을[7]을 지나는 약 1.7킬로미터의 기다란 골짜기 끝에 위치하고 있어서,

---

5 『주한일본공사관기록』 1, 246~248쪽.
6 현지답사 결과, 마을 주민들은 '능티' 또는 '능 고개'라고 부르고 있다. 이 고개를 관군과 일본군 기록에는 능치(能峙, 陵峙), 웅치(熊峙) 등으로 표현된다. 「남정록」에는 '능틔현'으로 표기되어 있다.(「남정록」, 245, 248, 250쪽)
7 효포는 능티에 인접한 동쪽편 주변의 마을로 현재 효포초등학교가 있는 공주시 신기동 지역이다. 효포는 효가리(孝家里), 효계(孝溪), 소개, 효개라고도 부른다.(『공주지리지』, 122, 127쪽) 공주 동부면(東部面) 효가리(孝家里)가 효포 마을이다.(「공산지」, 앞의 책, 128쪽) 「남정록」에 '효기'로 표기되어 있다.(「남정록」, 243, 244쪽) 「약사」에 효가(孝家)로 표기했다.(「약사」, 『사료총서』 2, 228쪽)

효포는 능티를 공략하는 전투에서 주요한 전투 지역이 될 수 없었다.

농민군은 효포 마을 입구 왼쪽 편에 있는 냉정(冷井 또는 冷泉) 근처 언덕 아래에 자리를 잡고 냉정에서 공주바깥산줄기로 이어지는 기다란 산줄기를 따라 공격하며 공주바깥산줄기를 넘고자 하였다. 능티에 이어진 봉화대[8]도 병풍처럼 솟아 있는 지형이어서 직접적인 전투 지역은 되지 못하였지만, 관군의 지휘소 및 관측소로 활용된 곳이다.

(3) 두리봉(斗里峰, 271.9미터), 송장배미 산자락

두리봉[9]은 '주봉(周峰)'[10] 또는 '두루봉'[11]이라고도 하는데, 공주바깥산줄기 서쪽에서 제일 높은 봉우리이다. 두리봉은 매우 가파르고 주변보다 높아서 관군의 지휘소 및 관측소 정도로 활용된 곳이었지, 직접적인 전투 지역은 아니었다. 11월 9일 전투에서 공주영장 이기동 부대가 주둔하여 농민군을 관측하며 공주 서쪽을 방어하던 곳이다. 이 두리봉에서 북쪽으로 점차 낮아지는 산줄기 끝부분에 있는 약 400미터 거리의 산자락이 '송장배미 산자락'이다. 송장배미 산자락은 11월 9일 북접 농민군이 주도한 전투 지역이었고, 많은 농민군이 희생된 곳이기도 하다.

(4) 오실 산자락

11월 9일 공주전투에서 "농민군 1만여 명이 오전 10시에 우금티를 공격

---

8 봉화대(烽火臺)는 월성산(月城山)의 봉우리에 있으며 봉수대(烽燧臺)라고도 한다.
9 「이규태왕복서병묘지명」, 『국역총서』 8, 392, 400쪽.
10 「공산초비기」, 『사료총서』 2, 430쪽.
11 「남정록」, 259쪽.

할 때, 또한 동시에 1만여 명이 공격했던 곳"[12]이 오실 산자락이다. 효포전투 중인 10월 24일과 10월 25일에도 농민군이 우금티에서 오실 마을 산자락까지 포위했고,[13] 11월 8일에도 오실 마을에 농민군들이 들이닥쳐 공주감영으로 넘어가고자 하였다.

(5) 향봉(香峰, 339미터)

향봉은 공주바깥산줄기의 동남쪽에 있는 봉우리로 우금티 산줄기와 봉화대 산줄기가 만나는 곳에 있다. 11월 8일에 농민군이 공주를 포위할 때, 그날 밤에 모리오 대위가 동남쪽의 약 2만여 명의 농민군을 관측하던 곳이 향봉이다.[14] 현지에서 향봉이라는 산봉우리는 없다. 봉우리 앞에 있는 향포(香浦, 공주시 계룡면 화은리) 마을 이름을 가져와서 봉우리 이름을 붙인 것으로 추정한다.

(6) 옥녀봉(玉女峰, 83.3미터)

금강변을 따라 공산성에서 동남쪽으로 이어진 작은 봉우리가 옥녀봉이다. 10월 25일 옥녀봉전투가 있었다. 옥녀봉은 10월 25일 효포전투 시기에 북접 농민군이 효포 북쪽에서 금강가 큰길을 따라 충청감영으로 직행하여 함락하고자 관군을 밀어붙이자, 금강변에서 납교 마을 뒷봉우리(즉 蠟橋後峰)를 지키던 선봉진 이규태가 지휘하는 통위영 부대 등이 옥녀봉으로 퇴각

---

12 『주한일본공사관기록』 1, 247쪽.
13 「시문기」, 『국역총서』 6, 9쪽(10월 24일); 「선봉진일기」, 『국역총서』 1, 263쪽; 『주한일본공사관기록』 1, 209쪽.
14 『주한일본공사관기록』 1, 247쪽.

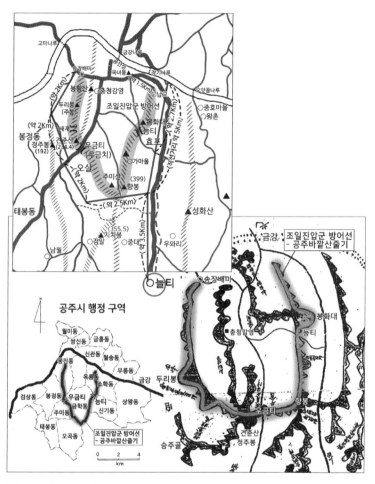

[지도 6] (위) 조일진압군 방어선-공주바깥산줄기
        (아래, 왼쪽) 조일진압군 방어선과 공주시 행정 구역[15]
        (아래, 오른쪽) 「공산초비기」 우금지사'의 조일진압군 방어선[16]

---

15 지도의 모본은 『공주지명지』, 32쪽의 〈공주시 지도〉.
16 지도의 모본은 「공산초비기」 우금지사 〈그림 지도〉'.

하면서 농민군의 포위에 빠졌던 곳이다. 이때 능티를 지키던 백낙완 부대의 지원으로 농민군을 물리쳤다.

(7) 봉황산(鳳凰山)·효포봉(孝浦峰)·연미봉(燕尾峰)

10월 23일, 천안에 체류하고 있던 선봉진 이규태가 공주에 먼저 와 있던 경리청 부대에게 봉황산·효포봉·연미봉에 각 30명의 군대를 보내어 농민군의 동향을 관측하도록 한 곳이다.[17]

2) 공주바깥산줄기 외곽 지역

공주전투가 본격적으로 시작되기 전 농민군이 공주에서 세력을 확장할 때는 관권이 집중된 공주목의 읍내보다는 공주 외곽에서부터 세력을 확장하는 모습이 보인다. 공주의 외곽 지역인 이인역, 경천역, 대교, 유구역, 용수막 그리고 유성과 대전에서 농민군의 활동이 있었다. 공주전투 시기에 이인역과 경천역은 농민군이 충청감영을 함락하기 위해 공주바깥산줄기를 포위하면서 먼저 점거했던 지역이다.

(1) 이인역(利仁驛)

동학농민혁명 시기 이인은 역마을이었다.[18] 1894년 4월 7일, 농민군 5천

---

17 「선봉진일기」, 『국역총서』 1, 258쪽; 「선봉진전령각진」, 『국역총서』 8, 454~455쪽.
18 이인역의 규모는 82칸 건물에 삼등마(三等馬) 12필(騎馬 4필, 卜馬 8필), 이서(吏胥)와 장교(將校) 등 관리 122명, 역에 소속된 민간인 봉족(奉足) 196명, 노비 62명(奴 47명, 婢 15명) 등 380명의 관속(官屬)이 있었다. 「공산지」, 앞의 책, 136, 148쪽.

~6천명이 이인역에 모였을 때, 같은 날 부상(負商) 5천여 명도 이인역에서 집회를 하여,[19] 이인역은 농민군과 관변 세력의 대결장이 되었다.[20] 7월 이후에 이인역은 이인 대접주 임기준 세력의 주요 거점이 되어 이인민회소(利仁民會所)가 자리를 잡았고, 이후 공주 농민군의 중요한 거점이 되었다. 이인역은 공주전투가 한창 진행되며 일진일퇴할 때, 두 번이나 농민군이 먼저 점거하여 충청감영을 압박하는 거점이 된 곳이었고, 관군 또한 이인역을 확보하기 위해 사력을 다해 농민군을 공략하였다. 공주전투 시기 이인찰방으로는 김영제(金永濟)가 활동하였다.[21]

(2) 경천역(敬天驛)

동학농민혁명 시기 경천은 역마을이었다.[22] 경천은 공주와 연산·논산을 잇는 길목에 있고 이인역으로도 연결된다. 동학농민혁명 공주전투 시기에 경천역은 이인역과 마찬가지로, 농민군과 조일진압군 모두에게 충청감영

---

19 『동학농민전쟁관계자료집』 I, 63쪽; 『주한일본공사관기록』 1, 5쪽.
20 조선 왕조는 동학농민혁명 시기 보부상(褓負商) 조직(商理局)을 농민군 탄압에 동원하였다. 1894년 4월 2일 금산의 보부상 우두머리인 김치홍·임한석 등이 천여 명을 인솔하여 진산 방축점에 있는 동학교도를 공격하여 114명을 죽였다.(「수록」, 『국역총서』 3, 18쪽) 4월 9일 충청감사가 보부상을 징발하여 전선(電線)을 지키게 했고, 농민군에 대한 정보 수집 활동에 동원했으며, 전주의 수성군(守城軍)으로 파견하였다.(「면양행견일기」, 『국역총서』 10, 103~104쪽; 「남유수록」, 『국역총서』 4, 184쪽) 도순무영이 설치되면서 상리통령(商理統領) 이성근·구종열을 별군관에 임명하여 보부상 조직을 통제하였고, 12월 27일 보부상 동원령을 해제하였다.(「갑오군정실기」 7·8·9·10, 224쪽; 「순무선봉진등록」, 『국역총서』 2, 418쪽)
21 「갑오군정실기」 1·2·3, 281쪽. 이인찰방 김영제는 1894년 8월 13일 이인역에 부임했다.(「금번집략」, 『국역총서』 4, 12쪽)
22 경천역은 공주부(公州府)의 남쪽 40리 익귀곡면(益貴谷面)에 있다. 기마(騎馬) 7필, 복마(卜馬) 8필, 노(奴) 37명, 비(婢) 18명이 있다. 「공산지」, 앞의 책, 136쪽.

이 있는 공주 점거와 방어를 위한 중요한 요충지였다.

경천은 공주전투 시기에 농민군이 10월 18일부터 점거하여 11월 14일까지 26일간 사실상 농민군 수중에 있었다. 경천 인근에는 당시 농민군의 활동을 알 수 있는 쾌등산, 삽짝골,[23] 둥정골, 수랭이골, 금반산, 군량 고개에 관한 사료와 구전이 전해지고 있다.

(3) 대교(大橋)

대교에서는 1894년 3월에 임기준 휘하의 농민군이 집회를 시작하였고, 이후에 수시로 농민군이 나타나 군수품 모집 활동을 하였으며, 10월 23일에 대규모로 농민군이 나타났고, 10월 24일에는 대교전투가 벌어졌다.[24]

대교는 1894년 당시의 기록을 보면 공주에서 서울로 통하는 세 갈래 길의 하나였고,[25] 공주 동쪽 30리 거리에 있으며[26], 효포에서 동북쪽 20리에 있었다.[27] 『공산지(公山誌)』에 의하면 조선 후기에는 공주목의 장척면(長尺面)에 속하며 공주에서 북으로 20리 거리에 있다.[28]

---

23 "경천의 쇠봉 아래에 있는 삽짝골에서 전봉준의 수만 명 농민군이 유진(留陣)했다. 삽짝골에서 양곡과 우마를 거두어들였고, 이때 농민군은 밥을 지을 적에 쇠가죽을 이용했다."(이이화, 「(집중분재 전봉준과 동학농민전쟁) ③ 전봉준, 반제의 봉화 높이 들다」, 앞의 책, 296쪽. 경천 주민 김정택의 증언을 이이화가 채록한 것이다.)

24 '대교전투(10월 24일)' 참고.

25 「선봉진일기」,『국역총서』 1, 279쪽. 1894년 11월 11일 유구에서 장위영 이두황 부대가 충경포 농민군을 진압한 보고문에서, 공주에서 서울로 통하는 세 갈래 길로 서쪽의 '유구', 가운데 길 '광정', 동쪽의 '대교'를 거론하고 있다.

26 「순무사정보첩」,『국역총서』 1, 315쪽;「순무선봉진등록」,『국역총서』 2, 69쪽.

27 「공산초비기」,『국역총서』 9, 383쪽.

28 「공산지」, 앞의 책, 133쪽.

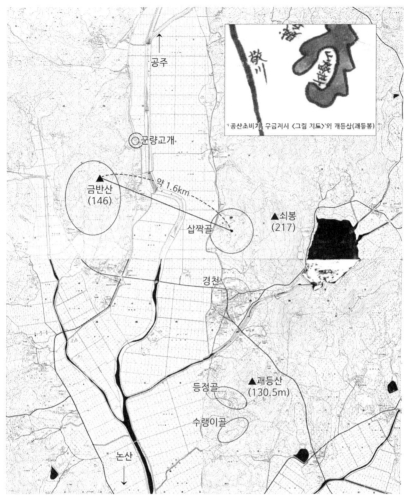

[지도 7] 경천과 동학농민군, '혈전의 땅 금반산'[29]

29 ① 삽짝골-전봉준 농민군이 유진했던 곳(이이화, 「(집중분재 전봉준과 동학농민전쟁) ❸ 전봉준, 반제의 봉화 높이 들다」, 앞의 책, 296쪽)
　② 등정골, 수랭이골-농민군 비밀 주둔지 및 훈련지(『공주와 동학농민혁명』, 193쪽)
　③ 금반산(금반장, 금반장산, 금반등산)
　　㉠농민군 진지이고 봉화를 올린 곳(『공주와 동학농민혁명』, 192쪽)

대교는 조선조 말 공주에서 연기·청주 등 충청도 동부로 통하는 중요한 길목이었다.[30] 6월 23일에 청일전쟁이 시작되자, 6월 27일에 성환 전투에서 패배한 청군이 공주로 퇴각하여 강원도를 우회하여 평양에서 재집결할 때, 대교를 지나 청주로 후퇴했다.[31] 청주·보은 방면에서 농민군을 진압하던 경리청의 성하영·구상조 부대가 10월 18일에 대교를 거쳐 공주에 도착한다.[32]

(4) 유구역(維鳩驛)과 세성산

동학농민혁명 시기 유구는 역마을이었다.[33] 10월 21일 목천 세성산의 동학농민군 수천 명이 이두황의 장위영병과 충청병영의 병사들에 의해 진압되었다.[34] 유구역에는 세성산의 농민군들과 연결된 목천동학군(목천비류木川匪類)[35] 또는 충경포(忠慶包)[36] 4~5천 명이 활동하고 있었는데, 11월 11일

ⓒ혈전의 땅. "이때에 전봉준은 7차례나 공주의 효포(孝浦)에서 혈전을 벌이고 취병(翠屏), 지취(智翠), 금반등산(金盤等山) 및 연기(燕岐) 성기(成岐) 등지에서 옮겨 가며 싸웠는데, 포와 탄환이 빗발쳐서 피가 바다를 이루고 시체는 산을 이루었다."(「시천교종역사」, 『국역총서』 11, 295쪽(『사료총서』 29, 116쪽))

④ 군량고개-농민군들이 군량을 모아 두었던 곳(『공주와 동학농민혁명』, 191쪽)

*지도 모본은 「국립지리원 1:5,000 지도」(1984년 편집).

30 대교는 1997년에 공주의 마티 터널이 개통되기 전에는 공주에서 유성·대전·청주로 통하는 주요 길목이었다. 2012년 대교(공주시 장기면)는 세종특별자치시 장군면에 편입되었다.

31 「약사」, 『국역총서』 6, 37쪽. 공주 쌍수산성에 들어온 청병들이 6월 28일과 29일에 대교를 지나 청주를 향해 이동했다.

32 「약사」, 위의 책, 47쪽; 「갑오군정실기」 1·2·3, 237쪽.

33 유구역은 공주부(公州府)의 서쪽 50리 신상면(新上面)에 있다. 기마(騎馬) 5필, 복마(卜馬) 5필, 노(奴) 29명, 비(婢) 17명이 있다. 「공산지」, 앞의 책, 136쪽.

34 「갑오군정실기」 1·2·3, 264쪽.

35 維鳩一洞, 則俱是木川匪類之窟宅. 「양호우선봉일기」, 『동학란기록』 상, 311쪽.

36 「선봉진일기」, 『국역총서』 1, 278쪽; 「양호우선봉일기」, 『국역총서』 7, 113쪽; 「순무사정보첩」, 『국역총서』 1, 351쪽.

내포에서 농민군 진압을 마치고 돌아오는 이두황 부대에게 천여 명이 체포되고 27명이 학살되었다.[37] 당시 '유구는 동학농민군의 큰 거점(維鳩一大賊窟)'이었다.[38]

(5) 용수막(龍水幕)

공주전투에 있어 용수막은 매우 의미있는 지역이다. 11월 14일, 공주바깥산줄기를 방어하던 조일진압군이 노성·논산 진출을 위해 공주에서 농민군을 몰아내려고 시도했다. 11월 14일, 이두황의 장위영이 이인을 점령하고, 공주영장 이기동 부대와 통위영 부대가 경천을 점령하였는데,[39] 모리오 부대와 선봉진은 오실로(梧室路)를 따라 용수막에 오후 6시(또는 유시(오후 5시~7시))에 도착하여 점령했다.[40] 전봉준도 11월 13일에 용수막을 거쳐 오후에 노성으로 내려갔다.[41] 용수막은 공주전투에 있어 공주와 노성을 잇는 일본군 및 관군, 농민군의 중요 이동 통로였다.

먼저 용수막이 어디인가 하는 것이다. '公州龍水幕', '公州地龍水幕' 등으로 공주땅이라는 기록이 있다.[42] 이두황 부대는 11월 14일 정산에서 출발하

---

37 「선봉진일기」, 앞의 책, 278쪽; 「순무선봉진등록」, 『국역총서』 2, 191쪽.
38 「선봉진일기」, 『동학란기록』 상, 241쪽; 「순무선봉진등록」, 『동학란기록』 상, 515쪽.
39 「장계」, 『국역총서』 7, 333쪽; 「갑오군정실기」 4·5·6, 125~126쪽.
40 『주한일본공사관기록』 1, 253쪽; 「선봉진일기」, 『국역총서』 1, 285쪽; 「순무사정보첩」, 위의 책, 354, 355쪽; 「장계」, 앞의 책, 333쪽; 「갑오군정실기」 4·5·6, 125~126쪽.
41 『주한일본공사관기록』 1, 253쪽.
42 용수막이 공주땅인 자료는 다음과 같다. 公州龍水幕. 「갑오군정실기」 4·5·6(영인본), 142~143쪽; 公州地龍水幕. 「양호우선봉일기」, 『사료총서』 15, 135쪽; "(이인에서; 인용자 주) 행군으로 10리 거리의 용수막." 「양호우선봉일기」, 『국역총서』 7, 112쪽; "공주목(公州牧) 20리의 용수막." 「장계」, 앞의 책, 333쪽; 「순무사정보첩」, 『국역총서』 1, 354("공주부

여 해질녘에 이인을 점령하였는데, 다시 행군하여 10리 거리의 용수막에 도착했다.[43] 이두황의 기록으로 보면 이인과 용수막은 10리 거리의 매우 가까운 거리이다.[44]

동학농민혁명 공주 유족의 구전에서 증언하기를 "할아버지가 용수막에서 접장 노릇을 했다. 용수막은 이 근처에서 동학의 본부였는데, 당시 사람이 살지 않았고 거기에 모여서 모의하고 준비를 했다."[45]고 한다. 이와 같이 용수막은 공주 농민군의 중요 거점이기도 했다. 관군 기록의 용수막과 유족 구전의 용수막은 같은 지역으로 보인다. 용수막은 현재 이인면 신영리로, 오실에서 노성으로 이어지는 길옆으로 큰길에서 은폐된 야산으로 둘러싸여 있는 지형이다. 이러한 이유로 여기에서는 용수막을 공주땅으로 본다.

(6) 유성(儒城)과 대전(大田)

공주의 외곽에 있는 유성과 대전은 조선말 공주목 관할 지역이었고, 공주전투 시기에 오랫동안 농민군 세력권에 있었다.[46]

公州府 남쪽 30리 용수막"), 355쪽("공주에서 30리"); "공주에서 30리." 「선봉진일기」, 위의 책, 285쪽; 구전의 "공주땅 용수막." 『공주와 동학농민혁명』, 219~222쪽.

43 「양호우선봉일기」, 『국역총서』 7, 112쪽.

44 「1914년 1:50,000 지도, 《公州》」에서 이인과 용수막을 지름길로 이어보면 약 10리(약 4킬로미터) 거리이다.

45 『공주와 동학농민혁명』, 219쪽.

46 '유성과 대전에서 농민군의 활동'은 제1부의 '동학농민혁명 시기 공주 동학교도의 활동'에서 상술하였다.

2. 공주를 포위한 남접 및 북접 농민군,[47] 지역 농민군

1) 남접 농민군의 공주 포위

전봉준이 지휘하는 남접 농민군이 논산에 나타난 것은 10월 12일로 확인되는데,[48] 이때 공주창의소 의병대장 이유상 농민군이 합류한다. 관련 사료는 다음의 두 가지이다.

호남동도(湖南東道) 전명숙(全明叔)이 12일에 논산에 와서 주둔하였다.[49]

의병을 소집하여 겨우 지혜롭고 용맹한 자 200명과 포사(砲士) 5,000명을 모

---

47 '1894년 동학농민군을 남접과 북접으로 대립적으로 가르는 것은 역사적 사실이 아니다' 라는 점을 표영삼, 박맹수, 윤석산은 제시하고 있다.(표영삼, 『동학』 2, 302쪽; 박맹수, 「동학의 남·북접설 대립에 대한 재검토」, 『개벽의 꿈』; 윤석산, 『일하는 한울님, 해월 최시형의 삶과 사상』, 모시는사람들, 2014, 73쪽) 이러한 견해를 전제하면서, 이 책에서는 이이화, 신영우, 박맹수 등의 일반적 용어 사용에 따라 남접 농민군, 북접 농민군으로 사용하였다.(이이화, 『이이화의 동학농민혁명사』 2; 신영우, 「북접 농민군의 공주 우금치·연산·원평·태인전투」, 앞의 책; 박맹수, 「동학 농민혁명과 우금티전투」, 『개벽의 꿈』) 또한 남접과 북접의 농민군은 22일간의 공주전투에서 대체로 공주바깥산줄기의 중요 지역을 분담하여 포위하고 전투를 하였던 것이 확인되어 이 책에서는 남접 농민군과 북접 농민군의 활동으로 나누어서 서술하였다.

48 「남정록」에 의하면 전봉준 농민군은 10월 6일 이전에 경천에 도착했다. 그 기록은 다음과 같다. "충청감사의 급한 공문이 세 번째 왔다. 남도 동도 전봉준이 10여 만의 도당을 거느리고 공주에서 40리 되는 경천역에 진을 쳐서 공주의 위급함이 시각에 있으니 밤새 행진하여 공주로 들어와 한가지로 적병을 막자고 하였다. 백낙완이 이런 급보를 듣고 달려서, 바로 공주에 다다랐다. 이날이 갑오 10월 6일이었다."(「남정록」, 230~231쪽)

49 「남유수록」, 『국역총서』 4, 274쪽.(湖南東道全明叔, 十二日來屯論山. 『사료총서』 3, 238쪽) 부여 유생 이복영 일기의 기록이다.

아서 이달 10월 12일에 논산포(論山浦)에 주둔하였습니다.··· 전장(全將)을 만

나서 군사를 일으킨 이유를 물었더니···.[50]

10월 16일 전봉준 농민군은 은진의 북쪽인 노성에 진출하였다. 관련 사료

는 다음과 같다. 아래 두 사료는 대규모 농민군이 공주에 바로 인접한 노성

까지 진출하고 있는 모습을 전해준다.

호남에 있던 비도(匪徒)들이 공주로 직행하여 은진·노성 등의 읍을 격파하였

다.··· 10월 16일.[51] (충청감사의 서한)

당일(16일; 인용자 주) 유시 무렵 청주병영에서 온 전령에 "지금 남적(南賊)이 올

라와서 노성·논산에 진을 치고 있는데 형세가 크다."[52] (장위영 이두황의 보고)

10월 18일 남접 농민군이 더 북상하여 공주 경천점에 주둔하기 시작한

것은 다음 기록에서 각각 확인된다.

장위영 영관은 18일 연기에서 유숙하면서··· 공주 경천점은 농민군들이 시도

50 「공주창의소의장 이유상상서」(「선유방문병동도상서소지등서」), 『국역총서』 10, 430~432
   쪽.(更招義旅僅得, 智勇二百及砲士五千, 本月十二日, 留陣于論山浦, 擡頭南望, 塵土沖天, 鎗砲如林,
   急哨前探, 報道南軍十六萬七千, 求見全將, 問了兵端···. 『사료총서』 10, 336쪽; 「황해도동학당정토략
   기」, 『사료총서』 12, 357~360쪽)
51 『주한일본공사관기록』 1, 164쪽.
52 當日, 酉時量, 淸州兵營傳令內, 見今南賊上來, 留陣於魯城論山, 而勢大云矣. 「순무선봉
   진등록」, 『동학란기록』 상, 407쪽.(『국역총서』 2, 42쪽)

때도 없이 모였다 흩어졌다 하고, 바야흐로 노성의 창고에 있는 쌀을 실어내어 경천점에 운반해 오는 것으로 봐서 주둔할 뜻이 있는 것 같다.[53]

경천점의 백성들이 비도(匪徒)에게 괴롭힘을 당하여 날마다 관군이 오기만을 기다리고 있으니….[54]

「공산초비기」의 다음 기록도 이인전투(10월 23일) 이전에 농민군이 경천을 점거하고 있는 것을 살펴볼 수 있는 자료이다.

달포(月前) 전에 이미 은진(恩津)에 도착하여 그 무리들이 노성읍(魯城邑)과 공주의 경천점(敬川店)에 퍼져 있어 조만간에 금영(錦營, 충청감영)을 침범할 것이다.[55]

다음 기록을 통해 전봉준·이유상의 부대가 10월 22일에 이인을 점거한 것으로 추정할 수 있다.

22일,… 이유상이 전명숙에게 붙어서 그 전위부대가 되어 이인(利仁)을 향해

---

53 「순무선봉진등록」, 『국역총서』 2, 40쪽(『동학란기록』 상, 406쪽); 「순무사각진전령」, 『국역총서』 8, 433~434쪽.(壯衛領官十八日到燕岐止宿,…公州敬天店, 會散無常, 方輸出魯城倉米, 運至敬天店, 似有留駐之意.『사료총서』 16, 5~6쪽)
54 「순무사각진전령」, 『국역총서』 8, 434쪽. 10월 19일의 상황이다.
55 「공산초비기」, 『국역총서』 9, 379쪽.(月前, 已到恩津, 其黨布列魯城邑及公州之敬川店, 侵犯錦營非朝卽夜.『사료총서』 2, 419쪽)

가다가 부여에 들린다고 하여 인심이 흉흉하였다. 그러나 바로 올라갔다는 소문을 듣고 진정되었다.[56]

다음 기록은 10월 23일 이인전투 이전에 이미 농민군이 이인역을 점거하고 있었다고 하는 사실을 보여준다.

현재 적들의 형세가 이미 이인을 침범하여 순영문(巡營門, 충청감영; 인용자 주)의 지휘에 따라… 크게 한바탕 싸워 승세를 타서 이인을 탈취하고 머물렀다.[57]

10월 22일, 전봉준·이유상 농민군의 이인 점거는 기록에는 보이지 않아 큰 싸움 없이 점거한 것으로 보인다.

2) 북접 농민군의 공주 진출

(1) 목천 세성산의 농민군

공주 북쪽 목천·천안에서 농민군들이 활발하게 활동하고 있었으나, 공주전투 직전 10월 21일 청주의 충청병사의 지시로 이두황의 장위영병과 청

---

56 二十二日, 湖南東道全明叔, 十二日來屯論山, 乾坪接主李都事裕尙, 爲先鋒左右之, 李本全之徒, 而來托儒會以據其衆化爲東道, 還附於全, 爲其前隊, 將向利仁, 而歷入扶餘, 人心洶湧已, 而聞其直行乃定.「남유수록」, 『사료총서』 3, 238쪽.
57 「순무선봉진등록」, 『국역총서』 2, 87쪽(目下賊勢, 已犯利仁, 因巡營門指揮,…大戰一場, 乘勝奪據利仁. 『동학란기록』 상, 439쪽); 「선봉진정보첩」, 『사료총서』 16, 184쪽.

주병영의 병사들이 합세해서 세성산의 농민군을 진압하였다.[58] 충청병사는 목천 세성산의 농민군을 "충청감영과 청주병영의 양 군영을 노리는 적이고, 선봉진 앞길의 장애"라고 하였다.[59] 세성산 농민군의 패배로 공주전투의 중요한 우군 세력의 하나가 공주전투 직전에 각개 격파되었다.

8월 12일, 천안에서 농민군이 일본인 6명을 살해하였다.[60] 8월 27일에는 천안에 와서 이 사건을 조사하던 일본 경찰은 "천안 군민 십중팔구는 동학당에 가담하고 있고, 갈수록 성대해 가는 경향"이라고 보고하였다.[61] 9월 그믐에 천안·목천에서 활동하고 있던 동학교도 김화성(金化城)·김용희(金鏞熙)·김성지(金成之) 등이 천안·목천·전의 3읍의 군대 물품을 탈취하여 세성산에 들어가 웅거하면서 북접 농민군의 봉기에 함께하였다.[62] 10월 9일경 농민군이 세성산과 천안 읍내에 모여 있었고, 수백 명씩 직산 및 양성·소사 등지에서 활동하고 있었다.[63] 10월 14일 수원에서는 농민군의 남은 무리들이 세력을 회복하는 조짐이 있었고,[64] 10월 15일에는 농민군들이 연기읍의 군병기를 탈취했다.[65]

세성산의 농민군과 기맥을 통하고 있던 유구의 농민군 4천~5천 명은, 내포 지방 농민군 진압을 마치고 공주로 돌아오는 이두황 부대에게 11월 11일

---

58 「갑오군정실기」 1·2·3, 264쪽.
59 「양호우선봉일기」, 『국역총서』 7, 53쪽.
60 『주한일본공사관기록』 1, 118쪽. 동학교도들은 천안에서 일본인 6명의 살해 사실을 서울 일본영사관 근처에 방으로 붙여 항일 의지를 뚜렷이 밝혔다.
61 『주한일본공사관기록』 1, 122쪽.
62 「순무선봉진등록」, 『국역총서』 2, 84~86쪽.
63 「갑오군정실기」 1·2·3, 199쪽.
64 『주한일본공사관기록』 1, 160~161쪽.
65 「양호우선봉일기」, 앞의 책, 50쪽.

에 진압되었다. 유구의 농민군들은 진압되기 전까지 전봉준의 농민군과 연계를 도모하고 있었다.[66]

⑵ 옥천·황간·영동에서 공주로 진출한 북접 농민군

9월 18일 청산 기포부터 공주전투 직전 10월 21일까지 북접 농민군이 논산에 대규모로 나타난 사료는 확인되지 않는다.[67] 장위영 이두황 부대가 북접 농민군의 주력을 좇아 10월 14일 보은 장내리에 도착했을 때, 보은 장내리의 농민군은 10월 11일 이미 청산·영동 등지로 이동한 것을 확인하였다. 또한 북접 농민군이 10월 11일부터 18일까지 청산·영동 등지로 이동·주둔하고 있는 것이 다음과 같이 확인된다.

· 10월 11일 보은 장내리의 농민군이 청산·영동 등지로 옮겨 갔다.[68]
· 10월 14일 최시형의 동학농민군이 청산에 있다.[69]
· 10월 14일~18일, 6만여 농민군이 영동에 있다.[70]

이어 10월 19일부터 23일 무렵 공주의 동남쪽 옥천·황간·영동에 모여 있

66 위의 책, 102~103쪽.
67 『주한일본공사관기록』, 도순무영과 선봉진의 관군 기록, 공주 유생의 기록인 「갑오동란록(甲午動亂錄)」·「시문기(時聞記)」·「약사(略史)」, 부여 유생의 기록 「남유수록(南游隨錄)」을 검토하였다.
68 「갑오군정실기」 1·2·3, 258~259쪽; 「순무선봉진등록」, 『국역총서』 2, 42쪽. 장위영 이두황 부대가 10월 13일 청주에서 출발, 10월 14일 보은 장내리로 들어가서 확인한 것이다.
69 『주한일본공사관기록』 1, 219쪽. "적의 거괴(巨魁) 북접 법헌은 10월 14일(양력 11월 11일) 청산으로 도망가…."
70 「갑오군정실기」 4·5·6, 162쪽; 「균암장임동호씨약력」(영인본), 156쪽.

던 북접 농민군들이, 10월 23일 공주로 향하고 있었다는 사실은 다음 사료에서 확인된다.

영동현감 오형근이 보낸 정보에 "10월 14일에 동도(東徒) 6만여 명이 각각 총과 창을 휴대하고 영동읍에 와서 주둔하면서 군기(軍器) 및 환곡 6섬… 모두 탈취해 가지고, 19일에 옥천을 향해 갔다."[71]

각처의 탐리(探吏)들이 돌아와서 보고한 내용 가운데는 황간과 영동의 여러 적들이 (10월; 인용자 주) 23일부터 옥천(沃川)을 넘어 공주(公州)로 향하고 있다.[72]

또한 『균암장임동호씨약력』에 의하면, 손병희 부대 6만~7만 명은 영동 읍내에서 6~7일간 머문 뒤에 옥천으로 이동하였고, 전봉준 농민군과 연결하여 공주의 북문 밖에 매복하여 격전을 치렀다. 구체적으로는 다음과 같다.

그 후에 행진해서… 다음 날에 영동 읍내에서 숙박하고 6~7일간 머물렀다. 그 후에 옥천 읍내에서 숙박하였다. 그때 전봉준이 논산에서 군기(軍器)를 다수 수집해서 유진(留陣)하고 옥천 성사(손병희를 지칭; 인용자 주) 본진으로 통

---

71 「갑오군정실기」 4·5·6, 162쪽.
72 「소모일기(召募日記)」(10월 25일), 『국역총서』 3, 429쪽. 「소모일기」는 경상도 상주에서 조선 왕조의 소모사(召募使)에 임명되어 농민군을 진압했던 정의묵의 기록이다. 「소모일기」에서 확인되는 북접 농민군의 동향은 신영우가 선행연구에서 상세하게 밝혔다.

지하되, 공주감영을 공격할 터이니 북문 밖에 매복하였다가 관군을 격파하라 하였으므로, 의암성사… 등 여러 사람이 포군 6만~7만 명을 인솔하고 북문 밖에 매복하였다. 그때에 전일의 약속과 같이 전봉준군이 관군과 응전하여 4일간 격전을 벌였는데 본진도 함께 싸우다가 날이 저물어서 승부를 결정하지 못하였다. 그래서 도로 양진(兩陣)에서 몰래 통하여 논산으로 퇴진해서….[73]

(3) 청주로 진출하는 김개남 부대

일본군의 조선 왕궁 점령 사건 이후 일본군을 몰아내기 위해 전봉준 농민군이 2차 봉기하여 10월 12일 논산에 이르렀을 때, 김개남 부대는 10월 14일에 남원을 출발하여, 10월 16일에 전주에 도착하였다.[74] 10월 24일에 금산을 점거하고, 11월 10일에 진잠을 거쳐, 11월 13일에 청주성을 공격한다.

김개남 부대의 청주성 공격은 전봉준의 공주 공격을 후원하고, 서울로 가는 청주 방면의 길을 열어서, 조일진압군의 전투력이 공주로 집결되는 것을 차단하기 위한 것이었다.[75] 청주를 공격하는 김개남 부대는 공주를 공격하는 남북접 농민군과 긴밀한 연대 하에서 움직였고, 공주전투와 직접적 연관을 가지고 청주성 공략을 시도하였다.[76]

---

73 「균암장임동호씨약력」(영인본), 156~157쪽. 경기도 여주 출신 동학도인 임동호는 손병희와 함께 공주전투에 참여했고, 패산한 뒤에는 최시형이 체포될 때까지 최시형의 측근에서 수행한 인물이다.
74 정창렬, 「갑오농민전쟁연구」, 259쪽.
75 이병규, 「금산·진산지역의 동학농민혁명 연구」, 원광대학교사학과 박사학위논문, 2003, 152~153쪽.
76 「순무선봉진등록」, 『국역총서』 2, 334쪽; 「전봉준공초」, 『국역총서』 12, 46~47쪽; 정창렬, 「갑오농민전쟁연구」, 259쪽; 이병규, 앞의 박사학위논문, 153쪽; 이진영, 「전봉준·김개남의 정치적 지향과 전략」, 『동학농민혁명과 농민군 지도부의 성격』, 서경문화사, 1997,

⑷ 남접과 북접 농민군의 첫 회합지, 효포전투 전쟁터

공주전투에 참여한 남접 농민군과 북접 농민군은 공주전투 직전에 논산에서 만나고, 그 세력을 모아 공주전투에 함께 참전했다고 하는 것이 학계의 일반적인 학설이다.[77] 그런데 필자는 이미 선행연구에서 남접과 북접 농민군의 첫 회합은 논산이 아니라 제1차 공주전투 중인 효포전투(10월 24일 ~25일)에서 이루어졌다고 보았다.[78] 남접과 북접 농민군의 첫 회합이 공주전투에서 처음으로 이루어졌다는 사실은『균암장임동호씨약력』,『갑오동학란』,『천도교회사 초고』 등에서 확인되고, 또한 공주전투 직전에 논산에 대규모로 북접 농민군이 나타났다는 사실은 관변 측 기록, 일본군 기록, 지역 유생 측 기록에 한결같이 보이지 않는다.

10월 23일 이인전투는 전봉준·이유상·김기창 농민군이 주도했고, 북접 농민군은 이날 대교에 수만 명이 나타났고, 계룡산 동쪽 신소 마을에 1만여 명이 나타났다는 사실이 사료를 통해 확인된다. 10월 23일에 공주의 대교와 신소에 출현한 북접 농민군은 직전까지 옥천·황간·영동에 있던 북접 농민군이 공주로 진출한 것으로 보인다.

공주전투에서 남접과 북접 농민군의 만남 시간을 추정해 보면 다음과 같다. 10월 24일에 전봉준·이유상·김기창 농민군이 효포전투를 치르고 있을

185~186쪽.

77 공주전투에 참여한 남접과 북접 농민군은 공주전투 직전에 논산에서 만났다고 하는 견해가 피력된 사료 및 연구는 다음과 같다. 오지영,『동학사』, 497쪽; 신용하,『동학과 갑오농민전쟁 연구』, 400~401쪽; 배항섭,『신편 한국사』 39, 467쪽; 서영희,「1894년 농민전쟁의 2차 봉기」, 앞의 책, 156쪽; 양진석,「1894년 충청도 지역의 농민전쟁」,『1894년 농민전쟁연구』 4, 239쪽; 박맹수,「동학농민혁명과 우금티전투」,『개벽의 꿈』, 413쪽.

78 정선원, 앞의 논문, 80~90쪽.

때, 계룡산 산줄기 동쪽 신소 마을에서 아침을 먹고 떠난 1만여 북접 농민군은 점심 무렵 이후에 효포에 도착했을 것이다.[79] 같은 날 낮 시간에 대교 전투를 치른 북접 농민군도 저녁 무렵에는 효포에 도착했을 것이다.

(5) 공주전투에서 남접 및 북접 농민군, 지역 농민군의 활동

그동안 동학농민혁명 시기의 남접과 북접 농민군의 활동 그리고 이와 관련된 공주전투에 대한 학계의 일반적 학설은 다음과 같다. 즉, 전봉준이 이끄는 전라도 중심의 사회개혁파 남접과 최시형의 동학교단을 중심으로 충청·강원·경기·경상도에 기반을 두고 있는 북접이 대립해 왔는데, 최시형의 청산기포령(9월 18일) 이후에 남북접의 대립이 해소되었고, 공주전투는 일본군의 군사적 침략이라는 역사적 사실 앞에 남접과 북접이 연대한 대회전(大會戰)이라는 것이다. 동학농민혁명 시기의 남북접 대립을 부각시킨 사료로는 황현의 『오하기문』과 오지영의 『동학사』가 있고, 학계에서는 정창렬과 조경달이 교조신원운동 때부터 남북접 대립이 있었다고 주장하였다.[80] 뿐만 아니라 현장에서 동학농민군을 진압했던 일본군 지휘자 미나미 소좌도 남접과 북접이 대립해 왔다고 보고하고 있다.[81]

반면에 박맹수는 교조신원운동은 최시형의 지휘 하에 이루어진 사건이었고, 더 나아가 『동비토록』 등 관변 측 사료와 당시 일본 외무성, 일본 방위성, 일본 신문 기사 등을 확인하여, 무장기포(제1차 봉기) 전후부터 남접과

---

79 「시문기」, 『국역총서』 6, 9쪽.
80 박맹수, 「동학의 남·북접 대립설에 대한 재검토」, 『개벽의 꿈』, 315~318쪽.
81 『주한일본공사관기록』 6, 24, 47쪽.

북접이 함께 봉기했다고 주장하였다. 아울러 "1894년 시기 남북접의 대립은 봉기 과정에서 빚어질 수 있는 폐해를 최소화하기 위한 노선상의 차이이지 남접과 북접의 대립이란 역사적 사실에 부합하지 않는다"는 견해를 밝혔다.[82] 표영삼도 "남북접의 실체는 없으며, 1894년 9월에 편의상 호서지역을 북접 관내라고 하고, 호남지역을 남접 관내라고 징하였다"고 하였다.[83]

[표 4]는 22일간의 공주전투 기간 중에서 각각의 전투에 참전한 것이 확인되는 농민군을 분류한 것이다. 공주전투 기간에 남접의 전봉준 농민군, 손병희의 북접 농민군, 지역의 이유상 및 김기창 농민군의 활동은 대체로 전투 지역을 나누어서 충청감영을 함락하고자 하였다. 이러한 사실은, 공주전투 기간에 남접과 북접 농민군, 지역의 농민군은 대오를 통합하여 전투를 치르지 않았고, 각자 대오의 독자성을 유지하면서 전투를 수행했음을 말해준다.

---

82 박맹수, 「동학농민혁명기 해월 최시형의 활동」, 『개벽의 꿈』; 박맹수, 「동학의 남·북접 대립설에 대한 재검토」, 위의 책.
83 표영삼, 『동학』 2, 302쪽. 참고로 전봉준은 "湖以南이라 稱하고 湖中은 北接이라 稱한다."고 진술하였다.(『전봉준공초』, 『국역총서』 12, 23쪽)

[표 4] 공주전투에 참전한 남접 및 북접, 지역 농민군

공주전투 22일 (10.22~11.14, 양11.19~12.10)		공주전투에 참전한 농민군 세력		
		남접 농민군 (전봉준 농민군)[84]	북접 농민군 (동학교단 측 농민군)[85]	지역 농민군 (공주·논산·부여·정산)
공주 1차 대치 (10월 22일)	농민군 충청감영 포위[86]	전봉준 농민군		이유상 농민군
1차 전투	10월 23일 남월촌 농민군 피습 사건	전봉준 농민군		이유상 농민군·김기창 농민군
	이인전투			
	10월 24일 대교전투		북접 농민군	최명기·강채서·박화춘 농민군[87]
	효포전투	전봉준 농민군		이유상 농민군·김기창 농민군
	10월 25일 효포전투			
	옥녀봉전투		북접 농민군	최명기·강채서·박화춘 농민군
공주 2차 대치 (10.26~11.7, 11일간)	효포 농민군 피습 사건[88](10월 26일)			
	- 조일진압군은 공주바깥산줄기 방어선과 이인역을 확보하였고, 농민군은 경천·논산을 거점으로 대치			
2차 전투	11월 8일 이인전투		북접 농민군	
	우금티전투	전봉준 농민군		이유상 농민군
	11월 9일 (양12.5.) 송장배미산자락전투		북접 농민군	최명기·강채서·박화춘 농민군
	오실산자락전투			김기창 농민군
	효포전투			

---

84 「순무선봉진등록」에 의하면, 10월 23일 밤 10시경에 경천에 나타난 전봉준 농민군의 인원 수는 4만여 명이다.(『국역총서』 2, 69쪽)

85 「균암장임동호씨약력」, 117쪽; 「갑오군정실기」 4·5·6, 162쪽.

86 전봉준·이유상 농민군이 경천·이인을 점거하여 조일진압군을 공주바깥산줄기 방어선 안으로 포위하였다.

87 북접 농민군이 주도적으로 참전한 옥녀봉전투와 송장배미산자락전투에 최명기·강채서·박화춘 농민군이 참전했는지 확인할 수 있는 직접적인 사료는 없지만, 관군의 정보에 의하면 11월 15일 논산전투 직전에 전봉준과 함께 초포·논산으로 퇴각한 농민군 지도자 중에 최명기·강채서·박화춘이 있었다.(「선봉진정보첩」, 『국역총서』 8, 78쪽) 최명기는 10월 23일에 유성에서 들어와 북접 농민군과 함께 대교를 점거하였고(「약사」, 『국역총서』, 58쪽), 최명기와 함께한 것으로 추정되는 강채서·박화춘의 농민군 세력은 이후 공주전투 기간에 북접 농민군과 함께했을 것이다.

88 「순무선봉진등록」, 『국역총서』 2, 94쪽.

공주전투 22일 (10.22~11.14, 양11.19~12.10)		공주전투에 참전한 농민군 세력		
		남접 농민군 (전봉준 농민군)[84]	북접 농민군 (동학교단 측 농민군)[85]	지역 농민군 (공주·논산·부여·정산)
공주 3차 대치 (11.10~11.14, 5일간)	중대·우와리 농민군 피습 사건[89](11월 11일)			
	유구 농민군 침탈 사건 (11월 11일)			유구 농민군 (북접 농민군)[90]
	- 11월 10일~11월 13일: 조일진압군은 ㅇ공주바깥산줄기를 방어 - 11월 11일 정오까지, 농민군 최전방 진출선은 공주 남쪽의 중대·우와리 - 11월 11일 정오 중대·우와리에서 농민군이 패배하여 농민군은 남쪽으로 조금 물러 났고, 11월 13일까지 경천·노성과 계룡산 갑사쪽을 거점으로 확보 - 11월 14일 저녁, 조일진압군이 공주의 남쪽(용수막·이인·경천)을 점령하여, 대치 전 선은 공주 대 논산으로 됨			
11월 15일(양력 12월 11일)의 논산 전투(노성 전투·소토산 전투·황화대 전투)				

공주의 이유상과 정산의 김기창은 전봉준과 밀접하게 기맥을 통하고 활동하면서 10월 23일 이인전투부터 11월 9일 공주전투까지 함께 또는 지역을 나누어서 전투를 했던 것이 확인되기 때문에, 전봉준의 남접 농민군 범주에 넣을 수도 있을 것이다. 하지만 공주전투 직전까지 이유상과 김기창 농민군 등 공주지역의 농민군들에 대한 동학교단 측의 영향력이 매우 강력했던 것도 확인된다.[89] 따라서 이유상·김기창 농민군은 남접 및 북접과 각각 매우 가까운 관계에 있었음을 알 수 있다. 이유상·김기창 농민군의 이러한 특성을 인식하면서, 동시에 이들이 지역의 농민군 세력으로서 주체적으

---

89 1891년 동학교단의 호남우도편의장에 임명된 공주 사람 윤상오는 당시 최시형을 보좌했던 핵심적 인물로, 최시형과 윤상오의 활동으로 당시 공주는 전라도와 충청도 포교의 거점이 되었다. 1891년 공주 동학교도들은 동학교단의 직접적인 영향력 아래 있었을 것이다. 1894년에는 공주전투 직전 공주 동학지도자인 임기준, 김기창, 이유상은 도접주(都接主) 안교선(安敎善) 휘하의 인물로 나온다.(「홍선대원군 효유동학도문」,(「동학문서」), 『사료총서』 5, 108쪽) 안교선은 동학교단 측 인물이다. 1894년 공주 동학교도들은 동학교단과 밀접한 연계를 갖고 있었던 것으로 미루어 볼 수 있다.

로 공주전투에 참가한 의미를 강조하여, [표 4]에서는 이들을 '지역 농민군(공주·논산·부여·정산의 농민군)'의 범주로 분류하였다.

유성에서 일어난 최명기·강채서·박화춘 농민군은, 공주전투 동안 농민군과 함께하였는데, 10월 23일 무렵에 북접 농민군과 함께 대교를 점거하였고, 최명기 등 3인은 11월 15일 논산전투 직전까지 전봉준과 함께 논산·초포로 퇴각한 사실이 확인된다. 또한 최명기는 1901년에 양구에서 동학교단 지도자 김연국이 체포될 때 같이 체포된 것으로 보아서,[90] 이들 세력을 북접 농민군으로 분류할 수도 있지만, 이들 역시 지역 농민군의 의미를 강조하여 [표 4]에서는 지역 농민군 범주에 넣었고, 공주전투에서는 북접 농민군과 함께 활동한 것으로 추정하였다.

3. 공주를 방어한 조일진압군

22일간의 공주전투에 일본군은 스즈키 부대(10월 23일 이인전투 참전)와 모리오 부대가 각각 참전한다. 모리오 부대는 10월 20일에 천안에 도착하자 즉시 3개 분대를 공주로 파견하여 공주전투에 참전하였고, 이후 10월 24일에 모리오 대위가 지휘하는 나머지 서로분진대가 공주에 도착하여 공주전투에 참가하였다. 따라서 모리오 부대는 사실상 10월 22일부터 시작되는 공주전투 22일간에 모두 참전하였다.

---

90 「시천교종역사」, 『국역총서』 11, 313쪽; 「동학도종역사」, 위의 책, 164쪽. 정선원, 앞의 논문, 97쪽에서 재인용.

경군은 공주전투에 도순무영 휘하의 경리청 4개 부대와 선봉진 본대와 통위영 부대가 참전했고, 장위영 이두황 부대는 유구 농민군을 진압(11월 11일)하면서 공주전투에 참가하였다.

1) 공주전투 참전 일본군

(1) 스즈키 부대(일본군 용산수비대 소속. 소위 스즈키 아키라(鈴木彰) 지휘)

① 수촌 농민군 습격(10월 13일)과 이인전투(10월 23일) 참전

농민군의 2차 봉기를 진압하기 위해 9월 19일 일본군 용산수비대에서 2개 소대가 충주와 공주 방향으로 각각 출발했다.[91] 그중 공주로 향했던 스즈키 부대의 반소대(半小隊)는 9월 25일에 천안에 도착하여 일본인 살해사건을 조사하는 일본영사관의 오기와라 히데지로(荻原秀次郎) 경부(警部)와 순사(巡査) 2명을 호위하였다.[92] 10월 3일에는 일본군 42명이 공주에 도착하였는데, 스즈키 부대로 추정된다.[93]

스즈키 부대는 공주와 청주 부근에서 동학농민군 진압 활동을 하였고, 공주에서 체류 중인 10월 13일에 수촌 농민군을 진압하였으며,[94] 10월 23일

---

91 『주한일본공사관기록』 3, 284~285쪽. 9월 6일 일본군의 용산·인천 수비는 후비보병 제6연대 제6중대로 바뀌었다.(박종근, 『청일전쟁과 조선』(번역본), 241쪽)
92 『주한일본공사관기록』 1, 202쪽.
93 「갑오군정실기」 1·2·3, 142쪽.
94 『주한일본공사관기록』 1, 174쪽; 「선유방문병동도상서소지등서」, 『국역총서』 10, 433~434쪽; 「순무선봉진등록」, 『국역총서』 2, 178~179쪽.

에는 이인전투에서 농민군과 싸웠다. 10월 24일 묘시(오전 5시~7시)에 공주를 출발하여,[95] 10월 29일(양 11월 26일) 용산수비대로 귀환하였다. 10월 30일에는 황해도 농민군 진압을 명령받고, 이후 3개월간 황해도에서 농민군 진압에 종사한다.[96]

② 스즈키 부대의 규모

공주에서 농민군 진압 활동에 종사한 일본군 용산수비대 소속 스즈키 부대의 규모는 40~60명으로 추산된다. 그 근거는 다음과 같다. 즉 스즈키 소위가 황해도에서 3개월간 농민군 진압에 종사할 때 40~50명의 일본군을 지휘하였다.[97] 강효숙의 최근 연구에 따르면, 후비보병 1개 소대는 약 55명이다.[98] 후비19대대 서로분진대 지대로 홍주 등 내포 지역 농민군 진압에 파견되었던 아카마츠 부대(모리오 부대의 지대. 아카마츠 고쿠호(赤松國封) 소위 지휘)의 1개 소대 및 2개 분대(즉 6개 분대)의 인원이 89명 또는 87명이라는 기록[99]에 의하면 1개 소대(4개 분대)의 인원은 약 60명이다.

그런데 여러 기록에는 10월 23일 이인전투에 참여한 스즈키 부대가 100명으로 나온다.[100] 40~60명의 스즈키 부대와 100명의 스즈키 부대의 차이는

---

95 「갑오군정실기」 1·2·3, 271쪽.
96 「황해도동학당정토략기」, 『국역총서』 4, 497, 502쪽.
97 위의 책, 502, 503쪽.
98 강효숙, 「일본군의 강원도 농민군 탄압」, 53쪽.
99 「갑오군정실기」 4·5·6, 61쪽; 「순무선봉진등록」, 『국역총서』 2, 26쪽.
100 日兵百人. 「공산초비기」 이인지역(利仁之役), 『사료총서』 2, 420쪽; 日本兵一百人. 「순무선봉진등록」, 『동학란기록』 상, 439쪽. 성하영의 보고; 日本兵一百人. 「선봉진정보첩」, 『사료총서』 16, 184쪽. 성하영의 보고; 日本陸軍少尉鈴木彰所帶兵一百人. 「갑오군정실기」 1·2·3(영인본), 255쪽. 충청감사 박제순의 등보; 日本兵一百人. 「갑오군정실기」

어디에서 온 것일까?

10월 15일, 동학농민군 진압전담부대 일본군 후비19대대가 용산에서 삼로로 남하하고, 공주 방면으로는 모리오 부대가 남하하여, 10월 20일에 천안에 도착하는데, 충청감사 박제순의 공주 구원 요청에 따라 그중 3분대를 즉시 공주에 급파했다.[101] 그러므로 10월 23일의 이인전투에 참전한 스즈키 부대 100명은 본래의 스즈키 부대 병력과 10월 20일에 천안에서 공주로 출발한 모리오 부대의 3개 분대가 포함되어 있다. 즉 스즈키 부대 40~60명과 모리오 부대의 3분대(1분대가 약 15명) 약 45명을 합치면 최대 105명으로 추정된다.

③ 스즈키 부대의 공주에서 용산수비대로 귀환에 대한 평가

선행연구 가운데에는 『공산초비기』와 『순무선봉진등록』의 기록에 근거하여, "효포를 지키던 관군과 일본군(스즈키 부대)이 농민군의 하늘을 찌를 것 같은 사기에 놀라서 10월 24일 새벽에 싸워 보지도 않고 금강을 건너 도망쳤다"는 견해가 있다.[102]

그러나 이인전투(10월 23일)에 참전했던 스즈키 부대는 도망간 것이 아니라, 일본군 상부(남부병참감 및 일본 공사)의 정해진 일정에 따라 10월 24일 묘

1·2·3(영인본), 270쪽. 성하영의 보고.
101 「선봉진서목」, 『국역총서』 8, 194쪽; 「갑오군정실기」 1·2·3, 256~257쪽; 「순무선봉진등록」, 『국역총서』 2, 38쪽.(今日酉時量, 轉向安城之日兵, 大尉率領來到, 日兵丁三分隊, 卽地派遣于錦營是乎遣. 『동학란기록』 상, 405쪽)
102 신용하, 『동학과 갑오농민전쟁 연구』, 420쪽.

시(오전 5시~7시)에 서울로 올라간 것이다.[103] 다시 말하면 10월 24일에 스즈키 부대의 공주에서의 퇴각은 도망이 아니라, 일본군 상부로부터 일상적인 지휘에 따른 용산수비대 본대로 귀환이었고, 일본군 상부로부터 스즈키 소위에게 다시 하달된 '공주 계속 주둔 명령'의 집행이 늦어진 결과였다.[104]

즉, 남접 농민군이 논산에 진출하자 충청감사 박제순은 10월 14일 이전, 10월 14일, 10월 25일에 외무대신 김윤식에게 스즈키 부대의 공주 계속 주둔을 서한으로 거듭 요청한다. 이에 김윤식은 이노우에 공사에게 그 사실을 전달하여 스즈키 부대의 공주 계속 주둔을 요청한다.[105] 그러자 10월 27일에 이노우에 공사가 스즈키 소위의 상급자인 남부병참감 이토에게 스즈키 부대의 공주 계속 주재(駐在)를 요청하였다.[106] 이에 10월 28일에 이토가 이노우에 공사에게 "스즈키 부대의 공주 주재(駐在)를 이토가 동의했다"는 내용의 전보를 스즈키 소위에게 보내달라고 연락했고,[107] 그래서 10월 29일에 이노우에 공사가 스즈키 부대의 공주 주둔 계속 명령을 스즈키 소위에게 통보했는데,[108] 이날 스즈키 부대는 이미 용산수비대로 귀환한 것이다.

(2) 모리오 부대(후비보병 독립 제19대대 제2중대. 서로분진대. 대위 모리오 마사카즈 지휘)

일본 대본영으로부터 동학농민군 진압을 위한 '동학당(東學黨) 정토대(征

---

103 「갑오군정실기」 1·2·3, 271쪽.
104 『주한일본공사관기록』 1, 183쪽.
105 위의 책, 163, 169쪽.
106 위의 책, 168쪽.
107 위의 책, 183쪽.
108 위의 책, 180쪽.

討隊)'라는 특별부대로 명령을 받은 후비19대대는 10월 15일 용산에서 세 길로 남하한다. 용산에서 공주-전주 방향으로 나아가며 농민군을 진압하라는 명령을 받은 모리오 부대는 10월 17일 진위에 도착하고, 10월 18일에 진위에서 둘로 나뉜다. 모리오 대위가 지휘하는 서로분진대 본대는 천안→공주로 향하여 10월 20일 유시(오후 5시~7시)에 천안에 도착한다. 천안에 도착한 모리오 부대는 충청감사 박제순의 공주 구원 요청에 따라 그중 3개 분대를 즉시 공주에 급파했다.[109]

10월 20일에 천안에서 공주로 파견된 모리오 부대의 3개 분대는 10월 20일 또는 21일에 공주에 도착하여 10월 22일부터 시작되는 공주전투에 참전하였다. 천안에 머물던 나머지 모리오 부대는 10월 24일 저녁 무렵에 공주에 도착하였다. 모리오 부대는 10월 20일 공주로 파견했던 부대를 포함하여 공주전투(10월 22일~11월 14일) 22일 동안 모두 참전하였다.

또한 진위에서 나누어진 아카마츠 부대(서로분진대 지대)는 평택→아산→신창→예산→면천→덕산→홍주로 진출하여 승전곡 전투(10월 24일)와 홍주전투(10월 28일)에 참전하였고, 이후 홍주를 방어하고 있다가 11월 11일에 공주에 도착하여 본대(모리오 부대)와 합류한다.[110]

이어 10월 20일부터 천안에 머물며 서로분진대 본대를 지휘하던 모리오 대위는 선봉진과 통위영을 함께 지휘하여 10월 24일 유시(오후 5시~7시)에 공주감영에 도착한다.[111] 충청감사 박제순은 10월 14일 직전부터 서울 김윤

---

109 「선봉진서목」, 『국역총서』 8, 194쪽; 「갑오군정실기」 1·2·3, 256~257쪽; 「순무선봉진등록」, 『국역총서』 2, 38쪽.(『동학란기록』 상, 405쪽)
110 『주한일본공사관기록』 6, 63~64쪽; 「갑오군정실기」 4·5·6, 61쪽.
111 「순무선봉진등록」, 『국역총서』 2, 63쪽; 「선봉진서목」, 『국역총서』 8, 196쪽; 『주한일본공

식 외무대신과 10월 19일 천안에 도착한 선봉진에게 공주의 위급함을 여러 차례 알렸다.[112] 10월 20일 천안에 도착한 모리오 대위가 선봉진의 공주 출발을 막고, 모리오 부대도 4일간 천안에 머물렀던 것은 후비19대대의 동로분진대가 먼저 전진하고, 중로·서로분진대가 조금 늦게 전진하여, 농민군을 서남 방향 전라도로 포위하기 위한 작전 실행의 과정이었다.[113]

공주에 도착한 모리오 대위는 관군의 작전권을 장악하고, 10월 25일 효포전투부터 11월 14일까지 공주 방어 전투를 지휘하였다. 모리오 부대는 11월 15일에는 논산으로 남하하여 논산 소토산·황화대 전투에 참전하였고, 11월 20일에는 은진에서 중로분진대와 합류하였으며, 11월 22일에는 남하하여 삼례에 도착한다.

공주전투에 참전한 모리오 부대의 병력을 추산해 본다. 모리오 부대의 6개 분대(1개 소대와 2개 분대) 약 90명이 아카마츠 소위 지휘로 홍주 전투 등 내포 지역 전투에 참여하였고,[114] 공주전투에는 모리오 부대의 나머지 병력인 10개 분대가 참여했다. 10월 25일 효포전투에서 모리오 부대는 2개 분대

사관기록』 6, 63쪽.

112 「순무선봉진등록」, 『국역총서』 2, 19쪽; 『주한일본공사관기록』 1, 163쪽.
113 「선봉진상순무사서부잡기」, 『국역총서』 8, 301쪽; 「폭민 동학당」, 『신국역총서』 14, 183쪽 ("동학당이 강원도와 함경도 양도로 도주하는 것을 막을 목적으로 이노우에 공사는 추가로 경성수비대로부터 1개 중대를 파견해 동로에 있는 동학당 토벌대를 증가하기로 결정했습니다. 오늘 16일(음력 10월 19일) 경성을 출발해 이를 추격할 것이므로, 전에 세 길로 분진하는 각 중대를 중지시켜 해당 수비대를 기다리도록 해야 할 것이라는 협의가 있었습니다.").
114 "소위 아카마츠가 일본군 89명 인솔." 『갑오군정실기』 4·5·6, 61쪽; "소위 1명과 일본군 87명." 「순무선봉진등록」, 『국역총서』 2, 26쪽; "1개 소대와 2개 분대." 『주한일본공사관기록』 1, 213쪽. 이인전투(10월 23일)에 참전했던 스즈키 부대는 황해도에서 40~50명의 인원으로 진압활동을 하였다.(「황해도동학당정토략기」, 『사료총서』 12, 323, 326쪽)

를 30명으로 운용하였다.[115] 위의 홍주 전투에 참여한 아카마츠 부대 6개 분대의 인원, 효포전투에서 2개 분대의 30명을 가지고 공주 모리오 부대의 인원을 합산하면 최대 150명으로 추산할 수 있다.[116]

강효숙의 연구에 의하면 후비19대대의 각 중대는 221명으로, 모리오 부대의 10개 분대는 약 140명이다.[117] 이노우에 가츠오는 공주전투에 참전한 모리오 부대의 병력을 140여 명이라고 보았다.[118] 참고로 후비19대대 병사 전공조서(戰功調書)에 의하면 모리오 부대 전체(서로분진대)의 전공자(戰功者)는 171명이고, 그중 여미부근전투·홍주전투 전공자는 60명이다.[119]

2) 공주전투 참전 경군

공주전투 시기에 경군[120]으로 경리청(經理廳) 백낙완(白樂浣) 부대 90명이

---

115 ① 농민군 정찰에 파견했던 西岡曹長의 2개 분대(『주한일본공사관기록』 1, 209쪽); ② 참령관 구상조 부대와 함께했던 일본군 30명(『갑오군정실기』 4·5·6, 30쪽; 「순무선봉진등록」, 『국역총서』 2, 89, 93쪽). 위의 기록에서 西岡曹長의 2개 분대는 참령관 구상조 부대와 함께했던 일본군 30명으로 해석한다.

116 모리오 부대(서로분진대)의 인원은 240~250명이라고 기록에서 확인된다. 홍주에서 11월 12일 공주에 도착한 아카마츠 부대(서로분진대 지대)는 김개남 부대의 청주 출현에 대처하여 13일 연기로 경리청 2개 소대와 함께 출발하는데, 연기현감의 보고에 의하면 120~130의 인원이었다.(『갑오군정실기』 4·5·6, 137쪽(120명), 157쪽(130명)) 논산 전투(11월 15일)에 참전한 모리오 부대(서로분진대 본대)는 120명이었다.(같은 책, 157쪽)

117 강효숙, 「일본군의 강원도 농민군 탄압」, 53쪽.

118 이노우에 가쓰오, 「미나미 코시로 대대장과 병사들, 그리고 일본군 대본영과 정부」, 『나주동학농민혁명의 세계사적 의의와 시민사회로의 확산』(자료집), 99쪽.

119 『주한일본공사관기록』 6, 79~84쪽.

120 공주전투에는 모리오 부대(후비19대대 서로분진대 본대)의 일본군과 도순무영 휘하의 경군이 참전하였다. 또한 충청감영의 지방 관군(즉 토병土兵으로 충청감영·우영·공주목의 관속이

10월 6일에 공주에 도착했다. 10월 19일에는 경리청의 성하영(成夏泳)·구상조(具相祖)가 인솔하는 3개 소대가 공주에 도착했다. 10월 20일에는 경리청 병 50명이 청주에서 공주로 이동하여 백낙완 부대에 합세하였다. 10월 24일 저녁 무렵, 선봉진(先鋒陣) 이규태(李圭泰)가 지휘하는 선봉진 본대(本隊)와 통위영(統衛營) 병력이 공주에 도착하여 공주전투에 참전했다. 이두황이 지휘하는 장위영 부대는 11월 11일 유구 농민군 침탈 작전을 주도했다.

(1) 경리청 백낙완 부대

경리청 부대에 대해서는 백낙완 부대와 성하영·구상조·홍운섭 부대로 나누어서 서술한다. 즉, 공주전투 시기 백낙완이 지휘하는 경리청 부대 병력 90명이 10월 6일 공주에 도착했다.[121] 『남정록』에 따르면, 9월 14일 경리청 영관(領官) 성하영과 대관(隊官) 백낙완(白樂浣)·조병완(曺秉完)은 2개 소대 280명을 영솔하여 농민군을 정토(征討)하라는 명령을 받는다.[122] 수원부에 머무른 지 8일에 군무아문 명령서가 내려와, 영관 성하영과 대관 조병완은 군을 거느리고 안성군으로 향했고, 대관 백낙완은 경리청 병력 140명을 영솔하고 바로 충청 등지로 내려가 돌아다니며 동도(東徒)를 쳐서 없애라고 명령을 받았다.[123]

있었고, 토병에 대한 비장 최규덕과 우영장 이기동의 지휘가 확인됨)과 동원된 주민 즉 민병(民兵)의 참전도 확인된다.(「선봉진일기」, 『국역총서』 1, 274쪽) 그러나 토병(土兵)과 민병(民兵)은 무기의 준비 정도와 사기와 훈련의 측면에서 농민군을 대적하는 무력으로서는 고려의 대상이 아니었던 것으로 보인다.

121 「남정록」, 231쪽.
122 위의 책, 224쪽.
123 위의 책, 225~226쪽.

백낙완 부대는 칠원 주점에서 군대를 나누어, 교장 김명환이 50명을 거느리고 공주를 지키기 위해 공주로 먼저 출발했다. 백낙완은 90명을 영솔하고 아산 곡교 장터, 예산 신례원, 덕산, 신창군, 홍주, 대흥군을 거쳐 10월 6일에 공주에 도착하였다.[124] 10월 20일에 교장 김명환의 50명이 청주에서 공주로 돌아오고,[125] 백낙완은 공주전투 시기 경리청 병사 140명을 인솔하고 전투에 참여한다.

백낙완은 경리청 부대를 이끌고 다른 경군보다 이른 10월 6일에 공주에 도착하여 충청감사 박제순과 공주 방어 전투를 함께하였다. 이후 충청감영의 중군 임기준의 후임으로 11월 6일에 중군에 임명되고, 공주전투가 끝난 11월 20일에 중군으로 부임하였다.[126]

(2) 경리청 성하영·구상조·홍운섭 부대

남북접 농민군이 공주를 포위해 오고, 충청감사 박제순의 구원요청에 따라 10월 19일에 성하영·구상조·홍운섭이 지휘하는 경리청 3개 소대가 공주에 도착하였다. 그래서 공주전투에 참전한 경리청 부대는 백낙완의 1개 소대를 포함해서 모두 4개 소대가 된다.

농민군들의 봉기가 죽산(竹山)·안성(安城)까지 침범하자 조선 정부에서

---

124 위의 책, 227~231쪽.
125 위의 책, 243쪽.
126 위의 책, 260~261쪽. 이후 백낙완은 충청감사 박제순이 교체되고, 군제 개혁으로 백낙완의 관직이 없어졌지만 1895년 8월에 부임한 공주관찰사 이종원의 요청으로 10월에 문석봉의 의병을 진압하였다. 11월에 청양군수 정인희의 의병 봉기를 진압했는데 이인찰방에 임명된 구완희와 함께한다. 1895년 12월 8일 공주지방대 참령으로 임명되고 이후 천안 등 충청지역에서 의병 진압에 참전했는데 1896년 7월에 휴직되었다. (같은 책, 263~286쪽)

는 9월 9일 죽산부사에 장위영 영관 이두황, 안성군수에 경리청 영관 성하영을 임명하여, 각자 거느리고 있는 병정을 인솔하여 즉시 내려가서 토벌하라고 하였다.[127] 그런데 성하영이 안성군수로 부임하기 전인 9월 23일에 농민군들이 안성의 군기고를 탈취하는 사건이 일어났다. 이 사건으로 인해 성하영은 10월 1일(또는 2일)에 파면되고, 대신 경리청 부영관(副領官) 홍운섭(洪運燮)이 안성군수에 임명된다.[128]

9월 24일경, 안성·죽산을 후원하기 위해 경리청 영관 구상조가 경리청 병정 2개 소대를 영솔하여 안성으로 출발하였다.[129] 이후 구상조와 성하영은 경리청 3개 소대를 거느리고 농민군을 쫓아 진천, 청주, 보은으로 갔고 10월 19일 공주에 도착하였다.[130]

(3) 선봉진(先鋒陣) 본대(本隊) 및 통위영(統衛營)

동학농민군 진압을 위한 조선 관군의 최고 지휘부는 도순무영이었다. 지

---

127 「양호우선봉일기」, 『국역총서』 7, 3쪽.
128 『오하기문』(번역본), 266쪽; 「갑오군정실기」 1·2·3, 114쪽. 10월 5일 홍운섭이 안성군수로 부임하자 경리청 병사 17명만 남아 있었는데, 홍운섭은 11일에 17명의 병사를 인솔하여 입장에서 농민군을 진압했고, 16일에 안성을 출발하여 19일 공주에 도착하여, 성하영의 1개 소대를 맡아 공주전투에 참전하였다.(「갑오군정실기」 1·2·3, 198~200, 201~202, 244쪽; 「선봉진정보첩」, 『국역총서』 8, 27~28쪽)
129 「갑오군정실기」 1·2·3, 74쪽.
130 성하영은 안성군수에서 파면되었지만 농민군과 급박한 전투 상황을 고려하여 경리청 1개 소대를 그대로 거느리고 구상조와 농민군 진압 작전에 함께한다. 진천·청주에서 구상조와 함께 농민군 진압 작전에 참가하고 있던 성하영은 농민군 토벌의 성과로 10월 11일 서산군수에 임명된다.(「갑오군정실기」 1·2·3, 162쪽; 『조선왕조실록』 1894년 10월 11일) 공주에 도착한 성하영은 공주전투에서 서산군수의 직책을 가지고 경리청 1개 소대를 인솔하여 참전한다.

방 출진 관군은 도순무영의 지휘를 받는 선봉진 이규태가 지휘하는 위치였다. 이규태는 선봉진 본부 성원(즉 선봉진 본대) 및 통위영병을 직접 인솔하고 공주전투에 참전하였다.[131] 그러나 농민군과의 전투 기간 내내 이규태는 일본군의 조선군에 대한 지휘권 장악으로 인해, 지방 출진 경군 및 지방 관군에 대한 지휘권을 사실상 행사하지 못하였다.

선봉진 이규태는 도순무영으로부터 농민군 진압을 명령받고 10월 10일 선봉진 본대와 통위영병과 교도병을 인솔하고 숭례문 밖으로 행군을 시작하였다. 그런데 교도병은 일본군의 직접 지휘 방침에 따라 일본군 서울수비대 후비18대대의 시라키 세타로(白木誠太郎) 중위·미야모토 다케타로(宮本竹太郎) 소위가 직접 지휘하고 또한 후비19대대 중로분진대에 소속되어 미나미의 지휘하에 들어갔다.[132]

이어 선봉진 이규태는 본대와 통위병을 인솔하여 10월 16일에 수원에서 모리오 부대와 만나고, 그 지휘 하에 들어갔다.[133] 선봉진은 10월 19일에 천안에 먼저 도착하고, 10월 20일에 천안에 도착한 모리오 대위의 지시로 천안에서 체류하고, 10월 24일의 효포전투가 다 끝난 시간인 10월 24일 유시(오후 5시~7시) 무렵에 모리오 부대와 함께 공주에 도착하였고,[134] 이후 공주전투에 참전하였다.

---

131 「각진장졸성책(各陣將卒成冊)」에 따르면, 선봉진 본대에는 참모관 등으로 각각 28명, 59명, 89명의 수행원이 확인된다.(『국역총서』 12, 377~378, 410~412쪽)
132 『주한일본공사관기록』 3, 378쪽; 『주한일본공사관기록』 6, 26쪽; 「갑오군정실기」 1·2·3, 149쪽.
133 「순무선봉진등록」, 『국역총서』 2, 22쪽; 『주한일본공사관기록』 1, 155쪽.
134 「순무선봉진등록」, 앞의 책, 63쪽; 「선봉진서목」, 『국역총서』 8, 196쪽.

⑷ 장위영 이두황 부대

한편, 이두황(李斗璜)의 장위영(壯衛營) 부대는 공주전투(10월 22일~11월 14일)에는 직접 참전하지 않았지만, 공주 주변에서 세성산 전투(10월 21일), 홍주 등 내포 농민군 진압, 유구 농민군 진압(11월 11일), 정산 농민군 진압(11월 14일) 활동을 하였다.

9월 9일 장위영 영관(領官) 이두황은 죽산부사로 임명되었다. 이두황은 9월 20일에 341명의 군사를 이끌고 서울에서 출발하여 용인에서 농민군을 진압하고, 9월 23일에 죽산에 도착한다.[135] 10월 6일, 이두황 부대는 충주 무극 장터와 진천의 구만리 장터(광혜원)의 농민군을 진압하였다.[136] 10월 9일, 이두황이 군사 1천 명을 영솔하고 음성과 괴산으로 출발하였다.[137] 이후 청주에 도착하여 경리청·진남영(鎭南營) 부대와 함께 보은을 수색하고, 10월 21일에 목천 세성산 전투에서 농민군을 진압하였다.

이두황은 10월 27일에 군사 712명(또는 850명)을 이끌고 공주 충청감영에 도착하였고, 10월 29일에 다시 내포 지방 농민군 진압을 위해 충청감영을 출발하였다.[138] 내포 지방 농민군 진압 활동에 종사하던 이두황 부대는 다시 공주로 군사를 돌렸고, 11월 11일에 공주의 북서쪽 유구에 도착하여 1,000여 명의 농민군을 체포하고 27명을 학살하였다.[139] 이후 이두황 부대는 11월 14일에 정산으로 가서 건지동을 습격하여 100여 명을 체포하고, 이인으로

---

135 「갑오군정실기」 1·2·3, 82쪽; 「양호우선봉일기」, 『국역총서』 7, 6쪽.
136 「양호우선봉일기」, 위의 책, 19~20쪽; 「갑오군정실기」 1·2·3, 147쪽.
137 「양호우선봉일기」, 앞의 책, 24~25쪽.
138 「갑오군정실기」 4·5·6, 40쪽; 「양호우선봉일기」, 앞의 책, 81쪽.
139 「양호우선봉일기」, 위의 책, 102~103쪽.

넘어갔다.[140] 11월 15일에는 일본군과 함께 논산 전투에 참전하였다.

(5) 개별 공주전투와 경군

① 이인전투(10월 23일) 시기

10월 23일 이인전투 시기에 공주에는 경군으로 경리청 4개 소대가 주둔하고 있었다.[141] 10월 23일의 이인전투에는 서산군수 성하영의 경리청 1개 소대가 스즈키 부대, 참모관 구완희가 지휘하는 충청감영병 4분대와 함께 참전하였다. 이인전투(10월 23일) 시기에 경리청의 홍운섭·구상조의 2개 소대는 효포를 지키고 있었고, 경리청 백낙완의 1개 소대는 금강나루와 공산성을 지키고 있었다.[142]

② 10월 24일, 효포전투 및 대교전투 시기

10월 24일 효포전투 시기 공주에 주둔하고 있던 경군은 경리청 4개 소대였다. 10월 24일 효포전투에 참전한 관군은 경리청의 성하영·윤영성·백낙완이 지휘하는 2개 소대 280명이었다.[143] 홍운섭·구상조의 경리청 부대 2개 소대는 10월 24일 효포전투에는 참전하지 않았고, 대교로 진출하여 낮 시

---

140 위의 책, 109, 111쪽.
141 「공산초비기」, 『국역총서』 9, 381쪽.
142 위의 책, 381쪽.
143 「순무선봉진등록」, 『국역총서』 2, 80쪽; 「선봉진정보첩」, 『국역총서』 8, 55~56쪽; 「남정록」, 243쪽.

간 동안 농민군과 대교전투를 했다.[144]

③ 10월 25일 효포전투부터 11월 14일까지

10월 25일 효포전투부터 11월 14일까지 공주전투에 참여한 경군 부대와 인원[145]은 공주전투에 직접 참여한 모리오 대위의 보고와 백낙완의 활동상을 기록한 「남정록」을 비교해 보면 [표 5]와 같다.

[표 5] 10월 25일~11월 14일, 공주전투 참전 경군

	경군 참전 부대 (10월 25일 ~11월 14일)[148]	계	비고
모리오 대위 보고[149]	통위영병 250명, 경리영병 560명 (경리영병 4개 소대×140명)	810명	10명의 차이는 통위영병 인원의 차이
「남정록」[150]	통위영병 240명, 경리영병 560명 (경리영병 4개 소대×140명)	800명	

---

144 「순무선봉진등록」, 앞의 책, 69~70쪽.
145 공주전투에 참전한 선봉진 본대와 통위영병은 10월 24일 효포전투가 다 끝난 시간인 10월 24일 유시(오후 5시~7시) 무렵에 모리오 부대와 함께 공주에 도착하여(「순무선봉진등록」, 『국역총서』 2, 63쪽), 10월 25일부터 공주전투에 참전하였다.
146 [표 3](도순무영 부대 및 인원 현황)과 [표 5]에서 공주전투에 참전한 통위영병, 경리청병의 군인수가 차이가 나는 이유는, [표 5]의 인원은 공주에 도착하여 공주전투에 직접 참전한 군인수를 집계했기 때문일 것이다.
147 『주한일본공사관기록』 1, 209, 246~247쪽.
148 「남정록」, 243, 249쪽.

제3부
공주전투 22일, 제1차 전투와
2차례 대치

제3부와 제4부에서는 공주전투 22일(10월 22일~11월 14일)의 전개 과정을 3차에 걸친 대치, 2차의 전투, 9차례의 개별 전투, 3차례의 농민군 피습 사건, 유구 농민군 침탈 사건으로 구분하여, 사건이 일어난 순서에 따라 서술한다.

제1장 공주전투 제1차 대치(10월 22일)

공주의 충청감영 남쪽 방면으로는 이인전투(10월 23일) 하루 전 10월 22일, 논산에 집결했던 전봉준·이유상 농민군이 공주바깥산줄기 남쪽인 이인과 남월촌(南月村)으로 진출했다.[1] 10월 18일 이후 경천과 유성에서도 농민군이 공주감영을 압박하고 있었다.[2] 또한 공주감영의 서쪽 금강 건너 정산에서는 8월 이후에 세력을 확장하고 있던 김기창 농민군이 공주를 엿보고 있었다. 공주 북서쪽 유구에서는 목천 세성산의 농민군과 기맥을 통하고 있던 유구 농민군 4천~5천 명도 공주를 노리고 있었다.

전봉준·이유상의 농민군이 10월 22일에 이인을 점거할 때, 일본군(스즈키 부대)과 경군(경리청 4개 소대)은 공주바깥산줄기를 방어선으로 하여 공주감영을 방어하고 있었다.[3] 대규모 농민군의 공주감영 포위에 맞서 조일진압군은 소수 병력이어서 공주바깥산줄기 방어선을 고수하면서 공주감영을

---

1 「공산초비기」, 『국역총서』 9, 382쪽. 충청감영 참모관 구완희가 10월 23일 아침에 이인전투에 참전하기 전에, 앞서서 이인으로 가는 길목에 있는 남월촌의 농민군을 격파한다. 남월촌의 위치는 [지도 1], [지도 8] 참고.
2 「순무선봉진등록」, 『국역총서』 2, 40쪽.
3 「공산초비기」, 앞의 책, 381쪽.

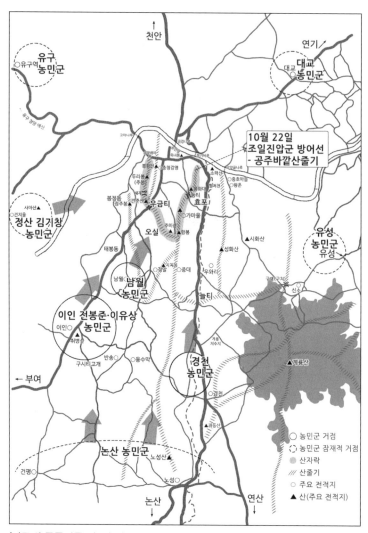

[지도 8] 공주전투 제1차 대치
(10월 22일, 공주바깥산줄기를 대치선으로 충청감영을 포위한 농민군)⁴

---

4 지도의 '길'은 「1914년 1:50,000 지도, 《公州》」, 「1914년 1:50,000 지도, 《廣亭里》」,
   「1915년 1:50,000 지도, 《儒城》」, 「1915년 1:50,000 지도, 《論山》」을 참조함.

지키기로 결정한 것으로 보인다.

10월 22일, 노성·경천·논산에서 공주의 이인과 남월로 진출한 농민군은 공주감영을 지키고 있던 조일진압군을 공주바깥산줄기를 대치선으로 하여 공주감영 쪽으로 몰아넣었다. 이 사건을 이 책에서는 '공주전투 제1차 대치'라고 명명한다.

제2장 제1차 공주전투(10월 23일~25일)

1. 이인전투(利仁戰鬪, 10월 23일)[1]

1) 10월 23일 이인전투와 공주의 경천(敬川)·대교(大橋)·신소(莘沼)에 대
   규모로 나타난 농민군

10월 23일, 농민군이 이인에서 하루 종일 전투를 벌일 때, 공주 북서쪽 대
교에서는 수만 명의 농민군들이 밀고 들어와 공주감영을 노렸고,[2] 계룡산
산줄기 동쪽편 마을 신소에서도 1만여 명의 농민군들이 나타나 공주감영을
포위하였다[3]. 이들 대교와 산소의 농민군은 옥천·황간·영동에서 공주로 진
출한 북접 농민군일 것이다.

---

1 10월 23일 이인전투 기록의 참고 자료는 다음과 같다. ① 「공산초비기」 이인지역(利仁之
   役), 『국역총서』 9, 381~382쪽; ② 「순무선봉진등록」, 『국역총서』 2, 87쪽; ③ 「선봉진정보
   첩」, 『국역총서』 8, 50~51쪽; ④ 「갑오군정실기」 1·2·3, 263, 273~274쪽.
2 「약사」, 『국역총서』 6, 48쪽; 「순무선봉진등록」, 『국역총서』 2, 69쪽; 「선봉진정보첩」,
   『국역총서』 8, 59쪽; 「순무사정보첩」, 『국역총서』 1, 315쪽.
3 「시문기」, 『국역총서』 6, 9쪽.

그런데 10월 23일 밤이 되자 경천에 농민군의 우두머리가 등장하였고,[4] 이때 다음과 같이 전봉준 농민군 4만 명도 나타났다.

> (10월 23일; 인용자 주) 이경(二更, 오후 9시~11시) 이후에 정보 보고의 말에 "호남의 적 전봉준이 4만 명을 이끌고 남쪽으로 거리가 30리 되는 경천을 점거하고 장차 공주목으로 향하려 한다."고 합니다.[5]

10월 23일 저녁 무렵 이인전투를 끝낸 농민군 주력부대는 밤이 되자 방향을 경천으로 잡은 것으로 보인다. 경천에 모인 전봉준 농민군 4만 명은 이인전투(10월 23일)에 참전한 전봉준·이유상·김기창의 농민군일 것이다.[6] 10월 23일 대교에 농민군이 대규모로 나타난 상황은 '대교전투(10월 24일)'에서 따로 서술한다.

다음은 공주 신소(莘沼)에 1만여 명의 농민군이 나타난 사실을 기록한 글이다. 신소에 살던 유생 이단석(李丹石)이 『시문기(時聞記)』에 기록한 내용으로, 10월 23일 저녁 무렵 신소에 만여 명의 농민군이 나타나서, 저녁과 다음날 아침을 먹고 '구치 고개'를 넘어 공주로 가서 효포전투에 참전했다.

10월 23일 동학교도 1만여 명이 갑자기 본촌(本村) 신소(莘沼)에 들어와 유숙

---

4 是夜, 賊酋已到敬川.「공산초비기」, 『사료총서』 2, 424쪽.
5 「순무선봉진등록」, 『국역총서』 2, 69쪽;「선봉진정보첩」, 『국역총서』 8, 59쪽;「순무사정보첩」, 『국역총서』 1, 315쪽;「갑오군정실기」 1·2·3, 291쪽.
6 「남유수록」, 『국역총서』 4, 274~275쪽;「양호우선봉일기」, 『국역총서』 7, 109, 111쪽;「순무사정보첩」, 『국역총서』 1, 357쪽;「순무선봉진등록」, 『국역총서』 2, 206쪽.

하면서 마을 사람들에게 저녁밥을 요구하였다.… 24일 아침밥까지 통털어 계산하면 2만 상(床)이 되었다.… 10월 24일 동학교도가 상신(上莘)에서 출발하여 구치(鳩峙)를 넘었는데, 물고기를 꿴 것과 같이 행군하여 몇 리(里)까지 길게 연이어졌다.[7]

위 『시문기』에 '상신(上莘) 마을', '구치(鳩峙) 고개', '내흥령(乃興嶺)'이 나오고, 구치 고개 너머에 '왕촌(旺村) 마을'이 나오는 것 등으로 보아, 신소 마을은 현재의 공주시 계룡면 상·하신리 마을로 추정된다. 신소 마을은 남북으로 뻗어 있는 계룡산 산줄기 동쪽에 있는 마을로 계룡산 산줄기에 있는 고개 '구치'를 넘어야 효포에 접근하는 지역이다. 신소는 황간·영동·옥천에 주둔하고 있던 북접 농민군의 공주 진출 경로의 하나로 추정된다. 『선봉진정보첩』의 동도배치도(東徒排置圖)에는, 10월 14일 논산 소토산·황화대 전투 직전에 "구치(九峙)·삽재는 유성 쪽에서 공주로 농민군이 왕래하는 주요한 길"이라고 기록되어 있다.[8]

2) 이인전투(10월 23일) 개요

22일간의 공주전투에서 이인전투는 공주에 있는 충청감영 점거를 위한 전초전으로 10월 23일, 11월 8일 두 차례에 걸쳐 전개된다.

먼저, 10월 23일 이인전투는 남월촌(南月村) 농민군 피습 사건으로부터

---

7 「시문기」, 『국역총서』 6, 9쪽.
8 「선봉진정보첩」, 『국역총서』 8, 79쪽.

시작되었다.[9] 충청감영의 참모관 구완희 부대가 이인전투(10월 23일)에 앞서 이인의 북서쪽에 있는 남월촌의 농민군을 먼저 격파하고 이인전투에 참전하였다.[10] 이것으로 보면 10월 22일에 농민군이 이인을 점거할 무렵, 농민군은 또한 이인에서 북서쪽이고 충청감영에 더 가까운 남월촌을 점거해서 오실 마을과 우금티 진출을 위한 준비를 하고 있었음을 알 수 있다. 남월촌은 북쪽으로 고개를 넘으면 바로 오실 마을에 접근하는 곳이다. 오실 마을 또한 우금티에서 멀지 않은 곳이다. 관군으로서도 이인의 농민군을 몰아내기 위해서는 이인의 북서쪽 전방에 주둔하고 있는 남월촌의 농민군에게 협공당하지 않기 위해 남월촌의 농민군을 먼저 격파했던 것으로 추정된다.

다음은 관군 측에서 본 이인전투(10월 23일) 개략이다.

> 서산군수(전 경리청 영관 성하영; 인용자 주)가 보고하는 일입니다.… 현재 적들의 형세가 이미 이인을 침범하여서 순영문(巡營門, 충청감영; 인용자 주)의 지휘에 따라 이달 23일에 경리청 대관 윤영성(尹泳成)·참모관 구완희(具完喜) 및 일본 병사 100명과 더불어 힘을 합해서 토벌하여 크게 한바탕 싸워서 승세를 타서 이인을 탈취하고 머물렀습니다. 적군이 산으로 올라가서 회선포(回旋砲)를 발사함에 탄환이 비 오듯 쏟아졌으며, 관군·일본 군대 또한 산으로 올라가서 결집하였습니다. 다만 병력이 적어서 그대로 물러나 방어하고 있으며 이런 사정을 보고합니다.[11]

---

9 남월촌전투의 성격을 구완희 부대의 농민군에 대한 '일방적인 습격과 해산'으로 보아 농민 피습 사건으로 보았다. 이인역과 남월촌은 직선거리 약 4킬로미터이다.
10 「공산초비기」 이인지역(利仁之役), 『국역총서』 9, 382쪽.
11 「순무선봉진등록」, 『국역총서』 2, 87쪽; 「갑오군정실기」 1·2·3, 273~274쪽. 이인전투(10

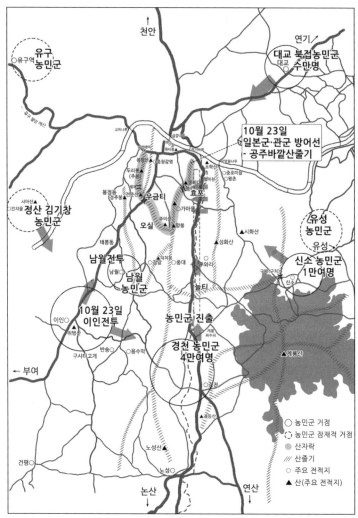

천안
연기
유구역
유구
농민군
대교 북접농민군
수만명
대교

유구 광정 예산
고마나루

10월 23일
일본군·관군 방어선
- 공주바깥산줄기

두리봉
(주봉)
충청감영
봉정동
경우물

봉정동
(경우동)

우금티

효포

사마산
건지울 정산 김기창
농민군

오실

유성
농민군
유성

태봉동
시화산

신소 농민군
1만여명
신소

성화산

남월전투

남월
남월
농민군

10월 23일
이인전투

이인
귀병점

늘티

농민군 진출

구시티고개
반송
용수막

경천 농민군
4만여명

▲계룡산

← 부여

경천

관등산

○ 농민군 거점
◌ 농민군 잠재적 거점
● 산자락
/// 산줄기
○ 주요 전적지
▲ 산(주요 전적지)

노성산

건평
노성

논산
연산

[지도 9] 10월 23일, 이인전투와 충청감영을 포위한 남북접 농민군[12]

월 23일)에 대한 위와 유사한 사건 서술은 「선봉진정보첩」, 『국역총서』 8, 50~51쪽; 「갑오
군정실기」 1·2·3, 263쪽에 있다. 이인전투(10월 23일)에 대한 자세한 서술은 「공산초비
기」 이인지역(利仁之役)' 참고.

12 지도의 '길'은 「1914년 1:50,000 지도, 《公州》」, 「1914년 1:50,000 지도, 《廣亭里》」, 「1915

3) 이인전투(10월 23일)에 참전한 조일진압군

이인전투에 참전한 조일진압군은 스즈키 소위가 지휘하는 일본군 100명과 경리청의 성하영·윤영성이 지휘하는 경리청 1개 소대 그리고 참모관 구완희가 지휘하는 충청감영군 4분대였다.[13] 스즈키 부대 일본군 100명에는 모리오 부대가 남하하여 10월 20일 천안에 도착하자마자, 충청감사 박제순의 공주 구원 요청에 따라 즉시 공주에 급파한 모리오 부대의 파견대 3개 분대도 포함되어 있다.[14]

10월 23일 당시 충청감영의 경군은 경리청 4개 소대가 있었는데, 홍운섭·구상조 부대의 2개 소대는 효포를 지키고 있었고, 백낙완의 1개 소대는 우영장 이기동 부대와 함께 금강나루와 공산성 모퉁이를 지키고 있었다.[15] 이인전투에는 경군으로 성하영·윤영성이 지휘하는 경리청 1개 소대 140명이 참전했다. 이때 경리청 1개 소대만 이인전투에 참전하고, 나머지 3개 소대가 효포·금강나루·공산성을 지키고 있었던 것은 공주 동쪽 대교·신소에 진출하고 있던 농민군에 대한 대처 때문일 것이다. 스즈키 부대는 10월 23일 이인전투에 참여하고, 10월 24일 새벽에는 미리 정해진 부대 이동 일정

년 1:50,000 지도,《儒城》,「1915년 1:50,000 지도,《論山》을 참조함.

13 「공산초비기」 이인지역,『국역총서』 9, 381쪽;「순무선봉진등록」,『국역총서』 2, 87쪽;「선봉진정보첩」,『국역총서』 8, 50쪽;「갑오군정실기」 1·2·3, 263, 273쪽. "스즈키 부대 100명"에 관한 논란은 제2부 '공주를 방어한 조일진압군' 항목 참조. 충청감영군 4분대 인원 규모는 확인하지 못했다.

14 「선봉진서목」,『국역총서』 8, 194쪽;「갑오군정실기」 1·2·3, 256~257쪽;「순무선봉진등록」,『국역총서』 2, 38쪽.(今日酉時量, 轉向安城之日兵, 大尉率領來到, 日兵丁三分隊, 卽地派遣于錦營是乎遣.『동학란기록』상, 405쪽)

15 「공산초비기」 이인지역,『국역총서』 9, 381쪽.

에 따라 공주를 출발하여, 10월 29일 일본군 용산수비대로 귀환하였다.

4) 하루 종일 계속된 이인전투(10월 23일)

이인전투(10월 23일)는 어느 시간에 치러졌는가? "충청감사 박제순의 군령으로 새벽에 이인으로 출정하였으며, 진시(오전 7시~9시) 무렵부터[16] 조일진압군과 농민군과의 전투가 시작되어, 날이 저물 무렵 충청감영의 회군 영기를 보고 회군하였다."[17]고 하는 기록으로 미루어 보아, 대략 해가 떠 있는 동안 하루 종일 전투가 진행된 것으로 보인다.[18] 신식 무기로 무장한 스즈키 소위가 지휘하는 일본군 100여 명 등 조일진압군과의 전투에서 농민군이 하루 종일 싸웠다는 것은, 동학농민혁명 시기 농민군과 일본군의 다른 전투와 비교해 볼 때 이인 농민군의 전투력과 인원이 대단했음을 보여준다.

성하영은 이인에 도착하여 바라본 농민군의 모습을 "숲처럼 수많은 깃발이 꽂혀 있고 농민군이 가득하였다."고 전하였다.[19] 이인역을 점거하고 있던 농민군을 향하여, 성하영의 군사들이 산 남쪽 기슭을 둘러싸고 총을 발사하고 나팔을 불며 곧장 농민군 대열을 공략하였고, 일본 병사는 북쪽으로 산에 올라가서 나무 뒤에 몸을 숨기고 총을 쏘며 호응하였다. 충청감영의 참

---

16 「갑오군정실기」 1·2·3, 263쪽. 여기에 나오는 "진시량(辰時量)"이라는 기록으로부터 10월 23일 이인전투의 시작 시간을 추정하였다.
17 「공산초비기」 이인지역, 『국역총서』 9, 381~382쪽.
18 정선원, 앞의 논문, 92쪽에서 재인용.
19 「공산초비기」 이인지역, 『국역총서』 9, 382쪽.(成夏永等, 到利仁望見, 揷旗如林, 賊兵充塞. 『사료총서』 2, 421쪽)

모관 구완희가 남월촌(南月村)에 주둔하던 농민군을 먼저 격파하고, 큰길을 따라 들어가 이인역의 전면에서 공격하여, 세 방면의 군사들이 모여 합동으로 연속해서 총을 쏘고 추격하자, 농민군은 이인역에서 물러나 취병산(翠屛山)으로 올라갔다.[20]

5) 취병산에서 회선포(回旋砲)로 대응한 농민군[21]

이인역을 탈취당한 농민군은 취병산으로 퇴각하고, 취병산에서 회선포를 쏘며 반격하여 탄환이 비 오듯 하였다.[22] 조일진압군도 취병산에 올라 농민군과 대응했는데 병력이 적어 다시 평지로 물러나서 대치했다. 저녁 무렵 충청감사의 회군 명령이 내려져, 이인전투에 참전한 조일진압군은 충청감영으로 되돌아온다. 회군한 이유는 고마나루(곰나루, 熊津)를 건넌 농민군이 봉황산(충청감영의 뒷산) 뒤쪽으로 몰래 들어오려고 한다는 정보 때문이었다.[23]

20 「공산초비기」 이인지역, 『국역총서』 9, 382쪽.
21 「순무선봉진등록」, 『국역총서』 2, 87쪽; 「선봉진정보첩」, 『국역총서』 8, 50쪽; 「갑오군정실기」 1·2·3, 263쪽.
22 홍계훈 부대가 전주성에서 퇴각하면서 남겨 놓고 간 것을 농민군이 전주성을 점거하여 회선포 1문(門)을 탈취했다.(『주한일본공사관기록』 1, 161쪽) 이인의 취병산전투에서 그것을 사용했을 것이다.
23 忽有人飛告, 賊兵自鳳凰山後潛來, 方度熊津, 監司發令旗招利仁兵還營. 「공산초비기」 이인지역, 『사료총서』 2, 421쪽.

6) 이인전투(10월 23일)에 참전한 농민군 부대[24]

10월 23일 이인전투에 참전한 농민군은 전봉준 농민군(즉 남접 농민군)과 이유상 농민군이었다. 이 외에도 정산의 김기창 농민군이 참전하였다. 다음 사료는 10월 23일 이인전투에 참전한 전봉준 및 이유상 농민군의 모습이다.

> 10월 22일.… 이유상이 전명숙(전봉준의 다른 이름; 인용자 주)에게 붙어서 그 전위부대가 되어 이인(利仁)을 향해 가다가 부여에 들린다고 하여 인심이 흉흉하였다. 그러나 바로 올라갔다는 소문을 듣고 바로 진정되었다.[25]

> 10월 25일 맑음. 전명숙과 이유상이 효포(孝浦)와 이인(利仁)에 진군(進軍)하였으나 불리하여 논산으로 물러났다고 한다.[26]

위 『남유수록』에 의하면 10월 22일에 전봉준·이유상 농민군이 이인으로 올라갔고, 효포전투(10월 24일~25일)에도 같이 참전하였음을 알 수 있다. 이두황이 지휘하는 장위영군은 11월 14일 정산 건지동의 김기창(金基昌) 농민군 부대를 습격하여 농민군을 체포하고 조사하여, "지난달 23일 이인에서

---

24 스즈키 부대가 참전한 '10월 23일 이인전투'를 이이화는 북접 농민군이 주도한 것으로 보고 있다.(이이화, 『동학농민혁명사』 2, 119~120쪽) 필자는 북접 농민군이 '11월 8일 이인전투'를 주도하였다고 정리하였다.('11월 8일 이인전투' 참조)
25 「남유수록」, 『국역총서』 4, 274쪽.
26 위의 책, 275쪽.

접전할 때에 따라간 자"를 적발했다.[27] 10월 23일 이인전투에 정산접주 김기창의 농민군이 함께한 것이다. 그런데 김기창 농민군이 10월 22일에 이유상·전봉준 농민군이 이인을 점거할 때 함께하였는지는 확인되지 않는다. 이인전투(10월 23일)에 북접 농민군이 참여한 사료는 확인하지 못하였다.

7) 이인전투(10월 23일)에서 조일진압군 사상자

10월 23일 이인전투에 대한 기존 연구에서는 조일진압군이 큰 패배를 당한 것으로 기록한 연구들이 있다. 예를 들면 신용하는 "동학농민군이 크게 승리했으며, 일본군과 관군은 전사자 약 120명과 부상자 약 300명을 내고 참패하였다."고 하였고[28], 우윤도 "관군은 120여 명의 전사자와 300여 명의 부상자를 내는 큰 피해를 입었다."고 하였다.[29] 그리고 이이화는 "관군의 기록에 따르면 농민군 전사자는 120여 명이었다."고 서술하였다.[30]

그러나 10월 23일 이인전투가 기록되어 있는 여러 사료를 볼 때 조일진압군의 이러한 대규모의 사상자와 부상자의 기록은 보이지 않는다.[31] 또한

---

27 「양호우선봉일기」, 『국역총서』 7, 108~111, 114쪽; 「순무사정보첩」, 『국역총서』 1, 357쪽; 「순무선봉진등록」, 『국역총서』 2, 206쪽.
28 신용하, 『동학과 갑오농민전쟁 연구』, 420쪽.
29 우윤, 『전봉준과 갑오농민전쟁』, 252쪽.
30 이이화, 『동학농민혁명사』 2, 120쪽.
31 10월 3일 공주땅 대전에서 청주병영의 영관 염도희 등 73명이 농민군에게 살해된 사건에 대해 충청감사가 도순무영에 보내는 보고문이 있으며(「갑오군정실기」 1·2·3, 148쪽), 『조선왕조실록』에도 이 사건에 대해 4차례에 걸쳐 수습하는 의정부 회의가 나온다. 그러나 『조선왕조실록』에서 10월 23일 이인전투에서 일어난 관군의 대규모 희생자에 대한 기록은 확인되지 않는다.

농민군 전사자의 구체적 인원도 확인되지 않는다. 따라서 사실이 아닌 것으로 보인다.[32]

이인전투에서 관군이 크게 패했다고 하는 기록은 1938년에 간행된 기쿠치 겐죠(菊池謙讓)의 『近代朝鮮史(근대조선사)』(下卷)에만 나온다. 구체적으로는 다음과 같다.

> 이 전투에서(이인전투; 인용자 주) 관군 전사자 120명, 중경상 300명이 발생했다.(此戰に於て官軍戰死百二十, 重輕傷三百であつた)[33]

그런데 『근대조선사』에서 공주전투를 서술한 부분("公州の戰" 위의 책, 241~246쪽)을 보면 공주전투에 직접 참전하지 않았던 미나미 고시로, 이두황, 김개남 부대를 공주전투의 주역으로 서술하고 있다. 또한 이인전투와 우금티전투의 기록을 11월 3일~4일과 11월 4일(음력 기준 서술로 보인다; 인용자 주)로 서술하고 있어서, 『공산초비기』, 『주한일본공사관기록』 등에서 기본적으로 확인되는 전투 날짜와 다르다. 『공산초비기』, 『주한일본공사관기록』, 『근대조선사』에 나오는 이인전투와 우금티전투의 서술을 비교하면 다음 표와 같다.[34]

---

32 사료에 의하면 공주전투(10월 22일~11월 14일) 기간 관군은 사망자는 없고 3명의 부상자(11월 8일 이인전투에서 1명 부상, 11월 9일 공주전투에서 2명 부상)만 있다.(「순무선봉진등록」, 『국역총서』 2, 153, 157쪽(『동학란기록』 상, 487, 489쪽); 「선봉진일기」, 『국역총서』 1, 271, 275쪽(『동학란기록』 상, 236, 238쪽); 「순무사정보첩」, 『국역총서』 1, 340, 343쪽(『사료총서』 16, 327, 329쪽))

33 菊池謙讓, 『近代朝鮮史』(下卷), 鷄鳴社, 1938, 242쪽.

34 「공산초비기」, 『국역총서』 9, 379~386쪽; 『주한일본공사관기록』 1, 246~248쪽; 菊池謙讓, 『近代朝鮮史』(下卷), 241~246쪽.

	1차 이인전투	2차 이인전투	우금티전투
『공산초비기』	음력 10월 23일	음력 11월 8일	음력 11월 9일
『주한일본공사기록』 1		양력 12월 4일 (음력 환산 11월 8일)	양력 12월 5일 (음력 환산 11월 9일)
『近代朝鮮史』(下卷), '公州の戰'	11월 3일~4일(2일간)		11월 4일

이런 점들을 고려해 볼 때, 『근대조선사』의 공주전투 서술 부분은, 이인 전투의 관군 사상자 인원을 포함하여, '공주전투 개설'로는 신뢰하기 어렵 다고 판단된다.

2. 효포전투(孝浦戰鬪, 10월 24일~25일)

먼저 효포전투의 개요를 정리하고, 이어 '10월 24일 효포전투'와 '10월 25 일 효포전투', '효포전투 2일간'으로 각각 나누어서 서술한다.

1) 효포전투 개요

(1) 전투 개요

효포전투는 공주바깥산줄기 동쪽편 효포 인근에서, 10월 24일에는 오전부 터 오후까지 하루 종일, 즉 진시(오전 7시~9시)부터 유시(오후 5시~7시)까지,[35]

---

35 「공산초비기」, 『국역총서』 9, 383쪽(辰刻. 『사료총서』 2, 424쪽); 辰時量. 「갑오군정실기」 1·2·3(영인본), 266쪽.

그리고 10월 25일에는 오전 6시부터 오후 1시까지,[36] 농민군의 공격으로 조일 진압군이 공주바깥산줄기를 방어한 전투이다.[37]

10월 24일 효포에서 대규모 전투가 벌어질 때, 대교에서는 경리청 홍운섭 부대가 농민군을 습격하여 대교전투가 벌어지고 있었고, 공주 계룡산 동쪽 신소에서는 10월 23일 저녁에 나타난 농민군 1만여 명이 10월 24일 아침을 먹고 계룡산의 고개 구치를 넘어 효포로 진출하고 있었다.

10월 24일의 효포전투는 효포에서 전봉준·이유상·김기창이 지휘하는 농민군과 경리청 성하영·백낙완 부대가 격돌하였다. 10월 25일의 효포전투는 전봉준·이유상·김기창의 농민군이 공격하였고, 방어한 조일진압군은 모리오 부대, 공주 주둔 경리청 부대 전원이다. 10월 25일 금강변 옥녀봉 앞 길에서는 북접 농민군이 옥녀봉을 공격하였고 선봉진 부대가 방어하였다.

(2) 효포전투(10월 24일~25일)에 참전한 전봉준·이유상·김기창 농민군

전봉준·이유상 농민군이 효포전투(10월 24일~25일)에 참전하였다고 보는 근거는 다음과 같다.

---

36 『주한일본공사관기록』 1, 209쪽.
37 효포전투는 「공산초비기」의 효포지전(孝浦之戰)'에는 이틀로 기록되어 있는데(『국역총서』 9, 383~386쪽), 「선봉진일기」에는 선봉진 이규태가 참전하지 않았던 10월 24일의 상세한 기록이 없다.(「선봉진일기」, 『국역총서』 1, 261~263쪽) 효포전투에 참전한 모리오 대위의 보고에도 모리오 대위가 참전한 10월 25일 하루만 기록되어 있다.(『주한일본공사관기록』 1, 209쪽; 『주한일본공사관기록』 3, 387쪽)

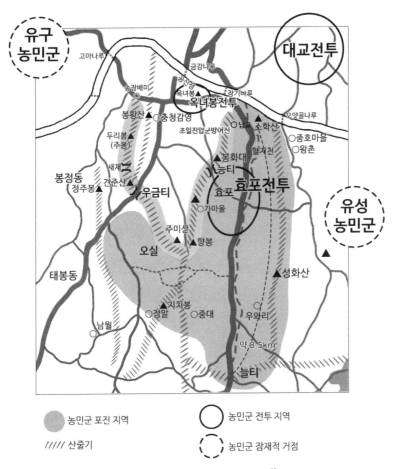

지도 안의 라벨:

유구
농민군

대교전투

고마나루

금강나루

충장배미
옥녀봉
옥녀봉전투
장기나루

봉황산 ▲○충청감영
조일진압군방어선

오양골나루

두리봉
(주봉) ▲

납교 소학산
중호마을
○왕촌

봉화대
혈저천

새재
견준산 ▲
늘티

봉정동
정주봉 ▲
우금티

효포 효포전투

봉정동

○가마울

주미산 ▲

오실
▲향봉

태봉동

▲성화산

▲지치봉
○점말 ○중대
우와리

남월

약 8.5km

늘티

유성
농민군

● 농민군 포진 지역   ○ 농민군 전투 지역

///// 산줄기   ◌ 농민군 잠재적 거점

[지도 10] 효포전투(10월 24일~25일)와 농민군의 충청감영 포위[38]

---

38 지도의 근거 자료는 다음과 같다. 「선봉진일기」, 『국역총서』 1, 263쪽(『동학란기록』 상, 229~230쪽); 「남정록」, 245쪽; 「갑오동란록」, 『국역총서』 6, 73쪽; 「시문기」, 위의 책, 9쪽; 「갑오군정실기」 1·2·3, 283쪽; 「공산초비기」 효포지전 〈그림 지도〉, 『국역총서』 9, 384쪽; 「공산초비기」, 위의 책, 385쪽.

10월 25일 맑음. 전명숙과 이유상이 효포(孝浦)와 이인(利仁)에 진군(進軍)하였으나 불리하여 논산으로 물러났다고 한다.[39]

(10월 25일; 인용자 주) 이른바 추장인 전봉준이란 자는 가마를 타고 덮개를 휘날리며 깃발을 날리며 뿔피리를 불고 벌떼처럼 몰려왔다.[40]

10월 25일 효포에서 농민군의 퇴각을 보고하는 모리오 대위의 다음과 같은 진술, 즉 "정산 방향으로 퇴각"에서 정산의 김기창 농민군이 효포전투(10월 24일~25일)에 참전했음을 확인할 수 있다.

다음 날 22일(음력 10월 25일; 인용자 주) 날이 밝기 전부터 적들은 재차 공격해 왔으나 우리 군대가 이를 막았고, 오후 1시경 드디어 격퇴하여 적 6명을 쓰러뜨리고 포(砲) 1, 소총·탄약 2,000발을 노획하였다. 일몰에 이르러 <u>적들은 경천(敬天)·정산(定山) 방향으로 퇴각했습니다.</u>[41] (밑줄은 인용자)

---

39 「남유수록」, 『국역총서』 4, 275쪽. 위의 10월 25일의 기록으로 이인전투(10월 23일)와 효포전투(10월 24일~25일)를 추정하였다.

40 「순무선봉진등록」, 『국역총서』 2, 93쪽.(所謂酋長全琫準漢, 乘轎張蓋, 揚旗吹角, 蜂擁而来是乎所. 『동학란기록』 상, 443쪽)

41 『주한일본공사관기록』 3, 387쪽; 「폭민 동학당」, 『신국역총서』 14, 196쪽; 「海南新聞」 1894년 12월 6일. '公州의 東學黨'; 「東京朝日新聞」 1894년 12월 5일 1면. 이상 네 가지 사료는 같은 기록으로 11월 1일(음력) 공주 주재 모리오 대위의 필기 보고이다. 「海南新聞」은 박맹수가 정리한 자료이다. 이상 네 가지 사료에서 "적들은 경천(敬天)·정산(定山) 방향으로 퇴각했습니다."라는 기록을 확인할 수 있다.

2) 10월 24일 효포전투

(1) 10월 24일, 농민군의 충청감영 포위

10월 24일 효포전투가 벌어질 때, 농민군은 공주바깥산줄기를 따라 공산성과 금강변에서 향봉까지 그리고 향봉에서 우금티까지 포위망을 형성하였다. 또한 금강변에서 늘티까지 농민군이 포진하고 있었다. 다음은 이러한 사실을 뒷받침하는 근거 자료들이다.

① 공주바깥산줄기를 따라 공산성-금강변-능티-향봉-우금티 포위

다음은 24일 선봉진 이규태 부대가 유시(오후 5시~7시) 무렵에 공주에 도착하여, 즉시 금강변의 납교 마을 뒷산 봉우리에 올라서 본 농민군의 포진 정황을 기록한 글이다. 농민군들이 "수십 리 산줄기를 따라 병풍처럼" 에워싸고 있었다.

> 적들은 건너편 높은 봉우리에 있으면서 깃발을 늘어서 세워놓고 <u>수십 리 산꼭대기에 흩어져 들쑥날쑥한 것이 병풍으로 에워싼 것 같다.</u> 서로의 거리가 1리쯤 되는데 중간에 하나의 개천과 큰 들이 있어 총탄이 미치지 못하는 거리였고 날은 이미 어둑어둑해져서 형편상 진격하기가 어려웠다.[42](밑줄은 인용자)

선봉진 이규태는 24일 저녁, 위의 농민군의 포진에 대처하여 다음과 같

---

42 「선봉진일기」, 『국역총서』 1, 263쪽.(『동학란기록』 상, 229~230쪽)

이 공주바깥산줄기를 따라 우금티-향봉-능티-금강변-공산성 방어선을 구축하였다. 이규태가 주둔하고 있던 납교 마을 뒷봉우리에서 직접 관측할 수 있는 범위는 금강변·납교·효포 정도이다. 아래 인용문에서 '금학동(즉 오실 마을 산줄기 또는 우금티-향봉을 잇는 산줄기)에서 우금티까지' 방어 군사를 배치한 것은 그곳에 농민군이 나타났다는 정보에 따른 것일 것이다. 또한 위 사료에 나오는 "수십 리"의 농민군 포위망은 이에 대처했던 다음과 같은 관군 방어선일 것이다.

> 그래서 우금티·금학동·효포봉·납교후봉(蠟橋後峯, 납교 마을 뒷봉우리) 및 동쪽편 산성[東邊山城]의 요해 각처에서 적을 바라보고 지키게 하였다.[43]

다음 날 10월 25일, 납교 마을 앞 및 근처 옥녀봉에서 옥녀봉전투가 벌어지는데, 위의 기록으로부터 10월 24일 저녁에 이미 납교 마을 앞에 농민군이 가득 진출한 것을 볼 수 있다.

다음은 10월 24일 무렵 공주 신소 마을 유생이 보고 들은 농민군의 배치이다. 다음과 같이 '태봉'과 '오곡(오실 마을)'에 농민군이 주둔하고 있다는 사실은 우금티 근처와 오실 마을까지 농민군이 포진하고 있었음을 보여준다.([지도 6]의 '공주시 행정 구역', [지도 10] 참조) 또한 이인에도 농민군이 주둔하고 있다.

---

43 牛金峙·金鶴洞·孝浦峯·蠟橋後峯及東邊山城要害各處, 使之瞭望防守.「선봉진일기」,『동학란기록』상, 230쪽.

10월 24일.… 사방의 동학교도가 모이니 대체로 10여만 명이었다. 효포(孝浦), 태봉(胎峯), 오곡(梧谷), 이인(利仁)에 나누어 주둔하였다.[44]

또한 관군이 24일 밤 군대를 나누어 우금티로 보낸 상황이 다음과 같이 기록되어 있다. 관군은 우금티를 노리는 농민군 상황의 심각성을 파악하고서, 24일 밤 대교전투에서 돌아와 금강나루·봉수현을 지키던 "홍운섭·구상조의 군대 중 일부를 나누어 보내 우금티를 지켰다."[45]고 했다.

10월 24일 아침에 능티에 올라 효포를 바라보던 경리청 백낙완은 "40리 산길에 깃발과 창이 섞여 사람 병풍이 쳐 있는 듯하고…"[46]라고 했다. 위의 "40리 산길"도 농민군이 공주바깥산줄기를 따라 효포-향봉-우금티 근처까지 포진하고 있었음을 말해 준다. 11월 9일 공주전투에서도 농민군은 한편으로는 우금티를 공격하면서 다른 한편으로는 송장배미 산자락과 오실 마을 산자락, 효포를 공격했는데, 10월 24일에도 효포를 노리면서 동시에 우금티와 오실 마을 산자락을 노리고 있었다.

② 효포에서 늘티까지 농민군 포위

'「공산초비기」 효포지전(孝浦之戰)의 〈그림 지도〉'에는 "판치(板峙, 늘티)[47]

---

44 「시문기」, 『국역총서』 6, 9쪽.
45 乃分送洪具所領之兵, 距守牛金峙. 「공산초비기」, 『사료총서』 2, 425쪽.
46 「남정록」, 245쪽. 원문은 "능틕현의올나바라보니사십리산로에긔와창이석기여인병풍을 처잇는듯ᄒ고이십리너른들에총과칼이삼녈ᄒ야밀듸집갓흔지라."
47 늘티는 '판치(板峙)' 또는 '무너미 고개'로 불리는데, 이것은 '물너미 고개'이고, 「갑오동란록」에서는 '수월령(水越嶺)'으로 표기되었다.

에서 시화산(柴花山)까지 20리에 적병 및 깃발이 서로 연이어 있다."⁴⁸고 했다. 시화산(柴花山)이 효포 앞 농민군 포진 지역을 상징하고 있다고 한다면, 위의 기록은 늘티에서 효포까지 농민군이 포진하고 있는 것을 표현하고 있다.⁴⁹

공주전투 당시 효포 전쟁터 근처에 있는 왕촌의 중호(中湖) 마을에 있었던 유생 이철영(李喆榮)은⁵⁰ 효포전투에 대해 겪고 들은 이야기를 「갑오동란록(甲午東亂錄)」에서 다음과 같이 전하고 있다.

전봉준은 그들의 무리를 효포에 주둔하였다. 효포와 봉화대는 상하로 서로 마주 보는 땅이다. 효포에서 수월령(水越嶺)에 이르는 10여 리의 긴 골짜기에 산을 가득 채우고 들판을 가린 것은 모두가 동비(東匪)들이었는데, 하얀색 옷을 입고 있어서 마치 흰 눈이 내린 것 같았다.⁵¹

즉 "효포에서 늘티까지 산과 들에 농민군이 가득 차 있었다."는 것이다. 10월 24일 아침에 능티에 올라 효포의 농민군을 바라보던 경리청 백낙완도

---

48 自板峙 至柴花山二十里 賊兵及旗幟相連. 「공산초비기」 효포지전 〈그림 지도〉', 『국역총서』 9, 384쪽. '효포지전'의 이 설명은 10월 24일 및 25일의 설명이다.

49 시화산(柴花山)은 현재 봉화대를 마주보는 산줄기의 남쪽으로 치우친 곳에 지명이 남아 있지만, 위의 〈그림 지도〉에는 봉화대의 북쪽으로 금강가에 표시되어 있다. 필자는 시화산(柴花山)을 효포 앞 농민군 포진 지역으로 보았다.

50 이철영은 공주 중동골(혹은 중호마을)에서 태어나서, 10세 이후에 부여에 있던 유대원에게 수학하고, 23세부터는 부여 당리로 이주했다. 1894년 공주전투 당시 효포 근처 마을인 고향 중동골에서 직접 공주전투를 체험한 기록인 『갑오동란록』을 남겼다.

51 「갑오동란록」, 『국역총서』 6, 73쪽.

"20리 넓은 들에 총과 칼이 **빽빽**하여 밀밭의 밀대 같았다."[52]고 했다. "20리 넓은 들"은 효포에서 늘티까지 산으로 둘러싸인 분지형 들판을 말하는 것으로, 거리는 약 6킬로미터이다.(금강변에서 늘티까지 거리는 약 8.5킬로미터) 이상의 사료들은 효포에서 늘티까지 들판과 산에 **빽빽**하게 농민군이 총과 칼과 깃발을 들고 포진하고 있는 상황을 전하고 있다. 다음 『공산초비기』의 기록도 24일 밤 효포 앞에 어마어마한 수의 농민군이 포진하고 있었음을 보여준다.

> 이날 밤 적진(농민군; 인용자 주)의 불빛이 수십 리를 서로 비추고, 인산인해(人山人海)는 거의 항하(恒河; 인도의 갠지스강-인용자 주)의 모래알에 비길 만하였다.[53]

(2) 오전 8시, 농민군 4만여 명 효포 공격

10월 23일 밤 이인전투에서 조일진압군이 공주감영으로 물러나자 경천으로 4만여 명의 농민군이 나타났다.[54] 10월 24일 오전 8시(辰刻) 무렵에 효포를 향한 농민군의 대규모 공격이 시작되었다.[55] 10월 23일 밤 경천에 나타난 농민군이 주력이 되어 10월 24일 아침 효포를 공격했을 것이고, 그 숫자

---

52 「남정록」, 245쪽.

53 是夜, 賊壘火光相暎數十里, 人山人海, 幾比恒河沙數. 「공산초비기」, 『사료총서』 2, 425쪽.

54 「순무선봉진등록」, 『국역총서』 2, 69쪽; 「선봉진정보첩」, 『국역총서』 8, 59쪽; 「순무사정보첩」, 『국역총서』 1, 315쪽; 「갑오군정실기」 1·2·3, 291쪽.

55 辰刻, 烽臺烟起, 報賊兵大至, 知孝浦無備, 如入無人之境. 「공산초비기」, 『사료총서』 2, 424쪽.

는 4만여 명이었을 것이다.

10월 23일 효포 방면에서는 경리청 홍운섭·구상조의 경리청 2개 부대가 효포를 지키며 사방으로 정탐 활동을 하였다.[56] 10월 23일 경리청 홍운섭·구상조 부대의 주요한 주둔지가 효포이고, 10월 24일 진시(오전 7시~9시)에 농민군이 "대규모로" 효포에 침입한 것으로 보아, 10월 23일 밤에 이미 농민군의 일부는 효포 앞까지 진출하고 있었을 것이다.

(3) 일본군 개입이 없는 상황, 농민군과 관군의 팽팽한 대결

10월 24일 효포전투에서 농민군 대 관군의 전투는 일본군의 참전이 없는 상황에서 치러졌다. 다음의 자료를 보면 10월 24일은 비가 조금씩 내려 농민군은 화승총을 제대로 사용할 수 없었지만 하루 종일 팽팽하게 진행되었고, 오히려 관군을 압도하고 있었던 것으로 확인된다. 농민군도 화승총 등 적지 않은 무장을 갖춘 것으로 판단된다. 다음은 관군 측 기록이다.

오전 8시(辰刻) 무렵에 봉화대에서 연기가 올라 적병이 대규모로 오고 있다고 알렸다.… 성하영이 대관(隊官) 윤영성·백낙완과 더불어 효포 뒷고개에 날듯이 올라 높은 봉우리를 나누어 맡고 아래로 향하여 총을 쏘았다. 적병의 예봉이 조금 꺾여 '잠깐 진격하려다가 도로 물러나기를(乍進旋退)' 반복하며, 진시(오전 7시~9시)부터 유시(오후 5시~7시)까지 '탄환이 날아다니고 연기가 자욱하였고, 비가 내리고 어두운 구름이 끼었는데', 서로 대치할 뿐 승부를 내지 못

---

56 「공산초비기」, 『국역총서』 9, 381쪽; 「갑오군정실기」 1·2·3, 291쪽. 10월 23일 효포에는 홍운섭·구상조의 경리청 2개 소대가 지키고 있었다.

하였다."[57]

군대 수가 적고 힘이 모자라서 하루 종일(盡日) 대치하고 있지만 매우 위급한 처지입니다.[58]

저들 동학교도는 혹은 많게 혹은 적게 각각 대오를 나누어 가지고 사방으로 흩어져서 포를 쏘니 그 형세가 대단하였습니다. 소수의 병력으로는 실로 깊숙이 들어가서 붙잡기(勦捕) 어려웠습니다.… 그들은 조금도 물러날 기미를 보이지 않습니다.[59]

다음은 『갑오동란록』의 기록이다.

효포에서 수월령(水越嶺, 늘티)에 이르는 10여 리의 긴 골짜기에 산을 가득 채우고 들판을 가린 것은 모두가 동비(東匪)들이었는데, 하얀색 옷을 입고 있어서 마치 흰 눈이 내린 것 같았다. 그들의 함성이 땅을 흔들었고, 화약 연기가 타올라서 해 질 무렵 해를 가렸다. 경군은 동비들과 하루 동안 전투를

57 辰刻, 烽台烟起, 報賊兵大至知.…成夏永与隊官尹永成及白楽浣, 飛上孝浦後嶺, 分拠高峯, 向下砲擊, 賊銳少挫. 乍進旋退, 自辰至酉丸飛烟漲雨灑雲暗相持未決.「공산초비기」 효포지전(孝浦之戰),『사료총서』2, 424쪽.
58 兵小力綿, 盡日相持整在, 遑汲.「갑오군정실기」1·2·3(영인본), 266쪽(번역문, 271쪽). 충청 감사 박제순의 보고이다.
59 「선봉진정보첩」,『국역총서』8, 56쪽.(彼徒或多或小, 各各分隊, 四散登山, 互相放砲, 其勢浩大, 以孤單之兵, 實難深入勦捕.…而彼類小無退去之形.『사료총서』16, 187쪽) 성하영의 보고이다.

벌였다.[60]

다음은 효포 동쪽으로 계룡산 동편 산자락 신소 마을에 살던 유생 이단석의 『시문기』 10월 24일 기록이다.

종일(終日) 접전하여 총소리의 메아리가 멀리서는 콩을 볶는 소리처럼 들리고 가까이에서는 우레가 진동하는 소리처럼 들리며 밤낮으로 끊이질 않았다.[61]

10월 24일의 전투는 낮 시간 동안 하루 종일 치열하게 치러졌지만 밤에도 상당한 정도의 대치와 총격이 계속된 것으로 보인다. 위의 『시문기』에 나오는, 총소리가 "밤낮으로 끊이질 않았다."(晝夜不絶)는 표현으로부터 밤새 총격이 계속되었음을 유추할 수 있다. 또한 서산군수 성하영의 첩보에서 "어제 사시(오전 9시~11시)부터 오늘에 이르기까지 서로 항거하고 있다"고 했는데, 그 보고 시간이 10월 25일 진시(오전 7~9시)이므로 밤새 대치 상태가 계속되었음을 알 수 있다.[62] 아래에 소개하는 『남정록』의 "삼주야"의 대치도 10월 24일 낮과 밤, 그리고 10월 25일 오전 시간으로 볼 수 있다.

---

60 이철영, 「갑오동란록」, 『국역총서』 6, 73쪽.(璋準以其衆屯于孝浦, 孝浦與烽火臺上下相望之地也. 自孝浦至水越嶺十餘里, 長谷滿山蔽野皆是東匪, 而衣白如雪, 喊聲震地 火藥煙炎蔽昏白日, 京軍與東匪一日接戰. 『사료총서』 9, 218쪽) 「갑오동란록」에는 효포전투가 '하루 동안(一日)'에 있었다고 기록되어 있다. 효포 근처 왕촌 마을에서 효포전투를 관찰했던 저자는 하루 종일 싸운 10월 24일을 기억하고 있고, 10월 25일은 큰 전투 없이 그친 것으로 보고 있는 것 같다.

61 終日接戰, 炮响之聲, 遠如太躍, 近若雷動, 晝夜不絶. 「시문기」, 『사료총서』 2, 182쪽(『국역총서』 6, 9쪽).

62 「선봉진정보첩」, 『국역총서』 8, 56쪽.(自昨日已時量, 至今日相拒. 『사료총서』 16, 187쪽)

삼주야를 서로 바라보고 총격만 할 뿐으로 능히 적진을 쳐 물리치기 어려웠다. 탄환은 정신을 아뜩하게 했고 포성은 귀를 먹먹하게 했다. 저들의 무리가 협력하여 창검을 휘두르며 에워싸고 밀려들었다. 대저 지혜로 싸울지언정 힘으로는 당하지 못하였다.[63](밑줄은 인용자)

(4) 효포전투에 참전한 농민군과 관군의 부대

효포전투(10월 24일)에서 주력 농민군은 10월 23일 저녁에 경천으로 모인 전봉준 농민군과 이유상 농민군, 김기창 농민군이다. 대교에 모인 북접 농민군은 낮 시간에 대교전투를 치르느라 참전하지 못했다. 공주 계룡산 동쪽 신소에 10월 23일 나타난 북접 농민군 1만여 명은 10월 24일 아침을 먹고 계룡산의 고개 구치를 넘어 효포 방면으로 진출하였다. 이 신소의 농민군은 10월 24일 점심 무렵 또는 오후에는 효포전투에 참전했을 것이다. 아니면 납교 마을 앞에서 선봉진 이규태 부대와 대치하고 10월 25일 옥녀봉전투를 준비했을 것이다.

효포전투(10월 24일)에서 효포를 방어한 경군은 경리청의 성하영·윤영성·백낙완의 2개 소대 280명이었다.[64] 10월 23일 저녁에 효포에 주둔하고 있던 홍운섭·구상조 경리청 부대는 대교의 농민군 습격을 위해 10월 24일 새벽같이 대교로 출발하여 낮 시간에 대교전투를 하고 있었기 때문에, 10월 24일 효포전투에는 참전하지 않았다.[65] 10월 23일 이인전투에 참전했던 스

---

63 「남정록」, 246쪽. 백낙완은 10월 24일과 25일 이틀 동안 효포전투에 직접 참전하였다.
64 「순무선봉진등록」, 『국역총서』 2, 80쪽; 「선봉진정보첩」, 『국역총서』 8, 55~56쪽; 「남정록」, 243쪽.
65 「순무선봉진등록」, 앞의 책, 69~70쪽.

즈키 부대는 미리 계획된 상부의 지시에 따라 10월 24일 묘시(오전 5시~7시)에 공주를 출발하여 10월 29일 일본군 용산수비대로 귀환하였다.[66] 스즈키 부대도 10월 24일 효포전투에 참전하지 않았다.

⑸ 유시(오후 5시~7시)에 증원군으로 도착한 선봉진 부대와 모리오 부대

10월 23일 천안에서 선봉진 이규태 부대와 모리오 부대가 같이 출발하여 선봉진 부대가 금강 장기진(將旗津)[67]에 도착한 시간은 10월 24일 신시(오후 3시~5시)[68]이고, 유시(오후 5시~7시) 무렵에 선봉진 부대와 모리오 부대가 모두 공주에 도착하였다.[69] 선봉진 부대와 모리오 부대는 10월 24일 효포전투에는 참전하지 않았다.

선봉진 부대는 이규태가 인솔하는 도순무영의 선봉진 본대 및 통위영 부대이다. 선봉진 부대는 10월 23일 천안에서 출발하여 공주 광정(廣亭)에 도착하여 묵었고, 24일에 공주 모로원(毛老院)에 도착하였다. 원래는 25일 충청감영에 도착할 예정이었으나, 충청감사의 긴급 구원 요청[70]으로 24일 유

---

66 「갑오군정실기」 1·2·3, 271쪽; 「공산초비기」, 『국역총서』 9, 383쪽; 「황해도동학당정토략기」, 『국역총서』 4, 497쪽.

67 금강가 공주시 소학동에 속하며 현지에서는 장기(깃)대나루라고 한다.(『공주지명지』, 111쪽)

68 「선봉진일기」, 『국역총서』 1, 262쪽; 「순무선봉진등록」, 앞의 책, 91쪽; 「순무사정보첩」, 『국역총서』 1, 324쪽. 이상의 3가지 사료에 "신시경에 금강 장기진에 이르렀다."고 기록되어 있다.

69 「갑오군정실기」 1·2·3, 271쪽.

70 충청감사 박제순은 봉화대 아래에서 전투를 독려하면서, 충청감영에 있던 서천군수(舒川郡守) 유기남(柳冀南)을 천안에 있는 선봉진 이규태에게 보내 급히 구원병을 요청하였다.(「공산초비기」, 『국역총서』 9, 383쪽)

시(오후 5시~7시) 무렵에 공주에 도착했다.[71] 선봉진 부대는 곧바로 납교 마을 뒷산 봉우리에 올라 농민군의 군세를 조망하였다.[72]

(6) 밤에 올라간 월성산의 봉화 5개

10월 24일 저녁, 공주 월성산(月城山)에서는 봉화의 최고 단계인 봉화(烽火) 5개가 올라가, 충청감영에서 서울에 있는 조선 정부로 농민군과 접전하고 있는 위급 상황을 보고하였다.[73]

(7) 10월 24일 효포전투와 봉황산

10월 24일 효포전투 시기에 새벽에 농민군이 봉황산을 포위했다는 기록[74]은 사료에서는 확인되지 않는다. 효포전투(10월 24일~25일) 시기에 충청감영의 서쪽편인 봉황산이나 송장배미는 주요한 싸움터가 아니었다. 또한 오지영의 『동학사』에서 "이때 동학군 일대(一隊)는 이인역에서 성하영 군을 만나 싸워 파하고, 그길로 공주감영 뒷산(봉황산)을 에워싸고 있었으며, 일대(一隊)는 무넘이를 넘어 효포를 짓쳐 들어가니"[75]라고 기록하고 있는데, 『동학사』의 이 기록은 11월 8일 이인전투, 11월 9일 공주전투가 송장배미 산자락과 효포에서 동시에 일어난 것에 대한 설명으로 보인다.[76]

---

71 「공산초비기」, 위의 책, 383쪽; 「순무선봉진등록」, 앞의 책, 63쪽; 「선봉진서목」, 『국역총서』 8, 196쪽; 「순무사정보첩」, 앞의 책, 303, 314쪽.
72 「순무선봉진등록」, 앞의 책, 63, 91쪽; 「선봉진서목」, 앞의 책, 196쪽.
73 「갑오군정실기」 1·2·3, 271쪽.
74 신용하, 『동학과 갑오농민전쟁 연구』, 420쪽.
75 오지영, 『동학사』, 502쪽.
76 '「순무선봉진등록」, 『국역총서』 2, 152~156쪽'에 11월 9일 공주전투가 우금티·오실 산자

3) 10월 25일 효포전투

(1) 효포전투(10월 25일)와 옥녀봉전투(10월 25일)

10월 25일의 효포전투는, 능티를 두고 공방전을 벌인 효포전투(10월 25일) 와 효포의 북쪽 금강변 옥녀봉에서 일어난 옥녀봉전투(10월 25일)를 모두 효 포전투로 볼 수도 있다. 그러나 옥녀봉전투는 농민군이 능티 방면을 목표로 공격한 것이 아니라 금강변 큰길을 따라 충청감영을 직접 함락하고자 한 것 으로 공격 방향이 다르고, 또한 전투에 참전한 농민군의 세력이 다르기 때 문에 효포전투(10월 25일)와 구분하여 따로 서술한다.

(2) 10월 25일, 농민군의 충청감영 포위

농민군은 10월 25일에도 전날과 같이 '금강변-효포-늘티' 그리고 '향봉-우 금티(즉 금학동)'의 공주바깥산줄기를 마주보고 대치하며 충청감영을 포위 하고 있었다. 10월 25일 효포전투에서 농민군의 배치가 '금강변-효포-늘티 (판치)'라고 서술한 이유는 25일 정오 무렵 일어난 '옥녀봉전투' 그리고 "판 치로부터 시화산에 이르는 20리가 적병과 깃발로 서로 이어졌다."(自板峙 至 柴花山 二十里 賊兵及旗幟相連, 「공산초비기」 효포지전 〈그림 지도〉)에서 확인된 다. 10월 25일 납교 마을 뒷산 봉우리 앞에서 효포까지 빽빽이 포진한 농민 군의 형세는 다음과 같이 기록되어 있다. 25일 아침에 납교 마을 뒷산 봉우 리에서 선봉진이 관측한 농민군의 형세는 "납교 마을 뒷산 봉우리 앞에서

락·송장배미 산자락·효포 방면의 네 곳에서 동시에 일어난 것을 기록하고 있다.

효포까지 남북으로 계속 이어져 끊어지지 않아 관군은 한 곳으로 진격할 수 없었다."[77]고 했다. 25일 경리청 홍운섭이 능티·효포에 모여 있는 농민군에 대한 보고는 "적들의 형세가 과연 듣던 바대로 산과 들에 두루 흩어져 있어서 숫자를 헤아릴 수가 없었다"[78]고 했다.

10월 25일 효포전투에 대한 관군 기록에, 일본군 부상사가 "금학동을 정찰 하다가" 또는 "서북쪽의 고개에서 적병에게 둘러싸여" 부상을 입었다고 나와 있다. 이 기록은 효포전투(10월 25일) 시기에 금학동, 즉 향봉에서 우금티 산줄기 근처까지 농민군이 대치하고 전투하였다는 증거이다.[79] 10월 24일 『시문기』에는, 농민군이 "효포뿐만 아니라 태봉(胎峯)·오곡(梧谷)·이인(利仁) 등지에 나뉘어 주둔하였다"고 기록하였다.[80] 이것으로부터 당시에 태봉(胎峯), 오곡(梧谷), 즉 오실 마을에서 우금티 근처 산줄기까지 10월 24일부터 대치하였음을 알 수 있다.

(3) 증원된 일본군, 관군의 참전

10월 24일 유시(오후 5시~7시)에 공주에 도착한 모리오 부대(약 150명)가 10월 25일에 공주전투에 참전하였다. 이 모리오 부대는 옥녀봉전투(10월 25일)에는 참전하지 않았고, 효포전투(10월 25일)에만 참전했다. 10월 25일 공

---

77 蟻橋後峯之前孝浦峯防守處, 相距南北橫亘, 里數爲數十里假量, 而連亘不斷, 則不可只從一處而進擊.「순무선봉진등록」,『동학란기록』상, 442쪽.

78 「순무선봉진등록」,『국역총서』2, 89쪽(賊勢, 果如所聞, 漫山遍野, 不可勝數.『동학란기록』상, 441쪽);「순무선봉진등록」,『국역총서』2, 93쪽(『동학란기록』상, 443쪽); 賊勢, 漫山遍野, 不可勝數.「갑오군정실기」4·5·6(영인본), 15쪽. 모두 홍운섭의 보고이다.

79 이에 대해서는 이어지는 '효포전투 2일간(10월 24일~25일)'에서 상술한다.

80 「시문기」,『국역총서』6, 9쪽. 태봉과 오곡의 위치는 [지도 6]의 '공주시 행정구역' 참조.

주전투에 참전한 경군은 810명(또는 800명)이다.[81] 옥녀봉전투에 선봉진 이 규태가 직접 지휘하는 통위영병 전원(240명 또는 250명)이 참전했다면 효포 전투에 참전한 경군은 경리청 성하영·백낙완 부대 280명과 경리청 홍운 섭·구상조 부대의 대부분이다.

경리청 홍운섭·구상조 부대(280명)는 대교전투(10월 24일)를 치르고 24일 술시(오후 7시~9시)에 공주에 도착하자 곧바로 병력을 나누어, 홍운섭·조병 완 부대(140명)는 금강나루에 주둔하고, 구상조·이상덕 부대(140명)는 봉수 현(즉 능티)에 주둔했다.[82] 25일 인시(오전 3시~5시)에 명령을 받아 홍운섭은 20명만 거느리고 금강나루를 그대로 지키고, 나머지 병사는 또다시 추가로 봉수현에 조병완이 인솔하여 파견되었다.[83] 또한 24일 밤에 홍운섭·구상조 부대 중 병력 일부를 나누어 우금티를 보내 지켰는데,[84] 「공산초비기」 효포 지전(孝浦之戰) 〈그림 지도〉'에 우금티에 "경리병 유진(經理兵 留陣)"이 기록 되어 있는 것으로 보아 홍운섭·구상조 부대의 일부 병사가 효포전투 동안 우금티 방어를 담당했던 것으로 보인다.[85]

81 이에 대해서는 제2부 '공주를 방어한 조일진압군' 항목 참조.
82 「선봉진일기」, 『국역총서』 1, 264쪽.
83 「선봉진일기」, 위의 책, 264쪽; 「순무선봉진등록」, 『국역총서』 2, 89, 92~93쪽; 「갑오군정 실기」 4·5·6, 29~30쪽.
84 「공산초비기」, 『사료총서』 2, 425쪽. "分送洪具所領之兵, 距守牛金峙"의 '洪具所領之 兵'은 홍운섭·구상조의 경리청 부대로 해석한다.
85 「공산초비기」, 『국역총서』 9, 384쪽.

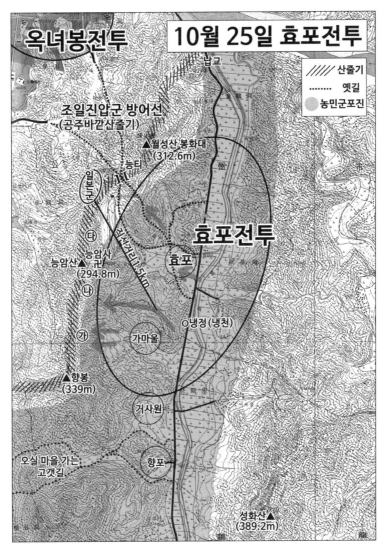

옥녀봉전투

10월 25일 효포전투

```
///// 산줄기
........ 옛길
● 농민군포진
```

조일진압군 방어선
(공주바깥산줄기)

▲월성산 봉화대
(312.6m)

능티

일본군

효포전투

효포

능암산▲능암사
(294.8m)

○냉정(냉천)

가마울

거사원

▲향봉
(339m)

오실 마을 가는
고갯길

향포

성화산▲
(389.2m)

[지도 11] 10월 25일 효포전투(추정)[86]

---

86 ㉮경리청 구상조 부대 및 일본군 니시오카(西岡) 조장(曹長) 부대(2개 분대, 약 30명) ㉯
경리청 성하영·백낙완 부대(약 280명) ㉰경리청 조병완 부대 *지도 모본은 「국립지리
원 1:25,000 지도」(1996년 편집). 공주바깥산줄기의 고갯길은 「1914년 1:50,000 지도, 《公

그러므로 10월 25일 효포전투에 참전한 경군은 경리청 부대이며, 이 부대는 홍운섭이 지휘하는 금강나루를 지키던 20명 병사와 우금티를 지키던 약간 명의 병사를 제외한 인원이기 때문에, 공주에 있던 경리청 부대 560명 중 500여 명으로 추산된다.

(4) 오전 6시부터 오후 1시까지 치열한 격전

10월 25일 효포전투의 치열한 전투 시간에 대한 기록은 "혈전 몇 시간(血戰數時)"[87] 또는 "오전 6시부터 농민군이 공격을 시작했고, 농민군이 냉정 뒷산에서 뒤쪽 산 위로 퇴각하기 시작한 오후 1시까지"[88]이다.

모리오 대위의 보고에 따르면, 10월 25일 새벽에 농민군의 주력부대는 효포 봉우리 건너편에 모여 진을 치고 있었다.[89] 오전 6시, 능티의 정면으로 농민군 약 3백 명이 진격해왔고, 3천여 명은 냉정(冷井)[90] 언덕 아래에서 산줄기를 따라 진격해 왔다.[91]

모리오 부대는 오전 8시 30분에 능암산(陵庵山)[92]에 이르러 농민군의 정

州》」를 참조함.

87 「공산초비기」, 『사료총서』 2, 425쪽.

88 『주한일본공사관기록』 1, 209쪽.

89 二十五日平明, 先鋒率統衛營領官以下兩小隊, 分兵列陣, 而勢難輕進爲除良. 詳探賊形, 則所謂渠之大陣, 屯聚於孝浦峯越邊是乎遣. 「순무선봉진등록」, 『동학란기록』 상, 442쪽(『국역총서』 2, 93쪽); 「선봉진일기」, 『동학란기록』 상, 230쪽(『국역총서』 1, 263쪽).

90 『주한일본공사관기록』(1권, 209쪽)에는 '냉천(冷泉)'으로 기록되어 있지만, 현지에서는 '냉정(冷井)'으로 부르기 때문에, 여기에서도 '냉정'으로 표기하였다.(『공주지명지』, 124쪽 참조) 냉정의 위치는 [지도 11] 참조.

91 『주한일본공사관기록』 1, 209쪽.

92 현지 조사에서 능암사(陵庵寺)는 있지만 특별히 마을에서 지칭하고 있는 '능암산(陵庵山)'은 없다. 능암산(陵庵山)은 능티 주변에서 능암사(陵庵寺)의 뒷산을 말한 것으로 보인다.

세를 정찰했고, 이후 월성산(봉화대가 있는 산)과 능암산 중앙 즉 능티 근처에 일본군을 배치하고 효포전투에 참전하였다.[93] 이때 모리오 대위가 본 농민군의 모습은, 3천여 명이 능암산에서 약 1천 미터 전방에 있는 "냉정 언덕 아래"[94]에 있으면서 능티와 월성산(月城山) 등의 관군과 교전 중이었다.[95] 농민군의 주력은 일본군 스나이더 소총의 유효 사격거리 400미터에서 벗어나는 1.5킬로미터 정도 떨어진 냉정 주변의 언덕 아래에 진을 치고 있었고, 냉정 언덕의 산줄기를 타고 공주바깥산줄기 및 능티를 공격하였다. 농민군이 냉정 언덕의 산줄기를 타고 공격한 것은 조일진압군과 비슷한 높이의 산줄기에서 마주 보고 싸워, 피해를 최소화하려고 했기 때문으로 보인다.

다음은 10월 25일 효포전투의 오전 6시부터 오후 1시까지 치열한 격전의 기록이다.[96] 이 전투에서 전봉준 장군이 "붉은 덮개를 덮은 큰 가마(紅蓋大轎)"를 타고 전투를 지휘하였고, 농민군은 밀물처럼(勢如潮漲), 벌떼처럼(蜂

능암산(陵庵山, 294.8미터)은 봉화대(312.6미터)를 제외하고 주변에서 제일 높다.

93 『주한일본공사관기록』 1, 209쪽; 「공산초비기」 효포지전, 『국역총서』 9, 385쪽("25일 이른 아침에 일병이 능티에 올라왔다.").

94 원문은 "冷泉后山", 즉 "냉정 뒷산"으로 번역되는데, 현지 지형을 고려하여 "냉정 언덕 아래"로 표현했다.(『주한일본공사관기록』 1, 209쪽)

95 『주한일본공사관기록』 1, 209쪽.

96 『주한일본공사관기록』 1, 209쪽; 『주한일본공사관기록』 3, 387쪽. 그런데 「갑오군정실기」의 박제순의 등보(謄報)(「갑오군정실기」 1·2·3, 282쪽(영인본, 281쪽))에서는 10월 25일 효포전투 시기에 전봉준 장군이 앞장서서 농민군의 전투를 지휘한 시간을 오시(오전 11시~오후 1시)로 다음과 같이 기록하고 있다. 同日午時量, 賊酋, 在紅色傘下乘八人轎, 由南大路直上, 賊兵延亘幾十里, 連放大砲, 進犯隘口.…死傷甚衆, 紅傘一動, 賊兵漸却退屯於時也. 그러나 「공산초비기」의 기록, 「순무선봉진등록」 등 관군의 기록, 「남정록」의 기록을 종합하면 10월 25일 효포전투에서 치열한 격전의 시간은 모리오 대위의 기록인 '오전 6시부터 오후 1시까지'인 것으로 보인다.

擁而来) 조일진압군을 향하여 돌진하였다.[97]

25일 이른 아침에 일본 병사 역시 능티(能峙)에 올랐다. 적병의 우두머리가 홍색 덮개를 드날리며 큰 가마(大轎)에 올라타고 남쪽 길을 통해 곧장 올라왔다. 마치 밀물이 몰아치는 듯한 형세였다. 일본 병사와 관군이 동시에 연달아 총을 쏘니 총소리가 산과 골짜기를 흔들었다.[98]

이른바 추장인 전봉준이란 자는 넓은 덮개의 가마를 타고 깃발을 날리며 뿔피리를 불고 벌떼처럼 몰려왔다.[99]

오후 1시경 "혈전을 벌인 지 몇 시간에 농민군의 사상자가 매우 많이 발생하여"[100] 냉정 언덕 아래의 농민군들이 건너편 산위로 퇴각하기 시작했다.[101] 『공산초비기』에 나오는 "농민군 사상자가 매우 많이 발생하여"라는 기록은 농민군 지도부가 퇴각을 결정한 이유를 설명해 주고 있다.

이때 농민군들이 냉정에서 뒤로 물러나 퇴각했던 곳을 관군 측에서는

---

97 勢如潮漲.「공산초비기」,『사료총서』 2, 425쪽; 蜂擁而来.「순무선봉진등록」,『동학란기록』 상, 443쪽.

98 「공산초비기」 효포지전,『국역총서』 9, 385쪽.(二十五日早朝, 日兵亦上能峙, 賊酋揚着紅蓋 乘着大轎, 由南路直上, 勢如潮漲. 日兵官軍, 同時連砲, 聲振山谷.『사료총서』 2, 425쪽)

99 「순무선봉진등록」,『국역총서』 2, 93쪽.(所謂酋長全琫準漢, 乘轎張蓋, 揚旗吹角, 蜂擁而来是乎 所.『동학란기록』 상, 443쪽)

100 血戰數時, 死傷甚衆. 彼乃退屯故壘.「공산초비기」,『사료총서』 2, 425쪽.

101 "오후 1시부터 냉천 뒷산의 적이 점차 뒤쪽 산 위로 퇴각했다."『주한일본공사관기록』 1, 209쪽; "저들이 마침내 옛 성루로 퇴각하여 주둔하였다."「공산초비기」,『국역총서』 9, 385쪽.

"높은 봉우리 꼭대기(高峰絶頂)" 또는 "시야산(時也山) 기슭(崗麓)"이라고 말하고 있다.[102] 모두 봉화대(또는 월성산)를 마주 보며 남북으로 뻗어 있는 효포 일대의 산줄기를 가리키는 것으로 보인다.[103]

효포전투(10월 25일)에서 모리오 대위의 보고는 오후 1시 무렵 냉정 언덕의 농민군이 뒤로 물러나 퇴각하는 것을 확인하고 조선 관군에게 효포 방어를 맡겼고, 이후 일본군 중대를 이끌고 공주 숙소로 철수하자 오후 2시가 되었다.[104] 25일 오후 1시까지 진행된 효포전투에 대한 모리오 대위의 정세 판단은 조선 관군은 그들이 가지고 있는 신식 소총과 유리한 지형의 확보로 관군에게 효포 방어를 맡겨도 이미 냉정 뒷산에서 한 발짝 물러난 농민군이 더 이상 능티의 공주바깥산줄기를 넘지 못할 것으로 판단했던 것으로 보인다.

(5) 농민군을 삼로(三路)로 협공(挾攻)

조일진압군은 농민군을 세 갈래 방면으로 공격하여 오후 1시 무렵 격퇴하였다. 세 갈래 방면의 공격 즉 '삼로협공(三路挾攻)' 또는 '삼로진병(三路進兵)' 하여 농민군을 공격하여 격퇴한 기록은 다음과 같다.

세 갈래에서 협공하여(三路挾攻) 싸운 지 반일(半日)만에 총살한 자가 수십 명이 되어서야 저 놈들이 비로소 도망하였습니다.[105]

---

102 「순무선봉진등록」, 『동학란기록』 상, 443쪽.
103 '공산초비기」 효포지전 〈그림 지도〉'에 나오는 '시화산(柴花山)'과 위 '시야산(時也山)'은 같은 지명으로 본다.
104 『주한일본공사관기록』 1, 209쪽; 『주한일본공사관기록』 3, 387쪽.
105 「순무선봉진등록」, 『국역총서』 2, 88(三路挾攻. 『동학란기록』 상, 439쪽), 92쪽(『동학란기록』

세 갈래 길로 진군한 병사(三路進兵)가 반일(半日)을 힘껏 싸웠다.[106]

조일진압군이 농민군을 세 방면에서 협공한 구체적 기록은 다음과 같다. 농민군의 정면에서 농민군을 상대하며 농민군을 공격했던 성하영 부대의 위치는 냉정에서 이어지는 산줄기였던 것으로 보인다.

> 대관 조병완이 본인(홍운섭. 이때 조병완의 상관인 홍운섭은 금강나루를 지키고 있었다; 인용자 주) 휘하의 병정을 인솔하여 북쪽에서 적의 오른쪽을, 참령관 구상조는 자신의 장졸(將卒)을 인솔하여 일본군 30명과 남쪽에서 적의 왼쪽을, 서산군수 성하영은 앞을 향해 적을 맞아 공격했다.[107]

3. 오전 8시 30분 중대가 능암산(陵庵山)에 이르러 적의 정세를 정찰해 보았더니, 적도 약 3,000여 명이 능암산에서 약 1,000미터 전방에 있는 냉천 뒷산에 있으면서 능티 고개(陵峙峠)와 월성산 등의 조선군과 교전 중이었다. 그리고

상, 443쪽); 「갑오군정실기」 4·5·6(영인본), 14쪽. 모두 성하영의 보고이다.

106 「순무선봉진등록」, 『국역총서』 2, 89(三路進兵, 半日酣戰. 『동학란기록』 상, 441쪽), 93쪽(『동학란기록』 상, 442쪽); 「갑오군정실기」 4·5·6(영인본), 15쪽. 모두 홍운섭의 보고이다.

107 「갑오군정실기」 4·5·6, 30쪽; 「순무선봉진등록」, 『국역총서』 2, 89, 93쪽. 그런데 성하영과 함께 정면에서 농민군을 상대했던 백낙완과 관련된 다음 「남정록」의 기록은 다른 해석의 여지가 있다: "자치봉에 먼저 올랐던 병정을 감추어 기병을 만들었다. 가만히 20명을 동편에 보내어 방포하게 했다. 또 20명을 남쪽에 보내 총격하게 했다. 동비가 바라보고 필경 자치봉에 있던 경군이 동남으로 나누어 간 줄로 알았다. 과연 적도 또한 동남으로 전력하여 발포할 즈음에 우룡(백낙완; 인용자 주)이 급히 교장 김명환에게는 50명을 주어 자치봉 아래 어덕에 가만히 올라 기회를 보아 습격하라 했다. 백낙완은 70명을 휘동하여 동도 둔친 뒤 두던에 올라 산진을 벌여 가만히 내려가서 번개같이 돌격하여 내리 닫았고, 김명환도 발총하며 짓쳐 내려갔다."(「남정록」, 246~247쪽)

적군 몇 명이 우리의 우익인 능암산 기슭으로 나와 이 산을 점거하려고 하고 있는 것 같았다. 그래서 니시오카(西岡) 조장(曹長)에게 2분대를 이끌어, 능암 산을 점거하려는 적도를 격퇴하고, 또 냉천 뒷산에 있는 적들의 인원수를 정 찰케 했다.[108]

이때 신식 소총을 가지고 있으며 훈련된 조일진압군은 능티 주변의 높은 산봉우리를 차지하고 아래로 내려다보면서 방어 전투를 하였다. 반면에 농 민군은 화승총·창·활 등의 전근대적 무기를 지닌 훈련되지 못한 군대로 고 지를 향하여 치열하게 돌진하였다. 또한 농민군은 무기와 지형의 열세를 극 복하고자 냉정 언덕 아래에 몸을 가리며 또한 방어하는 조일진압군과 비슷 한 높이의 냉정 언덕에서 이어진 산줄기를 타고 공격하였다.

10월 25일 일본군까지 새로 가세한 효포전투에서 오후 1시 무렵 "농민군 사상자가 매우 많이 발생하여" 전투력의 한계를 절감한 농민군은 효포에서 들판을 건너 뒷산으로 물러났고, 저녁 무렵에는 효포에서 경천·정산[109]으로 퇴각하여 새롭게 공주 공략을 준비하였다.

(6) 저녁까지 계속된 효포의 대치

일본군은 오후 1시 무렵 효포에서 공주부내로 철수했지만, 경군은 어두 워질 무렵까지 효포에서 농민군과 계속 대치하고 있었던 것은 다음 사료에

108 『주한일본공사관기록』 1, 209쪽.
109 『주한일본공사관기록』 3, 387쪽; 「폭민 동학당」, 『신국역총서』 14, 196쪽; 「海南新聞」 1894년 12월 6일. '公州の東學黨'; 「東京朝日新聞」 1894년 12월 5일 1면.

서 확인된다.

> 세 갈래 길로 진군한 병사가 반일(半日)을 힘껏 싸우고도 승부를 가릴 수 없었
> 습니다. 날이 저물 무렵에 이르러 총살한 자가 70여 명이고, 생포한 자가 2명
> 이었고, 무기를 빼앗으니 이에 적들의 형세가 점점 꺾여서 조금씩 뒤로 물러
> 나서 들판을 건너 바라보이는 시야산(時也山)의 비탈에 모여 진을 쳤습니다.
> 이미 날이 어두워지기 시작하였으며 병사도 또한 피곤하여 마구 공격하기 어
> 려워 군사를 수습하였습니다.[110]

> 적들의 앞에 있던 부대가 한번 꺾이어 봉우리 꼭대기로 물러나 올라가고, 늘
> 어서서 망을 보던 적들이 모두 언덕 아래로 내려가 도망갔습니다. 날이 또한
> 저물어 어두워지기 시작하여 군사를 수습하여 방어하였습니다.[111]

10월 25일 효포전투의 치열한 격전은 "오전 6시부터 오후 1시까지"였지
만, 사실상 하루 종일 벌어진 전투였다.

---

110 「순무선봉진등록」, 『국역총서』 2, 93쪽(比至日晡. 『동학란기록』 상, 443쪽); 「순무선봉진등
    록」, 『국역총서』 2, 89~90쪽; 「갑오군정실기」 4·5·6, 30쪽.
111 「순무선봉진등록」, 『국역총서』 2, 92쪽(賊之頭陣一挫, 退上峯頭, 而亘立觀望之賊, 盡為下崗退走
    是乎所. 日又迫曛, 故依前収兵防守是白遣. 『동학란기록』 상, 442쪽); 「갑오군정실기」 4·5·6, 29
    쪽. 위 두 가지 사료는 옥녀봉전투에서 관군의 반격 뒤에 일어난 농민군의 상황에 대한 설
    명이다.

4) 효포전투 2일간 (10월 24일~25일)[112]

(1) 대규모 농민군의 참전과 뛰어난 용병술

모리오 대위는 '10월 25일 효포전투'에서 대규모 농민군이 참전했고, 농민군이 뛰어난 용병술을 운용했음을 알려수는 다음과 같은 진술을 하였다.

> 귀 대위(모리오 대위; 인용자 주)가 산에 올라가 적군을 바라보고 말하기를, "이와 같이 많을 줄은 생각지도 못했습니다. 그리고 그들은 병사를 운용할 줄도 잘 알고 있어 조선의 관병이 대적할 바가 아닙니다."라고 하였습니다.[113]

다음 『공산초비기』의 기록은 '10월 25일 효포전투'에서 농민군이 퇴각을 결정한 뒤에, 농민군의 피해를 줄이기 위해서 마치 전투를 계속하는 것처럼 조일진압군을 속이면서 질서 있게 퇴각했던 모습을 보여준다.

> 퇴각할 적에 총소리를 연이어 울리면서 전투를 벌이려는 형세인 듯이 하면서, 적병의 우두머리가 군사를 수습하고 산으로 올라가 물러났다. 일본 병사와 관군이 이를 보고 저들 역시 병법을 아는 자가 있다고 말하였다.[114]

---

112 신용하는 10월 24~25일 효포에서 일어난 전투를 효포전투(10월 24일)와 웅치전투(10월 25일)로 나누어서 서술하고 있다. (신용하, 『동학과 갑오농민전쟁 연구』, 420~423쪽) 이 책에서는 『공산초비기』 효포지전(孝浦之戰)의 서술 방식에 따라 10월 24일~25일에 연이어 일어난 효포에서의 전투를 '효포전투'로 서술한다. (「공산초비기」, 『국역총서』 9, 383~386쪽 참조)
113 『주한일본공사관기록』 1, 203쪽.
114 「공산초비기」, 『국역총서』 9, 385쪽.(方其退也, 連發砲響, 作欲戰之勢, 賊酋已收拾登山而去. 日兵官軍見之, 以爲彼亦有知兵者云. 『사료총서』 2, 425쪽)

(2) 일본군, 관군 사상자

10월 24~25일 이틀간 효포전투에서 죽거나 다친 관군은 없었다.[115] 모리오 부대는 10월 25일 전투에만 참전했는데 일본군 사망자는 없고 부상자가 1명 있었다.[116] 일본군이 부상당한 경위는 오실 마을 산줄기에서 농민군과 교전하다가 당한 것이다. 다음은 부상당한 경위를 알 수 있는 기록이다.

> 니시오카(西岡) 조장(曹長)에게 2분대를 이끌고 능암산을 점거하려는 적들을 격퇴하고 또 냉천 뒷산에 있는 적도의 인원수를 정찰케 했다.… 적정을 정찰했던 니시오카 조장이 이끄는 병졸 스즈키(鈴木善五郎)가 적의 유탄을 맞고 오른쪽 정강이에 부상을 입었다.[117]

> 일본 병사 중 부상당한 자가 1명 있었는데, 금학동을 정찰하다가 유탄에 맞아 오른발에 부상을 입었다.[118]

> 일본군 수십 명이 서북쪽으로 나눠 가다가 고개에서 적병에 둘러싸여 그중에 한 명이 창에 넓적다리를 찔렸다.[119]

이상의 관군 기록에서 "금학동을 정찰", "서북쪽의 고개에서 적병에게 둘

---

115 「순무선봉진등록」, 『국역총서』 2, 90, 93, 94쪽; 「갑오군정실기」 4·5·6, 30~32쪽.
116 『주한일본공사관기록』 1, 209쪽.
117 위의 책, 209쪽.
118 「공산초비기」, 『국역총서』 9, 385쪽.
119 「갑오군정실기」 1·2·3, 283쪽.

러싸여"라는 표현으로 볼 때, 일본군 부상자는 공주바깥산줄기 중 오실 마을 산줄기(즉 향봉에서 우금티 근처까지)를 정찰하다가 농민군과 교전했을 것이다. 위의 기록은 10월 25일 효포전투 시기에 농민군은 향봉에서 우금티 산줄기 근처까지 조일진압군과 대치·교전했다는 증거이다.

(3) 일본군의 탄약 소비량

'10월 25일 효포전투'에 참여한 일본군은 탄약 500발을 소비하였다.[120] 이틀간의 효포전투(10월 24일~25일)에서 관군 탄약 소비량은 확인되지 않는다.

(4) 농민군 사상자

효포전투(10월 24일~25일)에서 농민군 사망자 숫자는 최대 70여 명이라는 기록이 있고,[121] 10월 25일 전투에만 참전한 모리오 대위는 농민군 사망자가 6명이라고 기록하였다.[122] 그러나 "혈전 수 시간에 사상자가 심히 많았다.… 이날 밤에 적병이 남쪽을 향하여 도망갔다. 탄환에 맞아 길에서 죽은 자가 산골짜기 사이에 낭자하였다."[123]는 기록과 "동비(東匪)들이 크게 패하여 죽은 자가 골짜기를 채웠고….".[124]라는 기록이 있다.

---

120 『주한일본공사관기록』 1, 209쪽. 공주전투에서 일본군은 신식 소총인 스나이더 소총을 사용하였다. 경군이 사용한 소총 등 무기는 더 확인이 필요하다.

121 「순무선봉진등록」, 『국역총서』 2, 89, 93쪽; 「갑오군정실기」 4·5·6, 30쪽.

122 『주한일본공사관기록』 1, 209쪽.

123 「공산초비기」, 『국역총서』 9, 385쪽.(血戰數時, 死傷甚衆.…是夜賊兵向南遁去, 中丸途斃者狼藉山谷間.『사료총서』 2, 425~426쪽)

124 「갑오동란록」, 『국역총서』 6, 73쪽.(京軍與東匪, 一日接戰, 而東匪大敗. 死者填壑, 生者四散.『사료총서』 9, 218쪽)

또한 효포에 남아 있는 '혈저천(血底川)'의 구전과 '효포전투(10월 24일~25일) 시기 가마울(효포 바로 옆 마을) 마을 주민 사망자 3명'의 구전으로 볼 때 효포전투에서 많은 농민군이 희생되었고 또한 지역 주민도 농민군으로 참전했던 것을 살펴볼 수 있다.[125]

⑸ 농민군이 탈취당한 물품

조일진압군이 효포전투(10월 24일~25일) 및 10월 26일 효포 농민군 피습 사건에서 농민군에게 노획한 물품은 다음 [표 6]과 같다.

[표 6] 효포전투 및 효포 농민군 피습 사건에서 농민군이 탈취당한 물품

1	선봉진 보고	회선포 1좌(坐), 강화대포(江華大砲) 1좌, 포기차(砲機車) 2좌, 극로백탄환(克盧白彈丸) 24개, 강화대포탄환(江華大砲彈丸) 23개, 총 10자루, 징(鉦) 2좌, 북 1좌, 깃발 3면(面), 동로구(銅爐口) 15좌, 나팔(喇叭) 1쌍, 목궁(木弓) 2장(張), 장전(長箭) 27지(枝), 편전(片箭) 22지(枝), 연환(鉛丸) 7승(升), 소 2마리[126]
2	「남정록」	회선포 2좌, 극로박 2좌, 대기포 5좌, 불랑기 4좌 그밖에 기치·조총· 환도 등의 많은 군물[127]
3	모리오 대위 보고	대포 1문, 납 총알 약 2천(태워버림)[128]

⑹ 효포전투와 회선포

10월 26일 효포에서 농민군과 관군이 대치 중에 경리청병의 기습으로 농

---

125 혈저천(血底川 또는 혈흔천血痕川)의 구전은 제5부의 '구전에서 보는 농민군 공주 대규모 학살' 참조. 가마울 주민 3명의 사망자는 『공주와 동학농민혁명』, 176~181쪽 참조. 이들 중 2명은 동학농민혁명 참여자로 등록되었다.

126 「갑오군정실기」 4·5·6, 32쪽.

127 「남정록」, 248쪽. 백낙완은 10월 24일과 25일, 이틀간 효포전투에 참전하였다.

128 『주한일본공사관기록』 1, 209쪽. 모리오 대위는 10월 25일의 효포전투에만 참전했다.

민군이 회선포 1문을 관군에게 빼앗겼다.[129] 그런데 『오하기문』에는 "공주의 효포전투에서 관군이 회선포 한 방을 쏘아 한꺼번에 농민군 몇백 명이 죽어 전세가 바뀌었다."[130]라고 기록하고 있으나, 다른 기록에서는 공주전투에서 관군이 회선포를 사용해서 농민군을 진압한 사실이 확인되지 않는다. 저자가 구례에서 소문을 듣고 기록한 것이라 사실과는 다른 것으로 보인다.

3. 대교전투(大橋戰鬪, 10월 24일)

1) 대교전투 이전, 대교에서 농민군의 활동

대교는 대교전투(10월 24일) 이전부터 동학교도들이 접(接)[131]을 만들어 활동하던 중요 거점 지역이었다. 대교와 생활권이던 장전(長田, 장밭들)에 거주하던 공주 유생 이용규(李容珪)가 남긴 『약사』의 기록을 중심으로 1894년 대교에서 농민군의 활동을 살펴본다.[132] 『약사』를 통해 3월 대교에서 임기준

---

129 「순무사정보첩」, 『국역총서』 1, 327쪽; 「선봉진상순무사부잡기」, 『국역총서』 8, 339쪽.
130 『오하기문』(번역본), 281쪽.(『사료총서』 1, 268쪽)
131 동학 조직에서 접(接)은 동학 초기의 조직으로 전도자의 포교 활동을 통해 인적 관계로 결합한 조직이고, 포(包)는 인적 결합 관계 외에 지역적 결합의 성격이 강한 조직이다. 동학교단의 포 조직은 대체로 1880년 후반 동학 교세가 크게 증가하면서 형성되었던 것으로 추측되고 있다.(표영삼, 「포접 조직과 남북접의 실상」, 『한국학논집』 25, 153~155쪽. 박맹수, 『개벽의 꿈』, 239쪽에서 재인용) 「약사」에서 대교포(大橋包)가 2회 등장한다.(갑오년 7월 25일, 28일) 그러나 대교의 동학 조직은 동학의 인적 결합 조직인 대교접(大橋接)일 것으로 본다.
132 「약사」, 『국역총서』 6, 19~59쪽. 대교(大橋)와 장전(長田)은 조선 후기 공주목의 장척면

을 중심으로 농민군이 거세게 세력을 확장하고 있는 모습을 확인할 수 있으며,[133] 이후 사료에서 확인되는 농민군의 활동 모습은 다음과 같이 7월부터 나타난다.

- 7월 6일 동학배(東學輩)가 대교에 무리를 불러 모았다. 이후 7월 11일까지 동학교도들이 대교에 모였다.[134]

- 7월 7일 공주의 대교, 공수원, 반송 등지에 동학배 10명 혹은 100명 정도가 무리를 이루었는데 모이는 것이 일정치 않으며, 압류한 돈과 곡물의 정황은 헤아릴 수 없다.[135]

- 7월 8일 동학교도가 와서 장전(長田, 장밭들. 대교 근처 마을; 인용자 주) 유생 이용규에게 엽전 400냥을 강제로 빼앗았다.[136]

- 7월 11일 대교에서 동학교도[東匪]들이 잠시 흩어져 떠났다. 이로부터 동학교도들이 모이고 흩어지는 것이 일정하지 않았다.[137]

- 7월 24일 동학교도들이 초경(初更)쯤에 총을 쏘고 나팔을 불며 대교로 들어

(長尺面)에 속하며 매우 가까운 거리이고 생활권이다. 「약사」에서 저자의 부친은 대교 바로 옆 마을 평기(坪基)에 거주하면서, 집안에서 공주목사의 방문(8월 9일)을 받거나, 충청감사를 방문(10월 24일)하고, 전 전라감사 김학진이 방문(12월 13일)하기도 하는 등, 전형적인 양반 유생들의 교류 활동을 하고 있다. 대교에서 1894년 농민군의 활동이 매우 많이 보이는 것은 「약사」의 기록이 남아 있기 때문이라고 생각된다. 공주의 많은 다른 지역도 대교와 비슷한 농민군의 활동이 있었을 것으로 추측한다.

133 〈부록 1〉 '동학농민혁명과 공주 인물, 임기준' 참조.
134 「약사」, 앞의 책, 37~38쪽; 「금번집략」, 『국역총서』 4, 23쪽.
135 「금번집략」, 위의 책, 23쪽. 대교, 공수원, 반송의 위치로 볼 때 공주감영 외곽의 금강 남·북쪽 여러 지역에서 동학교도들이 활동하고 있다.(위치는 [지도 1] 참고)
136 「약사」, 『국역총서』 6, 38쪽.
137 위의 책, 38쪽.

와 주둔하며 폐해를 끼쳤는데 인근에 폐해가 이르지 않은 곳이 없었다.[138]

· 7월 25일 동학교도가 와서 장전 유생 이용규에게 쌀 5섬(石)을 요구해서 1
섬을 주었는데, 대교포(大橋包)가 가지고 갔다.[139]

· 7월 26일 동학교도가 잠시 대교에서 흩어졌다.[140]

· 7월 28일 동학교도가 또 깃발을 세우고 총을 쏘며 나팔을 불어 대교에 모
였다. 또 흑정(黑亭)에 모였다가 장전 유생 이용규에게 와서 화약 20근을
요구하자 부득이 엽전 10냥을 대교포(大橋包)에게 주었다.[141]

· 7월 29일~8월 1일(3일간) 동학교도 1만여 명이 궁원(弓院)에서 모였다.[142]

· 8월 2일~4일(3일간) 공주부내(公州府內) 및 공주 근처에 동학교도 수천 명이
모였다.[143]

· 8월 2일 대교의 동학교도로 궁원에 가서 모였던 자들이 대교에 다시 모였
다.[144]

· 8월 5일 동학교도가 연일 사람을 보내 장전 유생 이용규에게 돈과 쌀과 땔
감을 요구하였다. 매일 3~4명, 5~6명이 와서 소란을 피웠다.[145]

· 8월 6일 동학교도가 장전 유생 이용규에게 1,000민(緡)을 토색질하여 가지
고 갔는데, 김영국(金榮國) 포(包)가 가지고 갔다.[146]

---

138 위의 책, 39쪽.
139 위의 책, 39쪽.
140 위의 책, 39쪽.
141 위의 책, 39쪽.
142 위의 책, 40쪽; 「금번집략」, 앞의 책, 32쪽. 궁원의 위치는 [지도 1] 참고.
143 「금번집략」, 위의 책, 12, 32~33쪽.
144 「약사」, 앞의 책, 40쪽.
145 위의 책, 40쪽.
146 위의 책, 40쪽.

· 8월 7일 동도(東徒) 김영국 포가 장전 유생 이용규에게 또다시 와서 돈 90
냥을 요구하였다. 동학교도가 잠시 대교에서 해산했는데 서병학(徐丙學)이
와서 유시(諭示)했기 때문이라고 한다.[147]

· 8월 10일 저녁에 장전 유생 이용규에게 삼기(三岐) 갈산(葛山)의 동학교도
30명이 와서 족제(族弟) 치삼(致三)을 찾았는데 만약 찾아내지 않으면 이용
규에게 같이 가야한다고 협박하였다. 밤에 이용규가 갈산에 갔다.[148]

· 8월 11일 이른 아침, 평기의 동도(東徒) 서상학(徐相學)이 4~5명을 거느리고
갈산에 왔는데 치삼의 일을 해결하기 위해 왔다가 갔다.[149]

· 10월 23일 동학교도가 대교에 크게 침입하였다.[150]

공주전투가 시작되면서 10월 23일 대교에 대규모로 농민군이 나타난 것
은 이인, 경천, 신소에 동시에 나타난 농민군과 함께 옥천·황간·영동에 있
던 북접 농민군이 공주로 가장 빨리 접근하는 대교의 길을 활용한 충청감영
포위 작전의 일환이며, 아울러 1894년 3월부터 왕성하게 활동하기 시작한
대교에서의 농민군 세력과 결합하는 것일 것이다.

147 위의 책, 41쪽.
148 위의 책, 41쪽.
149 위의 책, 41쪽.
150 위의 책, 48쪽.

2) 10월 24일 대교전투[151]

대교전투는 10월 23일 효포를 지키던 경리청의 홍운섭·구상조 부대가, 공주 북쪽 대교에 북접 농민군이 나타나서 공주 남쪽 경천의 전봉준 군과 함께 공주를 위협한다고 판단되자,[152] 홍운섭이 독자적으로 결정하여 경천보다 약하다고 여겨진 대교의 농민군을 먼저 격파하려고, 10월 24일 새벽에 효포에서 출병하여 낮 시간 동안 대교의 농민군을 습격하여 일어난 전투이다.

(1) 10월 23일 대교에 대규모로 진출한 북접 농민군

다음은 10월 23일 공주감영의 북서쪽에 있는 대교에 농민군이 새롭게, 그리고 대규모로 나타난 사료로, 농민군의 일부는 공주감영의 북쪽인 금강 근처까지 나타나 금강을 건너 순찰하던 백낙완 부대에게 체포되기도 했다.

10월 23일 맑음. 동비가 대교에 크게 침입하였다.[153]

---

151 10월 24일 대교전투 기록을 활용한 자료는 다음과 같다. ① 「순무선봉진등록」, 『국역총서』 2, 69~70쪽(『동학란기록』 상, 426쪽); ② 「순무사정보첩」, 『국역총서』 1, 315~316쪽(『사료총서』 16, 312쪽); ③ 「선봉진정보첩」, 『국역총서』 8, 59~60쪽(『사료총서』 16, 190~191쪽); ④ 「갑오군정실기」 1·2·3, 281~282쪽(영인본, 280쪽), 290~292쪽(영인본, 292~294쪽); ⑤ 「갑오군정실기」 4·5·6, 23, 36쪽; ⑥ 「공산초비기」, 『국역총서』 9, 383~384쪽(『사료총서』 2, 424~425쪽); ⑦ 「약사」, 『국역총서』 6, 48쪽(『사료총서』 2, 227~228쪽).

152 "비도 전봉준과 옥천 비도가 대교에서 회합하려 한다고 한다."(匪徒全琫準, 會合沃川匪徒, 於大橋云. 「갑오군정실기」 4·5·6(영인본), 5쪽)는 기록도 있다.

153 「약사」, 『국역총서』 6, 48쪽.

(10월 23일; 인용자 주) 이경(二更, 오후 9시~11시) 이후에 정보 보고의 말에, "…

옥천포(沃川包)의 동도 수만 명은 동쪽으로 거리가 30여 리 되는 대교에 모여

주둔하고 있다가 전봉준과 합세하려고 한다."[154]

(10월 23일; 인용자 주) 우영장 이기동과 경리청 대관 백낙완은 금강나루와 공

산성 모퉁이에 주둔하였다. 백낙완이 강을 건너 순찰하면서 저물녘(晚後)에

떠돌아 다니는 동비 십수 명을 붙잡아 돌아왔다.[155]

(2) 대교전투는 낮 시간 동안 벌어진 치열한 전투

홍운섭 부대가 대교의 농민군을 습격하기 위해 선택한 길은 대교의 농민

군이 관군의 기습을 눈치 채지 못하도록 효포에서 대교로 가는 지름길보다

수촌을 거쳐 돌아가는 길을 택하여 진격하였다. 새벽녘에 효포에서 출발하

여 대교를 뒷길로 우회하여 25리에 있는 수촌(壽村)[156]에서 아침밥을 먹고,

다시 대교 뒷길을 따라 20리를 진군하여 대교에 도착하여 대교의 농민군을

습격하였다.

---

154 「순무선봉진등록」, 『국역총서』 2, 69쪽; 「선봉진정보첩」, 『국역총서』 8, 59쪽; 「순무사정
    보첩」, 『국역총서』 1, 315쪽; 「갑오군정실기」 1·2·3, 291쪽.
155 「공산초비기」, 『국역총서』 9, 381쪽.
156 수촌은 대교전투에 대한 홍운섭의 보고와 스즈키 소위의 수촌 농민군 습격 사건 보고(『주
    한일본공사관기록』 1, 174쪽)에는 '壽村'으로 기록되어 있다. 그런데 「약사」(『사료총서』 2, 228
    쪽)의 기록과 「1914년 1:50,000 지도, 《廣亭里》」, 『공주지명지』(390쪽)에는 '水村'으로 기록
    되어 있다. 같은 지명으로 본다.

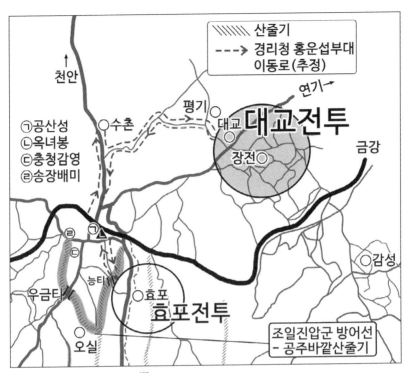

[지도 12] 대교전투(10월 24일)[157]

157 대교 부근의 길은 「1914년 1:50,000 지도,《公州》」,「1914년 1:50,000 지도,《廣亭里》」,
    「1915년 1:50,000 지도,《儒城》」의 옛길을 참조함.

대교에서 농민군은 동네 뒤의 작은 기슭의 숲에 의지하여 진을 친 자들이 수천 명이었으며, 넓은 들판에 깃발을 꽂고 둘러 있는 자가 수만 명이었다. 그래서 홍운섭의 경리청 부대는 몰래 배후에서 먼저 숲에 있는 적들을 습격하고 조금 있다가 포를 쏘면서 산을 내려가 넓은 들판의 적들과 서로 마주쳤다. 그 숲기슭(林麓)을 빼앗으려 서로 포를 쏘면서 반나절(半晌)을 대치하여 죽인 자가 20여 명이고 사로잡은 자가 6명이었다. 그러자 농민군이 점점 해산하여 산을 넘고 고개를 넘어 달아났는데, 관군은 사십오리(四十五里)를 진군하여 반일(半日)을 싸웠다.[158]

위 홍운섭의 보고를 보면, 대교에서 반나절(半晌)을 서로 싸웠는데, 수촌을 거쳐 대교로 진병(進兵)한 것을 포함하면 45리를 진군하여 반일(半日)을 싸운 것이다.[159]

(3) 무승부 대교전투

다음 사료는 관군 홍운섭 부대가 대교에서 농민군과의 전투가 아직 끝나지 않았는데 "관군 병사가 피곤하여 진퇴양난이어서" 퇴각했음을 보여준다. 또한 사료에서 홍운섭 부대가 퇴각한 이유로 "날은 저물고"라는 보고는

---

158 「순무선봉진등록」, 『국역총서』 2, 69~70쪽(依林屯聚者爲數千名, 曠野竪旗環峙爲萬衆, 故暗從背後, 先襲依林之賊, 則少焉對砲下山, 相聚於曠野之賊是乎只, 奪其林麓, 互相放砲, 相拒半晌, 殺死二十餘名, 生擒六漢. 然後稍稍解散, 爬山越嶺而走是如乎. 進兵四十五里, 接戰半日. 『동학란기록』상, 426쪽); 「순무사정보첩」, 『사료총서』 16, 312쪽; 「선봉진정보첩」, 『사료총서』 16, 190쪽; 「갑오군정실기」 1·2·3(영인본), 294쪽.
159 "四十五里의 進軍"은 효포에서 수촌까지 25리, 수촌에서 대교까지 20리를 합한 것이다. 대교전투에서 홍운섭 부대가 농민군을 추격한 거리가 아니다.

거짓 핑계인 것을 밝힌다.

> 군대가 45리를 진군하여 반일(半日)을 서로 싸웠는데, 그런데 <u>날은 저물고 병
> 사는 피곤하여 하나하나 토벌하고 싶었지만 진퇴양난(進退兩難)이었기 때문
> 에</u> 방(榜)을 써 붙여서 백성을 안심시키고 적들이 버리고 간 약간의 물건들을
> 주워 모았으며 곧 군대를 돌려 다시 수촌에 도착하였다.[160](밑줄은 인용자)

  홍운섭 부대는 대교에서 다시 수촌을 거쳐 공주로 퇴각하였다. 대교에서
수촌으로 다시 퇴각했던 홍운섭 부대는 수촌길에서 선봉진 이규태 부대를
만나 길에서 명령을 받고 공주목으로 돌아왔다.[161] 그런데 선봉진 이규태 부
대가 천안에서 수촌을 거쳐 금강 장기진(將旗津)에 도착한 시간은 10월 24
일 신시(오후 3시~5시)라고 하는 기록[162]이 있다. 선봉진이 오후 4시 무렵에
장기진 도착했다면 오후 3시 무렵에는 수촌에 도착했을 것이다. 그런데 홍
운섭 부대가 오후 3시 무렵에 수촌에 도착하려면, 오후 2시 무렵에는 대교
에서 출발했을 것이다. 홍운섭 부대가 오후 2시 무렵 대교에서 출발했다면,
홍운섭 부대가 대교전투 중에 공주로 퇴각한 이유 중의 하나인 "날이 저물

---

160 「순무선봉진등록」, 『국역총서』 2, 69~70쪽(『동학란기록』 상, 426쪽); 「순무사정보첩」, 『국역
    총서』 1, 315~316쪽(『사료총서』 16, 312쪽); 「선봉진정보첩」, 『국역총서』 8, 59~60쪽(『사료총
    서』 16, 190~191쪽); 進兵四十五里, 接戰半日, 日色向晚, 軍兵疲困, 如欲一一勦捕, 進退兩
    難. 故出榜安民, 收聚其若干遺棄之物. 仍卽回軍, 復到壽村. 「갑오군정실기」 1·2·3(영인
    본), 294쪽. 이상의 네 가지 사료는 같은 내용이다.
161 「갑오군정실기」 1·2·3, 290쪽.
162 「선봉진일기」, 『국역총서』 1, 262쪽; 「순무사정보첩」, 위의 책, 324쪽; 「순무선봉진등록」,
    『국역총서』 2, 91쪽. 위의 세 가지 기록에 "선봉진이 신시경에 금강 장기진에 이르렀다."
    고 기록되어 있다.

어서"라는 것은 거짓 핑계인 것이다.

사실은 "진퇴양난"의 글귀에서 보듯 대교 농민군의 완강한 전투 기세로 "관군 병사가 피로하여", 즉 관군이 더 전투하기 힘들어서 그랬을 것이다. 대교전투에서 홍운섭 부대는 대교 농민군의 기세를 완전히 꺾지 못하고 오후 2시 무렵 대교에서 퇴각한 것이다. 대교전투는 무승부였던 것이다.

홍운섭 부대는 술시(오후 7시~9시) 무렵에 공주에 도착하였는데, 홍운섭은 1개 소대의 병력을 인솔하여 금강나루터(錦江津頭)에 나아가 지켰다.[163] 홍운섭과 함께 대교전투에 참전했던 구상조의 1개 소대는 봉수현(烽燧峴; 능티-인용자 주)으로 나아가서 지켰다.[164]

⑷ 대교 농민군 효포로 퇴각

10월 24일 대교에서 물러난 농민군들은 10월 25일 전봉준 농민군과 함께 효포전투와 옥녀봉전투에 참전하였다. 대교에서 온 북접 농민군 대부분은 옥녀봉전투에 참전하였을 것이다. 다음 사료는 대교에 모인 농민군이 남비(南匪) 즉 전봉준 농민군과 협공하여 공주를 치려고 계획하고 있었는데, 10월 24일 대교전투에서 북접 농민군이 퇴각하여 전봉준 농민군이 있는 효포에서 합세하여 효포전투를 했다고 해석할 수 있다.

또 어떤 이가 홍운섭이 대교(大橋)에 가서 적병을 격파하고 돌아왔다고 보고

---

163 「선봉진정보첩」, 『국역총서』 8, 61쪽.(『사료총서』 16, 191쪽)
164 「순무선봉진등록」, 『국역총서』 2, 89쪽; 「선봉진정보첩」, 『국역총서』 8, 61쪽; 「순무사정보첩」, 『국역총서』 1, 325쪽.

하자, 여러 사람들이 매우 기뻐하였다. 대교는 효포에서 동북쪽으로 20리 떨어진 곳에 위치하였다. 영옥포(永沃包)라고 부르는 비류(匪類)와 남비(南匪)가 서로 합하여 협공하려고 하였는데, 전혀 뜻밖에 관군이 곧장 돌격해 와서 마침내 크게 놀라고 낭패를 당하고 달아났다가 남비(南匪)에 모였다고 한다.[165]

『균암장임동호씨약력』에 근거하여 살펴보건대, 10월 23일 대교에 나타난 농민군과 같은 날에 신소에 나타난 농민군 1만여 명은 모두 북접 농민군의 본진 손병희 부대가 공주에 진출한 것으로 보인다.[166]

⑸ 홍운섭 부대의 효포 방어지역 이탈과 대교 기습 작전

10월 24일, 효포를 지키던 홍운섭 부대가 대교로 가서 농민군을 습격한 사건에 대해 살펴보자. 다음 사료에 의하면, 처음에 이 사건을 접했던 충청감사 박제순과 백낙완 등 관군 장교들은, 대규모 농민군들이 충청감영을 포위하자 홍운섭 부대가 겁을 먹고 금강을 건너 도주한 것이라고 보았다.

충청도관찰사 겸 순찰사가 상고하는 일입니다. 홍운섭·구상조 등은 귀진 순무선봉진에서 보낸 공문에 의거하여 험하고 좁은 입구를 나누어 지키도록 하였는데, 밤새 이유 없이 군대를 철수하고 강을 건넜습니다. 적이 와서 침범하

165 又有人報, 洪運燮往破大橋賊, 而歸衆人歡喜. 大橋在孝浦東北二十里. 匪類所稱永沃包者, 與南匪句連將欲夾攻詎意, 官軍突來擊之乃大驚狼貝, 而走聚於南匪云. 「공산초비기」, 『사료총서』 2, 425쪽.
166 「균암장임동호씨약력」, 117쪽; 「시문기」, 『국역총서』 6, 9쪽.

자 바야흐로 성하영에게 대신 가서 거점을 지키도록 하였습니다.[167]

23일에 전봉준이 대군을 몰아 늘티로부터 효개에 침범했다. 포성은 산곡을 진동하고 깃발은 넓은 들을 덮었다. 공주의 위급함이 시각에 있었다. 효포에 파수하였던 장졸이 이 기세를 보고 놀라서 겁을 먹고, 공주의 위급함을 돌아보지 않고 곧바로 금강을 건너 도망했다. 전대장이 거리낌 없이 물밀듯이 공격하여 들어왔다.[168]

(10월 24일; 인용자 주) 새벽녘에 금강나루의 뱃사공이 와서 고하며 가로대, 효포(孝浦)에 진을 치고 있던 군병이 이른 새벽 달빛을 따라 강을 건너갔다고 했다.… 인심이 흉흉하여 의지할 데가 없고 소란과 유언비어가 크게 일어나 그대로 머물 수가 없었다.[169]

10월 24일 새벽에 홍운섭·구상조 부대가 금강을 건너 북쪽으로 올라가자, 충청감사는 도주로 보고 즉시 천안에 있는 선봉진에 보고했다. 또한 공주에 남아 있던 성하영·백낙완의 경리청 부대 280명은 홍운섭·구상조가 지키던 효포·능티를 대신하여 하루 종일 전투하며 방어하였는데, 백낙완도 이 사건을 도망으로 보고 『남정록』에 기록으로 남겼다. 『공산초비기』에도

---

167 「순무사각진전령」, 『국역총서』 8, 437쪽; 「순무선봉진등록」, 『국역총서』 2, 63~64쪽. 10월 24일, 충청감사 박제순이 선봉진에 보낸 공문이다.
168 「남정록」, 244쪽. '효개'는 효포의 또 다른 이름이다.(『공주지리지』, 122, 127쪽) 23일은 24일의 오기이다.
169 「공산초비기」 효포지전, 『국역총서』 9, 383쪽.

242 | 동학농민혁명 시기 공주전투 연구

처음에는 금강 건너 도망한 것으로 서술하였지만, 뒤이어 홍운섭이 대교에서 농민군을 격파하고 되돌아왔다고 기록하고 있다.[170] 대교전투가 끝난 뒤, 충청감사는 "해당 군수가 효포에서 퇴각한 것은 소홀한 데 속하지만 대교에서 승리한 것이 매우 가상합니다."라고 보고하였다.[171]

홍운섭 자신의 보고문에 의하면, 홍운섭 부대의 효포 방어시역 이달 및 대교 습격 사건은 다음과 같은 상황 인식에서 대교 기습 작전을 도모한 것이라고 한다.

> 이경(오후 9시~11시) 이후에 보고하는 말에, 호남(湖南)의 적 전봉준이 40,000명을 이끌고 남쪽으로 거리가 30리 되는 경천을 점거하고 장차 공주목을 향하려 한다고 말하였습니다. 옥천포(沃川包)의 동도 수만 명은 동쪽으로 거리가 30여 리 되는 대교에 모여 주둔하고 있다가 전봉준과 합세하려고 한다고 합니다. 이와 같은 상황에서 고립된 군사로 한 곳을 방어하는 것도 이미 대단히 곤란하고 어렵습니다. 하물며 효포는 두 곳의 배와 등이 되어 적의 공격을 받는 곳이 되어 오래 주둔하기 어려웠습니다.[172]

위 사료로 살펴볼 때, 10월 24일의 대교전투는 공주에 주둔한 관리·관군들의 지휘체계가 원활하지 않았던 가운데 진행된 것을 볼 수 있다. 효포를 지키던 경리청 홍운섭·구상조 부대(280명)가 충청감사에게 보고도 없이, 그

---

170 위의 책, 383쪽.
171 「갑오군정실기」 1·2·3, 282쪽.
172 「순무선봉진등록」, 『국역총서』 2, 69쪽; 「순무사정보첩」, 『국역총서』 1, 315쪽; 「선봉진정보첩」, 『국역총서』 8, 59~60쪽; 「갑오군정실기」 1·2·3, 281~282, 291쪽.

리고 공주에 주둔하고 있던 또 다른 경리청 성하영·백낙완 부대도 모르게, 효포 방어지역을 이탈하여 대교 기습 작전을 벌인 것이다.

(6) 대교전투에 참전한 농민군과 관군의 인원

대교전투에 직접 참전한 홍운섭의 보고는 대교 농민군의 세력에 대해 "동네 뒤 작은 기슭의 숲에 의지하여 진을 친 자들이 수천 명이었으며, 넓은 들판에 깃발을 꽂고 둘러 있는 자가 수만 명이 넘는다."라고 하고 있다.[173] 대교전투에 참전한 경리청 홍운섭·구상조 부대는 약 280명이다.[174]

(7) 대교에 모인 북접 농민군

10월 23일 대교에 나타나고, 10월 24일에는 경리청 홍운섭 부대와 대교에서 전투를 치른 농민군의 성격을 살펴보자. 관군 측에서는 대교에 나타난 농민군을 옥천포동도(沃川包東徒),[175] 옥천동도(沃川東徒),[176] 옥천비도(沃川匪

---

173 「순무선봉진등록」, 『국역총서』 2, 69쪽.(洞後小麓, 依林屯聚者, 爲數千名. 曠野竪旗環列者, 洽爲 數萬衆. 『동학란기록』 상, 426쪽) 대교전투에 직접 참전하지 않았던 박제순의 다음과 같은 보고는 관군이 승리한 싸움에 대해 농민군의 숫자를 줄여서 보고한 것으로 보인다. 大橋 瞭望洞後, 依林屯聚者千計, 曠野環列萬數, 暗從背後先襲.(「갑오군정실기」 1·2·3(영인 본), 280쪽)

174 『주한일본공사관기록』 1, 209, 246~247쪽; 「남정록」, 243, 249쪽. 「약사」에서는 "전해 들으니 홍운섭이 300명의 경병을 거느리고 수촌에서 대교를 향하여 동비를 공격했다"고 했다.(「약사」, 『국역총서』 6, 48쪽)

175 「순무선봉진등록」, 『동학란기록』 상, 426쪽; 「순무사정보첩」, 『동학란기록』 하, 10쪽; 「선봉진정보첩」, 『동학란기록』 하, 173쪽; 「선봉진서목」, 『동학란기록』 상, 352쪽.

176 「선봉진서목」, 위의 책, 346쪽.

徒),[177] 영옥포(永沃包)[178]라고 기록하고 있다.[179]

　대교전투에 모인 농민군을 신영우는 북접 농민군으로 보고 있다.[180] 『공산초비기』에서 "대교에서 패배한 영옥포가 남비(南匪; 남쪽의 전봉준 진영-인용자 주)에 모였다"[181]라고 기록하고 있어, 영옥포는 전봉준 농민군과 구별되는 북접 농민군인 것으로 추정하게 한다. 또한 공주 유생 이용규가 저술한 『약사』에 "최명기(崔鳴基)는 유성에서 들어와 대교를 점거하니 하루아침에 우리 큰집과 작은집의 가산이 모두 탕진되었다."[182]라고 하여, 대교에 들어온 농민군 지도자 중의 한 명을 "최명기(崔鳴基 또는 崔明基)"라고 지목하고 있다. 최명기는 1901년 양구에서 동학교단 지도자 김연국이 체포될 때 같이 체포된 동학교단 측 인물이어서, 대교의 농민군이 북접 농민군이었다는 또 하나의 증거가 된다.[183]

　『균암장임동호씨약력』, 『소모일기』(10월 25일) 등에서 보이는 동학농민혁명의 공주전투 직전 북접 농민군의 동향은, 10월 23일 무렵 옥천·영동·황

177　「갑오군정실기」 1·2·3(영인본), 280쪽; 「갑오군정실기」 4·5·6(영인본), 5쪽.

178　「공산초비기」 효포지전, 『사료총서』 2, 425쪽.

179　동학교단 역사에 '옥천포', '영옥포' 이름은 보이지 않는다. 옥천에는 1893년 3월 동학교단의 보은 집회 이후 대접주로 임명되어 동학농민혁명 시기에도 활동한 "옥의대접주(沃義大接主) 박석규(朴錫奎)"가 보이며(「시천교종역사」, 『국역총서』 11, 281, 283쪽; 「동학도종역사」, 위의 책, 122, 133쪽; 「갑오동학란」, 『국역총서』 13, 115쪽), 또한 '영동포(永同包)'도 있다.(「세장년록」, 『국역총서』 6, 373쪽) 정선원, 앞의 논문, 96쪽에서 재인용.

180　신영우, 「북접 농민군의 공주 우금치·연산·원평·태인전투」, 262쪽.

181　「공산초비기」, 『국역총서』 9, 383~385쪽.

182　「약사」, 『국역총서』 6, 58쪽.

183　「시천교종역사」, 『국역총서』 11, 313쪽; 「동학도종역사」, 위의 책, 164쪽. 정선원, 앞의 논문, 97쪽에서 재인용.

간에서 공주로 진출했다는 것이다.[184] 관군이 옥천동도(沃川東徒), 옥천비도(沃川匪徒) 등으로 호칭한 무리를 '옥천에서 나타난 농민군'으로 본다면, 농민군의 성격을 규정할 수 있는 또 하나의 단서로 북접 농민군의 또 다른 명칭으로 볼 수 있을 것이다.

(8) 신식 소총 회룡총(回龍銃)을 갖춘 대교 농민군

대교전투에서 경군은 회룡총 4자루를 노획했다. 회룡총은 화승총이 아닌 신식 소총으로 보인다.[185] 이 회룡총을 대교전투 농민군이 가지고 있었다는 것은 조일진압군에 맞서 상당한 정도로 전쟁 준비를 했다는 것을 알 수 있다. 다음은 홍운섭이 보고한 대교전투 노획물이다.

> 연환(鉛丸) 3석(石), 화약(火藥) 2석, 기엽(旗葉, 깃발) 25면, 위의 것은 불태웠다. 회룡총(回龍銃) 4정, 소 1마리, 노새 3필, 말 3필, 깃발 20면.[186]

---

184 「균암장임동호씨약력」, 117쪽; 「소모일기」(10월 25일), 『국역총서』 3, 429쪽.
185 회룡총은 신식 소총으로 추정된다. 회룡총은 1894년 1차 농민봉기를 진압한 초토사 홍계훈의 기록에 "5월 5일 내서(內署)로부터 하달한 전보에 이르기를, '의웅협만(誼雖協瞞)은 총탄이 남은 것이 없다고 하기 때문에 회룡총(回龍銃) 400정과 실탄 4만개를 수송하여 들여와 사용하도록 하라'고 하였다."는 기록이 있다.(『양호전기』, 『국역총서』 1, 217쪽) 또한 일본 공사관의 10월 14일자 보고문에 농민군이 전주를 점거하면서 관군 병기 중에 농민군에 들어간 것으로 "회선포 1문, 크루포 1문과 함께 회룡총 400정과 회룡총 탄환 4만개"를 파악하고 있다.(『주한일본공사관기록』 1, 161쪽) 아울러 선봉진이 교도중대와 회룡총 1자루와 탄환 6궤짝을 주고받았다는 기록이 있다.(「선봉진일기」, 『국역총서』 1, 261쪽; 「갑오군정실기」 4·5·6, 85쪽) 11월 25일 원평 전투에서 관군이 농민군에게 획득한 노획물에 회룡총 10정이 있다.(「선봉진일기」, 『국역총서』 1, 294~295쪽)
186 「갑오군정실기」 4·5·6, 23쪽.

(9) 대교전투의 장소

이상면은 대교전투(10월 24일)가 일어난 곳을 지금의 '세종시 한솔동'이라고 하였다.[187] 그러나 대교를 중심으로 생활하던 유생이 기록한 『약사』,[188] 관군의 기록들, 「1914년 1:50,000 지도, 《公州》(공주)」, 「1914년 1:50,000 지도, 《廣亭里》(광정리)」, 『공주와 동학농민혁명』의 구전[189] 등을 검토하면, 대교의 위치는 현 세종시 한솔동이 아니고 옛 공주 장기면 대교리 지역이다. 공주에서 연기로 가는 큰길가의 대교로 해석되고, '[지도 12] 대교전투(10월 24일)'에서의 대교의 위치로 보인다. 물론 대교전투를 전후하여 농민군의 일부 부대가 현 세종시 한솔동에 유진하고 있었을 가능성은 있다.

이상과 같이 대교전투는 동학농민군이 충청감영 함락을 위해 10월 22일 이인에 진출하고, 10월 23일 대교에 진출하자, 효포를 지키던 경리청 홍운섭·구상조 부대가 북접 농민군이 진출했던 대교를 10월 24일 먼저 기습 공격했던 사건이었다. 홍운섭 부대의 이 대교 습격 전투로 북접 농민군의 주력은 효포로 퇴각했지만, 홍운섭의 경군도 농민군의 기세를 꺾지 못했던 무

---

187 이상면, 「호서동학군의 결성과 공주 출정」, 『동학학보』 48, 2018, 493쪽. 세종시 한솔동 홈페이지에 한솔동은 조선시대 연기현에 속했다.(2020년 검색) 세종시 한솔동은 공주에서 세종시로 가는 큰길이 아니라 금강변에 위치해 있다.

188 「약사」에 1894년 대교(大橋)가 속했던 공주목 장척면(長尺面)과 그 부근 지역의 여러 지명들이 나오는데, 이 지명들 중에서 많은 경우에 「1914년 1:50,000 지도, 《公州》」와 현대 지명에서 위치를 확인할 수 있다. 대교의 위치는 [지도 12]의 대교의 위치와 같다. 「약사」에서 위치를 확인하고 비교할 수 있는 지명은 다음과 같다. 大橋(「약사」 10월 23일 등), 坪基(「약사」 1월 15일 등; 『공주지명지』, 469쪽; 『공주시 지명 변천 약사』, 80쪽), 淨溪(「약사」 3월 16일 등; 『공주지명지』, 453쪽), 長田(장밭들, 「약사」 10월 25일 등; 『공주지명지』, 459쪽), 효제암(「약사」 2월 25일. 孝悌嚴; 『공주지명지』, 461쪽. 孝悌庵), 五公洞(「약사」 1월 6일 등; 『공주지명지』, 75쪽).

189 『공주와 동학농민혁명』, 312~313쪽.

승부 전투로 추정한다.

4. 옥녀봉전투(玉女峯戰鬪, 10월 25일)

북접 농민군 가운데 공주전투에 참전한 인물이 기록한 자료(예, 『갑오동학란』)나 동학교단 관련 역사를 보면 공주전투에서 손병희, 이용구 등이 참전해서 승리한 전투로 '옥녀봉전투'를 언급하고 있는데, 옥녀봉전투에 관련해서는 필자의 2020년 논문에서 정리한 바 있다.[190]

1) 전투 개요

옥녀봉전투는 10월 25일 효포전투 시기, 선봉진 이규태 부대가 납교 마을 산줄기를 방어하고 있다가 농민군이 둘러싸자 옥녀봉으로 후퇴하여 대치하고 있었고, 이때 효포전투에 참전하고 있던 경리청 백낙완 부대가 옥녀봉전투를 지원하여 오후 1시 무렵[191] 농민군을 물리친 사건이다. 옥녀봉전투는 북접 농민군이 효포 북쪽 금강가 큰길을 따라 곧장 충청감영으로 직행하여

---

190 정선원, 앞의 논문, 97~101쪽.
191 공주전투를 지휘하던 모리오 대위의 보고에 "오후 1시 효포전투의 농민군이 퇴각을 시작하여, 일본군도 공주로 철수했는데, 일본군이 능티에서 공주로 철수한 시간이 오후 2시였다."(『주한일본공사관기록』 1, 209쪽; 『주한일본공사관기록』 3, 387쪽) 모리오 대위의 보고에는 옥녀봉전투에 대해 전혀 언급이 없다. 그렇지만 일본군이 공주로 철수를 결정한 오후 1시가 옥녀봉전투도 마무리된 시간으로 추정하여 옥녀봉전투가 끝나는 시각을 오후 1시로 추정하였다. 옥녀봉전투의 시간은 정오부터 오후 1시 무렵으로 추정한다.

지도에 표시된 내용:
- 공산성
- 옥녀봉(83.3m)
- 옥녀봉전투
- 봉황산
- 중청감영
- 납교마을
- 농민군 진격 및 퇴각로
- 봉화대▲
- 가능터
- 농민군 포진
- 효포전투
- 효포
- 조일진압군 방어선 (공주바깥산줄기)

[지도 13] 옥녀봉전투(10월 25일)[195]

---

192 지도의 모본은 「1914년 1:50,000 지도,《公州》」.

함락하려고 하자 옥녀봉을 거점으로 이를 저지하는 관군과 충돌한 전투이다.[193] 옥녀봉전투가 전개되고 있을 때, 전봉준 등 남접 농민군은 효포 인근에서 능티와 그 주변 공주바깥산줄기를 넘고자 효포전투를 치르고 있었다.

금강가에서 옥녀봉전투에 참전한 농민군은 관군의 반격으로 옥녀봉 길목에서는 퇴각하였지만, 농민군은 금강가에서 납교 마을을 바라보고 저녁 무렵까지 대치하였고, 선봉진 부대는 다시 납교 마을 뒷산 봉우리로 올라갔다.[194] 옥녀봉은 지금도 공주에 그대로 남아 있다.[195]

2) 전투의 의의

첫째, 옥녀봉전투는 농민군이 금강가 큰길을 따라 곧바로 충청감영을 점거하려고 시도하는 과정에서 일어난 전투로, 농민군의 충청감영 공격 전투 행로 중에서 독자적인 것이다. 효포전투(10월 24일~25일)는 농민군이 능티를 넘고자 하여 능티와 그 주변 산줄기와 효포에서 일어난 전투로, 옥녀봉전투와는 별개라고 보았다. 둘째, 공주전투 중에서 북접 농민군에 의한 전투

---

193 「남정록」, 249쪽. "달녀봉수현에올나바라보니동도가과연금강상듸로로조차츙살ᄒ야오는 듸…."
194 日又迫曉, 故依前收兵防守是白遣. 「순무선봉진등록」, 『동학란기록』 상, 442쪽.
195 금강변의 옥녀봉은 '공주옥녀봉성(公州玉女峰城)'으로 충청남도 기념물 제99호로 지정되어 있다. 충청남도 공주시 공산성 동남쪽에 있는 해발 60미터(83.3미터 봉우리도 있음; 인용자)의 옥녀봉 정상을 흙으로 둘러쌓은 테뫼식 토성이다. 성의 길이는 약 870미터 정도이지만 대부분 붕괴되어 원형을 알 수 있는 부분이 많지 않다. 성에 오르면 동쪽으로 공주-논산 간 국도가 보이며, 서쪽은 공산성이 보이고, 북으로는 금강이 보인다. 성의 위치, 성 안에서 발견된 유물, 성벽의 축조 방법들로 보아 공산성에 딸린 보조산성의 성격이 강했던 것으로 여겨진다.(문화재청 국가문화유산포털' 참조) 정선원, 앞의 논문, 100쪽에서 재인용.

이다. 특히『균암장임동호씨약력』의 서술 중 "공주감영 북문(北門) 밖 공격 전투"를 옥녀봉전투로 추정한다면, 옥녀봉전투는 전봉준 농민군과 북접 농민군이 사전에 계획하고 연대하여 일어난 전투이며 또한 전봉준 농민군과는 공격 방향이 다른 북접 농민군의 독자적 전투였다.

3) 북접 농민군이 주도한 옥녀봉전투

동학교단 관련 역사인『동학도종역사』,『시천교종역사』,『천도교창건사』에는 공주에서의 전투 가운데 옥녀봉전투는 이인전투와 혼재되어 기록되고 있다. 그 이유는 북접 농민군이 승리한 전투[196]로 같이 기억하고 있는 이인전투(11월 8일)와 옥녀봉전투(10월 25일)에 대해 시간과 장소를 착오하였기 때문인 것으로 보인다. 옥녀봉전투는 동학교단 측 손병희, 이용구 등 북접 농민군이 주도하였고 또한 승리한 전투로 기록하고 있다. 구체적으로는 다음과 같다.[197]

이때에 이용구(李容九) 등이 먼저 도유(道儒) 수만 명을 거느리고 공주(公州) 이인역(利仁驛)에 이르러 경병(京兵)과 옥녀봉(玉女峯)에서 격투를 벌였는데, 경병이 패하여 달아났다. 마침내 봉황산(鳳凰山)에 이르러….(「동학도종역사」,

---

196 북접 농민군이 승리한 것으로 기억하는 옥녀봉전투는 농민군이 이규태 부대를 납교 마을 뒷산 봉우리에서 금강가 큰길을 따라 옥녀봉으로 밀어붙이고 대치하다가, 백낙완 부대의 지원·습격으로 농민군은 다시 금강변을 따라 납교 마을 앞으로 퇴각하였다. 농민군이 옥녀봉을 점거했다든지, 충청감영을 점거한 것은 아니어서 완전한 승리는 아니었다.
197 이하는 정선원, 앞의 논문, 97~98쪽에서 재인용.

『국역총서』 11, 126쪽)

이용구는 공주의 이인역에 이르러 경병과 옥녀봉에서 싸웠는데, 경병이 패해서 도주하였으므로 이용구는 드디어 전진하여 봉황산에 이르렀다.(「시천교종역사」, 『국역총서』 11, 295쪽)

논산에 이르러 갑을 양대가 총합하여 행진하다 공주 이인역에서 경병을 만나 옥녀봉에서 상전할 세 관병이 대패 도주하는지라….(「천도교창건사」, 『동학사상자료집』 2, 156쪽)

다음『균암장임동호씨약력』의 서술은 옥녀봉전투가 의암성사 손병희 등 북접 농민군이 주도한 전투로서, 공주감영 북쪽에서 공격한 전투임을 말해준다.[198]

그때에 전봉준이가 논산에서 군기(軍器)를 다수 수집하야 주둔[留陣]하고 옥천 성사(聖師) 본진(本陣)으로 통지(通知)하되 공주영(公州營)을 공격할 터이니 동(同) 북문(北門) 밖에 매복하였다가 관군을 격파하라고 하였으므로 의암성사(義菴聖師) 송암(松菴, 孫天民) 이종훈(李鍾勳) 임학선(林學先) 이용구(李容九) 정지택(鄭知澤) 등이 포군(捕軍) 6~7만 명을 인솔하고 동(同) 북문(北門) 밖에 매복하다 그때에 전날의 약속과 같이 전군(全軍)이 관군과 응전하야 4일간 격

---

198 정선원, 앞의 논문, 100쪽.

전에 본진(本陣)도 공동으로 싸우다가 해가 지자 승부를 내지 못하고….[199]

위 『균암장임동호씨약력』에서는 손병희 등 북접 농민군이 "공주감영의 북문 밖"에 매복하여 전투를 하였다고 기록하고 있다. 그런데 공주에 있는 충청감영은 성곽이 없는 도시로 알려져 왔다.[200] 만약에 '북문'을 상정한다면, 공주감영(즉 충청감영)의 북서쪽을 흐르는 금강, 또는 북동쪽에 있는 공산성, 또는 그 동쪽에 연이어 있는 옥녀봉과 관련 있을 것이다. 따라서 북접 농민군의 "공주감영의 북문 밖 매복 전투"는 "옥녀봉의 전투"로 추정한다.

4) 거대한 세력의 농민군 참전

옥녀봉전투에 참전한 농민군 세력에 대하여 『남정록』에서는 선봉장 이규태가 전령으로 말하기를, "동도 수만 명이 사면으로 둘러싸고 엄습해서 지금 막 포위 중에 들었다."[201]고 하였다. 백낙완도 "동도의 성세를 바라보니 심히 사나워서 쉽사리 앞으로 향하기 어려웠다."[202]고 했다. 이상의 사료에 의하면, 대단히 많은 수의 농민군이 거대한 기세로 선봉장 이규태가 거느린 부대를 옥녀봉으로 밀어붙이고 있다.

---

199 「균암장임동호씨약력」(영인본), 156~157쪽. 가독성을 위해 한자는 한글로 바꾸고, 번역도 일부 수정하였다.
200 「선봉진일기」, 『국역총서』 1, 274쪽; 「순무사정보첩」, 위의 책, 343쪽; 「이규태왕복서병묘지명」, 『국역총서』 8, 404쪽.
201 "동도수만명이사면으로둘너싸고엄습ᄒ미방장희심즁에드럿스니." 「남정록」, 248~249쪽.
202 "겨의성셰를바라본즉심히흉딩ᄒ여거연이압흐로향ᄒ기어려오며." 위의 책, 249쪽.

선봉장 이규태 부대가 옥녀봉에 포위된 경과는 『남정록』에 의하면 "동도가 금강의 대로(大路)를 따라 밀려오자 선봉진 이규태 부대 240명이 '납교 마을 뒷산 봉우리'를 지키다가 농민군이 둘러싸자 농민군의 거대한 기세에 눌려 퇴각하고, 옥녀봉으로 올라가 농민군과 대치하면서 구원을 요청한 것이다."[203]

10월 24일 저녁 무렵, 일본군과 함께 공주에 도착한 선봉진이 납교 마을 뒷산 봉우리에 주둔하면서 납교 마을 앞에 진을 가득 친 농민군을 목격하였다.[204] 이하의 선봉진 보고도 10월 25일 새벽 금강변과 납교 마을 앞에서 효포 앞까지 연이어 포진한 거대한 농민군의 세력을 보여준다.

25일 이른 새벽에 선봉이 통위영 영관 이하 2개 소대를 거느리고 병정을 나누어 진을 폈으나 상황으로 보아 경솔하게 진격하기가 어려웠습니다. 더구나 적의 형세를 자세히 살펴보니 이른바 저들의 주력부대는 효포봉 건너편에 모여 진을 치고 있었고 통위진영의 주변에 있는 적진은 모두 성원(聲援)하는 적들이었습니다. 또한 납교 마을 뒷봉우리(蠟橋後峰) 앞과 효포봉의 방어하는 곳은 서로 남북으로 떨어져 가로로 걸친 거리가 <u>십리(十里)</u>가량 되지만 끊어지지 않고 연결되어 어느 한 곳을 따라 진격할 수가 없었습니다.[205](밑줄은 인용자)

---

203 "봉수현에올나바라보니동도가과연금강상듸로로조차충살ᄒ야오ᄂ듸선봉장의거나린 군사이빅수십명이처음에금강을근너동봉을직희다가동비가둘너쌈을인ᄒ야물너나옥 녀봉에올나가둔치고청병ᄒ이오." 「남정록」, 249쪽. 여기 「남정록」에서 '동봉'은 '東峯'으로 보고, 선봉진 이규태 부대가 10월 24일 공주에 도착하자마자 올라가 주둔했던 '납교 후봉(蠟橋後峰 즉 납교 마을 뒷봉우리)'으로 보았다.(「순무선봉진등록」,『동학란기록』상, 442쪽)
204 「선봉진일기」,『국역총서』1, 263쪽.(『동학란기록』상, 229~230쪽)
205 二十五日平明, 先鋒率統衛營領官以下兩小隊分兵列陣, 而勢難輕進爸除良. 詳探賊形則所

위 사료에 의하면, 농민군 주력부대는 효포 앞에 모여 있고, 납교 마을 앞에서 대치하고 있는 농민군은 효포 앞의 농민군을 지원하는 세력이다. 또한 사료에는 농민군이 남북으로 끊어지지 않고 연결되어 어느 한 곳을 칠 수 없었다고 하였다. 위의 인용문『균암장임동호씨약력』에 나오는 "공주감영 북문(北門) 밖 공격 전투"를 10월 25일 옥녀봉전투로 본다면, 위 인용문에 의하면 옥녀봉전투에는 의암성사 손병희 등이 북접 농민군을 이끌고 참여했을 것이다. 즉 옥녀봉전투는 북접 농민군이 주도한 것이며, 옥녀봉전투에 참전한 농민군은 북접 농민군의 기본 대오인 6~7만 명으로 추정된다. 그러나 옥녀봉전투에 직접 참전한 농민군 대열은 옥녀봉전투가 가능한 공간으로 미루어 볼 때, 북접 농민군 일부 선발대였을 것이며 많은 농민군은 뒤쪽에서 후원하는 세력이었을 것이다.

5) 옥녀봉전투에 참전한 관군

옥녀봉전투에 참전한 관군에는, 납교 마을 뒷산 봉우리에서 옥녀봉으로 퇴각한 선봉장 이규태의 240명(선봉진 본대 및 통위영 부대)과 효포에서 지

謂渠之大陣, 屯聚於孝浦峰越邊是乎遣, 統衛陣越邊所在賊屯, 則俱是聲援之賊是乎所. 獵[蠟]橋後峰之前孝浦峯防守處, 相距南北橫亘里數, 爲數十里假量, 而連亘不斷, 則不可只從一處而進擊(밑줄은 인용자). 「순무선봉진등록」, 『동학란기록』상, 442쪽; 「선봉진일기」, 위의 책, 230쪽; 「순무사정보첩」, 『사료총서』16, 317쪽. 위 사료들은 같은 문서이다. 밑줄 부분 渠之大陣이 「순무사정보첩」에서는 '大陣'으로 기록되어 있다. 원문에 '납교 마을 뒷봉우리의 앞과 효포봉의 방어하는 곳은 남북으로 수십 리가량'이라고 기록했는데, '금강변에서 효포까지는 실제로 약 2.7킬로미터'인 것을 고려하여 '십 리(十里)가량'으로 수정하였다.(금강변에서 향봉 앞길까지 직선거리 약 5킬로미터, 금강변에서 늘티까지 직선거리 약 8.5킬로미터. 금강변에서 늘티까지의 옛길은 비교적 곧은길이다.)

원 나온 백낙완 부대로 경리청 140명이 있다. 대교전투를 치르고 퇴각하여 금강나루를 지키던 홍운섭의 20명의 병사도 옥녀봉전투에 함께했을 것이다.[206] 옥녀봉전투에 참전한 경군은 모두 400여 명으로 추산된다.[207] 선봉진 부대의 진퇴에 우영(공주진)의 지방 관군도 함께했다.[208] 옥녀봉전투에 일본군은 참전하지 않았다.

10월 24일부터 10월 26일까지 공주전투를 보고한 선봉진의 보고와 홍운섭의 보고에 의하면, 다친 관군은 없다고 했다.[209] 따라서 10월 25일 옥녀봉전투에서도 관군 사상자는 없는 것이다.

6) 농민군 사상자

『남정록』에서는 백낙완 부대가 옥녀봉을 공격하는 농민군을 상대하여 기습사격으로 9명을 죽였다고 한다.[210] 10월 25일 공주전투 상황에 대한 선

---

206 「순무선봉진등록」, 『국역총서』 2, 89, 93쪽.

207 모리오 대위의 보고는 선봉장이 거느린 군사를 250명이라고 한다.

208 납교 마을 산자락에 통위영병과 영장이 싸움했던 곳이라는 기록이 있다.(「공산초비기」, 『국역총서』 9, 384쪽 〈그림 지도〉의 '二十五日 統衛兵與營將拒戰處') 「공산초비기」 효포지전'에 "우영장(右營將) 이기동이 토병(土兵)을 독려해서 거느리고 좌우에서 계책을 통하여 서로 호응하였다. 태만하지 않고 수고스럽게 애를 쓰는 점이 매우 많았다."고 기록하고 있다.(「공산초비기」, 위의 책, 385~386쪽)

209 「순무선봉진등록」, 앞의 책, 93~94쪽.

210 "이에디형을살펴본즉피도오ᄂᆞᆫ길가의한적은산록이잇고그우히인가오류집이잇ᄂᆞᆫ지라 인ᄒᆞ야본듸병을인가장벽틈에은복ᄒᆞ고비도를향ᄒᆞ야일제이몰방습격ᄒᆞ니져의압자비서 서오던지류명이걱우러지ᄂᆞᆫ지라피도가듸경ᄒᆞ야돌쳐다러나려할즈음에쏘고함방살ᄒᆞ니 죽은직쏘삼명이라바로방포츙진ᄒᆞ니비죵이경겁ᄒᆞ야바름의구름것듯독틈에쥐숨듯일제 이흣허다러ᄂᆞᆫ지라."(「남정록」, 249~250쪽. 의역: 이에 지형을 살펴보니 저들이 오는 길가에 한 작은 산기슭이 있고 그 위에 인가 오류 채가 있었다. 그리하여 본대병을 인가 장벽 틈에 숨기고 저들

봉진 이규태의 보고 중, 다음의 통위영 대관 신창희·오창성에 대한 전공보고는 옥녀봉전투 관련 상황으로 본다. 통위영은 선봉진의 직속부대이고 25일 옥녀봉전투에도 선봉진 이규태와 함께했다.

> 한편으로는 각 진영을 독려하여 한꺼번에 진격해 나갈 때에 통위영 대관 신창희(申昌熙)·오창성(吳昌成), 교장 김상운(金相雲)·박상길(朴相吉)이 용맹을 떨치고 격분하여 위험을 돌아보지 않고 포(砲)를 쏘면서 앞에서 인도하고 병사들을 독려하여 곧바로 적진을 향하였습니다. 포(砲)를 마구 쏘고 갑자기 습격해 죽이니 적이 탄환에 맞아서 죽은 자가 50~60명이 되었고, 부상을 입은 자는 그 숫자를 헤아릴 수가 없습니다.[211]

위에 의하면, 옥녀봉전투에서 농민군은 50~60명이 총탄에 맞아 죽고, 헤아릴 수 없는 수의 농민군들이 부상을 당했다고 한다.

7) 옥녀봉전투에 대한 기록

동학농민혁명의 공주전투 시기 관군 측 기록에서 전투가 일어났던 지역

을 향하여 몰방습격했다. 저들 앞잡이 서서 오던 자 6명이 쓰러졌다. 저들이 깜짝 놀라 돌아 달아나려 할 즈음에 또 고함 습격했다. 죽은 자가 또 3명이었다. 바로 총 쏘며 돌진하니 저들이 놀라 질겁했다. 바람에 구름 걷듯 독 틈에 쥐 숨듯이 일제히 흩어져 달아났다.).

211 「순무사정보첩」, 『국역총서』 1, 324쪽(『사료총서』 16, 317쪽); 「선봉진일기」, 『국역총서』 1, 263쪽(『동학란기록』 상, 230쪽); 「순무선봉진등록」, 『국역총서』 2, 92쪽(…放砲前導…亂砲掩殺…賊之中丸者, 爲五六十名, 被傷者不計其數. 『동학란기록』 상, 442쪽); 「갑오군정실기」 4·5·6(영인본), 14쪽(여기에는 '五六名'으로 기록되어 있는데, 誤記로 본다).

으로 '옥녀봉' 지명이 나오는 사료는 『남정록』뿐이다. 그런데 동학교단 관련 역사서의 경우에는 상황이 다르다. 『갑오동학란』에서는 봉황산과 대비되는 전투 지역으로서 옥녀봉이 나오고,[212] 『천도교창건사』, 『동학도종역사』, 『시천교종역사』에서는 이인역 근처의 전투지로 옥녀봉을 서술하고 있다.[213] '옥녀봉'의 위치는 『남정록』에 근거하여 '금강변의 공산성 옆 봉우리'로 바로 잡아야 할 것이다.

옥녀봉전투에 지원하여 참전한 백낙완 부대의 활동은 선봉진의 보고문에서는 전혀 언급되고 있지 않다.[214] 선봉진 부대가 후퇴하여 궁지에 처하여 백낙완 부대의 도움으로 위기에 벗어났던 상황을 드러내고 싶지 않아서라고 추정된다. 그러나 관군의 여러 기록에서 '옥녀봉전투'의 명칭은 없지만 상황을 추정할 수 있는 기록들이 다음과 같이 보인다. 『공산초비기』에는 통위영병의 구원 요청, 백낙완 부대의 지원, 선봉진 이규태 직속부대인 통위영 신창희 부대의 전투 사실이 다음과 같이 기록되어 있다.

마침 통위영(統衛營)이 머물러 있던 곳에서 급히 구원병을 청하자 백낙완이 드디어 '금강나루(錦津)'[215]에 이르러 통위영 영관(領官) 신창희(申昌熙) 등과 협력하여 한 차례 전투를 벌이자 적병이 피하여 달아나 평지에 이르러 다시 불

---

212 「갑오동학란」, 『국역총서』 13, 122~123쪽.
213 「천도교창건사」, 『동학사상자료집』 2, 156쪽; 「동학도종역사」, 『국역총서』 11, 126쪽; 「시천교종역사」, 위의 책, 295쪽.
214 「순무선봉진등록」, 『국역총서』 2, 91~92쪽.
215 여기 '금강나루(錦津)'는 납교 마을과 옥녀봉 사이에 있었던 장기대나루일 것이다.

러서 군사를 거두었다.[216]

성하영의 보고에서는 옥녀봉전투를 다음과 같이 기록하고 있다.

… 그러나 적은 사방으로 흩어져 높은 봉우리와 정상으로 도피하였습니다. 겨우 적을 격퇴시켰을 때에 "달려가 선봉진(先鋒陣)을 지원하라"는 영칙(令飭)을 삼가 받고 즉시 대관인 백낙완으로 하여금 1소대 병정을 거느리고 가게 하였는데, 그들 또한 곧 적당을 격퇴했다고 합니다.[217]

이상과 같이 옥녀봉전투는 북접 농민군이 10월 25일 금강가 큰길을 따라 바로 충청감영을 함락하려고 시도하자 옥녀봉에서 선봉진 부대가 방어하면서 전투가 있었고, 효포전투 현장에서 백낙완 부대가 옥녀봉으로 지원나오면서 농민군이 퇴각한 사건이다. 옥녀봉전투에 참전한 거대한 기세의 대규모 북접 농민군 세력이 확인된다.

---

216 「공산초비기」, 『사료총서』 2, 425~426쪽. 「공산초비기」 효포지전'에 효포전투와 옥녀봉전투가 별도로 기술되어 있다.(같은 책, 383~385쪽)
217 「선봉진정보첩」, 『국역총서』 8, 52쪽(彼類四散逃避於高峰絕頂, 纔已擊退之際, 伏承赴援於先鋒陣之令飭, 卽使隊官白樂浣, 率一隊兵馳往, 亦已擊退賊黨云, 『동학란기록』 하, 167쪽); 「선봉진일기」, 『국역총서』 1, 264쪽; 「순무선봉진등록」, 『국역총서』 2, 88쪽.

제3장 공주전투 제2차 대치(10월 26일~11월 7일)

1. 농민군의 퇴각과 11일간의 대치

여기에서는 10월 25일 저녁 무렵(즉 일몰 즈음), 밤 또는 오경(五更, 오전 3시~5시) 이후에, 농민군이 효포에서 남쪽으로 경천 및 정산으로 퇴각하는 상황을 고찰한다. 이때 옥녀봉전투에 참가한 북접 농민군도 함께 퇴각했을 것이다.

다음 두 가지 사료는 10월 25일 효포전투에 참전한 일본군 모리오 대위의 보고로, 농민군이 일몰(日沒) 즈음 경천 또는 경천 및 정산으로 퇴각했다고 하는 기록이다.

> 6. 적은 일몰(日沒)에 이르러 결국 퇴각하여 경천(敬天) 지방에 집합한 듯 하였다.[1]

---

1 『주한일본공사관기록』 1, 209쪽.

다음 날 22일(음력 10월 25일) 날이 밝기 전부터 적도는 재차 공격해 왔으나 우리 군대가 이를 막았고, 오후 1시경 드디어 격퇴하여 적 6명을 쓰러뜨리고 포(砲) 1, 소총 탄약 2,000발을 노획하였다. 일몰(日沒)에 이르러 <u>적도(賊徒)는 경천(敬天)·정산(定山) 방향으로 퇴각했다.</u>[2](밑줄은 인용자)

다음의 두 사료는 밤 또는 오경(오전 3시~5시) 즈음 농민군이 효포에서 남쪽으로 또는 경천으로 퇴각했다고 하는 기록이다.

이날 밤에 적병이 남쪽을 향하여 도망갔다.[3]

오경(오전 3시~5시) 즈음에 농민군의 주력은 어두운 틈을 타서 효포에서 남쪽으로 30리쯤 되는 경천점으로 퇴각하였다.[4]

그런데 위의 모리오 대위의 기록 중에, 농민군들이 효포에서 '경천으로 퇴각'하면서 동시에 '정산으로 퇴각'했다고 하는 내용이 있다. '정산으로 퇴각'은 10월 23일 이인전투에 참여한 정산의 김기창 농민군들이 10월 25일 효포전투에 참전했으며, 다시 고향 정산으로 퇴각하여 세력을 재결집하려고 했던 과정으로 보인다. 10월 26일 이인에서는 농민군 수천 명이 오전 9시

<hr>

2 『주한일본공사관기록』 3, 387쪽; 「폭민 동학당」, 『신국역총서』 14, 196쪽; 「海南新聞」 1894년 12월 6일. '公州の東學黨'; 「東京朝日新聞」 1894년 12월 5일 1면.
3 「공산초비기」, 『국역총서』 9, 385쪽. (是夜賊兵向南遁去. 『사료총서』 2, 426쪽)
4 五更時分, 諸賊乘暯, 遁向往南距三十里敬川店是如乎. 「순무선봉진등록」, 『동학란기록』 상, 441쪽; 五更時分, 賊徒逃遁, 向往敬川店是如乎. 「갑오군정실기」 4·5·6(영인본), 16쪽.

(즉 巽時(손시)) 무렵 남쪽으로 내려갔다.[5]

효포에서 남쪽으로 농민군이 퇴각한 10월 26일부터, 11월 8일에 다시 공주바깥산줄기를 포위하기 전날인 11월 7일까지, 11일 동안 공주전투 제2차 대치가 계속되었다. 이때 조일진압군은 공주바깥산줄기를 중심으로 방어선을 지키며 이인과 늘티에 군대를 파견하였고, 농민군은 경천·논산을 중심으로 조일진압군과 대치하였다.

2. 효포 농민군 피습 사건(10월 26일)

10월 26일 오시(午時)에 효포에서는 경리청의 병사 12명이 대치하고 있던 농민군의 진지를 급습하여 해산시키고, 회선포 1대를 빼앗았다.[6] 10월 25일 저녁 무렵부터 대다수 농민군은 효포에서 퇴각하여 경천·논산·정산으로 후퇴하였는데, 농민군 최전방 부대는 10월 26일 오시(午時)까지 효포 근처에서 회선포를 가지고 대치하고 있다가, 기습을 받아 퇴산하면서 회선포를 빼앗긴 것이다.

농민군들이 효포에서 10월 26일 점심때까지 매우 중요한 무기인 회선포를 배치하고 관군과 맞서고 있었던 것은, 농민군들의 경천·논산·정산으로

---

5 利仁察訪金永濟牒呈內, 二十六日, 巽時量, 彼徒數千名向南而去.「갑오군정실기」 1·2·3(영인본), 279쪽. 이인찰방 김영제의 보고이다. 이인에서 남쪽으로 퇴각한 농민군들은 정산 또는 부여로 퇴각하는 농민군일 것이다.

6 翌日午, 經理廳兵丁十二名, 望見余黨之屯聚, 暗地突出, 掩其不備, 則賊徒驚愕走散, 而奪得回旋砲一坐而返.「순무선봉진등록」,『동학란기록』, 상, 444쪽.

퇴각은 일시적인 후퇴에 불과하고, 곧바로 다시 돌아와 공주감영을 재공격하려는 의도를 가지고 있었기 때문인 것으로 보인다. 효포 농민군 피습 사건 이후 농민군의 주력은 경천·노성으로 후퇴하여 남은 무리를 불러 모아 전열을 재정비하고, 남원에서 출발하여 10월 24일 무렵 금산을 점거한 김개남 농민군에게 구원을 요청하여 힘을 합쳐 다시 일어나자고 하였다.[7]

3. 공주의 경천을 확보한 농민군

공주전투 제2차 대치, 11일간의 대치 기간에 관군은 이인·늘티까지 군대를 보냈으나 경천에는 군대를 파견하지 못했다. 즉 경천은 이 대치 기간에 농민군의 세력 범위에 있었다. 제2차 대치 기간 중에 농민군은 경천·논산뿐만 아니라 계룡산 갑사, 연기 세거리(世巨里), 이인(김의권 농민군), 공주의 반송, 건평, 정산(김기창 휘하 농민군)에서도 세력을 모으고 공주전투를 준비하고 있었던 것이 확인된다.[8]

제2차 대치 기간 중에 관군이 공주바깥산줄기의 우금티, 효포 그리고 이인과 늘티에 군대를 보내 충청감영을 방어하고 있던 상황은 다음과 같다; 공주에 주둔하고 있는 경군은 10월 26일, 이인과 늘티 그리고 감영의 세 군

---

7 「공산초비기」, 『국역총서』 9, 386쪽; 「선봉진상순무사서부잡기」, 『국역총서』 8, 344쪽. 김개남 부대는 10월 24일 금산을 점거하였다. (이병규, 박사학위논문, 153쪽; 신영우, 「북접농민군의 충청도 귀환과 영동 용산전투」, 『동학학보』 24, 동학학회, 2012, 245쪽)

8 「선봉진상순무사서부잡기」, 『국역총서』 8, 344~345쪽. 공주에 주둔하고 있던 선봉진의 11월 8일 첩보 기록이다.

데로 각각 나누어 배치되었다.[9] 11월 1일 또는 2일에는 경군이 우금티·능티·금학동·장기대에 나누어 주둔하고 있었는데, '밤새 노숙하였고 비가 내리고 있으며 급한 경보가 없으니, 감영으로 철수하라'고 하였다.[10] 11월 2일, 백낙완 부대에게 저녁 식사 후에 효포봉에 나가 주둔하여 늘티에 주둔하는 통위진을 지원하도록 하였다.[11]

　11월 3일, 농민군이 노성·논산·초포·경천에 나타나 산을 올라 쌀을 운송하고 포대를 설치하였다.[12] 즉 11월 3일 무렵에 논산에 포진하고 있던 주력 농민군이 북진하여 경천까지 접근하였다. 이에 관군은 경리청 2개 소대를 이인에 보내고, 통위영 2개 소대를 늘티에 보내 정탐을 강화하였다.[13] 11월 3일 이후 공주에 주둔하고 있던 경군을 이인·늘티·감영의 셋으로 나누어 이틀씩 윤회하여 주둔하게 하였다.[14] 11월 8일 미시(오후 1시~3시)에 경천·노

9 「선봉진일기」,『국역총서』1, 259쪽.

10 「선봉진일기」, 위의 책, 260쪽; 牛金峙留陣經理廳領官具相祖, 熊峙留陣瑞山郡守成夏永, 金鶴洞留陣統衛營隊官張容鎭, 將旗臺留陣統衛營隊官吳昌сu, 經夜露宿, 雨勢如此, 且無急警, 防守各隊姑爲撤還營底宜當者.「선봉진전령각진」,『사료총서』16, 25쪽.(『국역총서』8, 458쪽)

11 「선봉진전령각진」,『국역총서』8, 459쪽(11월 2일);「선봉진일기」,『국역총서』1, 261쪽(11월 3일). 위 두 문서는 내용은 같고 시행 날짜는 11월 2일과 11월 3일이다. 문서 시행일이 빠른 11월 2일의 「선봉진전령각진」의 날짜를 선택하였다.

12 「순무선봉진등록」,『국역총서』2, 108쪽;「선봉진상순무사서부잡기」,『국역총서』8, 342쪽;「공산초비기」,『국역총서』9, 386쪽. 10월 26일 효포전투에서 논산으로 물러난 농민군들이 경천에 다시 언제 나타났는지는 「공산초비기」에 노성 점거와 함께 서술되어 있다.(「공산초비기」, 위의 책, 386쪽) 그러나 경군은 이때 이인역과 늘티까지만 군대를 보내고 있어 경천은 관군의 세력권이 아니었다.

13 「순무사정보첩」,『국역총서』1, 330쪽;「선봉진서목」,『국역총서』8, 208쪽;「선봉진상순무사서부잡기」, 위의 책, 342쪽.

14 「공산초비기」,『국역총서』9, 386쪽;「선봉진일기」,『국역총서』1, 266~267쪽;「순무선봉진등록」,『국역총서』2, 111쪽;「선봉진전령각진」,『국역총서』8, 460~461쪽.

성의 농민군이 늘티·효포와 이인과 오실 마을로 총공격을 시작했다.[15]

4. 공주 방어에 급급했던 조일진압군

1894년 동학농민군의 진압은 조선군의 군사지휘권을 장악한 일본군이 지휘했고, 일본군 후비19대대가 주도적으로 담당했다. '후비보병 제19대대 운영상의 훈령과 일정표'에 따르면 후비19대대의 농민군 진압 일정은 용산에서 세 갈래(三路)로 나누어 출발하여 29일째에 경상도 낙동과 대구에서 합류하는 것이었고, 공주를 경유하는 모리오 부대는 제8일 하루 공주 부근에서 체류하는 계획이었다.[16] 그러나 공주 방면으로 진출했던 모리오 부대는 10월 22일부터 11월 13일까지(21일째) 공주바깥산줄기를 중심으로 공주를 방어했으며,[17] 11월 14일(22일째)에 공주를 압박하는 동학농민군에게 대대적인 반격을 가하였고, 11월 15일에야 논산으로 남하하였다.

공주에서 2차 대치 기간에 공주를 지키던 조일진압군이 농민군의 거대한 포위망과 기세에 공주 방어에 급급했던 상황을 조일진압군의 기록을 통해 살펴본다. 또한 문의·옥천 방면의 일본군 미나미 부대와 홍주로 파견된 아카마츠 부대(모리오 부대의 지대)도 각각의 지역에서 농민군과의 치열한 전

---

15 「순무선봉진등록」, 앞의 책, 152~153쪽.
16 『주한일본공사관기록』 1, 153~156쪽.
17 제2차 대치 기간(10월 26일~11월 7일)에 조일진압군은 공주바깥산줄기와 이인, 늘티를 확보하였고, 제3차 대치 기간(11월 10일~14일)에는 13일까지 공주바깥산줄기를 방어하였다.

투로 공주에서 구원 요청에 대처할 수도 없었고 또한 공주와 연락할 수도 없었던 상황도 살펴본다.

용산에서 청주로 진출했던 미나미 부대는 10월 26일 지명장(至明場) 전투 후 본대는 문의에서 체류하였다. 저녁에 공주에 있던 모리오 부대에서 구원 요청 급보가 미나미에게 도착하였다.[18] 미나미 부대는 문의에서 3일간(10월 26일~28일) 체류하며 지대를 여러 곳으로 보내며 농민군을 추격하였다.[19] 10월 28일 문의현에 주둔하고 있던 미나미는 공주에 주둔하고 있던 모리오에게서 다시 한번 구원 요청을 받았다.[20]

10월 29일 미나미 부대는 공주를 구원하기 위해 문의에서 공주로 출발하여 용포촌(龍浦村)에 도착하였다.[21] 그러나 당일 증약(增若) 전투(10월 29일, 증약은 옥천에 있다; 인용자 주)에서 미야모토 부대(미나미 부대의 지대, 소위 미야모토 다케타로(宮本竹太郎) 지휘)가 패배하였다는 보고를 받고 다시 문의로 돌아와 문의에서 3일간을 체류하며 주변으로 지대를 보내며 정세를 관망하고, 11월 4일에 증약으로 진출한다.[22] 이후 미나미 부대는 옥천 방향의 수만 명의 농민군의 뒤를 쫓아서, 공주에 있던 모리오 부대 쪽은 지원하지 못하고 옥천·금산 방향으로 행로를 잡았다.

11월 1일, 미나미는 공주에 있던 모리오에게 공주를 직접 구원하러 가지

---

18 『주한일본공사관기록』6, 28쪽.
19 위의 책, 63쪽.
20 「미나미 고시로 문서」, 『신국역총서』5, 75쪽.
21 위의 책, 75쪽; 『주한일본공사관기록』6, 63쪽.
22 「미나미 고시로 문서」, 앞의 책, 75쪽; 『주한일본공사관기록』6, 64쪽. 미야모토는 증약 전투의 농민군을 '수만 명'이라고 했다.

못하고 농민군의 뒤를 쫓아 진로를 옥천·금산으로 바꾼 것을 알렸다.[23] 다음은 10월 28일 문의에 있던 미나미가 모리오에게 공주의 위급함을 보고 받고서 지시한 내용이다.

공주로부터 보고가 있기를, "동학도가 진격해 와서 거의 포위된 꼴이 되었다. 당장 어찌 될지 알 수 없는 위태로운 상태에 빠져 있으니 어떻게 하면 좋은가"라고 하였다. 그러나 당장 가서 이를 구원할 수 없으므로 명령을 내려, "오직 성을 사수하라. 한 발짝이라도 성 밖으로 나와 싸우는 것을 허락하지 않는다."고 하였다.[24]

효포전투 이후 공주를 방어하고 있던 모리오 부대는 "동학도가 진격해 와서 거의 포위된 위태로운 상태"가 되어, 미나미의 지시에 따라 공주감영 안에만 머물며 다음 전투를 준비하고 있었다.

홍주로 진출한 아카마츠 부대(서로분진대 지대)는 승전곡 전투(10월 24일)에서 농민군의 유인·매복의 유격전에 농민군에게 많은 군수품을 빼앗기고 홍주로 퇴각하였으며, 신례원 전투(10월 26일)에서는 관군이 패배하는 것을 목격하였다. 아카마츠 소위는 농민군이 홍주를 포위해 오자 공주에 주둔하고 있던 서로분진대 본대와는 연락이 막혀, 경성 일본공사관에 인편으로 보병 1개 대대와 여러 문의 포를 지원 요청하였다.[25] 10월 28일~29일의 홍주

---

23 「미나미 고시로 문서」, 앞의 책, 75쪽.
24 『주한일본공사관기록』 6, 29쪽. 문의현에 있던 미나미가 공주의 위급함을 재차 연락받은 날짜는 「미나미 고시로 문서」(앞의 책, 75쪽)에 따라 10월 28일로 보았다.
25 『주한일본공사관기록』 1, 221~222쪽. 아카마츠 소위가 요청한 '보병 1개 대대'는 후비19

전투에서 조일진압군이 승리하고, 11월 7일에 야마무라(山村) 대위가 인솔한 3개 소대의 지원부대가 홍주에 도착하자, 11월 8일에 아카마츠 부대 90여 명은 공주를 향해 출발하였다.[26] 아카마츠 부대는 12일에 공주에 도착하였고, 13일에 경리청 2개 소대와 함께 연기로 출발하여 청주 쪽에 나타난 김개남 부대에 대처하였다.[27]

다음은 경군의 기록을 통해 공주에서 제2차 대치 기간 동안 경군의 상황을 살펴본다. 이하의 기록은 효포전투 뒤 선봉진 이규태의 보고이다.

> … 진격하여 토벌해야 하나 지금 여기에 있는 병사 700여 명으로 영(營)에 남을 병사를 제외하면 남은 병사의 수가 넉넉하지 않습니다. 또한 여기에 있는 일본군도 100명이 넘지 않아서, 교도병(敎導兵)과 해당 진(陣)과 동행한 일본군을 날마다 기다리고 있습니다.… 지금 (경군의; 인용자 주) 탄환이 넉넉하지 않는 것이 첫 번째로 큰일입니다.[28]

대대의 규모이므로, 아카마츠 소위가 내포 지역(홍주 등) 농민군들의 규모와 투쟁 기세에 대단히 당황했던 것을 알 수 있다. 또한 후비19대대의 기본 장비에 대포는 없는 것으로 확인되는데, 내포 지역 농민군의 기세에 놀라 대포를 새로 요청하였다.

26 『주한일본공사관기록』 3, 317쪽. 「홍양기사」에서는 아카마츠 부대의 홍주 출발이 11월 9일이다. (「홍양기사」, 『국역총서』 4, 108쪽)

27 「갑오군정실기」 4·5·6, 123쪽.

28 「선봉진상순무사부잡기」, 『국역총서』 8, 305~306쪽. (『사료총서』 16, 271~272쪽) 위 인용문에 홍주 전투(10월 28일~29일)와 증약 전투(주안, 10월 29일)의 즈음의 상황이 기록되어 있어 '제2차 대치 기간'으로 보았다. 공주전투 기간 일본군 150여 명, 경군 800여 명이 기본 인원이다. 그런데 일본군 100여 명, 관군 700여 명이 나오는 것은 11월 3일 공주 주둔 일본군 한 부대가 정산 김기창 농민군을 진압하러 갔을 때의 상황으로 본다. (「홍양기사」, 『국역총서』 4, 105~106쪽)

위 선봉진의 기록은 당시 공주에서 농민군의 거대한 세력에 비해 경군 및 일본군 인원의 부족과 경군 탄환 부족을 이야기하고 있다.

제3부에서는 공주를 놓고 동학농민군과 조일진압군 간에 벌어진 공주전투 제1차 대지(10월 22일), 1차 전투(10월 23일~25일), 2차 대치 11일간(10월 26일~11월 7일)을 살펴보았다. 다음 제4부에서는 공주전투 제2차 전투(11월 8일~11월 9일), 5일간의 3차 대치(11월 10일~14일)를 살펴본다.

제4부
공주전투 22일, 제2차 전투와
제3차 대치

제4부에서는 제3부에 이어, 제2차 공주전투(11월 8일~9일)로 11월 8일 이인전투, 11월 9일의 공주전투(① 우금티전투 ② 송장배미산자락전투 ③ 오실산자락전투 ④ 효포전투) 그리고 이후 제3차 대치 5일간을 서술한다.*

---

* 제2차 공주전투와 제3차 공주 대치를 기록하고 있는 사료는 다음과 같다. 전봉진의 보고를 기록한 다음 네 가지 사료가 있는데, 내용은 모두 같다. ① 「순무선봉진등록」(『국역총서』 2, 152~158쪽; 『동학란기록』 상, 486~490쪽); ② 「선봉진일기」(『국역총서』 1, 270~276쪽; 『동학란기록』 상, 235~239쪽); ③ 「순무사정보첩」(『국역총서』 1, 339~344쪽; 『사료총서』 16, 326~329쪽); ④ 「갑오군정실기」 4·5·6, 102~107쪽. 위의 기록에는 11월 8일 농민군의 공주 포위와 이인전투, 11월 9일의 전투로 효포전투, 우금티전투, 송장배미산자락전투가 기록되어 있다. 관군 측의 또 하나의 사료는 『公山剿匪記』 牛金峙之師로 11월 8일 이인전투와 11월 9일 우금티전투, 11월 11일의 중대·우와리 농민군 습격 사건이 기록되어 있다(「공산초비기」, 『국역총서』 8, 386~389쪽; 『사료총서』 2, 427~432쪽). 제2차 공주전투에 참여한 모리오 대위는 『(2) 公州附近 戰鬪詳報(1894년 12월 4일, 5일)』를 남겼다. 여기에는 11월 8일 농민군의 공주 포위 사실, 11월 9일의 우금티전투와 오실산자락전투가 기록되어 있다(『주한일본공사관기록』 1, 246~248쪽). 송장배미산자락전투는 위 전봉진의 보고와 함께 동학교단 관련서인 『동학도종역사』와 『시천교종역사』에 기록되어 있다(『동학도종역사』, 『국역총서』 11, 126쪽(『사료총서』 29, 325~326쪽); 『시천교종역사』, 『국역총서』 11, 295쪽(『사료총서』 29, 116쪽)).

제1장 이인전투(利仁戰鬪, 11월 8일)

1. 11월 8일, 대규모 북접 농민군 이인 포위

경천·노성·논산으로 물러났던 농민군이 11월 8일 늘티·효포와 오실 마을에 나타나서 공주바깥산줄기를 다시 포위하기 시작하였고, 동시에 공주감영의 남쪽에 있는 이인역을 포위하기 시작하였다. 늘티를 지키고 있던 경리청의 구상조 부대는 재빨리 효포·능티로 후퇴하여 효포에서 농민군과 대치하였다.

그런데 이인에 있던 경리청의 성하영·백낙완 부대는 미처 퇴각하지 못하고 농민군의 포위에 빠지면서 이인전투가 시작되었다. 이인에 주둔하고 있던 경리청의 성하영·백낙완 부대는 280명이다.[1] 다음 『공산초비기』의 기록을 통해 농민군의 포위에 빠진 성하영·백낙완 부대의 상황을 살펴본다.

11월 8일 판치에 머물러 방어하던 구상조와 이인에 머물러 방어하던 성하영

---

1 『주한일본공사관기록』 1, 247쪽.

등이 모두 적병의 형세가 차츰 접근하여 고립된 군사로 나누어서 머무를 수 없다고 하였다. 선봉장이 바로 감영으로 도로 모이도록 명을 내렸다. 그러나 이인에 주둔하던 군사가 미처 회진(回陣)하기 전에 적병에게 포위를 당하였다.[2]

이인역에 주둔하고 있던 성하영 부대에 대한 농민군의 공격은 오시(오전 11시~오후 1시) 무렵부터 시작되었다.[3] 이인의 취병산에 주둔하고 있던 백낙완 부대에 대한 농민군의 공격은 신시(오후 3시~5시) 무렵부터 시작되었다.[4] 이때 이인전투에 매우 많은 농민군이 참전한 것을 알 수 있는데, 성하영의 보고는 "비류 몇만 명"(匪類幾萬名)[5]이라고 했고, 선봉진의 보고도 "몇만의 비류"(幾萬之匪類)[6]라고 했다.

11월 8일 이인전투에서 이인을 방어하던 관군 경리청 부대 대장은 성하영과 백낙완이었다. 백낙완의 『남정록』에서는 "개미떼 같이 결진하고 바람 같이 싸고 들어오는 이십만 대군"의 농민군들이 이인을 포위해 들어온 것

---

2 「공산초비기」, 『국역총서』 9, 386쪽.

3 「갑오군정실기」 4·5·6, 134~135쪽. 11월 8일 성하영의 보고이다. "8일 오시(오전 11시~오후 1시) 무렵에 적도들이 경천(敬川)에서 몰려와서 도처에 불을 지르고 산으로 올라가 에워쌌습니다."

4 「남정록」, 252쪽.

5 「순무선봉진등록」, 『국역총서』 2, 153쪽(『동학란기록』 상, 486쪽); 「선봉진일기」, 『국역총서』 1, 271쪽(『동학란기록』 상, 235쪽); 「순무사정보첩」, 『국역총서』 1, 339쪽.(『사료총서』 16, 326쪽)

6 「순무선봉진등록」, 『국역총서』 2, 153쪽(『동학란기록』 상, 487쪽); 「선봉진일기」, 『국역총서』 1, 271쪽(『동학란기록』 상, 236쪽); 「순무사정보첩」, 『국역총서』 1, 340쪽.(領率瑞山郡守成夏永, 經理廳隊官尹泳成白樂浣, 以數少兵力, 處利仁派援之地, 腹背受賊, 而殺退幾萬之匪類. 『사료총서』 16, 327쪽)

으로 묘사하고 있다.[7] 구체적으로는 다음과 같다.

> 11월 7일에 백낙완이 군진을 거느리고 이인역의 취병산을 지켰다. 손화중[8]이
> 올라와서 노성군에 주둔하고, 전봉준이 패하여 돌아온 것을 보고 분기 대발
> 하여 20만 대군을 몰아 물밀듯 들어왔다. 이인으로 길을 잡아 이날 8일 신시
> (오후 3시~5시) 무렵에 개미떼같이 결진하고 바람같이 싸고 들어오는 길에 취
> 병산을 둘러쌌다.[9]

11월 8일 이인에 나타난 농민군 성격과 활동에 대해서, 북접 농민군 측의
기록인 『균암장임동호씨약력』에서는 손병희 지휘 하의 북접 농민군이 주도
하여 승리한 전투이며, 이인에서 수비하는 관군을 격파하고 이인 산중에서
하룻밤 숙박하고 다음 날 날이 밝기 전 공주 서쪽 편을 공격하였다고 했다.
다음은 『균암장임동호씨약력』의 기록이다.

---

7 「남정록」, 252쪽.
8 「남정록」에는 손화중 부대가 11월 8일 이인을 공격하였고 또한 11월 9일에도 견준산
   에서 방어하던 백낙완 부대와 전투한 것으로 기록되어 있다. 그런데 손화중은 2차 봉
   기 후 "공주로 향하다가 일본 병사가 해로(海路)로 온다는 말을 듣고 해방(海防)하란 고
   로 광주만 고수하였다"고 한다.(「전봉준공초」, 『국역총서』 12, 18쪽) 그러나 제2차 공주전
   투(11월 8일~9일)에 '손화중 부대 일부'가 참전했을 수도 있다. 또한 백낙완이 손병희
   부대의 깃발을 손화중 부대의 깃발로 잘못 판단한 것인지 모른다. 그리고 11월 8일 이
   인전투에 북접 농민군과 손화중 부대가 함께 참전했을 수도 있다. 그러나 승리한 이인
   전투(11월 8일)를 북접 농민군의 전투로 기록하고 있는 동학교단사의 관련 기록에 따
   라 이인전투(11월 8일)는 북접 농민군 주도의 전투로 판단한다.
9 「남정록」, 251~252쪽.

의암성사(손병희; 인용자 주)… 등 여러 사람이 포군 6~7만 명을 인솔하고 북문 밖에 매복하였다.… 앞에 기록한 바와 같이 10여 일을 (논산에; 인용자 주) 머물다가 다시 공주로 행진하는데 전봉준은 노성으로 향하여 공주산성으로 들어가고, 본진(本陣)의 여러 사람은 이인에서 수비하는 관군을 격파하고 같은 산중에서 숙박하고 다음 날 밝기 전에 서쪽의 공주로 공격해서 들어가는 중 소개봉(小蓋峰) 작은 봉우리 두 곳을 점거하였다.[10]

동학교단의 역사서(『시천교종역사』, 『동학도종역사』, 『천도교창건사』)에 나오는 "북접 농민군이 승리한 이인전투"[11]는 사료에 근거하여 10월 23일의 이인전투가 아니라 11월 8일의 이인전투로 보고자 한다(이 책의 '10월 23일 이인전투'와 '11월 8일 이인전투' 참고). 또한 위의 세 가지 사료에는 북접 농민군이 "이인역 근처에 있던 옥녀봉"에서 경병을 만나 승리하고, 이어서 봉황산전투(송장배미산자락전투로 본다)를 치른 것으로 기록하고 있다.[12] 동학교단 역사의 기록에서 "이인역 근처에 있던 옥녀봉의 전투"를 '11월 8일 이인전투'로 본다면 『균암장임동호씨약력』의 기록은 '북접 농민군은 11월 8일 이인전투에서 승리하고, 다음 날 서쪽의 공주를 공격해' 송장배미산자락전투를 치렀다는 사실과 부합된다.

---

10 「균암장임동호씨약력」(영인본), 156~158쪽.
11 「시천교종역사」, 『국역총서』 11, 126쪽; 「동학도종역사」, 위의 책, 295쪽; 「천도교창건사」, 『동학사상자료집』 2, 156쪽.
12 북접 농민군이 승리한 것으로 기억하고 있는 옥녀봉전투(10월 25일)와 이인전투(11월 8일) 그리고 남접 농민군이 참전한 이인전투(10월 23일)는 구별되어야 한다. 또한 북접 농민군이 참전했다고 기록하고 있는 봉황산전투는 송장배미산자락전투(11월 9일)로 정정되어야 한다.

11월 8일 이인전투를 주도한 농민군 세력을 북접 농민군이라고 보면, 이인전투(11월 8일)에는,『균암장임동호씨약력』에 의거하면, 북접 농민군의 기본 세력인 6~7만이 참여했을 것이다.[13]

2. 농민군의 이인 점거와 경리청 성하영·백낙완 부대 우금티로 탈출

백낙완은 『남정록』에서 이인에서 '20만 대군'의 농민군에게 포위되어 가까스로 우금티 방면으로 탈출한 상황을 다음과 같이 표현하고 있다.

포성이 우레 같고 탄환은 우박이 내리는 듯했다. 아군이 적세를 바라보고 총을 안고 울며 말하기를 "대관, 대관아 우리들이 다 이 땅에서 죽겠도다, 저것을 보옵소서." 우룡이 스스로 생각하되 '이 적은 군사로서 조그마한 산을 지키다가 나가서 싸울 수도 없고, 물러가자니 군사를 온전히 보전하기 어렵다'고 생각했다.… 머리를 조아려 하늘에 빌기를, '바삐바삐 어둡기를 바라나이다' 빌기를 마치니… 운무가 산곡을 둘러 원근이 컴컴하여 지척을 분별할 수 없었으니… 여러 군사를 거느리고 번개같이 빠져나오니….[14]

백낙완은 이인에서 매우 적은 인원의 관군이 농민군에게 꼼짝없이 포위되었는데, '하늘에 빌어서' 또는 '하늘의 도움을 받아서', 하늘이 컴컴해진 덕

---

13 「균암장임동호씨약력」(영인본), 157쪽.
14 「남정록」, 252~254쪽.

분에 이인을 빠져나왔다고 했다. 백낙완의 표현을 통해 이인 농민군의 거대한 세력을 짐작해 보게 된다.

이인을 지키고 있던 경리청 부대는 농민군 세력을 감당할 수 없어서 성하영 부대와 백낙완 부대가 각각 후퇴하여 우금티로 도망쳐 나왔다. 먼저 성하영 부대는 오후 5시 20분 무렵에 도착한 것으로 보인다.[15] 백낙완 부대가 우금티에 도착한 시간은 '술각'(戌刻) 즉 저녁 8시이다.[16]

다음은 『공산초비기』에 보이는 11월 8일 이인전투 상황으로 11월 8일 이인전투에서 수많은 농민군이 살상당한 것으로 추측된다.

> 이인의 지세는 삼면이 모두 산으로 둘러싸여 있고 다만 한 면이 열려 있다. 농민군이 약속하고 산 뒤로 올라 일시에 횃불을 들어 돌리니, 한순간에 한판 불꽃성을 이루었다. 관군이 포를 쏘아 돌리며 공격하며 적을 무수히 살상했고 관병도 한사람이 다쳤다.[17]

---

15 『주한일본공사관기록』1, 247쪽. "(모리오 대위가; 인용자 주) 오후 5시 20분 스즈키(鈴木) 특무조장(特務曹長)에게 그의 소대와 이인에서 퇴각해 온 조선 관군을 이끌고 우금티산과 이인가도(利仁街道)를 수비케 하였다."

16 「순무선봉진등록」, 『국역총서』2, 153쪽(『동학란기록』상, 486~487쪽); 「선봉진일기」, 『국역총서』1, 271쪽(『동학란기록』상, 235~236쪽); 「순무사정보첩」, 『국역총서』1, 340쪽(『사료총서』16, 327쪽). 與兩路賊兵, 儘力廝殺, 擊退腹背兩賊, 退駐于十里牛金峙是乎, 則比至戌刻, 而兩隊兵丁及輜重雜物, 則無遺損, 左二小隊兵丁金明壽, 左臂中丸擔异以來. 위 기록에 의하면 술각(戌刻)에는 경리청 양소대가 우금티에 도착했고, 좌2소대병 김명수(金明壽)가 부상을 당했다. 「각진장졸성책」에 경리청 좌2소대의 장교는 대관 백낙완이고 그 병정에 '金明守'가 있다.(『사료총서』17, 418쪽) 술각에 백낙완 부대가 우금티에 도착한 것이 확인된다.

17 「공산초비기」, 『국역총서』9, 386쪽.(利仁地勢, 三面皆山, 只開一面. 賊兵約登山後一時擧火轉, 瞬間便成一座火城. 官兵放砲環攻, 殺賊無數, 官兵亦傷一人. 『사료총서』2, 429쪽)

제2장 제2차 공주전투;
농민군의 공주 포위와 조일진압군 배치

1. 11월 8일 무렵, 공주를 포위한 농민군 세력 및 거점 지역

11월 8일 무렵 공주를 포위하고 전투를 준비해 온 농민군 세력 및 거점은 다음과 같다.[1]

(1) 은진·논산으로 후퇴한 남접 및 북접 농민군 세력

10월 25일 효포전투에서 패배하고 은진·논산으로 후퇴한 남접 농민군과 북접 농민군 세력에 대하여, 관군은 "흩어졌다 다시 모여 황산(黃山)에서 호응하여 따르지 않는 자들을 약탈하고, 호남의 김개남에게 후원을 요청했다."고 파악하고 있다.[2]

---

1 선봉진의 11월 8일 첩보에 의한 기록을 주로 참고하였다.(「선봉진상순무사서부잡기」, 『국역총서』 8, 344~345쪽)

2 「선봉진상순무사서부잡기」, 『국역총서』 8, 344쪽.(南有恩津論山之賊, 全琫準之黨, 散而復合稱掠黃山之不應從者, 嘯聚湖南金開南後援云. 『사료총서』 16, 295쪽)

(2) 갑사(甲寺) 및 연기 세거리(細巨里)의 농민군

공주 동남쪽 갑사에도 농민군이 포진하고 있었다. 관군은 계룡산 갑사의 농민군에 대해 "효포전투(10월 24일~25일)에서 흩어진 농민군 거점의 하나인데, 대교전투(10월 24일)에서 흩어진 농민군들도 연기 세거리에 모여 갑사로 향하여 전봉준과 합세할 계획이다."[3]라고 했다. 갑사로 진출한 농민군들은 11월 20일 통위영이 갑사에 진출할 때까지 세력을 유지하고 있었다.[4]

(3) 이인 김의권(金義權) 농민군

이인 김의권 농민군에 대한 11월 8일 선봉진의 정보 보고는 다음과 같다.

서남쪽에 이인의 김의권이 새와 짐승처럼 흩어졌다가 이인에 다시 모여, 호응해서 따르지 않는 배가(裵哥)를 죽였기 때문에 주민들이 비록 가고 싶지 않았으나 위협에 두려워서 감히 따라가지 않을 수가 없었습니다. 그래서 오랫동안 지속되면 그 기세가 반드시 대단해져서 무고한 사람들이 많이 죽어 참담할 것입니다.[5]

---

3 「선봉진상순무사서부잡기」, 『국역총서』 8, 344쪽.(東南又有甲寺之憂, …又爲散賊之巢穴, 況大橋散黨. 又聚於燕岐細巨里者, 欲赴全賊之計也, 必向甲寺. 『사료총서』 16, 295쪽)

4 「순무선봉진등록」, 『국역총서』 2, 224쪽. 갑사(甲寺)는 남북으로 뻗은 계룡산 산줄기의 서쪽편에 위치하고 있다.

5 「선봉진상순무사서부잡기」, 『국역총서』 8, 344쪽.(西南有利仁之金義權, 尸獸散者, 復聚於利仁, 殺裵哥之不應從者. 故居民雖不欲往, 畏於脅從, 不敢不住, 則曠日持久, 其勢必大, 無辜多死, 亦可慘也. 『사료총서』 16, 295쪽)

10월 25일 효포전투 이후, 관군은 10월 26일부터 이인에 군대를 보내 주둔시켰다.[6] 그러나 위의 기록으로 미루어 보면, 이인역은 관군이 장악하였지만 이인역 주변에서는 김의권 농민군이 의연히 세력을 유지하고 있다. 11월 9일의 공주전투가 끝난 11월 14일 무렵에도 이인 근처 구암(龜岩)에 여전히 농민군 수백여 명이 활동하고 있었다.[7]

(4) 반송 농민군[8]

반송(盤松)은 이인과 경천 사이에 자리 잡고 있는 지역이다. 1894년 7월에 이인의 임기준 접주와 연대해서 활동하던 김필수(金弼洙) 접주가 확인되며,[9] 「동학문서」에 따르면 9월 무렵 반송접주 김상우(金商祐)가 2만 명을 거느리고 있었다.[10] 11월 8일 무렵에도 관군이 반송의 농민군 세력을 주목하고 있었다.[11]

---

6 「선봉진일기」, 『국역총서』 1, 259쪽.
7 "이인에서 오리(五里) 되는 구암에 몰래 모이는 자 수백여 명."(利仁五里龜岩, 暗會者數百餘名.) 「선봉진정보첩」, 『국역총서』 8, 79쪽.(「東徒排置圖」)
8 1894년 반송은 이인대접주 임기준 휘하 반송접주 김필수(金弼洙)가 활동한 농민군의 중요한 거점이었다.(「시문기」, 『국역총서』 6, 8쪽) 7월 5일 반송접에서 공주 신소에 사는 유생 이단석에게 군수물품을 요구하며(위의 책, 6~8쪽), 7월 7일 반송에서 농민군들이 군수물품 모집 활동을 하며(「금번집략」, 『국역총서』 4, 23쪽), 8월 19일부터 23일까지 5일간 농민군 수천 명이 금강 근처에 모여 충청감영으로 들어가려고 군졸들과 대치할 때 반송접이 활동하였다.(「금번집략」, 위의 책, 13~14쪽; 「갑오기사」, 『국역총서』 6, 103~104쪽)
9 「시문기」, 앞의 책, 6~8쪽.
10 「동학문서」, 『사료총서』 5, 108쪽.
11 「선봉진상순무사서부잡기」, 『국역총서』 8, 344쪽.

(5) 건평 농민군

공주창의소 의병장 이유상의 활동 지역인데, 11월 8일에도 그 세력이 확인된다.[12] 이유상의 영향력으로 보이는데, 건평 바로 옆마을 세탑리에서는 노론 한씨(韓氏) 청년 20여 명이 농민군으로 공주전투에 나가서 4명이 전사했다는 구전이 한씨네 집안에 내려오고 있다.[13]

(6) 정산 김기창(金基昌) 농민군

충청감영 서쪽 정산의 김기창 농민군으로, 11월 8일 무렵 "김기창이 아들로 하여금 통문을 내게 하여 정산의 미륵당에 수천 명을 모았다."[14]

2. 11월 8일 밤, 농민군의 공주바깥산줄기 포위

11월 8일 이인전투에서 농민군이 승리하고 또한 농민군은 오실 마을과 효포에도 진출했다. 그리고 우금티 가까이에도 진출했다. 밤이 깊어서 이인에서 후퇴한 백낙완군이 우금티에 주둔할 때, 영장 이기동은 두리봉(주봉)

---

12 위의 책, 344쪽.
13 노론의 한씨 청년 4명의 제삿날이 11월 8일이라고 한다. 이것은 2015년 필자의 구전 조사이다.(한규배(후손) 증언, 부여 초촌면 세탑리 가는골 거주)
14 「선봉진상순무사서부잡기」, 『국역총서』 8, 344쪽.(西有定山彌勒堂之憂, 金基昌使其子發通, 衆可數千名云. 『사료총서』 16, 295쪽)

에 주둔하였다.[15] 이기동이 두리봉에 주둔한 것은 송장배미 산자락 앞에도 농민군이 진출한 것에 대한 대처일 것이다. 11월 8일 밤, 농민군은 공주바깥 산줄기의 송장배미·두리봉-우금티-향봉-효포에 걸쳐 포위하였다.

(1) 11월 8일 아침, 괘등봉과 노성 봉수대에서 사라진 농민군

경리청 성하영이 부대를 이끌고 11월 7일 오시 무렵에 이인에 주둔 후 숙박하고, 11월 8일 아침에 농민군 세력을 관찰하며 동향을 보고하였다.

오늘 아침 높은 언덕에 올라가 망원경으로 멀리 바라보니 판치와 마주보는 괘등봉[16]에 있던 적과 깃발, 노성 봉수대의 뒷산에 있는 적과 깃발은 모두 형적이 사라졌다. 다만 논산 등지에서 멀리까지 연기와 포성이 있으나 가까이 있던 적들이 어느 곳을 향해 갔는지는 자세히 알 수가 없다.[17]

(2) 늘티·효포에 나타난 농민군

11월 8일 아침 괘등봉(경천의 농민군 관측소)과 노성 봉수대에서 사라진 농

15 「공산초비기」, 『국역총서』 9, 388쪽.
16 '「공산초비기」 우금지사 〈그림 지도〉'에 경천 근처에 '掛燈山'이 기록되어 있다.(「공산초비기」, 앞의 책, 387쪽) 掛燈峰과 掛燈山은 같은 지명으로 본다. 구전에 의하면, 괘등봉은 경천을 장악한 농민군이 관측을 하던 곳으로 확인된다.(『공주와 동학농민혁명』, 193~194, 199~202쪽)
17 「순무선봉진등록」, 『국역총서』 2, 136쪽.

민군은 묘시(오전 5시~7시)부터 늘티로 압박해 들어오기 시작했고,[18] 농민군의 압박에 늘티를 지키던 관군이 효포로 퇴각하기 시작하였다. 다음은 늘티를 지키던 경리청 구상조가 미시(오후 1시~3시) 무렵부터 효포로 퇴각하며 구두(口頭)로 공주 감영에 있는 선봉진에 급히 전한 보고이다.

> 당일 미시(오후 1시~3시) 무렵에 '비도 몇만 명'(匪徒幾萬名)이 경천점(敬川店)에서 곧바로 올라오거나 혹은 노성현 뒷 봉우리에서 산으로 올라와서 에워싸는데 포성이 진동하고 깃발이 어지럽게 섞여서 함성을 지르며 일제히 전진하여 오는데, 우리의 병력으로는 당해내기가 어려웠습니다. 그 때문에 편의에 따라 효포(孝浦)·웅치(熊峙) 등 요새라 할 수 있는 높은 봉우리로 나아가 진을 치고 각별히 명령하여 지키고 망을 보게 하였습니다.[19]

모리오 대위는 "늘티 경계를 맡고 있던 경리영병이 오후 3시에 농민군의 공격을 받고 오후 4시에 효포로 퇴각하였다"고 기록하고 있다.[20] 이때 효포에 나타난 농민군에 대해 선봉진은 다음과 같은 기록을 남기고 있다.

---

18 「선봉진상순무사서부잡기」, 『국역총서』 8, 340쪽.(初八日卯時量, 自敬川水越里等地 賊徒漫山遍野, 四面圍匝而至, 勢甚危迫. 『사료총서』 16, 292쪽)

19 「순무선봉진등록」, 『국역총서』 2, 152~153쪽(『동학란기록』 상, 486쪽); 「선봉진일기」, 『국역총서』 1, 270~271쪽(『동학란기록』 상, 235쪽); 「순무사정보첩」, 『국역총서』 1, 339쪽(『사료총서』 16, 326쪽).

20 『주한일본공사관기록』 1, 246쪽.(「(2)公州附近 戰鬪詳報(1894년 12월 4, 5일)」) "1. 12월 4일 오후 4시, 판치(板峙)의 경계를 맡고 있던 경리영병(經理營兵)으로부터 오후 3시에 우세한 적의 공격을 받고 점차 공주로 퇴각했다는 보고를 받았다."

[지도 14] 11월 8일 밤, 농민군의 충청감영 포위[21]

21 근거 사료는 다음과 같다. 「순무선봉진등록」, 『국역총서』 2, 153쪽; 「선봉진상순무사서부
　잡기」, 『국역총서』 8, 340쪽; 『주한일본공사관기록』 1, 247쪽; 「공산초비기」, 『국역총서』
　9, 388쪽; 「균암장임동호씨약력」, 117쪽.

능치(陵峙)로 물러나 주둔하였더니, 적이 마침내 잠깐 사이에 이르러 높은 봉우리를 바라보며 진을 치고 지키는 자가 거의 '수만 명(數萬衆)'이 되었고, 작은 산등성이를 사이에 두고 모여서 엿보는 자도 300~400명이 되었습니다. 이들은 소위 총을 들고 앞장을 서는 정병(精兵)이었습니다.[22]

다음은 효포에 나타난 농민군에 대한 저녁 무렵 관군의 기록이다.

연이은 판치 진영에서 급히 보고하는 내용에, "효포·능치를 지킨 뒤로 비도들이 들과 산에 가득하고 비록 감히 곧바로 올라오지는 못하지만 여러 깃발을 두루 꽂아 놓아 기세가 매우 대단합니다. 저녁 무렵이 되어서도 아직 별다른 소요를 일으키는 정황은 없습니다."라고 합니다.[23]

(3) 오실 마을에 나타난 농민군

11월 8일 미시(오후 1시~3시) 무렵 오실 마을로 농민군들이 접근하고 있었다.

'비류(匪類) 몇만 명'이 논산에서 직로(直路)로 고개를 넘어 (이인으로; 인용자 주) 왔고, 또 '몇만 명'이 오실(梧室)의 산길을 따라 뒤를 끊고 포위하고 있습

---

22 「선봉진상순무사서부잡기」, 『국역총서』 8, 340쪽.(『사료총서』 16, 292쪽)
23 「순무선봉진등록」, 『국역총서』 2, 153쪽; 「선봉진일기」, 『국역총서』 1, 271쪽; 「순무사 정보첩」, 위의 책, 340쪽.

니다.[24]

위 기록은 이인을 지키고 있던 성하영이 선봉진에 구두로 전한 급한 보고로, 구상조의 보고에 이어서 도착한 보고이다. 구상조의 보고에 따르면 미시(오후 1시~3시) 무렵부터 늘티로 농민군이 밀이 닥치는데, 농민군들이 이인을 공격해 들어오고 또한 오실 마을로 접근해 오는 시간도 구상조의 보고와 거의 같은 미시 무렵으로 본다. 이인을 지키던 성하영은 농민군들이 논산에서 직로(直路)로 이인을 공격해 들어오고 있지만, 동시에 오실 마을로도 접근하여 북쪽에서 이인을 포위하고 있다고 했다. 성하영의 위의 보고에서 "오실(梧室)의 산길을 따라 뒤를 끊고 포위하고 있다"는 기록은 농민군이 오실에 진출하는 것은 공주 지형상 농민군이 이인을 포위하는 형세인 것을 말하고 있다.

(4) 11월 8일 밤, 우금티 가까이 진출한 농민군

11월 8일 오후 오실 마을을 농민군이 점거하였다. 오실 마을은 우금티와 매우 가까운 거리여서 우금티를 노리는 길목이기도 하다. 11월 8일 밤, 모리오 부대와 성하영 부대가 우금티를 지키고, 견준봉(우금티 일대에서 가장 높은 봉우리)을 백낙완 부대가 지킨 것은 모두 우금티를 노리는 농민군의 포위망

---

24 「순무선봉진등록」, 『국역총서』 2, 153쪽(『동학란기록』 상, 486쪽); 「선봉진일기」, 『국역총서』 1, 271쪽(『동학란기록』 상, 235쪽); 「순무사정보첩」, 『국역총서』 1, 339쪽(『사료총서』 16, 326쪽). 위의 세 가지 사료는 모두 다음과 같은 내용이다: 匪類幾萬名, 自論山直路, 踰嶺衝來. 又有幾萬名, 從梧室山路斷後圍住是如是乎只.

에 대비한 것이다.[25]

또한 백낙완 부대가 11월 8일 저녁 이인에서 농민군에 포위되었다가 도망쳐 나와 견준봉에 주둔하면서 "동도의 형편을 살펴보니 산산촌촌 화광이 창천하여 수십 리를 이어져 즉시 경향 군졸로 사방의 길목을 지키고 기다렸다"[26]고 했다. 위 백낙완의 『남정록』 기록으로 보아 11월 8일 밤, 우금티 가까이에도 농민군이 진출하여 불을 피우며 기세를 올리고 있다. 11월 8일 밤 관군의 기록에 "능티 방면에 있던 농민군이 우금티로 간다고 하는 이야기가 있는데, 밤에 우금티에서 공주로 넘어온다면 큰일이다"라고 해석할 수 있는 기록이 있다.[27] 11월 8일 밤에 농민군이 우금티에도 접근하고 있었다는 기록이다.

(5) 11월 8일 밤, 향봉 동남쪽의 2만여 명 농민군

모리오 대위가 남긴 11월 8일과 11월 9일 공주전투에 대한 기록[28]에서,

---

25 「공산초비기」, 『국역총서』 9, 388쪽; 『주한일본공사관기록』 1, 247쪽; 「남정록」, 258쪽.
26 「남정록」, 258쪽.
27 今見陵峙留駐領官所報, 則匪類轉向牛金峙云, 乘暗蹂入, 則豈非良貝乎. 「이규태왕복서병묘지명」, 『사료총서』 16, 420쪽. 이 문장에 이어서 "이인에 있던 군대가 온전히 돌아왔다(利陣之全還)"는 말이 있는 것으로 보아서, 11월 8일의 기록이라고 보았다. 공주 구전에 의하면, "전봉준 장군이 효포를 공격하는 척하며 큰오실 고개를 넘어 오실의 막골로 몰래 들어와 공주 공격을 지휘했다"고 한다.(『공주와 동학농민혁명』, 153쪽) 큰오실 고개는 지금은 거의 길로 사용하지 않는 옛길인데, 2014년 현지 주민의 안내로 큰오실 고개를 답사하기 위해 향포에서 오실의 막골까지 넘은 적이 있다. 고갯길은 1시간 정도 걸리는 매우 짧은 거리였다.
28 『주한일본공사관기록』 1, 246~248쪽.

"11월 8일 오후 3시에 늘티에서 경리영병이 농민군의 압도적인 공격을 받고 오후 4시에 공주(즉 효포이다; 인용자 주)로 퇴각했다"는 것과 "이인에 있던 경리영병 280명은 점차 우금티로 퇴각했다"는 기록이 있다. 이것으로 보면 모리오 대위는 당시 늘티·효포의 상황과 이인의 상황을 파악하고 있다. 이후 모리오 대위는 11월 8일 저녁 무렵부터 다음 날 아침까지, 농민군의 주력 2만여 명이 향봉 동남쪽 일대에서 공주를 노리고 있다고 판단하고 밤새 향봉을 감시하고 있었다. 다음은 그 기록을 살펴본다.

> 4. 향봉(香峰)에 이르러 적의 정세를 정찰했더니, 적은 향봉산(香峰山) 위로부터 약 1,400미터 떨어진 산 위 일대에 적도가 모여 있었다.(약 2만 명) 불을 환하게 지피고 동남쪽을 포위하면서 계속 총과 포를 쏘아댔다. 그 기세가 매우 거세었지만, 전진하려고 하는 기색이 없었으므로, 다음 날 아침까지 서로 대치하고 있었다.[29]

향봉에서 동남쪽으로 약 1,400미터 떨어진 곳은 지치봉 산줄기와 그 주변이다. 11월 9일 우금티전투 개념도가 묘사된 「공산초비기」 우금지사 〈그림 지도〉'에 지치봉 근처의 '점말'(오곡동의 마을)로 추정되는 골짜기에 "全賊留陣"(전적유진)이 기록되어 있다. 전봉준 부대의 지휘부가 점말에 근거지를 두고 지치봉 산줄기와 그 주변에 포진한 농민군을 지휘한 것으로 본다. 11월 8일 밤 모리오 대위가 밤새 주시한 2만여 농민군의 포진은 지치봉 산줄

---

29 위의 책, 247쪽.

기와 그 주변으로 추정된다.([지도 14], [지도 15] 참고)

　(6) 두리봉·송장배미 앞으로 농민군 진출

　『공산초비기』에 11월 8일 밤, 조일진압군이 농민군의 포위망에 맞서 공주바깥산줄기 방어선을 구축한다. 밤이 깊어 이인에서 백낙완 부대가 돌아와 견준봉에 주둔하고, 이어서 공주영장 이기동 부대는 두리봉에 주둔한다.[30] 공주영장 이기동 부대가 두리봉에 주둔한 것은, 밤이 깊어지자 농민군 일부가 공주바깥산줄기 서쪽편 두리봉·송장배미 산자락 앞으로 진출한 것에 대한 조일진압군의 대응이다.

　『균암장임동호씨약력』에서는 북접 농민군이 11월 8일에 이인을 점거하여 산중에서 하룻밤을 자고, 다음 날 새벽에 공주 서쪽으로 들어가 전투를 했다고 기록하고 있다.[31] 11월 9일 새벽에는 이인에 있던 대규모 북접 농민군이 본격적으로 송장배미 산자락에 진출했으리라 추정된다.

30 「공산초비기」, 『국역총서』 9, 388쪽.
31 「균암장임동호씨약력」, 117쪽.

3. 11월 9일 아침, 농민군의 공주 삼면(三面) 포위

(1) 공주 삼면(三面)을 병풍처럼 포위한 농민군

11월 9일의 공주전투는 충청감영(즉 공주 시가지) 북쪽 금강을 제외한 공주바깥산줄기의 삼면을 대규모 농민군이 거대한 기세로 병풍처럼 포위하면서 시작되었다. "밤새 적병이 삼면을 포위하였다."[32] "적병이 삼면을 빙 둘러 에워쌌다."[33]라고 기록하고 있다.

다음의 선봉진 기록은 농민군이 송장배미-두리봉-우금티-향봉-효포로 이어지는 공주바깥산줄기를 병풍처럼 포위하여 관군을 고립무원하게 만들었음을 보여준다. 또한 농민군은 공주바깥산줄기에서 이어지는 향봉에서 늘티(판치)까지에도 농민군이 가득 깃발을 꽂아 놓고 진을 치고 있다.(약 3.5 킬로미터)

> 이튿날 초9일 아침에 적의 형세를 자세히 탐색해 보니, 각 진영이 서로 바라다 보이는 곳에 여러 깃발을 두루 꽂아 놓고, 동쪽으로는 판치 뒤쪽 봉우리로부터 서쪽으로는 봉황산(鳳凰山)의 뒷기슭에 이르기까지 연이어 30~40리를 산 위에 진을 펼쳐 마치 사람들이 병풍을 친 것처럼 둘러 있습니다. 형세가 매우 커서 고립무원의 염려가 없지 않습니다. 금학·웅치·효포 건너 봉우리에 있는 비도가 10리쯤 되는 곳에 서로 바라다 보이는 높은 봉우리에 죽 늘어

---

32 經夜賊兵周迊三面.「갑오군정실기」4·5·6(영인본), 110쪽.
33 「공산초비기」,『국역총서』9, 388쪽.(賊兵環繞三面.『사료총서』2, 430쪽)

서 머물고, 때로는 고함을 지르고 때로는 포를 쏘아 항상 침범할 태세를 하고 있었습니다.[34]

(2) 11월 9일 공주전투의 농민군 지휘소, "전적유진(全賊留陣)"의 위치

관군의 기록인 「공산초비기」 우금지사 〈그림 지도〉'에 "全賊留陣"(전봉준 농민군이 진을 친 곳, 즉 농민군 지휘소)이 기록되어 있다.[35] 11월 9일의 공주전투(① 우금티전투 ② 송장배미산자락전투 ③ 오실산자락전투 ④ 효포전투)가 4곳에서 동시에 진행되었는데, 이 4곳을 통괄하는 지휘 본부는 4곳을 바라보는 장소, 또는 4곳과 연락을 주고받기 쉬운 곳에 있었을 것이다. 이러한 이유로 필자는 「공산초비기」 우금지사 〈그림 지도〉'에서 "전적유진"의 위치를 지치봉[36]에서 이어지는 오실 마을의 점말로 추정한다.

"전적유진"(全賊留陣)의 위치 '점말'은 지치봉을 통해 11월 9일 전투지 4곳과 신호를 주고받을 수 있는 곳이다. 지치봉은 또한 유사시에 산줄기를 타

---

34 其翌初九日平明, 詳探賊勢, 則各陣相望處, 遍揷雜旗, 東自板峙後峰, 西至鳳凰山後麓, 連亘三四十里, 列陣山上, 人如圍屛, 勢甚猖獗, 不無孤援之慮是乎旀, 金鶴熊峙孝浦越峰匪徒, 則羅列屯聚於十里許相望之高峰. 有時高喊, 有時放砲, 常作侵犯之勢. 「순무선봉진등록」, 『국역총서』 2, 154쪽(『동학란기록』 상, 487쪽); 「선봉진일기」, 『국역총서』 1, 272쪽(『동학란기록』 상, 236쪽); 「순무사정보첩」, 『국역총서』 1, 340~341쪽(『사료총서』 16, 327쪽).
35 「공산초비기」 우금지사 〈그림 지도〉, 『국역총서』 9, 388쪽.
36 지치봉은 구전에 농민군이 진을 친 곳이다.(필자가 2019년에 현지 답사에서 지치봉 관련 구전을 확인하였다) 지치봉은 355.5미터 높이로 효포, 오실 마을, 봉정동의 정주봉 및 도장대를 관망하고 연락할 만한 곳이다. 도장대를 통해 송장배미 쪽과 연락했을 것이다. 『시천교종역사』에 나오는 공주에서 혈전을 벌인 곳 중의 하나인 '智翠(지취)'를 지치봉으로 추정한다.(全琫準, 凡七次血戰, 于公州之孝浦, 轉戰于翠屛 智翠 金盤等山 及燕岐成岐等地, 砲烟彈雨, 血海尸山. 「시천교종역사」, 『사료총서』 29, 116쪽)

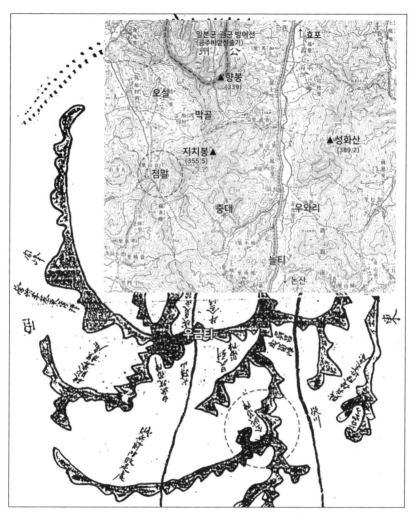

[지도 15] 11월 9일 공주전투 농민군 지휘소, "전적유진" 위치 '점말'[37]

---

37 [지도 15, 위] 지도의 모본은 「1914년 1:50,000 지도, 《公州》」, [지도 15, 아래] 「공산초비기」 우
  금지사 〈그림 지도〉'.

고 남쪽으로 도피하기 쉬운 길이기도 하다.

4. 조일진압군의 배치

다음은 『공산초비기』에 기록된 11월 8일 밤 공주에서 조일진압군의 배치
이다. 공주바깥산줄기에서 핵심 지역인 우금티, 금학동(향봉에서 우금티까지
산줄기), 효포(능티 및 봉화대 포함) 그리고 두리봉에 주둔하고 있다. 『공산초
비기』의 11월 8일 밤의 조일진압군의 방어선은 11월 9일 전투에서도 방어
선이었다.

> 일본 군관 모리오(森尾)는 밤에 우금티의 제일 높은 곳에 올라 주둔하였다.
> 통위대관 오창성(吳昌成)은 금학동(金鶴洞)에, 경리영관 구상조(具相祖)는 능
> 치(能峙)에, 통위영관 장용진(張容鎭)은 봉대(烽臺)에, 성하영(成夏永)은 이인
> 에서 늦게 돌아와 우금티에 주둔하였다. 백낙완(白樂浣)은… 밤이 깊어 도착
> 하니 군대가 서로 축하하였다. 이어서 우금티의 견준봉(犬蹲峰)에 주둔하였
> 고, 영장(營將) 이기동(李基東)은 주봉(周峰) 즉 봉황산(鳳凰山)의 뒷봉우리에
> 주둔하였다.[38]

---

38 「공산초비기」, 『국역총서』 9, 388쪽.(『사료총서』 2, 430쪽) 11월 8일 밤 모리오 대위의 위치
　 는 「공산초비기」에서는 "牛金峙 最高處", 즉 "우금티의 제일 높은 곳"이라고 했는데, 다른
　 기록에는 "동남봉의 산 위에 주둔"(東南峰山上.「갑오군정실기」 4·5·6(영인본), 110쪽), "향
　 봉 부근에서 농민군의 정세를 관찰"(『주한일본공사관기록』 1, 247쪽)했다고 나온다. 모리
　 오 대위는 11월 8일 밤, 우금티와 향봉 사이에 주둔하면서 특히 향봉 쪽의 농민군 정세

이상으로 제1장, 제2장에서는 효포전투에서 패배한 농민군이 논산으로 퇴각하여 11일간의 준비 기간을 거쳐 다시 진격하여 11월 8일 이인전투에서 승리한 것을 살펴보았다. 이어서 11월 9일 우금티 등 4곳에서 일어난 공주전투를 앞두고 공주를 거대한 규모로 공주의 3면을 포위한 형세를 정리하였고 또한 이에 대응하여 공주바깥산줄기를 거점으로 공주를 방어했던 조일진압군의 배치를 살펴보았다.

─────

를 주의 깊게 관찰한 것으로 보인다.

제3장 11월 9일 공주전투

11월 9일 공주전투는 공주바깥산줄기를 포위한 농민군들과 방어하는 조일진압군 사이에 공주바깥산줄기에 있는 우금티 등 4곳에서 동시에 진행되었다. 그동안 11월 9일의 공주전투는 주로 우금티전투가 알려졌다. 그런데 사료를 정리한 결과 11월 9일에 4곳의 각각 다른 장소, 즉 우금티, 송장배미 산자락, 오실 마을 산자락, 효포에서 동시에 공방전을 벌였다.[1] 이 장에서는 11월 9일에 동시에 일어난 4곳의 전투를 서술한다.

조일진압군이 남긴 11월 9일 우금티에서 공방전에 관한 기록으로, 모리오 대위는 「(2) 공주부근 전투상보」(公州附近 戰鬪詳報. 1894년 12월 4일, 5일)라는 보고문의 기록을 남겼고, 관군은 『공산초비기』와 선봉진의 기록을 남겼다. 그런데 선봉진의 기록을 보면 11월 9일에 우금티 쪽만이 아니라 금학·능티·효포 쪽 즉 오실 마을(금학동)과 효포(능티·효포)의 농민군들도 하루 종일 치열하게 관군과 대치 및 전투를 하고 있었고, 동시에 송장배미산자락

---

1 11월 9일 공주전투는 필자의 2020년 논문 「1894년 동학농민혁명의 공주전투 시기 남접과 북접농민군의 동향」에서 ① 우금티전투 ② 송장배미산자락전투 ③ 오실산자락전투, 이상 세 가지로 정리했는데, 다시 사료를 확인하여 ④ 효포전투를 추가하여 이 책에서 보완하여 소개한다.

전투도 확인된다. 위의 모리오 대위 기록에는 오실산자락전투도 기록되어 있다.

11월 9일의 공주전투에서, 우금티전투에 농민군의 주력이 결집했고, 공주를 방어하던 모리오 부대도 이 전투에 집중했는데, 그 밖의 다른 세 곳도 농민군의 전투 및 대치가 치열하여 공수 주둔 경군과 지방 관군이 분신·배치되었다.

공주전투에 투입된 경군 810명(또는 800명) 중 우금티전투에는 경리청의 성하영·백낙완이 지휘하는 280명과 선봉진 본대(선봉진이 직술하던 통위영병은 금학동 및 봉화대 방어에 투입)가 투입되었다.[2] 농민군의 공격으로 오실산자락전투가 위급해지자 모리오 대위는 우금티전투에 투입된 일본군 1개 분대(노나카(野中) 군조(軍曹) 지휘)와 관군 1개 분대를 따로 빼서 오실산자락전투로 지원하였다.[3] 우금티를 공격한 농민군은 전봉준·이유상의 농민군이었다.

오실 산자락(즉 금학동 산줄기) 방어에는 통위영 오창성 부대(약 120명)가 투입되었다. 오실산자락전투에 참전한 농민군으로는 김기창 농민군이 확인된다. 효포·능티 방어는 경리청 구상조·조병완 부대(약 280명)가 투입되었다. 봉화대는 통위영의 장용진 부대(약 120명)가 지켰다. 효포와 봉화대에 투입된 경군의 규모를 볼 때, 매우 큰 농민군 세력이 효포를 노리고 있었다.(경군 810명 중 400명 투입, 약 50퍼센트) 11월 9일, 효포전투에 참전했던 농

---

2 선봉진 본대에는 「각진장졸성책(各陣將卒成冊)」에 따르면, 참모관 등 각각 28명 또는 59명 또는 89명의 수행원이 확인된다.(『국역총서』 12, 377~378, 410~412쪽)
3 『주한일본공사관기록』 1, 247쪽.

민군은 확인되지 않는다. 두리봉과 송장배미 산자락 방어에는 경군이 부족하여 지방 관군인 우영(공주진) 이기동 부대가 투입되었다. 이 송장배미산자락전투에는 북접 농민군이 참전하였다. 송장배미 산자락에서 일어난 북접 농민군의 투쟁은 견준산(우금티)을 지키던 백낙완 부대 140명 중 80명을 추가 지원하게 하였다.[4] 거센 기세로 공격했던 북접 농민군의 투쟁이 확인된다.

11월 9일, 선봉진 이규태는 공주에서 우금티 등 4곳에서 농민군과 전투를 끝내고 다음과 같은 내용의 기록을 남겼다. 11월 9일 공주전투에서 "농민군은 공주바깥산줄기를 포위하고 죽음을 무릅쓰고 참으로 용감하게 돌격해왔고, 지금도 그것을 생각하면 '뼈가 떨리고 가슴이 서늘해진다'"(骨戰心寒)고 했다.

> 아! 저 몇만 명 되는 비류(匪類)의 무리가 40~50리를 연이어 에워싸서, 길이 있으면 빼앗고 높은 봉우리는 다투어 차지하여, 동쪽에서 소리 지르는데 서쪽에서 나타나고 왼쪽에서 번쩍하다가 오른쪽에서 튀어나오면서, 깃발을 흔들고 북을 치며 죽을 각오로 먼저 산에 올라오니, 저들은 무슨 의리이며 무슨 담력입니까? '저들의 행동[情跡]을 생각해 보면 뼈가 떨리고 마음이 서늘해집니다.'(言念情跡, 骨戰心寒)[5]

---

4 「남정록」, 259쪽.
5 噫彼匪類之幾萬其衆, 環帀連亘四五十里, 有路則爭奪, 高峰則爭據, 聲東趨西, 閃左忽右, 揮旗擊皷, 拚死先登, 渠何義理, 渠何膽略是喩, 言念情跡, 骨戰心寒. ①「순무선봉진등록」,『국역총서』2, 156쪽(『동학란기록』상, 489쪽); ②「선봉진일기」,『국역총서』1, 274쪽(『동학란기록』상, 237~238쪽); ③「순무사정보첩」,『국역총서』1, 343쪽(『사료총서』, 328쪽); ④

1. 우금티전투

11월 8일 공주를 방어하던 모리오 대위는 농민군의 주력이 우금티로 집결한다고 판단하고 11월 8일 오후부터 일본군을 우금티 방어에 배치하였다.[6] 11월 9일 우금티전투는 오전 10시 무렵 1만여 농민군의 선제공격으로 시작되었다. 농민군은 죽음을 무릅쓰고 40~50차례 치열한 돌격 전투를 벌였다. 조일진압군은 오후 1시 40분부터 우금티 방어에서 반격전을 시작하여 농민군의 공격거점인 정주봉·봉정동을 습격하여 많은 농민군을 학살하였다.

이후 조일진압군은 농민군을 추격하여 이인 부근에 이르렀으나, 아직도 주변에 포진하고 있는 농민군 세력 때문에 높은 곳에 올라 불을 피워 진을 쳐서 지키는 모습을 거짓으로 취한 뒤에 우금티로 회군하였다. 11월 9일 저녁, 조일진압군의 방어선은 11월 8일 밤과 같이 공주바깥산줄기를 따라 이어지는 우금티·향봉·월성산 방어선이었다.

「갑오군정실기」 4·5·6, 106쪽(영인본, 117쪽). 이상의 네 가지 사료는 선봉진의 동일한 보고이다. "骨戰心寒"(골전심한)했다고 한 이 기록은 11월 9일 4곳에서의 전투 그리고 공주 감영을 둘러싼 높고 험한 산세를 서술한 뒤에 기록되어 있어, 11월 9일 공주전투에 대한 선봉진의 총평으로 평가한다.

6 『주한일본공사관기록』 1, 247쪽. 모리오 대위는 늘티와 이인을 지키던 관군이 농민군의 대규모 돌진에 밀려 공주로 퇴각하자 관군을 월성산, 향봉, 우금티에 배치하고, 모리오 부대도 우금티에 배치하였다. 모리오 대위는 "오후 5시 20분 스즈키(鈴木) 특무조장(特務曹長)의 소대와 이인에서 퇴각해 온 관군(경리청 성하영 부대)을 우금티산과 이인가도를 수비하게 하였다."고 기록하고 있다. 따라서 모리오 부대의 우금티 점거는 '오후 5시 20분' 무렵부터 일 것이다.(『주한일본공사관기록』 1, 247쪽)

1) 우금티 공방전

(1) 1만여 농민군 오전 10시 우금티를 향하여 돌격

5일(음 11월 9일; 인용자 주) 오전 10시, 이인 가도(街道)와 우금티산 사이 약 10
리에 걸친 곳에 적도가 대략 1만여 명이 나타나 우리의 오른쪽 서편을 향해
돌격해 왔는데, 그 기세가 맹렬하였다. 우금티산은 공주의 요지로서 이곳을
잃으면 다시 공주를 지킬 방도가 없다.[7]

우금티 서남 양쪽의 적의 무리는 고함을 지르고 어지럽게 소란을 피우며 항
상 침범할 뜻을 가지고 있기 때문에 먼저 군사를 주둔케 하였고,… 사시(오전
9시~11시) 무렵부터 비로소 총을 쏘아 섬멸하였다.[8]

우금티 근처 주민들의 구전에는 농민군들이 우금티 공격에 "콩나물 동이
의 콩나물처럼 빽빽이 올라갔다"고 표현하여, 매우 많은 농민군들이 우금
티 공격에 참여한 것으로 기억하고 있다.[9]

---

7 『주한일본공사관기록』 1, 247쪽.
8 牛金峙西南兩邊賊徒,…自巳時量, 始爲放捉廝殺.「순무선봉진등록」,『동학란기록』 상,
   487쪽; 牛金峙西南兩邊賊徒,…自巳時量, 始爲放砲, 數場廝殺.「선봉진일기」,『동학란기
   록』 상, 236쪽; 牛金峙西南兩邊賊徒,…自巳時量. 始爲放砲廝殺.「순무사정보첩」,『사료총
   서』 16, 327쪽; 牛金峙西南兩邊賊徒,…自巳時, 數場廝殺.「갑오군정실기」 4・5・6(영인본),
   114~115쪽.
9 『공주와 동학농민혁명』, 127쪽. 2002년 오성영(16대째 봉정동 거주) 증언.

⑵ 농민군 결사대의 40~50차례 연이은 공격

우금티를 점령하기 위한 농민군의 공격은 결사적으로 계속되었다. 그러나 농민군은 신식 소총으로 방어하는 조일진압군의 방어벽을 뚫지 못하고 많은 희생을 내었다. 다음은 관군의 기록이다.

이에 우금티에서 큰 전투가 벌어지게 되었다. 처음에는 성하영의 경리청 군이 홀로 그 충돌을 감당하였으나 가히 지탱할 만한 형세가 되지 못하여 일본 병관(兵官)이 군대를 나누어 우금티와 견준봉 사이에 배치하였다. 산등성이에 벌려 서서 일제히 사격을 하고 다시 몸을 산속으로 숨겼다가 적이 능선을 넘어오려고 하면, 또다시 산등성이에 올라가 일제히 사격을 하였으니, 이렇게 되풀이한 것이 40~50차례[10]가 되어 적의 시체가 온 산에 가득하였다.[11]

조일진압군이 산꼭대기에 늘어서서 마구 총을 쏘아대기를 40~50차례 하였는데, 적병은 죽음을 무릅쓰고 전진하다가 탄환을 맞고 넘어져 죽었습니다.[12]

조일진압군은 사시(오전 9시~11시)부터 총을 쏘아 농민군을 여러 차례 죽였

---

10 이 사료들에 나오는 "40~50차례의 공격"은 여러 사료를 비교해 볼 때, '11월 9일 우금티전투'만의 상황을 말한다.

11 「공산초비기」, 『국역총서』 9, 388쪽. (日兵官乃分軍, 排至牛金犬蹲之間, 羅立山脊. 一時齊放, 復隱身山內. 賊欲踰嶺, 則又登脊齊發. 如是者爲四五十次, 積尸滿山. 『사료총서』 2, 430~431쪽)

12 日兵官兵排立山巓, 沒放四五十次, 賊兵冒死直前, 中丸僵仆. 「갑오군정실기」 4·5·6(영인본), 111쪽. 충청가도사(忠淸假都事) 공주관관 박선양의 등보(謄報)이다.

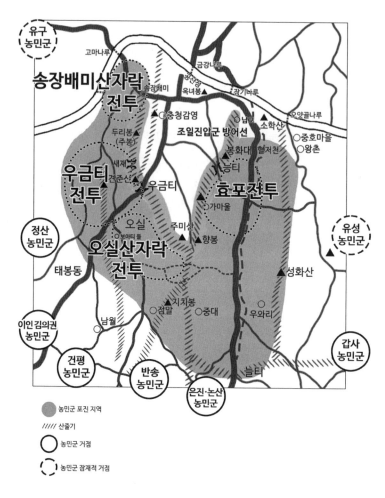

[지도 16] 11월 9일 공주전투와 농민군의 충청감영 포위

고, 일병은 봉우리 꼭대기 앞으로 진을 치고 총을 쏘기를 몇십 차례 하니 농민군이 많이 피살되었다.[13]

모리오 대위 기록에 의하면, 11월 9일 농민군의 우금티 공격 시간은 오전 10시부터 오후 1시 40분, 즉 220분(3시간 40분) 동인이다.[14] 이때 농민군이 40~50차례 연속적으로 공격을 했다는 것은 1만 명의 농민군이 2백~3백 명씩 대열을 지어 약 5분(4.4분~5.5분) 간격으로 잇따라 죽음을 무릅쓰고 돌격 전투를 벌인 것으로 추정된다. 이 우금티전투에서 '항일전을 준비하여 40~50개 부대의 결사대를 조직해 연속 공격을 감행한 조직화된 농민군 대열'과 '농민군들의 죽음을 넘어선 항쟁 의지'를 엿볼 수 있다.

(3) 우금티 방어선을 넘기 위해 육박전을 벌인 농민군

다음은 모리오 대위의 우금티전투 기록이다.

그러나 적은 교묘하게 지형지물을 이용, 약 200여 명이 우금티산 꼭대기 에서 약 150미터 되는 산허리로 진격해 왔다. 그 선두의 5~6명은 몇 미터 앞 사각(死角) 지점에 육박했고 전방의 산 위에 있던 적은 더욱더 전진해 왔다. 수시간 동안 격전했는데 우리 군대가 가장 격렬하게 싸웠다.[15]

---

13 「선봉진일기」, 『동학란기록』 상, 236쪽; 「순무선봉진등록」, 위의 책, 487~488쪽; 「순무사정보첩」, 『사료총서』 16, 327쪽; 「갑오군정실기」 4·5·6(영인본), 114~115쪽.
14 『주한일본공사관기록』 1, 247쪽.
15 위의 책, 247쪽.

농민군의 주요 무기인 화승총은 유효사거리가 50~100미터인데, 정조준이 불가능하고 비가 오면 아예 사용할 수가 없다.[16] 모리오 부대의 기본 무기는 스나이더 소총이다. 이 스나이더 소총은 유효사격 거리가 400미터로 정조준이 가능한 근대식 소총이다. 동학농민혁명 시기에 일본군은 이 근대식 소총으로 화승총과 죽창을 들고 있는 농민군이 400미터 유효사격거리에 접근하면, 자신들은 아무런 위험도 느끼지 않은 상태에서 무참히 살해하였다.[17]

이러한 조건에도 불구하고 우금티에서는 농민군들이 죽음을 무릅쓰고 지형지물을 이용하여 150미터 거리까지 접근하고, 사각지대까지 접근하였다. 사각지대에 접근한 농민군은 육박전을 펼쳤을 것이다. 모리오 대위의 기록대로 모두 "수 시간 동안"의 격전이었다.

우금티를 바로 눈앞에 두고도 넘지 못했던 농민군들의 아쉬움은 "무르팍으로 내밀어도 나갈 수 있었는데, 주먹만 내질러도 나갈 수 있었는데…"라는 이야기로 남아, 우금티를 공격했던 농민군 거점이었던 봉정동 마을에 전해오고 있다.[18]

(4) 전봉준의 진술로 본 우금티전투에서 학살된 농민군

전봉준은 『전봉준공초』에서 "만여 명의 농민군이 (우금티; 인용자 주)전투

---

16 강효숙, 「일본군의 강원도 농민군 탄압」, 65쪽; 이노우에 가쓰오, 『메이지 일본의 식민지 지배』, 128쪽. 박맹수는 농민군 화승총의 유효사거리를 20~30m로 보고 있다.
17 나카츠카 아키라 외, 『동학농민전쟁과 일본』, 121쪽.(「우와지마(宇和島)신문」); 이노우에 가쓰오, 『메이지 일본의 식민지 지배』, 127쪽; 『주한일본공사관기록』 1, 212, 250, 255쪽.
18 『공주와 동학농민혁명』, 136쪽. 2002년 오성영 증언.

에[19] 참전했는데 (최종적으로; 인용자 주) 점검해 보니 500명만 남아 남쪽으로 퇴각했다"[20]고 진술하고 있다. 전봉준의 진술에서, 우금티전투에서 전봉준 직접 휘하의 1만 명의 농민군 중 9,500명이 모두 죽임을 당하지 않았다 하더라도, 우금티전투에서 매우 많은 농민군의 희생이 있었음은 분명한 사실이라 할 수 있다.

(5) 구전으로 본 우금티전투 피학살 농민군

우금티전투에 대한 다음과 같은 구전은 대부분 죽창을 가진 농민군들이 일본군의 신식 소총에 거의 일방적으로 학살되었던 것을 추정할 수 있게 한다. 또한 다음의 "총에 맞아 쓰러지고, 쓰러지고"라는 표현은 40~50차례의 돌격 전투에서 일어난 농민군의 처절한 희생을 떠올리게 한다.

동학군은 대나무 죽창밖에 무기가 없어 소리만 빽빽 지르고 다녔다. 일본군은 얼마 되지도 않았다. 일본군들은 줄지어 계단식으로 앉아 총을 쏘았다. 일본군 한 부대 여남은 명(열명이 조금 넘은; 인용자 주)이 논두렁 계단에 엎드려 있다가 앞에서 일어나 총을 쏘면 동학군들이 쓰러져 죽고, 연이어 일본군 한 부대가 총을 쏘면 쓰러져 죽었다고 한다. 동학군들이 우금 고개까지 올라갔다고 한다. 동학군들은 죽창밖에 없어 총에 맞아 쓰러지고, 쓰러지고 하다가

---

19 11월 9일의 공주전투는 우금티전투 이외에도 다른 세 곳(송장배미 산자락, 오실마을 산자락, 효포)에서 동시에 일어났다. 여기에서 전봉준이 진술한 전투는 '우금티전투'만을 가리킨다고 보았다.
20 「전봉준공초」, 『국역총서』 12, 16쪽.

도망갔다.[21]

일본군이 위에서 내려 쏘니까 시체가 포개어 쌓였다. 농민군들이 뒤적뒤적해서 시체를 찾아갔다. 동학군들의 많은 시체를 개좆배기(견준산) 밑 구렁텅이에 묻었다.[22]

2) 정주봉·봉정동에서 벌어진 대규모 학살

조일진압군은 오후 1시 40분에 우금티에서 반격을 시작하여, 오후 2시 20분 우금티전투의 농민군 거점인 정주봉·봉정동으로 진입하여 대규모 학살을 자행하였다.

(1) 우금티전투의 농민군 최전방 지휘소 정주봉

정주봉 인근의 상황은 다음과 같은 구전과 사료를 통해 확인할 수 있다.

㉠ "정주봉과 견준산에서 동학군과 일본군이 서로 대치를 하고, 불질을 했다."(구전)[23]

㉡ "여기에 제3소대를 우금티산에 증파하여 전방 산 위 약 800미터가 되는 곳에 군집한 적을 대적케 했으며…."[24](모리오 대위의 「11월 9일 공주전투 보고」)

---

21 『공주와 동학농민혁명』, 124~125쪽. 2004년 김광웅 증언.
22 위의 책, 126쪽. 2003년 김학범 증언.
23 위의 책, 132쪽. 오성영(2002), 전희남(2002), 김영오(2004) 증언.
24 『주한일본공사관기록』1, 247쪽. "전방 산 위 약 800미터가 되는 곳"을 정주봉으로 본다.

㉺ "(관군이 우금티에서 반격을 펼쳐; 인용자 주) 적의 무리가 주둔하고 있는 높은 봉우리를 탈취하여 차지하고⋯."[25](선봉진의 우금티전투 기록)

(2) 봉정동과 주미동 주민들의 농민군 지원

봉정동의 정주봉·새재·삿갓재·승수골·새재논구덩이에서는 농민군들이 진을 쳤고, 봉정동의 주민들이 밥을 해서 이곳에 날랐다. 또한 봉정동에 인접해 있는 주미동은 농민군들이 진을 친 곳은 아니었지만, 주미동 주민들이 정주봉으로 밥을 해 나르며 농민군을 도왔다는 구전이 전해지고 있다.

㉠ "봉정동으로 집결했던 농민군들은 먹을 것 조달이 원활하지 않았다. 농민군들이 봉정동에 와서 주민들에게 벼를 달라고 해서, 그것을 모아 방아를 찧어서 밥해 먹었다. 농민군들이 '사흘을 못 먹었네 나흘을 못 먹었네' 해서 승주골 근처 마을들인 건넝골, 반선말, 방축골(모두 봉정동에 속한다; 인용자 주)에서 농민군들이 진을 치고 있는 승주골과 새재로 주민들이 밥을 해 날랐다."[26]
㉡ "아루고개(봉정동에 있는 마을; 인용자 주)에서 정주봉으로 지게로 밥을 해날랐다."[27]
㉢ "우리 동네(주미동) 부자가 쌀을 내어 동네에서 아주머니들이 농민군을 먹이기 위해 밥을 해서 이고 지고 두리봉(주미동에서는 정주봉을 두리봉으로 부른

정주봉과 건준산 봉우리의 직선거리는 약 830미터로, 스나이더 소총의 유효사거리 400미터를 넘는 거리이다. 따라서 농민군이 일본군의 직접 사격을 피할 수 있는 거리이다.
25 「순무선봉진등록」, 『국역총서』 2, 155쪽. 인용문의 "높은 봉우리"를 정주봉으로 본다.
26 『공주와 동학농민혁명』, 135쪽. 2002년 오성영 증언.
27 위의 책, 132쪽. 2004년 김영오 증언.

다: 인용자 주)으로 오르락내리락 했다고 한다. 주미동 마을에서 두리봉까지는 걸어서 1시간 정도 되는 거리이다. 동학군들이 점심 먹다가 일본군들에게 죽었다."[28]

(3) 조일진압군의 반격과 정주봉·봉정동에서 벌어진 농민군 학살

우금티에 대한 농민군의 파상적인 공격을 막아낸 조일진압군은 오후 1시 40분부터 방어에서 반격으로 전환하여, 오후 2시 20분 봉정동의 농민군 진영으로 돌진하였다.[29] 이때 앞장선 조일진압군은 일본군 50명(또는 1개 소대와 1개 분대 즉 5개 분대)[30] 및 경리청 병사 50명 등[31]이 확인된다. 다음 모리오 대위의 전투 보고와 경군의 기록으로 우금티에서 일어난 조일진압군의 반격 작전 및 학살 정황을 살펴본다.

6. 오후 1시 40분 경리영병의 일부(50명)를 우금티산 전방 산허리로 전진시

---

28 위의 책, 134쪽. 2003년 전희남 증언.
29 오후 2시 20분 조일진압군은 '삿갓재(봉정동)'를 넘어 정주봉·승주골 등 봉정동에서 대규모 학살을 자행한 것으로 판단했다.
30 『주한일본공사관기록』 1, 247~248쪽; 「갑오군정실기」 4·5·6, 135쪽.
31 우금티전투에서 반격에 참전한 관군은 모리오 대위의 기록에는 경리청병 등 50명이다.(『주한일본공사관기록』 1, 247쪽) 선봉진의 보고에 우금티 반격 작전에 참전한 관군은 선봉진의 배행(陪行) 장관(將官)으로 순무영 참모관 등 14명, 서산군수 성하영, 경리청 교장(敎長) 김명환(金命煥)·정재원(鄭在元)·정인갑(鄭寅甲)·장대규(張大奎) 등 모두 19명이 확인된다.(「선봉진일기」, 『동학란기록』 상, 237쪽; 「순무선봉진등록」, 『동학란기록』 상, 488쪽; 「순무사정보첩」, 『사료총서』 16, 327~328쪽; 「갑오군정실기」 4·5·6(영인본), 115쪽. 단, 「선봉진일기」에서는 서산군수 성하영이 빠져 있다.) 「남정록」에서는 60명이 습격했다고 한다.(「남정록」, 259쪽. "백낙완이 한 계책을 내서 견준봉 위에 깃발을 죽 세웠다. 속임수로 군진을 만들어 약간의 병사를 두고 응포하게 하였다. 그리고 명사수 60명을 빼내어 동도의 뒷봉우리를 둘러 습격하게 했다.")

켜 우금티산 산꼭대기에서 약 140 내지 150미터의 산허리에 걸쳐 있는 적의 왼쪽을 사격케 하였다. 그래서 적은 '전방 약 500미터의 산꼭대기'로 퇴각하였다. 오후 2시 20분[32] 우금티산의 우리 군대를 그 전방 산허리로 전진시키고 경리영병에게 신속한 사격을 시켰으며, 적이 동요하는 것을 보고 1개 소대와 1개 분대로 적진에 돌입케 하였다. 이에 적이 퇴각했으므로 경리영병에게 추격을 맡기고 중대는 이인 가도로 나가 적의 퇴로(退路)를 압박하려고 하였다. 7. 중대는 이인 가도로 나가 급히 추격, 드디어 이인 부근에 이르러 그 일대의 산허리에 불을 지르고 몰래 퇴각하였다.[33]

미시(오후 1시~3시)경에 이르러서도 격퇴하지 못하였습니다. 그러자 사람들이 모두 분격하고 병사들이 분개할 즈음에 참모관 전 도사 권종석(權鍾奭)… 등이 명령에 따라 먼저 올라가서 몸을 떨쳐 독려하여 포살(砲殺)이 연이어졌는데 그 숫자는 자세히 알 수가 없습니다. 비류들을 추격하여 '적의 무리가 주둔하고 있는 높은 봉우리'를 탈취하여 차지하고, 군기와 대포 등의 물건과 잡기(雜旗) 60~70개를 탈취하고 나서 일본군 장교 대위, 일본 병사와 더불어 중로(中路)를 따라 남쪽으로 향하여 급히 추격하였습니다.[34]

---

32 『주한일본공사관기록』 1권(번역본), 247쪽'에서는 '오후 1시 20분'으로 번역했으나, 〈국사편찬위원회의 인터넷사이트〉의 『주한일본공사관기록』의 '원문 이미지'에서 '오후 2시 20분'으로 확인하였다.
33 『주한일본공사관기록』 1, 247~248쪽.
34 「순무선봉진등록」, 『국역총서』 2, 154~155쪽; 「선봉진일기」, 『국역총서』 1, 273쪽; 「순무사정보첩」, 위의 책, 341~342쪽. 모두 선봉진의 보고이다.

다음 날 11월 9일 사시(오전 9시~11시)경이 되자, 수만 명의 적도들이 산과 들에 가득 차고 대포 소리는 뇌성 치듯 하였으며, 탄환은 우박처럼 떨어졌습니다. 이때 서산군수가 계책을 내어 부대를 나누어 양쪽에서 총을 쏘게 하고 일본 병사 50명과 함께 적진을 격파해 들어가니, 총에 맞아 죽은 자가 매우 많았습니다. 이에 적도들이 대포와 총과 창, 기치 등의 물자를 버리고 황급히 도주하였습니다.[35]

조일진압군은 우금티에서 반격 작전을 펼쳐, 우금티 공격 농민군의 거점인 정주봉·봉정동을 점령하였다. 조일진압군은 이인 쪽으로 농민군 대장을 쫓아갔으나, 주변에 남아 있는 농민군이 아직 많고 밤이 깊고 길이 험해서, 이인의 5리에 이르기 전에 높은 곳에 올라 불을 피워 진을 쳐서 지키는 거짓 모습을 취한 뒤에 공주바깥산줄기로 다시 회군하였다.[36]

(4) 봉정동의 동학농민혁명 유적

봉정동 일대의 동학농민혁명 유적지로 다음과 같은 곳들이 조사되었다.

㉠ 정주봉 : 우금티전투의 동학농민군 최전방 지휘소

㉡ 승주골, 산제당, 은골, 방축골, 신경지 방앗간, 새재 논구덩이 : 동학농민군 주둔지 및 농민군이 대규모로 학살된 곳

㉢ 도장대 : 농민군의 장수가 공주의 서쪽 방면의 공격을 지휘하던 곳이

---

35 「갑오군정실기」4·5·6, 135쪽. 서산군수 성하영의 보고이다.
36 「선봉진상순무사서부잡기」, 『국역총서』8, 341쪽(料度形便, 利仁之賊, 似是渠魁, 而旣爲挫氣, 乘勢勦滅, 實爲勝算. 故要請日兵合力同行…. 『사료총서』16, 292쪽); 『주한일본공사관기록』1, 248쪽.

라고 해석한다. 봉정동 사람들에 의하면 이 도장대에서 보이는 산은 전쟁터가 아닌 곳이 없었다고 한다.[37]

㉛ 승주골의 망막골 샘물 : "승주골 안 망막골에 샘이 하나 있는데, 콩나물 동이의 콩나물처럼 모인 동학군들이 샘물을 너무 많이 먹어 샘물이 동났다."[38]

㉜ 군량미를 쌓았던 슴방(슴방골, 슴방이, 승방리) : 슴방은 남부면 소재지가 있었던 곳이다. "동학난 당시에 군량미를 쌓았던 곳이라 지금도 산을 파다보면 불에 탄 쌀이 나온다."[39]

㉝ 농민군이 소가죽으로 밥을 해 먹은 새재 근처 : "견준봉과 두리봉 사이의 새재(고개) 근처에서 소가죽으로 밥을 해먹었다고 한다."[40]

3) 우금티전투에 참전한 조일진압군

우금티전투(11월 9일)는 11월 9일에 벌어진 4곳의 공주전투 중에서 우금티에서 벌어진 전투이다. 이 우금티전투에 조일진압군은 모리오 부대와 성하영·백낙완의 경리청병 280명이 참전했다.[41]

선봉진 이규태도 별군관을 거느리고 우금티에 올라 전쟁을 독려하였

---

37 『공주와 동학농민혁명』, 135쪽. 1993년 무렵 봉정동 주민들 증언.
38 위의 책, 138쪽. 2004년 오성영 증언.
39 『공주지명지』, 48쪽.
40 『공주와 동학농민혁명』, 143쪽.
41 11월 9일 우금티를 방어하던 모리오 대위는 오전 10시 오실 산자락으로 농민군 1만여 명이 거세게 공격해 들어오자, 우금티를 지키던 일본군 1개 분대와 관군 1개 분대를 오실 뒷산 방어에 급파하였다.(『주한일본공사관기록』 1, 247쪽) 우금티 방어 조일진압군은 오실 산자락으로 파견한 군대를 제외해야 한다.

다.[42] 조일진압군이 우금티에서 반격 전투를 할 때 참가한 관군으로 도순무영 및 선봉진 소속의 참모관 권종석 등 14명과 서산군수 성하영과 경리청 경리청 교장(敎長) 김명환·정재원·정인갑·장대규가 기록에서 확인된다.[43] 선봉진 직속 참모관으로 이구영 등 6명은 우금티전투 등 11월 9일 공주전투에서 탄환을 조달하고 병사들을 단속했다.[44]

4) 우금티전투에 참전한 농민군 인원

11월 9일 농민군의 공주감영 공격은 공주바깥산줄기를 따라 우금티 등 4곳에서 동시에 진행되었다. 4곳 중 1곳인 우금티에서 공격에 참전했던 농민군 인원은 다음과 같이 대략 "1만여 명"인 것으로 보인다.

모리오 대위의 보고 중, "5일(음 11월 9일-인용자 주) 오전 10시 이인 가도(街道)와 우금티산(牛禁峙山) 사이 약 10리에 걸친 곳에 적도가 '대략 1만여 명'이 나타나 우리의 오른쪽 서편을 향해 돌격해 왔는데 그 기세가 맹렬하였다."[45]에서 보이는 "대략 1만여 명"이 바로 우금티 공격의 농민군 인원으로 확인된다.

『전봉준공초』에서 전봉준의 답변으로 미루어 보면 우금티 공격에 참전한 농민군 인원은 다음과 같이 1만여 명이다.

---

42 「각진장졸성책」(各陣將卒成冊)에 따르면, 이규태가 거느린 선봉진 본대에는 참모관 등 각 각 28명 또는 59명 또는 89명의 수행원이 확인된다.(『국역총서』 12, 377~378, 410~412쪽)
43 「선봉진일기」, 『국역총서』 1, 273쪽.
44 위의 책, 274쪽.
45 『주한일본공사관기록』 1, 247쪽.

… 일본(日本) 병사(兵士)들이 먼저 공주(公州)를 웅거(雄據)하였으니 사세(事勢)가 접전(接戰)을 아니할 수 없었기 때문에 두 차례 접전(接戰) 뒤 10,000여 명의 군병(軍兵)을 점고(點考)한 즉, 남은 자가 불과(不過) 3,000여 명이요, 그 뒤 또 두 차례 접전한 뒤 점고한 즉 불과 500여 명인 까닭에 패주(敗走)하여 금구(金溝)에 이르러….[46]

그런데 『전봉준공초』는 동학농민혁명 사건의 진실만이 기록되어 있는 문서가 아니다.[47] 전봉준이 언급한 위의 "1만여 명" 또는 "공주에 도착한 농민군 1만여 명"[48]은 공주전투에 참전한 농민군 세력 중 전봉준 직속의 농민군만을 지칭한 것으로, 북접 농민군 등은 포함되지 않은 숫자로 추정한다. 또한 이것은 심문 받던 전봉준이 심문하는 일본 측이 확정한 사실(즉 '모리오 대위의 보고' 등)에서 우금티전투 참전 농민군을 '1만여 명'이라고 심문 중에 확인했다면, 전봉준은 우금티전투에 참여한 농민군 인원에 대해 진술할 때 '1만여 명' 이상의 진술을 회피했을 가능성이 있다. '1만여 명' 이상의 진술은 전봉준이 공주전투에서 연대했던 북접 농민군, 이유상·김기창 등의 토착 농민군 그리고 대원군과의 연계 등에 대한 자세한 진술로 이어지며, 이는 불필요한 탄압을 초래한다고 판단했기 때문일 것이다.

---

46 「전봉준공초」, 『국역총서』 12, 16쪽.
47 이 점에 대해서는 제5부의 '동학농민혁명, 정규전과 유격전' 항목 중 '전봉준의 진술 분석' 참조.
48 「전봉준공초」에 다음과 같은 문답이 있다. 문(問): 공주(公州)에 이를 때는 몇 명인가? 답(供): 10,000여 명이었다.(「전봉준공초」, 앞의 책, 17~18쪽)

격전지역
농민군 공격
조일진압군 반격

[지도 17] 우금티전투와 농민군 대규모 전사지역 및 피학살지역,[49]
정주봉·봉정동, 국가사적 제387호 우금치 전적 범위[50]

---

49 농민군이 우금티를 넘고자 했던 11월 9일 우금티전투에서 옛 고개 우금티는 주요한 전투
지가 아니었다. 옛 우금티는 호구(虎口)와 같은 지형이어서 농민군이 공격할 수 있는 지형
이 아니었다. 농민군은 방어하는 조일진압군과 비슷한 높이에서 공격하고자 하여 옛 우
금티와 견준산 사이의 비스듬한 산자락을 타고 공격을 했고 결국 그 산자락에서 가장 많
은 희생을 내었다.(『공주와 동학농민혁명』, 126~127쪽) 또한 새재 고개로도 농민군이 공격하
였다.(위의 책, 135, 143쪽) 우금티 공방전에서도 많은 농민군이 희생되었지만 조일진압군의
반격으로 봉정동의 승주골, 은골, 방축골과 새재 논구덩이에서 대규모 농민군 학살이 있
었다.(위의 책, 132~140, 248쪽) 『공주와 동학농민혁명』, 161쪽에 옛 고개 우금티에 관한 증
언이 있다. 지도 모본은 「국립지리원 1:5,000 지도」(1984년 편집).
50 우금티 사적(국가사적지 제387호)의 범위는 『공주 우금치 전적 종합정비계획』(공주시, 2017),

314 ┃ 동학농민혁명 시기 공주전투 연구

우금티 일대에 "콩나물 동이의 콩나물처럼 빽빽하게 올라갔다."[51]는 구전으로 볼 때 1만여 명 이상의 농민군이 우금티전투에 참여했을 것으로 보는 것이 타당하다. 또한 관군 성하영의 우금티전투 보고에서 우금티를 공격한 농민군 인원을 "몇만 명"(幾萬)이라고 했다.[52] 이것 역시 많은 수의 농민군이 우금티전투에 참전했음을 짐작하게 한다.

5) 우금티전투에 참전한 여러 농민군 세력

우금티전투에 참전한 농민군 세력으로 전봉준 농민군과 이유상 농민군을 들 수 있다.[53] 전봉준이 지휘하는 농민군의 우금티전투 참전은 「11월 9일 모리오 대위의 전투 보고」, 『전봉준공초』, 『공산초비기』 등으로 추정할 수 있다.[54] 이유상 농민군은 전봉준 농민군과 22일간의 공주전투 기간 동안 줄곧 함께한 것으로 추정된다.

또한 공주의 우금티전투에 손화중은 참전하지 않았지만 손화중 포 깃발

68쪽의 자료에 의거하였다.

51 『공주와 동학농민혁명』, 127쪽.

52 「갑오군정실기」 4·5·6, 135쪽.(幾萬賊徒, 滿山遍野…. 영인본, 156쪽) 다음 선봉진의 보고는 우금티 공격의 농민군을 "몇천 명(幾千)"이라고 한다.(而經理隊官尹泳成白樂浣等段, 防守牛金峙東邊最高峯, 幾千匪類之扶聯先登者, 併力防備, 砲殺擊退, 幸無失守, 雖使匪徒四散.「선봉진일기」, 『동학란기록』 상, 237쪽)

53 이유상 농민군의 공주전투에서의 활동은 〈부록 1〉 '동학농민혁명과 공주 인물, 이유상' 참조.

54 『주한일본공사관기록』 1, 247~248쪽; 「공산초비기」, 『국역총서』 9, 388~389쪽; 「전봉준공초」, 『국역총서』 12, 15~16쪽.

을 내건 일부 농민군이 함께했을 가능성도 있다.[55] 『남정록』에 의하면, 손화중이 20만 대군을 몰아 11월 8일 이인을 침범했고, 이에 이인을 지키던 백낙완은 우금티로 탈출했으며, 11월 9일 견준봉에 주둔하고 있는 백낙완이 다시 손화중 부대와 맞닥뜨린다.[56] 또한 논산 소토산·황화대 전투(11월 15일) 직전 공주에서 초포와 논산으로 물러나 있는 동학지도자 중에서 손화중이 관군 기록에 등장한다.[57]

2. 송장배미산자락전투

'송장배미산자락전투'는 11월 9일 충청감영의 서쪽편, 두리봉 산줄기 북쪽 끝자락에서 일어난 농민군과 관군의 전투를 지칭하기 위해 이 책에서 필자가 편의상 만든 용어이다. 1894년 동학농민혁명 시기 공주전투에서 북접 농민군의 활동은 관군 기록인 『공산초비기』 및 선봉진의 여러 기록, 그리고 공주전투에 참전한 모리오 대위의 기록[58]에는 보이지 않아서 사실 규명이

---

55 「전봉준공초」에서 전봉준의 진술은 손화중은 '광주(光州)를 고수'하였고 공주에는 오지 않았다고 했다.(「전봉준공초」, 위의 책, 18쪽) 그런데 손화중 부대가 공주 및 청주에 왔다고 하는 사료는 다음과 같다.(「나암수록」, 『국역총서』 6, 465쪽; 「시문기」, 위의 책, 10쪽)

56 「남정록」, 252~260쪽.

57 「선봉진정보첩」, 『국역총서』 8, 78쪽. "… 전봉준(全琫準), 김개남(金介南), 손화중(孫化中), 이유상(李有相), 강채서(姜采西), 오일상(吳一相), 최명기(崔命基), 박화춘(朴化春)… 지금 초포(草浦)와 논산에 모여 있습니다."(통위영(統衛營) 중우참령관(中右參領官) 장용진(張容鎭)의 11월 14일~16일 사건에 대한 보고)

58 『주한일본공사관기록』 1, 209쪽(「(7) 公州附近 戰鬪詳報(1894년 11월 22일)」); 위의 책, 246~248쪽(「(2) 公州附近 戰鬪詳報(1894년 12월 4일, 5일)」.

어려웠다. 공주전투 시기 북접 농민군의 활동에 대해서 신영우가 『시천교종역사』와 『동학사』의 자료를 분석하여 송장배미산자락전투가 북접 농민군이 주도한 것을 밝혀낸 바 있다.[59] 필자도 『동학도종역사』, 『남경록』의 자료를 추가하여 정리한 바 있다.[60] 이상의 연구를 바탕으로 북접 농민군이 주도한 송장배미산자락전투를 서술한다.

1) 두리봉(周峰)과 봉황산

동학교단 역사에서 동학농민혁명 시기 공주전투에서 북접 농민군이 전투를 벌인 지역으로 '이인역', '옥녀봉', '봉황산'이 이야기되어 왔다.[61] '『공산초비기』 우금지사 〈그림 지도〉'에서 명확히 보여주듯이, 우금티에서 시작하여 북쪽 금강으로 뻗어 충청감영을 방어해 주는 산줄기는 봉황산 산줄기와 두리봉 산줄기 둘이 있다. 공주전투 시기 북접 농민군의 중요 전투 지역으로 거론되는 봉황산은, 현재 공주 봉황산이 아니라 봉황산의 서쪽 편 공주바깥산줄기에 있는 두리봉 또는 두리봉 산줄기를 지칭한다고 본다.

먼저 11월 9일 공주전투에서 북접 농민군이 참전한 공주 서쪽편 산줄기의 전투 지역 위치를 살펴본다. 사료에 11월 9일 공주 서쪽편의 공주바깥산

---

59 신영우, 「북접 농민군의 공주 우금치·연산·원평·태인전투」, 앞의 책, 276쪽. 표영삼은 공주의 2차 전투(11월 8일~11일)에서 효포 쪽을 전봉준 농민군이 맡고, 우금티 쪽은 손병희 등 북접 농민군이 맡아 전투를 했다고 했다.(표영삼, 『표영삼의 동학 이야기』, 431~435쪽)
60 정선원, 앞의 논문, 105~107쪽.
61 '옥녀봉전투(10월 25일)' 참조.

줄기 전투지역 위치가 '봉황산',[62] '봉황산의 뒷봉우리',[63] '봉황산 뒷기슭 둥근 봉우리'[64] 그리고 '두리봉'으로 혼재되어 언급된다.

『공산초비기』 우금지사 〈그림 지도〉'와 『공산초비기』 등에서 공주바깥 산줄기를 따라 관군이 주요 방어 위치를 정할 때 "이기동이 주봉에 주둔하였다."[65]고 말하는 것에서 확인할 수 있듯이, 11월 8일 밤과 11월 9일 충청감영 서쪽 편 산자락의 주요한 대치·전투 장소는 봉황산이 아니라 주봉(즉 두리봉)의 산자락이다. 공주영장 이기동은 11월 8일, 선봉진 이규태에게 문서로 '두리봉 작전계획'을 세워 "가르침대로 한산소(韓山所) 뒤 두리봉(斗里峰)에 약간의 포군(砲軍)과 동민(洞民) 몇 명을 늘어세웠다가 적의 형세를 보아 포 3방을 쏘아 호응하도록 약속해서 보내겠다는 계획"[66]을 보고한다. 『공산초비기』 우금지사 〈그림 지도〉'에서 두리봉에 공주영장 이기동이 주둔한 것은 기록하고 있지만, 감영 뒤쪽 봉황산 산자락에는 '민병방수'(民兵防守)만 기록되어 있고, 관군 측 지휘자가 누구인지는 나와 있지 않다.[67] 위의 세 가지 사실로 보아 감영 서쪽의 주요한 방어선 산줄기는 봉황산 산줄기가 아니라 두리봉 산줄기인 것이다.

---

62 「동학도종역사」, 『국역총서』 11, 126쪽; 「시천교종역사」, 위의 책, 295쪽; 오지영, 『동학사』, 503쪽.

63 鳳凰山之後峰. 「공산초비기」, 『사료총서』 2, 430쪽.

64 鳳凰山後麓圓峯. 「선봉진일기」, 『동학란기록』 상, 237쪽.

65 「공산초비기」, 『국역총서』 9, 388쪽; 「공산초비기」 우금지사 〈그림 지도〉, 위의 책, 387쪽; 「갑오군정실기」 4·5·6, 101쪽.

66 依教下, 韓山所後斗里峰, 如干砲軍洞民幾許名列立. 看其賊勢, 三放炮應相之意, 約束出送伏計. 「이규태왕복서병묘지명」, 『사료총서』 16, 422쪽.

67 「공산초비기」, 『국역총서』 9, 387쪽.

2) 싸움터로 된 송장배미 산자락

두리봉(높이 272미터)은 너무 가파르게 높아서 관군의 지휘소나 관측소는 가능하지만 농민군의 공격지점은 될 수가 없었다. 이 두리봉의 봉우리에서 북쪽 금강 쪽으로 점차 낮아지는 산자락이 농민군의 공격지점이었다. 싸움이 일어난 산자락의 직선거리는 산자락 끝에서 약 400미터이다.

두리봉에서 시작되어 송장배미로 이어지는 수백 미터 산줄기에서 무수한 싸움이 있었다는 구전이 전해지고, 이 산줄기 끝에는 농민군들의 무덤을 상징하는 송장배미란 지명이 남아 있고, 근처 하 고개에는 농민군 떼무덤 구전이 남아 있다.[68]

3) 북접 농민군이 주도한 전투

동학교단 역사인 『동학도종역사』, 『시천교종역사』에 나오는 다음의 사료는 이용구 등이 주도한 북접 농민군의 송장배미산자락전투의 모습을 전해 주고 있다. 다만 '봉황산'은 '두리봉'으로 바꾸어서 읽어야 한다.

이 때에 이용구 등이 먼저 도유(道儒) 수만 명을 거느리고 공주 이인역(利仁驛)에 이르러 경병(京兵)과 옥녀봉(玉女峯)에서 격투를 벌였는데, 경병이 패하여 달아났다. 마침내 봉황산(鳳凰山)에 이르러 경병 및 부상(負商)과 교전을

---

68 '두리봉 산자락 싸움터', '송장배미', '하 고개'의 동학농민혁명 관련 구전은 『공주와 동학농민혁명』, 232~237쪽 참조. 정선원, 앞의 논문, 105~106쪽에서 재인용.

하였다.[69]

이용구는 드디어 전진하여 봉황산 즉 공주군(公州郡) 뒤 진산(鎭山)에 이르렀다. 경병과 일본의 군대가 산 위에서 총을 쏘는데도, 교도들은 죽음을 무릅쓰고 전진하였다.[70]

다음의 『균암장임동호씨약력』에서는 손병희·이용구 등 북접 농민군이 11월 8일 이인을 점거하여 산중에서 하룻밤을 자고, 다음 날 새벽에 공주 서쪽으로 들어가 송장배미산자락전투에 참전했던 것을 기록하고 있다.

… 앞에 기록한 바와 같이 10여 일을 머물다가 다시 공주로 행진하는데 전봉준은 노성으로 향하여 공주산성으로 들어가고, 본진(本陣)의 여러 사람은 이인에서 수비하는 관군을 격파하고 같은 산중에서 숙박하고 다음 날 날이 밝기 전에 서쪽의 공주로 공격해서 들어가던 중 소개봉(小蓋峰) 작은 봉우리 두 곳을 점거하였다.[71]

공주 구전에 송장배미 산자락 건너편 금강변에 "동학군이 성을 쌓다가 말았다고 하는 성미(성미산, 공주 웅진동 한산소 마을)"가 있다.[72] '성미'의 구전은 위의 『균암장임동호씨약력』에 보이는 '작은 봉우리 두 곳' 중 하나로 보

---

69 「동학도종역사」, 『국역총서』 11, 126쪽.(『사료총서』 29, 325~326쪽)
70 「시천교종역사」, 『국역총서』 11, 295쪽.(『사료총서』 29, 116쪽)
71 「균암장임동호씨약력」, 117~118쪽.
72 『공주와 동학농민혁명』, 237쪽.

이는데, 북접 농민군이 송장배미 산자락 근처까지 쳐들어왔다는 사실을 말해 준다.

송장배미산자락전투에 참여한 농민군의 성격과 인원은 『동학도종역사』에서는 "북접 농민군 수만 명"[73]이 확인되며 또한 『균암장임동호씨약력』의 기록으로 보면 공주전투에 참여한 "북접 농민군 6~7만 명"일 것이나.[74]

4) 10여 차례의 육박혈전

다음 『동학도종역사』, 『시천교종역사』에는 치열한 송장배미산자락전투가 기록되어 있다.

> 마침내 봉황산(鳳凰山)에 이르러 경병 및 부상(負商)과 교전을 하였다. 산에 오르는데 총을 쏘아댔으나 도유들은 죽음을 무릅쓰고 앞으로 나아갔다. 양쪽 군대가 육박혈전(肉薄血戰)을 벌이며 피나는 싸움을 10여 차례 했고, 총소리가 하늘과 땅에 진동하며 화약 연기가 일어나서 짧은 거리도 분별하지 못하였다. 도유(道儒) 중에 죽거나 다친 자는 그 숫자를 알 수가 없을 정도로 많았고, 피는 내를 이루었으며 시체는 산처럼 쌓여 눈으로는 차마 볼 수가 없었다. 영장(領將) 이용구는 총알에 맞아 정강이를 꿰뚫린 데다가 날이 저물고 힘이 다해서 한꺼번에 도유(道儒)들이 무너져서 흩어졌다. 그때, 수천의 나머

---

73 「동학도종역사」, 『국역총서』 11, 126쪽.

74 「균암장임동호씨약력」, 117쪽. 10월 19일 영동현감의 보고는, "10월 14일 동도 6만여 명이 영동에 와서 군기와 식량 등을 준비해 19일 옥천을 향해 갔다."(「갑오군정실기」 4·5·6, 162쪽)

지 군사를 인솔하여 논산포(論山浦)로 후퇴하였다.[75]

이용구는 드디어 전진하여 봉황산 즉 공주군(公州郡) 뒤 진산(鎭山)에 이르렀다. 경병과 일본의 군대가 산 위에서 총을 쏘는데도, 교도들은 죽음을 무릅쓰고 전진하였다. 양쪽 군대가 육박혈전을 벌이기를 10여 차례나 하였다. 이용구는 탄환에 맞아 정강이가 관통되었고, 해도 저물고 힘도 떨어졌기 때문에 일시 흩어졌다가 다시 논산포에 집결하였다.[76]

이 사료들은 당시의 상황을, "죽음을 무릅쓰고 앞으로 나아갔다"(冒死前進), "육박혈전 10여 차례"(肉薄血戰十餘合), "총소리가 하늘과 땅에 진동하며 화약 연기가 일어나서 짧은 거리도 분별하지 못하였다."라고 전하고 있다. 우금티전투와 송장배미산자락전투를 비교한다면, 우금티에서 '약 3시간 40분(오전 10시~오후 1시 40분)에 40~50차례 공방전'이 있었다면, 송장배미 산자락에서도 '10여 차례, 육박혈전'이 있었다.

송장배미산자락전투가 신식 소총과 화승총의 대결에서 한 차례가 아닌 '10여 차례, 육박혈전'이라면, '10차례의 결사적 돌격 전투'를 벌인 전쟁 상식을 뛰어넘는 북접 농민군의 결사적 전투이었던 것을 기억해야 할 것이다.

---

75 「동학도종역사」, 『국역총서』 11, 126쪽.(是時李容九等, 先率約道儒數萬名, 至公州利仁驛, 與京兵交戰于玉女峯, 京兵敗走, 遂至鳳凰山京兵與步負商, 交戰登山放丸. 兩軍肉薄血戰十餘合, 銃聲天地震動, 火藥烟起, 只尺不辨. 道儒死傷者, 不知其數. 血海成川, 尸體積山, 目不忍見也. 領將李容九中丸脛脚穿去, 因以日迫力窮, 一時道儒潰散, 餘率數千, 於論山浦退進. 『사료총서』 29, 325~326쪽)

76 「시천교종역사」, 『국역총서』 11, 295쪽.(容九遂進至鳳凰山, 卽郡後鎭山. 京兵與日兵, 從山上放丸, 敎徒冒死前進. 兩軍肉薄血戰十餘合, 容九中丸脛穿, 因以日迫力窮, 一時潰散, 更集於論山浦. 『사료총서』 29, 116쪽)

송장배미산자락전투에서도 우금티전투에서와 비슷한 '10여 차례의 육박혈 전을 감행한 결사적 항쟁 의지의 농민군 대열'을 짐작해 볼 수 있을 것이다.

위에서 첫 번째로 인용한 『동학도종역사』에는, "도유(道儒) 중에 죽거나 다친 자는 그 숫자를 알 수가 없을 정도로 많았고, 피는 내를 이루었으며 시 체는 산처럼 쌓여 눈으로는 차마 볼 수가 없있다"라며, 처절하게 죽어 간 농 민군들의 모습을 기록하고 있다.

이러한 처절한 싸움터라서 송장배미 구전, 즉 '농민군 시신이 무더기로 묻혔던 논 이야기'가 나왔을 것이고 '하 고개 농민군 떼무덤 이야기'가 나왔 을 것이다. 또한 송장배미 산자락이 보이는 금강 건너 마을에서는 "송장배 미 산자락에서 무수한 싸움이 있었고 거기서 죽은 사람들을 쓸어 넣어 버린 곳이 송장배미이다."라고 증언하고 있다.[77]

참고로 이이화는 "하 고개의 농민군 떼무덤과 송장배미 농민군 시신은 효포전투 즈음 고마나루(곰나루)를 넘어온 농민군이 장꾼차림으로 봉황산 의 아래쪽의 하 고개를 넘으려고 하다가 관군에게 발각되어 무참하게 살해 되었다"고 하였는데,[78] '하 고개의 농민군 떼무덤'과 '송장배미 농민군 시신' 은 효포전투(10월 24일~25일)가 아닌 송장배미산자락전투(11월 9일)의 구전 으로 바로잡아야 할 것이다.

77 『공주와 동학농민혁명』, 233쪽. 2006년 한동복 등 증언.
78 이이화, 『동학농민혁명사』 2, 124쪽.

5) 송장배미산자락전투에서 관군의 반격

다음 사료들을 통해 송장배미산자락전투에서 관군의 농민군 진압 상황을 엿볼 수 있다.

> 공주영장(公州營將) 이기동(李基東)은 충청감영의 수교(首校) 박준식(朴準植), 병교(兵校) 박춘직(朴春稙)·안재후(安在厚), 집사(執事) 김백현(金伯鉉)·양원길(梁元吉), 천총(千摠) 박순달(朴順達), 좌별장(左別將) 박춘명(朴春明), 우별장(右別將) 조광승(曺光承), 파총(把摠) 말시원(末始元), 장무(掌務)군관 정평오(丁平五) 등 그곳 감영의 병사들을 통솔하여 봉황산 뒷기슭 원봉을 방어하다가 몸을 떨쳐 군사를 이끌고 북쪽에서부터 길을 따라 오른쪽을 추격하였습니다.[79](밑줄친 '봉황산 뒷기슭 원봉(鳳凰山後麓圓峰)'은 두리봉; 인용자 주)

> 같은 해 겨울 10월 9일에 전봉준과 함께 은진의 논산에 모인 뒤에 공주로 방향을 돌려서 좌우를 나누어 협공하였다. 관군과 여러 날 교전하니, 두 진(陣)의 사상자가 매우 많았다. 17일 이른 새벽에 관군이 봉대산(烽臺山) 정상으로부터 날개를 편 형태로 좌우를 공격해 내려오니 교도들이 많이 흩어졌다. 반나절 동안 교전할 때에 날아온 탄환이 이용구 공의 오른쪽 다리를 명중하였다. 부득이 후퇴하여….[80]

---

79 「선봉진일기」,『국역총서』1, 273쪽.
80 「시천교종역사」,『국역총서』11, 317쪽. 이 사료에 나오는 10월 9일과 10월 17일의 근거는 미약하다고 본다.

백낙완이 한 계책을 내서 견준봉 위에 깃발을 죽 세웠다. 속임수로 군진을 만들어 약간의 병사를 두고 응포하게 하였다. 그리고 명사수 60명을 빼내어 동도의 뒷봉우리를 둘러 습격하게 했다. 그리고 또 <u>80명으로는 두리봉으로 치달아서 고함치며 내리달아 충살하게 하였다.</u>[81](밑줄친 부분이 송장배미산자락전투; 인용자 주)

공주영장 이기동은 해당 영의 병사를 인솔하여 봉황산 뒤의 산등성이를 지키다가 몸을 들어 병사를 이끌고 함께 나왔다가 유시(오후 5시~7시) 정각(正刻, 오후 6시)에 비로소 철수하여 진중에 돌아왔습니다. 비도가 사방으로 흩어져서 달아났으나, 날이 이미 저물어서 적을 모두 토벌하지 못했는데, 적의 기세가 비록 조금 꺾였으나 남은 무리가 아직도 많아 실제로 그 정형을 예측할 수가 없습니다.[82]

위의 사료를 보면 공주영장 이기동 부대가 두리봉과 그 산줄기를 지켰고, 관군이 큰길을 따라 반격을 했음을 알 수 있다. 그런데 위의 『남정록』에 의하면, 견준봉을 지키던 백낙완은 80명의 병사를 추가로 지원하여 두리봉에서 내리달려 송장배미 산자락에서 농민군을 진압했다고 했다. 다른 사료에는 백낙완이 견준봉 또는 우금티를 방어한 것으로 기록되어 있어, 백낙완 부대의 일부가 송장배미산자락전투를 지원했다는 『남정록』의 기록은 다른

81 「남정록」, 259쪽. '명사수 60명의 활약'은 조일진압군이 우금티에서 반격을 할 때 연이어 일어난 봉정동 습격 전투로 추정한다.
82 「이규태왕복서병묘지명」, 『국역총서』 8, 416쪽.(始於酉刻, 撤兵還陣…. 『사료총서』 16, 430쪽)

사료에는 나오지 않는 한계가 있지만, 백낙완이 직속부대 경리청의 140명 중에서 80명의 병사를 빼내어 지원했다는 것은 송장배미산자락전투가 대단히 위급했고 또한 큰 싸움이었음을 시사한다.[83]

이기동은 병사를 이끌고 출진했다가 오후 6시경에 철수해서 진중으로 돌아왔는데, 날은 저물었고 아직 농민군들이 많이 남아 있어 정형을 예측할 수 없다고 했다. 11월 9일 송장배미산자락전투에서 농민군이 패배하여 쫓겨가기는 했지만, 많은 농민군들이 아직도 공주감영을 포위하고 있어서 11월 9일 밤의 조일진압군의 방어선은 11월 8일 밤과 같은 공주바깥산줄기였다.

3. 오실산자락전투

모리오 대위의 보고에 나오는 '오실 뒷산'(梧實後山)과 현재 공주시 오곡동[84]의 대표적 마을인 '오실 마을'을 참고하여 '오실산자락전투'로 명명하였다. 오실산자락전투가 일어난 곳으로 추정되는 곳은 오곡동의 공주바깥산줄기 지역인데, 농민군에 대한 학살은 농민군의 공격 거점이었던 오곡동의 보아티 들판과 보아티 고개, 막골의 들판 등 오곡동의 넓은 지역에서 일어났다.

오실산자락전투에서 조일진압군의 오곡동으로의 반격과 학살은 사료에

---

83 정선원, 앞의 논문, 107쪽에서 재인용.
84 현재 행정지명 오곡동은 오실, 장자울, 막골, 점말 등의 마을로 이루어져 있다.(『공주와 동학농민혁명』, 145쪽) 오곡동(梧谷洞)을 오실(梧實)로 불렀다.(『공주지명지』, 51쪽)

서 확인되지 않지만, 구전과 농민군이 학살된 장소를 고려할 때 그러했을 것이라고 추정된다. 현재 오곡동을 지나는 공주바깥산줄기는 향봉에서 우금티 직전까지 이어지는 산줄기로 금학동과 접하고 있다.

1) 오실산자락전투 대치 상황

오실산자락전투는 1만여 명 농민군의 공격에 대하여 통위영 오창성 부대 및 일본군이 방어하고 반격한 것이 주된 전투 상황이다.

11월 9일 공주전투에서 오실산자락전투는 모리오 대위의 공주전투 보고서(「(2) 공주부근 전투상보(1894년 12월 4일, 5일)」)[85]에서 확인되고, 선봉진의 보고에서는 오실 산자락('금학동'으로 기록)의 농민군의 치열한 대치 상황을 엿볼 수 있다.[86]

우금티를 지키던 모리오 대위는 오실 마을 산자락을 공격하는 농민군의 기세에 놀라 우금티를 지키던 조일진압군에서 일부를 떼어 추가로 파견하였는데, "그 정세가 매우 급하여 노나카(野中) 군조(軍曹)에게 일본군 1개 분대와 경군 1개 분대를 인솔하게 하여 단단히 지키도록 명령했다." 또한 "우금티에 농민군 1만여 명이 그 기세 맹렬(猛烈)하게 급진(急進)해 올 때", "이와 동시에 오실 뒷산으로 1만여 명의 농민군이 그 정세가 매우 급하게 전진(前進)해 오고 있다"고 했다. 모리오 대위의 기록은 우금티 공격의 농민군과

---

85 『주한일본공사관기록』 1, 247쪽.
86 「선봉진일기」, 『국역총서』 1, 272쪽(『동학란기록』 상, 236쪽); 「순무선봉진등록」, 『국역총서』 2, 154쪽(『동학란기록』 상, 487쪽); 「순무사정보첩」, 『국역총서』 1, 341쪽(『사료총서』 16, 327쪽); 「갑오군정실기」 4·5·6, 103쪽.

오실 마을 산자락을 공격하는 농민군의 인원과 기세를 거의 동일하게 보고
있다. 다음은 모리오 대위의 보고이다.

5. 5일 오전 10시 이인 가도(街道)와 우금티산 사이 약 10리에 걸친 곳에 적도
(賊徒)가 대략 1만여 명이 나타나 우리의 오른쪽 서편을 향해 급진(急進)해 왔
는데, 그 기세가 맹렬하였다. 우금티산은 공주의 요지로서 이곳을 잃으면 다
시 공주를 지킬 방도가 없다. 이와 동시에 삼화산(三花山)의 적(약 1만여 명)도
'오실 뒷산'(梧實後山)을 향해 전진(前進)해 왔는데, 그 정세가 매우 급하였다.
그리고 이곳 역시 공주의 요지로 천연의 험지이다. 그래서 노나카(野中) 군조
(軍曹)에게 1개 분대와 조선 관군 1개 분대를 이끌고 오실 뒷산을 단단히 지키
도록 명령하였다.[87]

모리오 대위는 "우금티산은 공주의 요지로서 이곳을 잃으면 다시 공주를
지킬 방도가 없다"고 했는데, 오실 뒷산도 "이곳 역시 공주의 요지로 천연의
험지"라고 하면서 오실 마을 산자락 방어의 중요성을 강조하여 기록하고 있
다. 선봉진의 기록에 "오실 마을의 큰 산 위가 이인·반송·경천을 관할하는
곳"이라는 평가가 있는데,[88] 실제 11월 8일 밤 모리오 대위는 오실 마을 산줄
기의 향봉에서 동남쪽의 2만여 명의 동학농민군을 밤새 정찰하였다.[89]

다음에 소개하는 선봉진의 보고에서는, 11월 9일 오실 마을 산자락을 공

---

87 『주한일본공사관기록』 1, 247쪽.
88 使一軍出牛金峙, 先登梧實大山上. 此乃利仁盤松敬川三處管轄也. 「선봉진상순무사서부
  잡기」, 『사료총서』 16, 290쪽.
89 『주한일본공사관기록』 1, 247쪽.

격하는 농민군의 세력을 능티와 봉화대를 공격하는 농민군 세력과 묶어서 기록하고 있다. 이 기록에 있는 '금학동의 비도(匪徒)'가 오실 마을 산자락을 공격하는 농민군이다. 이 선봉진 기록에 의하면, 11월 9일에 통위영의 대관(隊官) 오창성(吳昌成)과 교장(敎長) 박상길(朴尙吉) 등이 금학동(즉 오곡동의 산줄기)에 주둔하여 방어하고 있다.

> 금학(金鶴)·웅치(능티)·효포의 건너 봉우리에 있는 비도들은 10리쯤 서로 바라보이는 높은 봉우리에 나열하여 진을 치고 때로는 고함을 지르며, 때로는 포를 쏘아 항상 공격할 기세를 하고 있었기 때문에 금학동에서 방어하는 통위영 대관(隊官) 오창성(吳昌成), 교장(敎長) 박상길, 웅치의 두 곳을 방어하는 경리청 영관 홍운섭(洪運燮)… 효포 봉수에서 방수(防守)하는 통위영 영관 장용진(張容鎭), 대관 신창희(申昌熙)… 등에게 특별히 명하여 각각 요해처를 관망하도록 단속하였습니다.[90]

위의 사료들로 정리하면, 11월 9일 오실산자락전투에서 맹렬한 기세로 농민군 1만여 명이 공격했고, 이를 방어한 조일진압군은 11월 8일 밤부터

---

90 「선봉진일기」, 『국역총서』 1, 272쪽; 「순무선봉진등록」, 『국역총서』 2, 154쪽. 통위영 오창성 부대가 금학동(즉, 오실 마을 산줄기)에 주둔한 사실은 두 가지의 기록이 더 있다.("통위영 대관 오창성은 금학동에 주둔하고…" 「공산초비기」, 『국역총서』 9, 388쪽; 吳昌成留陣. 「공산초비기」 우금지사 〈그림 지도〉, 위의 책, 387쪽) 그런데 모리오 대위의 기록은 11월 8일 오후에 "조선 관군(통위영) 250명에게 월성산에 가서 요지를 점령하여 적을 막게 하였으며…"라고 했다.(『주한일본공사관기록』 1, 247쪽) 통위영은 11월 9일 전투에서 월성산(효포)의 신창희 부대와 오실산자락의 오창성 부대로 나누어 전투에 투입된 것으로 본다. 오창성 부대의 인원은 모리오 대위가 파악한 통위영 250명의 절반 또는 120명(「남정록」, 243쪽) 규모일 것이다.

주둔하고 있던 통위영 오창성 부대 및 11월 9일 오전 10시 무렵에 우금티에서 파견된 일본군 1개 분대와 관군 1개 분대이다.

2) 11월 8일 오후, 농민군의 오실 마을 점거

오실 마을에는 11월 9일 아침 10시에 농민군이 처음으로 나타난 것이 아니다. 11월 8일 오후에 농민군이 이인을 습격했을 때, 동시에 오실 마을에도 농민군이 나타났다. 11월 8일 미시(오후 1시~3시)에 선봉진은 "농민군의 공격으로 늘티에서 효포로 퇴각했다"는 구상조의 보고에 이어서, 이인에 주둔하고 있는 성하영에게서 다음과 같은 보고를 받았다.

> 비류 몇만 명이 논산에서 지름길로 (이인으로; 인용자 주) 고개를 넘어왔고, 또 한 몇만 명이 오실(梧室) 산길을 따라 배후를 차단하여 포위하였습니다.[91]

경천·논산에 있던 농민군이 오실 마을 산길로 진입하는 것은 이인을 협공하는 것이고, 동시에 오실 마을 산자락 공격을 준비하는 것이며, 더 나아가 우금티에 접근하는 것이기도 하다. 농민군이 오실 마을에 진입함에 따

---

91 「선봉진일기」, 『동학란기록』 상, 235쪽; 「순무선봉진등록」, 위의 책, 486쪽; 「순무사정보첩」, 『사료총서』 16, 326쪽; 「갑오군정실기」 4·5·6(영인본), 112쪽. 이상 네 가지 사료는 모두 성하영의 보고이고, 이인에 몇만 명, 오실산로(또는 오실)에 몇만 명의 농민군이 나타났다고 했다.(匪類幾萬名, 論山直路踰嶺衝來. 又有幾萬名, 從梧室山路斷後圍住.) 그런데 「이규태왕복서병묘지명」에는 이인과 오실산로에 각각 몇천 명이 나타난 것으로 기록했다.(匪類幾千名, 自論山直路踰嶺衝來. 又有幾千名, 從梧室山路斷後圍住. 『사료총서』 18, 429쪽)

라 11월 8일 밤에는 공주바깥산줄기를 따라 통위영 대관 오창성 부대가 금학동에 주둔했던 것이 확인된다. 통위영 대관 오창성의 금학동 방어는 오실 마을 산줄기 즉 우금티에서 향봉까지 공주바깥산줄기의 방어이다.

11월 8일 논산에서 오실의 산길을 따라 오실 마을에 진입한 농민군을 성하영은 "몇만 명"이라고 했고, 11월 9일 모리오 대위는 오실산지락전투에 "약 1만여 명"의 농민군이 참전했다고 하는 차이는 있지만, 대규모 농민군이 오실 마을에 집결했던 것을 볼 수 있다.

공주 제1차 전투(10월 23일~25일) 때에도 오실 마을과 오실 산자락은 농민군 거점이며 전투지였던 것은 다음과 같이 확인된다. 10월 22일 농민군이 이인을 점거할 때, 오실 마을 남쪽으로 고개 너머 마을인 남월(南月)도 점거하여 10월 23일 이인전투에 앞서 구완희 부대가 남월의 농민군을 먼저 격파한다.[92] 즉 10월 23일에 농민군은 오실 마을 근처 남월까지 접근하여 주둔하고 있다가 구완희 부대의 습격을 받았다. 10월 24일, 농민군은 오실 마을과 우금티 근처까지 주둔하며 대치하였고,[93] 10월 25일에는 오실 마을 산자락 근처에서 전투가 있었다.[94]

---

92 「공산초비기」, 『국역총서』 9, 382쪽.
93 「시문기」, 『국역총서』 6, 9쪽. "10월 24일… 사방의 동학교도가 모이니 대체로 10여만 명이었다. 효포(孝浦), 태봉(胎峯), 오곡(梧谷), 이인(利仁) 등지에 나누어 주둔하였다." 위의 오곡 즉 오실 마을 농민군에 대처하여 10월 24일 저녁 관군의 방어선은 금학동을 포함하고 있다.(「선봉진일기」, 『국역총서』 1, 263쪽)
94 日兵傷者一人, 而候探金鶴洞, 爲流丸所擊傷右趾.「공산초비기」, 『사료총서』 2, 426쪽. 여기에서 '금학동 정찰'은 오실 마을 산줄기의 정찰이라고 보았다.

3) 오실산자락전투에 참전한 정산 김기창 농민군

다음은 오실 마을 산자락을 공격했던 1만여 명의 농민군은 어떤 세력일까에 대해서 살펴본다. 모리오 대위의 기록에 나오는 "삼화산(三花山)의 적(賊)(약 1만여 명)"이라는 말이 단서이다. 그런데 오실 마을 근처에는 삼화산(三花山)이 없다. 오실 마을에는 1만여 명의 농민군이라는 많은 수의 농민군이 집결하였다. 하나의 농민군 세력에 1만여 명(물론 연합부대일 수도 있다)이 모여 반일 투쟁에 나설 만한 세력은 어떤 세력일까 하는 것이다. '삼화산의 농민군 1만여 명'은 정산 김기창 농민군 세력으로 추정된다.[95]

오실산자락전투와 관련해서 오곡동에서 일어난 농민군 학살에 대한 구전은 제5부의 '구전에서 보는 농민군 공주 대규모 학살지'에서 상술한다.

4. 효포전투(11월 9일)

11월 9일 공주전투가 『공산초비기』와 모리오 대위의 기록(「(2) 공주부근 전투상보(1894년 12월 4일, 5일)」)에는 우금티전투를 중심으로 기록되어 있고, 11월 9일의 효포전투는 기록되어 있지 않다. 11월 9일의 낮 시간에 벌어진 효포전투는 선봉진의 보고에서 확인된다.

---

95 '삼화산의 농민군'이 정산접주 김기창이 지휘하는 농민군이라는 사실은 〈부록 1〉 '동학농민혁명과 공주 인물, 김기창'에서 상술한다.

1) 11월 8일 오후, 수만여 명의 농민군 효포로 진출

11월 8일 오후 효포에 수만 명의 농민군이 나타났고, 잠깐 사이에 효포·능티 가까이 건너편 작은 산등성이에 총을 지니고 앞장을 서는 정예병사 300~400명이 모여서 엿보고 있었다.[96] 다음 선봉진의 기록을 통해 11월 9일 새벽, 효포(능티 포함) 쪽 농민군 기세를 살펴본다.

> 그리고 그 이튿날 초9일 새벽에 적진의 형세를 정탐하니,… 금학·웅치·효포에서 건너편 봉우리의 비도들은 10리 정도의 서로 바라다 보이는 높은 산에 나열하여 진을 치고 있었는데, 때로 고함을 지르기도 하고 때로 포를 쏘기도 하면서 항상 침범할 기세를 갖추고 있습니다.[97]

2) 효포에서 대치 중 관군의 공격과 농민군 학살

11월 9일 효포전투에 대한 관군의 기록을 통해 효포에서 농민군과 대치하고 있던 관군 경리청 부대가 10리가량 공격 작전을 벌였고, 이후 많은 농민군을 학살한 사실을 살펴볼 수 있다.

> 경리청 대관(隊官) 조병완(曹秉完)·이상덕(李相德), 참모관 황승억(黃昇億) 등은 웅치의 최고봉을 방어하고 있다가 백여 명의 병사를 이끌고 동쪽 길에서

---

96 「선봉진상순무사서부잡기」, 『국역총서』 8, 340쪽.
97 「선봉진일기」, 『국역총서』 1, 272쪽.

왼쪽을 따라 돌격하여 힘을 합하여 섬멸하면서 10리쯤에 이르렀습니다.[98]

본영(本營) 대관 조병완(曺秉完)·이상덕(李相德), 참모관(參謀官) 이상덕(李相德)·이윤철(李潤徹) 등은 여세를 몰아 10여 리나 추격하여 사살하였습니다. 저들 무리들은 탄환에 맞아 죽거나 겁에 질려 죽은 자가 부지기수였습니다. 살아남은 무리들은 고개를 넘어 도주하였습니다.[99]

(효포의 농민군들은; 인용자 주) 먼저 공격하지 않을 것으로 반드시 예상했을 것이기 때문에 능치의 높은 봉우리는 참령관이 1개 소대만을 인솔하여 예전대로 지키고, 대관 조병완 이하 참모관과 교장이 1개 소대를 인솔하여 작은 산등성이에서 갑자기 나와 일제히 포를 쏘아 여러 명을 쏘아 죽였더니 적들이 손을 쓰지 못하고 흩어져서 도주하였습니다.[100]

11월 9일 낮 시간의 효포전투에서 효포를 노리던 농민군에 대하여 경리청 조병완의 관군이 큰길을 따라 10리쯤 남쪽으로 밀어붙이면서 농민군을 퇴각시켰다.[101] 이때 선봉진의 보고문은 효포전투에서 농민군에 대한 전투

---

98 經理隊官曺秉完李相德, 參謀官黃昇億等, 防守熊峙最高峰是乞如可, 領率百餘兵丁, 自東路從左突擊, 竝力厮殺, 比至十許里.「선봉진일기」,『동학란기록』상, 237쪽.(『국역총서』1, 273쪽) 다음의 세 가지 문서도 같은 문서이다:「순무선봉진등록」,『동학란기록』상, 488쪽;「순무사정보첩」,『사료총서』16, 328쪽;「갑오군정실기」4·5·6(영인본), 116쪽.
99 「갑오군정실기」4·5·6, 135쪽. 경리청에 李相德 동명의 대관과 참모관이 각각 있다.(「각진장졸성책」,『국총』12, 369, 375쪽)
100 「선봉진상순무사부잡기」,『국역총서』8, 340쪽.
101 효포에서 큰길로 늘티까지는 약 5.5킬로미터 즉 10리가 넘는다.

를 "시살"(廝殺)이라고 했다.[102] 성하영의 기록은 "저들 무리들은 탄환에 맞아 죽거나 겁에 질려 죽은 자가 부지기수였습니다."[103]라고 하였다. 11월 9일 효포전투에서 적지 않은 농민군이 사살 및 부상당했음을 짐작하게 한다.

3) 11월 9일 밤, 다시 효포로 퇴각한 관군

11월 9일 효포전투와 우금티전투, 송장배미산자락전투에서 조일진압군은 농민군의 공격을 막아내었고 또한 반격을 해서 많은 농민군들이 학살되고 일부 농민군은 퇴각을 했다. 그러나 아직도 많은 농민군들은 공주바깥산줄기 주변을 지키며 충청감영을 노리고 있었다. 성하영의 보고는 "밤이 너무 깊어 부득이 회군하였습니다."[104]라고 하여, 다시 효포로 관군이 퇴각했음을 말해준다.

---

102 「선봉진일기」, 『동학란기록』 상, 237쪽. 시살(廝殺)은 '전투에서 마구 침'이다.
103 「갑오군정실기」 4·5·6, 135쪽.
104 위의 책, 135쪽.

제4장 공주전투 제3차 대치(11월 10일~14일)

1. 5일간의 제3차 대치

11월 9일은 공주에서 우금티 등 4곳에서 농민군과 조일진압군의 치열한 격전이 있었다. 농민군은 11월 9일 4곳의 전투 현장 중에서 3곳에서는 반격을 받고 오히려 남쪽으로 추격을 당했다.[1] 그러나 조일진압군은 저녁 무렵 다시 공주바깥산줄기로 퇴각하였다. 11월 9일 밤의 조일진압군의 방어선은 11월 8일 밤과 같이 공주바깥산줄기인 우금티·오실뒷산·향봉·월성산이었다.[2]

이때 농민군의 최전방 대열은 중대(中垈) 뒷산 봉우리와 우와리(牛臥里) 앞뒤 봉우리를 중심으로 공주바깥산줄기의 동남쪽의 봉우리에 진을 치고 있었다. 그러나 이들 농민군은 11일 한낮에 경리청 관군 11명의 습격으로

---

1   4곳 중 오실산자락전투는 '모리오 대위 보고'에서 전투기록만 확인되고, 그 밖의 기록에서 일본군 및 관군의 반격, 농민군 학살에 대한 기록은 찾지 못했다.
2   『주한일본공사관기록』 1, 248쪽.

조금 뒤로 물러났다.[3] 또한 이날 이두황의 장위영 부대에 의한 유구 농민군 침탈 사건이 있었다.

11월 11일 저녁도 조일진압군의 방어선은 공주바깥산줄기의 우금티·오실뒷산·향봉·월성산으로 확인된다.[4] 그런데 12일도 중대·우와리 농민군 피습 사건(11일)으로 농민군은 조금 물러났시만, 여전히 공주의 경친, 계룡산 갑사 쪽과 노성을 점령하고 있었다.[5] 이때 농민군의 주력은 초포(草浦) 및 논산에 있었던 것으로 보인다.[6] 11월 13일까지 공주의 조일진압군은 공주바깥산줄기를 방어선으로 공주를 지키고 있었다.

11월 14일, 공주바깥산줄기 방어선을 지키고 있던 조일진압군은 일제히 공주 남쪽인 용수막·이인·경천을 점령하여 공주를 확보하였다.[7] 11월 14일

---

3 11월 11일 정오에 일어난 중대·우와리 농민군 피습 사건으로 공주바깥산줄기의 동남쪽의 봉우리에 자리 잡고 있던 농민군들이 흩어지기 시작하자, 관군은 토병으로 망을 보게 하고 군사를 휴식시켰다.(「공산초비기」, 『국역총서』 9, 389쪽)

4 「선봉진일기」(11월 11일), 『국역총서』 1, 267~268쪽(烽燧熊峙金鶴孝浦等地, 兩營各陣把守.『동학란기록』 상, 233쪽); 「선봉진정보첩」(11월 11일), 『사료총서』 16, 199쪽; 「선봉진전령각진」(11월 12일), 위의 책, 28쪽. 위의 세 사료는 11월 11일자로 본다.

5 「이규태왕복서병묘지명」(11월 13일 이기동이 보낸 답장), 『국역총서』 8, 397쪽. "11월 12일 농민군이 경천(敬天)과 노성(魯城)에 있는데, 읍마다 무리를 모으고 있고, 분명히 연산(連山)의 두마평(豆磨坪)까지 일말(一抹)이나마 이어져서 진잠(鎭岑)으로 향하고 있다."; 「이규태왕복서병묘지명」(11월 14일 도순무영의 신정희가 이규태에게 보낸 편지), 『국역총서』 8, 386쪽.(而敬川以南岬寺以下, 諸賊之屯結, 尙此猖獗云, 可悶.『사료총서』 16, 415쪽) 갑사의 농민군은 11월 20일 통위영 좌3소대의 갑사 점령에 의해서 해산되었다.(「순무선봉진등록」, 『국역총서』 2, 224쪽)

6 今會於草浦論山. 「선봉진정보첩」, 『사료총서』 16, 202쪽. 위 사료는 통위영 장용진의 첩보로, 11월 14일부터 16일까지 통위영 부대의 이동에 대해 경천 근처→노성→원봉전투→황화대전투→경천 주둔까지 보고하고 있다. 초포는 노성천과 연산천이 만나는 곳이다.

7 11월 14일, 모리오 부대가 오후 6시에 용수막을 점령했다.(『주한일본공사관기록』 1, 253쪽) 11월 14일 모리오 부대와 선봉진이 공주 용수막(龍水幕)을 유시(오후 5시~7시)에 점령했다.(「선봉진일기」, 『국역총서』 1, 285쪽; 「순무사정보첩」, 위의 책, 354~355쪽) 경천은 11

저녁 무렵 조일진압군은 공주를 장악하여, 전선(戰線)은 공주바깥산줄기에서 공주 대 논산으로 이동하였다.[8] 11월 10일~14일, 5일간 공주바깥산줄기 및 공주를 놓고 농민군과 조일진압군이 대치하였던 이 시기를 이 책에서는 '공주전투 제3차 대치'로 부른다.

2. 중대·우와리의 대치와 농민군 피습 사건(11월 11일)

중대(中岱)·우와리(牛臥里)[9]에서 농민군과 조일진압군의 대치 상황은 다음과 같다. 제3차 대치 기간에 11일 정오까지 공주바깥산줄기의 동남쪽(즉 중대·우와리)에서 굳건하게 조일진압군과 대치하고 있었던 농민군 대열이

월 14일 공주영장 이기동 부대와 통위영 부대가 자시(오후 11시~오전 1시) 무렵에 점령하였다.(「장계」, 『국역총서』 7, 333쪽; 「갑오군정실기」 4·5·6, 125~126쪽) 이인역은 정산에서 출발한 이두황 부대가 11월 14일 저물녘에 금강을 건너 점령하였다.(「양호우선봉일기」, 『국역총서』 7, 110쪽) 11월 9일 전투 이후 관군이 이인역에 주둔·점령한 것은 11월 14일 이두황 부대가 처음으로 확인된다.

8 공주바깥산줄기를 방어선으로 공주를 지키고 있던 조일진압군이 공주를 탈환하고 논산으로 남하를 시도한 11월 14일 작전에 대한 미나미 소좌의 평가는 '농민군 세력이 점점 쇠약해졌고, 이때까지 매일 아침, 저녁 성안을 쳐들어오던 것이 지금은 거의 중지되고 있는 상황에 대한 대처'와 '농민군의 퇴각을 틈타서 돌진해 나와 농민군을 격퇴하려는 시도'였다.(『주한일본공사관기록』 6, 39쪽)

9 「순무선봉진등록」, 『동학란기록』 상, 490쪽; 「순무사정보첩」, 『사료총서』 16, 329쪽; 「갑오군정실기」 4·5·6(영인본), 119쪽. 當日敗類分聚於南距十里餘, 中岱後峯及牛臥里前後峯等處.(위 3사료는 같은 기록) 우와리(牛臥里)는 현지에서 '소와리'라고도 부른다. 중대(中岱)와 우와리(牛臥里)는 논산-공주 옛길에서 직선거리로 향포(또는 향봉)에서 남쪽으로 약 3킬로미터, 경천에서 북쪽으로 약 7킬로미터 북쪽의 좌우에 위치하고 있다. [지도 18] 참조.

있었다.

11월 9일 우금티를 공격했던 농민군은 이인 근처까지 쫓겨 갔다. 그러나 이인으로 농민군을 추격했던 모리오 부대는 다시 공주로 회군하였고, 송장 배미산자락전투에서 이기동 부대도 남쪽으로 반격을 펼쳤지만, 유시 정각 (酉刻, 오후 6시)에 철수하여 진중으로 돌아왔다. 효포에서 남쪽으로 10여 리나 농민군을 추격했던 경리청 조병완 부대도 밤이 깊어서 회군하여, 11월 9일 밤의 조일진압군의 방어선은 공주바깥산줄기였다.[10] 그 이유는 "남은 농민군이 아직도 많아서 그 정형을 예측할 수 없어서"[11]였고, 또한 공주 동남쪽에서 물러나지 않고 대치하고 있는 농민군 때문이었다. 다음은 11월 9일 밤 이후 공주 동남쪽에서 조일진압군과 대치하고 있던 농민군의 모습이다.

7. 중대는 이인가도로 나가 급히 추격, 드디어 이인 부근에 이르러 그 일대의 산허리에 불을 지르고 몰래 퇴각하였다. 그러나 동남쪽의 적도가 여전히 퇴각하지 않으므로, 조선 관군에게 우금티산·오실뒷산·향봉·월성산 등의 경계를 맡기고 다른 대원은 공주로 철수하였다. 이때가 오후 8시였다.[12] (모리오 대위 보고, 밑줄은 인용자)

우금티 한쪽의 적병이 비록 퇴각하였지만 동남쪽 여러 봉우리에서 결진(結

---

10 『주한일본공사관기록』 1, 248쪽; 「갑오군정실기」 4·5·6, 135쪽; 「이규태왕복서병묘지명」, 『국역총서』 8, 416쪽.

11 「이규태왕복서병묘지명」, 위의 책, 416쪽.

12 『주한일본공사관기록』 1, 248쪽. 월성산은 봉화대가 있는 산이며(『공주지명지』, 122쪽), 월성산은 효포(孝浦)·능티(熊峙)·봉수(烽燧, 봉화대)와 같은 범위의 전투지역으로 본다.

陣)하고 있는 적은 아직도 굳건하게 움직이지 않았다.[13](『공산초비기』, 밑줄은 인용자)

그런데 관군 기록인 『공산초비기』에서는 이 동남쪽의 농민군들은 "오직 탄환이 미치지 않는 곳에서 관군과 총포를 쏘며 서로 대치하였다. 적(동학농민군; 필자 주)은 또한 글을 내걸고 조롱하였다."[14]고 했다. 관군 경리청 홍운섭은 "농민군 수천 명이 험한 요충지를 점거하고 굳게 지키면서 나오지 않아 쳐부술 계책이 어려웠다."[15]고 했다.

11월 9일 공주전투 뒤의 농민군들은 충청감영을 공격하다가 비록 무기의 열세로 반격을 받아 남쪽으로 쫓기기까지 했으나, 곧바로 대열을 수습하여 주요한 농민군 대열은 동남쪽으로 모여 "글을 내걸어 관군을 조롱하며" 전투 대열을 정비하고 있었다. 이 동남쪽의 농민군은 11월 11일 정오 무렵까지 '중대·우와리'를 지키던 농민군으로 보인다. 그리고 이곳 '중대·우와리'와 11월 8일 밤 모리오 대위가 관측한 '향봉 동남쪽'[16]은 비슷한 지역일 것이다.

또한 11월 9일 우금티전투에서 반격 작전을 펼쳐 이인 근처까지 농민군을 추격했던 모리오 대위가 저녁 무렵 다시 공주로 퇴각했던 것으로 볼 때, 공주바깥산줄기 남쪽은 중대·우와리뿐만 아니라 이인 쪽에도 많은 농민군

---

13 「공산초비기」, 『국역총서』 9, 389쪽.
14 牛金一面之賊雖退, 而東南諸峰結陣之賊, 尙屹然不動, 惟在彈丸不到之處, 只與官軍應砲相守, 賊又掛書嘲罵.「공산초비기」, 『사료총서』 2, 431쪽.(『국역총서』 9, 389쪽)
15 賊徒數千, 拒駐要險, 堅守不出, 無計可破.「순무사정보첩」, 『사료총서』 16, 331쪽.
16 『주한일본공사관기록』 1, 247쪽.

대열이 유지되고 있었음을 알 수 있다.[17]

중대·우와리에서 일어난 농민군에 대한 피습 사건(11월 11일)은 다음과 같다.[18] 공주전투 제3차 대치 기간 중, 11일 정오 무렵에 일어난 능티를 지키던 경리청 부대에 의한 중대(中垈)·우와리(牛臥里)[19] 농민군에 대한 습격 사건을 다음 관군 기록을 통해 확인할 수 있다.

한낮에 이르러 교장 이봉춘이 별도로 정예 병사 10명을 거느리고 군복을 모두 벗고 비류(匪類)로 위장하여 조금씩 전진하니 적들은 의심하지 않아서 산에 올라가 적의 앞에까지 이르러 일제히 총포를 쏘아 4~5명을 죽였습니다. 그러자 적들은 무기를 버리고는 몸을 빼어 사방으로 흩어졌으나 우리의 적은 병사로서는 뒤쫓을 수가 없었고 계속 총포를 쏘며 위력을 보여 적들로 하여금 멀리 도망하게 한 뒤에 무기를 가지고 왔습니다. 노획한 여러 가지 군물은 책자를 만들어 올립니다. 적정을 정탐하니 패하여 흩어지고 남은 적들은 바로 계룡산 등지로 향하였습니다.[20]

---

17 "우금티에서 패전하여 동학군이 쫓겨갈 때 구시티 고개(이인에 있다; 인용자 주)까지 일본군이 추격해서 동학군을 죽였다. 농민군이 뻴뻴이(뻑뻑이-필자주) 몰처 있어서 장마루(논산 경계에 있는 공주 마을; 인용자 주)까지 사흘을 풀렸다."는 구전도 이인 쪽에 뻑뻑이 주둔하고 있던 농민군의 모습이다.(『공주와 동학농민혁명』, 205쪽. 2002년 오성영 증언)

18 중대·우와리 농민군 피습 사건은 다음 사료를 참고하였다. ①「선봉진일기」,『동학란기록』상, 239~240쪽. 及至日中…鷄龍山等地.; ②「순무선봉진등록」, 위의 책, 496쪽; ③「순무사정보첩」,『국역총서』1, 347~348쪽; ④「선봉진서목」,『국역총서』8, 212쪽; ⑤「갑오군정실기」4·5·6, 112쪽; ⑥「공산초비기」,『국역총서』9, 389쪽.

19 「순무선봉진등록」,『동학란기록』상, 490쪽;「순무사정보첩」,『사료총서』16, 329쪽;「갑오군정실기」4·5·6(영인본), 119쪽. 當日敗類分聚於南距十里餘, 中垈後峯及牛臥里前後峯等處.(위 세 사료는 같은 기록)

20 「순무사정보첩」,『국역총서』1, 347쪽. 계룡산 쪽의 농민군은 11월 20일까지 주둔하고 있

[지도 18] 중대·우와리 농민군 피습 사건(11월 11일)[21]

었다. (「순무선봉진등록」, 『국역총서』 2, 224쪽)

21 지도의 모본은 「1914년 1:50,000 지도, 《公州》」.

농민군은 11월 9일의 공주전투에서 패배하여 우금티 쪽의 농민군은 후퇴하였으나, 11일 한낮까지 공주바깥산줄기의 동남쪽인 '중대(中垈) 뒷봉우리·우와리(牛臥里) 앞뒤 봉우리'를 중심으로 농민군 최전방 부대가 대치하고 있었다. 그들은 "수천 명이 험한 요충지를 굳건하게 지키면서," 이곳에 '극로포(克盧砲, 크루프포) 1좌'를 배치하기도 했다. 그러나 11일 한낮 관군의 기습으로 농민군은 흩어지고 "극로포 1좌"도 빼앗겼다.[22] 11일 대치의 최전방에 농민군이 극로포를 배치하고 있었던 것은 중대·우와리의 농민군 수천 명이 논산으로 후퇴했던 농민군의 공주 함락을 위한 신속한 재공격을 기다리고 있었던 것을 보여준다. 또한 김개남 부대와 협동 작전을 기대하고 있었을 것이다. 김개남 부대 5천여 명은 11월 10일 진잠을 점거하고 청주로 진격하고 있었다.[23]

---

22 이 전투에서 관군이 획득한 노획물은 다음과 같다. 극로포(克盧砲) 1좌, 탄환 6개, 불랑기(佛狼機) 1좌, 자포(子砲) 2문, 연환 8부(負), 솥(釜鼎) 1좌, 죽창 20개, 곤장 1개, 깃대(旗竹) 20개.(『갑오군정실기』 4·5·6, 112쪽) 농민군은 2차봉기시 전주성에서 극로포(크루프포) 1좌를 탈취하였다.(『주한일본공사관기록』 1, 161쪽) 농민군이 빼앗긴 크루프포는 위와 관련이 있을 것이다. 신식포인 크루프포는 청일전쟁 중 일본군 요코스카 함대, 구레 함대, 사세보 함대의 장착 무기였고, 청 북양함대의 정원함, 평원함, 제원함의 장착 무기였다.(육군군사연구소, 『청일전쟁』, 2014, 216~218, 243쪽)

23 「순무선봉진등록」, 『국역총서』 2, 170~171쪽; 「순무사정보첩」, 『국역총서』 1, 348~349쪽. 2차 봉기에 참여한 김개남 부대의 행로는 다음과 같다. 남원 출발(10.14.)→전주(10.16.)→금산(10.22.~11.9.)→진잠(11.10.)→회덕(11.11.)→청주(11.13.).

3. 유구 농민군 침탈 사건(11월 11일)

유구는 역마을로 공주에서 서울로 가는 중요한 길목이다.[24] 장위영 이두황 부대가 내포지역 농민군 진압을 마치고 11월 11일 신시(오후 3시~5시) 무렵에 유구에 도착하였는데, 천안의병행진소(天安義兵行陣所)에서 먼저 유구에 도착하여 농민군을 체포하여 이두황에게 넘겨주었다. 이두황은 그들로부터 넘겨받은 농민군 9명을 심문한다.[25]

이두황은 목천동학군[木川匪類][26] 또는 충경포(忠慶包)[27] 4천~5천 명이 그날 저녁 유구에서 기포하여 금강의 북쪽에서 농민군을 지원하려 한다는 정보를 확인하고, 황혼 무렵부터 군사를 동원하여 밤을 새워 천여 명을 체포하고 27명을 학살하였다.[28]

"당일 밤이 깊은 뒤에 산에 올라가서 총을 발사하고 백성들의 마음을 어지럽히고, 그런 뒤에 경군의 무기를 탈취하여 금강의 북쪽에서 동도를 지원하려 한다."[29]는 것이었다. 또한 "전봉준과 몰래 약속하기를 본진(本陣, 이두황 부대; 인용자 주)이 반드시 유구를 지날 것이니 유구 농민군은 후미를 끊고 내려가면서 공격하고, 전봉준은 금강을 건너 역공(逆攻)하여 양쪽에서

---

24 「선봉진일기」,『국역총서』1, 279쪽. "공주 감영에서 서울로 가는 데는 3갈래의 길이 있는데, 동쪽에는 대교(大橋)가 있고, 가운데는 광정(廣亭)이 있고, 서쪽은 유구(維鳩)이다."
25 「양호우선봉일기」,『동학란기록』상, 317쪽.
26 維鳩一洞, 則俱是木川匪類之窟宅. 위의 책, 311쪽.
27 「선봉진일기」,『국역총서』1, 278쪽;「양호우선봉일기」,『국역총서』7, 113쪽;「순무사정보첩」,『국역총서』1, 351쪽.
28 「선봉진일기」,『국역총서』1, 278쪽;「순무선봉진등록」,『국역총서』2, 191쪽.
29 渠等定約於日當夜深後, 登山發砲, 眩疑衆心, 然後掠奪京軍之器械, 作東徒之江北聲援, 是如納招.「선봉진일기」,『동학란기록』상, 240~241쪽.

협공하는 형세를 취하기로 하였다."[30]는 것이었다.

"유구는 적의 큰 소굴"(維鳩一大賊窟)[31]로 농민군 사오천 명이 뿌리내리고 있었다.[32] 11일 당일에도 먼저 천안 의병진이 이두황 부대보다 먼저 출동하여 유구 농민군을 체포할 정도로 동학이 강성했던 것으로 보인다. 관군의 기록에서 유구의 농민군을 '목천동학군'[木川匪類] 또는 '충경포'(忠慶包)라고 부르는 것은 유구의 농민군과 10월 21일 세성산 전투를 주도한 목천의 농민군 사이의 깊은 연관성을 말해준다.

충청도 목천은 1881년부터 목천 출신 김영식(金榮植)·김은경(金殷卿)·김성지(金成之)가 최시형의 지도를 받아 활발한 포교 활동을 펼쳐, 1883년 봄과 여름에는 '계미중춘판'(癸未仲春版) 및 '계미중하판'(癸未仲夏版) 『동경대전』을 발행하기도 한 동학의 뿌리가 깊은 곳이다.[33] 목천에서는 1894년 9월 그믐부터 동학교도들이 천안(天安), 목천(木川), 전의(全義) 등 3읍(邑)의 군수물품을 탈취하여 목천의 세성산(細城山)에 들어가 웅거하였는데, 무리를 거느리고 포(包)를 일으켜서 공장(工匠)을 불러 모아서 장창(長鎗)과 화포(火砲)를 주조(鑄造)하였다.[34] 그러나 10월 21일, 이두황의 장위영병과 충청병

---

30 而暗與全琫準爲約, 以本陣必過此洞矣. 本洞諸漢, 則截後下攻, 全賊則越錦江逆攻, 以成上下挾攻之勢云. 「양호우선봉일기」, 위의 책, 311쪽.

31 「선봉진일기」, 『동학란기록』 상, 241쪽; 「순무선봉진등록」, 위의 책, 515쪽.

32 "유구의 동학접주 이선재 씨 집에는 동학기들이 걸려 있었고 위세가 당당했다."고 하는 구전에서 동학농민혁명 시기 유구지역 농민군의 세력을 미루어 볼 수 있다.(『공주와 동학농민혁명』, 284~285쪽. 2005년 필자 채록)

33 박맹수, 「최시형 연구」, 160쪽; 김용옥, 『도올심득 동경대전(1)』, 219쪽; 표영삼, 『동학』 2, 109, 116쪽.

34 「순무선봉진등록」, 『국역총서』 2, 85쪽; 「선봉진정보첩」, 『국역총서』 8, 54쪽.

영의 병사들이 합세해서 세성산의 농민군을 진압하였다.[35]

유구의 농민군을 '충경포'(忠慶包)라고도 한다. 공주에는 1881년에 공주 신평 사람 윤상오가 최시형의 가르침을 받으면서 동학이 포교되는데, 유구의 농민군과 윤상오와 직접적인 관련은 보이지 않는다. 충경포의 활동은 1886년 권병덕(權秉悳)이 유구지역에 포교한 것이 확인된다.[36] 충경포의 이름은 보은집회에서 대접주와 포명을 정할 때 '충경대접주(忠慶大接主) 임규호(任奎鎬)'[37]가 있는데, 권병덕은 임규호 포에 속한 접주로 활동하고 있었다.[38] 11월 11일 이두황의 장위영이 유구 농민군을 진압할 때 유구에는 오래 전부터 활동한 사오천 명의 거대한 토착 동학교도 세력이 존재하고 있었던 것이 확인된다.

유구에서 이두황 부대에게 체포된 농민군들은 공주전투에는 참여하지 않은 것으로 보인다. 이두황이 지휘하는 장위영군[39]은 유구 농민군 진압에 이어서, 11월 14일 정산 건지동의 김기창 농민군 부대를 습격하여 농민군을 체포하고 조사하여, "지난달 23일 이인에서 접전(10월 23일 이인전투)할 때에 따라간 자"[40]를 적발해 내었다. 그러나 직전에 일어난 유구 농민군 침탈 후 이두황이 지휘한 유구 농민군의 조사에는 유구 농민군들이 공주전투에 참전했다고 하는 기록은 보이지 않는다.

---

35 「갑오군정실기」 1·2·3, 264쪽.
36 표영삼, 『동학』 2, 139쪽.
37 「동학도종역사」, 『국역총서』 11, 122쪽; 「시천교종역사」, 위의 책, 281쪽.
38 표영삼, 앞의 책, 140쪽.
39 「양호우선봉일기」, 『국역총서』 7, 108~109, 114쪽.
40 위의 책, 109, 111쪽; 「순무사정보첩」, 『국역총서』 1, 357쪽; 「순무선봉진등록」, 『국역총서』 2, 206쪽.

4. 조일진압군의 반격과 논산 진출

　11월 14일 저녁 무렵, 공주에서 공주바깥산줄기를 중심으로 방어하고 있던 조일진압군은 일제히 남하하여 공주 남쪽인 용수막·이인·경천을 점령하여 공주를 장악하였고 대치 전선(戰線)은 공주 대 노성·논산으로 되었다. 11월 15일에는 모리오 부대와 장위영·통위영은 노성을 점령하였고,[41] 이후 논산 소토산·황화대 전투를 치르고 논산을 점령하였다.

　11월 13일 연산에 도착한 미나미 부대는 11월 14일에 농민군과 연산 전투를 치르고, 15일에 노성에 머물렀다. 16일부터 21일까지 은진에 머물면서 각지에 지대를 파견하여 농민군 동향을 정탐하였고 또한 지대는 진안·율곡읍부근·고산에서 농민군과 크고 작은 전투를 벌였다.[42] 11월 20일 미나미 부대와 모리오 부대는 은진에서 합류하였고, 11월 22일 은진을 출발하여 전라도 삼례로 남하하였다.[43]

　이상의 내용을 종합하면 다음과 같다. 11월 9일 공주에서는 농민군의 공격으로 우금티 등 공주바깥산줄기의 4곳에서 대규모의 치열한 전투가 벌어졌다. 11월 9일 전투에서 농민군이 패배한 뒤, 주력 농민군 수천 명은 공주의 남쪽 중대·우와리 일대에서 조일진압군과 대치를 계속하였다. 11월 11일 경군의 기습으로 중대·우와리 일대의 농민군은 물러났으나, 11월 14일

---

41 노성 점령을 위해 11월 14일 밤 12시 모리오 부대가 용수막을 출발하였고, 11월 15일 아침 7시에 노성을 점령하였다.(『주한일본공사관기록』 1, 253쪽)
42 『주한일본공사관기록』 6, 64~65쪽.
43 「미나미 고시로 문서」, 『신국역총서』 5, 78쪽; 『주한일본공사관기록』 6, 65쪽.

까지 농민군은 공주의 경천·이인·계룡산 등지와 논산에 포진하면서 청주를 공격하는 김개남 농민군과의 연대를 꾀하며 공주 재공격을 위한 전열을 정비하고 있었다. 그러나 11월 14일 저녁 무렵 조일진압군이 공주 남쪽을 탈환했고, 11월 15일 논산전투가 일어났다.

제5부
공주전투와 동학농민혁명

제1장 공주전투에 참전한 농민군 인원

1. 선행연구와 사료 검토

동학농민혁명의 공주전투에는 남접, 북접 농민군 그리고 지역의 토착 농민군으로 이유상 등 유생 의병 세력 및 공주·논산·부여·정산의 농민군이 참여하였다. 공주전투에서 농민군의 참여 인원에 대하여 선행연구와 사료에서는 적게는 약 2만~4만으로, 많게는 수십만 명까지 기술하고 있다.

(1) 2만 명 설

① 강재언: "공주 공격의 농민군은 호남군 1만 명을 중심으로 대략 2만 명이다."[1]

② 정창렬: "공주전투의 농민군은 전봉준 부대 1만여 명과 각지에서 참전한 농민군 1만 명, 합하여 약 2만 명이었다고 짐작된다."[2]

---

1   강재언, 『신편 한국근대사연구』, 한울, 1982, 187쪽.
2   정창렬, 「갑오농민전쟁연구」, 260쪽.

③ 신용하: "전봉준 부대 1만 명과 손병희 부대 1만 명은 음력 10월 21일 공주를 향해 논산을 출발하여 노성과 공주 경천점에 군영을 설치하였다."[3]

④ 이이화: "논산에서 11월 7일과 8일 사이 두 부대로 나누어 공주로 진격한 농민군 수는 2만여 명이었다."[4]

(2) 3만 명 설

표영삼: "2차 공격은 10여 일 후인 11월 8일부터 시작되었다. 2차 공격에는 약 3만 명이 동원되었다."[5]

(3) 4만 명 설

① 배항섭: "… 농민군의 수는 많게는 4만여 명에 달하였다."[6]

② 이노우에 가쓰오: "모리오 제2중대장은 그러한 상황에서 전봉준이 이끄는 전라도 동학농민군과 더불어 충청도 동학농민군, 강원도 동학농민군, 경상도 동학농민군의 지원군이 합세한 총병력 약 4만 명의 동학농민군의 대군과 싸웠던 것입니다."[7]

---

3 신용하, 『동학과 갑오농민전쟁 연구』, 419쪽.
4 이이화, 『이이화의 동학농민혁명사』 2, 125쪽. 참고로 다음과 같은 서술도 있다: "공주전투를 위해 논산 초포에 북접 농민군을 제외하고 전봉준 휘하에 모인 농민군의 수는 '10만 대군'이다."(이이화, 같은 책, 94쪽)
5 표영삼, 『표영삼의 동학 이야기』, 앞의 책, 431쪽.
6 배항섭, 『신편 한국사』 39, 469쪽.
7 이노우에 가쓰오, 「미나미 코시로 대대장과 병사들, 그리고 일본군 대본영과 정부」, 『나

(4) 기타

① 「이유상상서」의 17만 명 설: 논산에서 모여 공주전투에 참전한 농민군 인원을 추정할 수 있는 인원은 전봉준 농민군과 이유상 농민군을 합하면, "172,200명"이다.[8]

② 스즈키 소위의 17만 명 설: 공주에 주둔하며 이인전투(10월 23일)에 참전했던 스즈키 소위가 1894년 10월 18일 공주감영에서 보낸 보고에서, 논산에 모인 농민군 인원은 "176,200명"이다.[9]

③ 『남정록』의 20만 대군 설: "20만 대군을 몰아 물밀듯이 들어와…."[10]

④ 『시천교종역사』의 수십만 명 설: "공주전투에 남북양접(南北兩接)의 교도들이 도합 '수십만 명'이 참전했는데, 피가 바다를 이루고 시체는 산을 이루었다."[11]

주동학농민혁명의 세계사적 의의와 시민사회로의 확산』(자료집), 99쪽. 이노우에 가쓰오는 기존 연구에서 공주전투에 참전한 동학농민군을 3만 또는 4만 명으로 추산하고 있다.(① 3만 명: 「동학농민군 항일봉기와 일본군 토벌작전의 사실(史實)을 찾아서: 장흥 전투를 중심으로」, 『나주동학농민혁명 재조명과 세계시민적 공공성구축』(자료집), 2020, 83쪽. ② 4만 명: 『메이지 일본의 식민지 지배』, 124쪽. "동학농민군의 군세는… 대체로 남접 2만 명, 북접 2만 명이었다.")

8 「선유방문병동도상서소지등서」, 『국역총서』 10, 430~432쪽; 「황해도동학당정토략기」, 『국역총서』 4, 516~517쪽.

9 "전술(前述)한 개전서(開戰書) 중에는 그들이 장교 200명과 병사 176,000명을 갖고 싸우겠다고 말해 왔습니다." 『주한일본공사관기록』 1, 174쪽.

10 "본년십일월초칠일에우룡이군을거나려이인역취병산에파슈ᄒ엿더니손화즁이과연상릭ᄒ야노셩군에둔듀ᄒ고젼봉쥰의픽귀흠을보고분긔딕발ᄒ야의십만딕군을모라물미듯드러와이인으로작로ᄒ야본월초팔일신시량에…" 「남정록」, 251~252쪽.(밑줄은 인용자)

11 「시천교종역사」, 『국역총서』 11, 295쪽.

2. 공주전투에 참전한 농민군 인원에 대한 가설

관련 사료들을 취합해 보면, 공주전투에 모인 남북접과 지역 농민군은 '총 10만여 명'에 달했다는 계산이 나온다.

10월 24일 공주 신소에 살던 유생은 소문을 듣고 기록하기를 "사방에 동학교도가 모이니 대체로 10여만 명이었다."[12]라고 했다. 또한 10월 23일 저녁 공주의 경천과 대교에 나타난 남접과 북접 농민군은 개략 10만여 명으로 추산할 수 있다.[13] 10월 24일 효포전투의 농민군 포위망은 40리 산길이다.[14] 11월 9일 공주전투에서 농민군의 포위망은 약 40리이다.[15] 11월 9일 공주전투에서 약 40리 즉 16킬로미터의 산줄기를 포위하고 죽음을 무릅쓴 공방전을 벌인 농민군 대열은 공주전투에 참전한 경군을 "뼈가 떨리고 가슴을 서늘하게"(骨戰心寒) 하였다. 약 40리에 포진한 농민군 대열을 10만여 명으로 볼 수 있지 않을까 한다.

---

12 「시문기」, 『국역총서』 6, 9쪽.(四方東徒會合凡十餘萬名. 『사료총서』 2, 182쪽)

13 10월 23일 효포를 지키며 정탐 활동을 하던 경리청 홍운섭은 '저녁 10시 무렵 경천에 호남(湖南)의 적 전봉준이 이끄는 4만 명이 나타났고, 동시에 대교에 옥천포 동학교도 수만 명이 나타났다'고 보고하였다.(「순무선봉진등록」, 『국역총서』 2, 69쪽; 「선봉진정보첩」, 『국역총서』 8, 59쪽; 「순무사정보첩」, 『국역총서』 1, 315쪽; 「갑오군정실기」 1·2·3, 291쪽) 이때 대교에 나타난 농민군은 다음과 같이 6만여 명으로 볼 수 있다. ① 영동에서 10월 14일부터 19일까지 머무른 뒤, 19일 옥천으로 간 6만 명의 농민군을 영동현감이 보고하였다.(「갑오군정실기」 4·5·6, 162쪽); ② 옥천에서 손병희가 이끄는 6~7만 명의 농민군이 공주로 가서 격전을 벌였다.(「균암장임동호씨약력」(영인본), 157쪽. 북접 농민군 참여자의 기록이다)

14 「남정록」, 245쪽.

15 「선봉진일기」, 『국역총서』 1, 274쪽(『동학란기록』 상, 237~238쪽); 「순무선봉진등록」, 『동학란기록』 상, 489쪽; 「순무사정보첩」, 『사료총서』 16, 328쪽; 「갑오군정실기」 4·5·6(영인본), 117쪽.

그러나 22일 동안 10만여 명 농민군 식량 조달의 문제,[16] 잠잘 곳, 집결하는 농민군의 이동로가 현실적으로 가능했을까 하는 문제가 있다. 또한 관군, 유생 및 농민군이 추산한 농민군 인원에 대한 신뢰성의 문제도 가지고 있다. 농민군으로 모였다고 할지라도 화승총 등 제대로 무장을 갖춘 농민군은 얼마 되지 않았을 것이다. 농민군으로 모인 인원에는 농민군을 돕기 위해 식량을 나르고 밥을 짓는, 남자·여자·노인·어린이도 있었을 것이다.[17] 이러한 점들을 고려하여 '10만여 명 설'은 추후 더 규명되어야 할 것으로 본다.

---

16 구전에 의하면, 우금티전투에서 농민군의 거점이었던 봉정동 마을의 농민군들은 "사흘을 못 먹었네, 나흘을 못 먹었네" 했고(『공주와 동학농민혁명』, 135쪽), "먹을 것이 없어 삶은 메주콩을 얻어먹다가 총탄에 죽었다"(같은 책, 140쪽)고 하여 농민군들의 식량 조달이 원활하지 못했던 상황을 보여주고 있다. 격전지 "'건준산'은 동학군들이 먹을 것이 없어 '개죽' 같은 죽을 쑤어먹으면서 전쟁을 했다고 해서 '개죽배기'라고 불렀다"고도 한다.(같은 책, 128쪽)
17 홍종식, 「70년 사상의 최대활극 동학난 실화」, 48쪽.

제2장 공주전투에서 학살된 농민군

동학농민혁명 시기 공주전투에는 남접과 북접 농민군을 포함한 '10만여 명'이 모여 22일간 아홉 차례의 처절한 개별 전투를 치렀다. 22일간의 공주전투에서 희생된 농민군의 사망자와 부상자의 숫자를 추산하기는 쉽지 않다. 이 절에서는 "… 혁명 기간 중에 가장 처절하고 장렬했던 전투는 두말할 것도 없이 공주 우금티전투이다."[1]라는 학계의 평가에 상응하는 사실을 사료와 구전에서 찾아서 정리하였다.

공주전투에 참전한 남접과 북접 농민군 그리고 지역 농민군이 학살되었던 진상에 대한 접근은 공주전투에 참전한 농민군의 희생에 대해, 그리고 처절한 공주전투에 대해 정당한 평가를 하는 기초가 될 것이다. "동학농민군은 사망자나 부상자는 수습하여 조일진압군의 손에 넘기지 않는다."[2]라고 한 기록으로 볼 때 일본군 및 관군이 공주전투에서 기록한 농민군의 사망자·부상자 숫자는 매우 축소된 통계일 것이다.

---

1 박맹수, 『사료로 보는 동학과 동학농민혁명』, 293쪽.
2 "홍주(洪州) 부근에서 그들의 세력이 가장 강성했을 때는 능히 전사자나 부상자를 운반하여 적의 손에 넘기지 않았다. 그러나 전주(全州) 이남의 여러 전투에서는 모두 내버려 둔 채 운반할 틈이 없었던 것 같았다." 『주한일본공사관기록』 6, 62쪽.(미나미 고시로의 보고)

22일간의 공주전투에서, 우금티전투에서 죽음을 무릅쓴 40~50차례 농민군의 연속 공격으로 "우금티 산자락에 시체가 가득했다."(積尸萬山) "우금티전투에서 조일진압군의 반격으로 봉정동 일대는 무덤이 되었고, 봉정동은 3년을 두고 시체를 치웠다."(구전) 우금티전투를 지휘했던 전봉준은 "1만여 농민군이 5백 명만 남았다"고 했다. 송장배미산자락선투에서는 "육박혈전 10여 차례"에 "피는 내를 이루고 시체는 쌓여 산을 이루었다."(血海成川, 尸體積山) "오실 마을에서는 '보아티 들'과 '보아티 고개'에 시체가 즐비하였다."(구전) "농민군의 피로 적셔진 효포의 혈흔천"(血痕川, 구전), "이인에서 구시티 고개까지 길을 따라 약 2킬로미터에 걸쳐 줄을 선 농민군의 무덤떼"(구전)는 공주전투에서 희생된 수많은 농민군들의 이야기로 주목해야 할 것이다.

1. 사료에서 보는 공주전투에서 학살된 농민군 인원

(1) 효포전투(10월 24일~25일)

다음 [표 7]의 1, 2, 3의 자료를 통해, 효포전투(10월 24일~25일)에서 대단히 많은 농민군 사상자가 있었음을 추정할 수 있다.

(2) 대교전투(10월 24일)

"그 숲기슭(林麓)을 빼앗으려 서로 포를 쏘면서 반나절(半晌)을 대치하여 죽인 자가 20여 명이고 사로잡은 자가 6명이었다."[3]

[표 7] 효포전투(10월 24일~25일) 농민군 사상자(밑줄은 인용자)

1	박제순 보고	죽거나 다친 자가 매우 많아지자 붉은 일산을 쓴 자가 한번 움직이니 적들이 점차 퇴각하여 시야산(時也山)으로 물러났습니다.[4]
2	「공산초비기」 효포지전	혈전(血戰) 수 시간에 사상자가 심히 많았다.… 이날 밤에 적병이 남쪽을 향하여 도망갔다. 탄환에 맞아 길에서 죽은 자가 산골짜기 사이에 낭자하였다.[5]
3	「갑오동란록」	경군은 동비(東匪)들과 하루 동안 전투를 벌였으며, 동비들이 크게 패하여 죽은 자가 골짜기를 채웠고 산 자는 사방으로 흩어졌다.[6]
4	홍운섭 보고	날이 저물 무렵에 이르러 총살한 자가 70여 명이고 생포한 자가 2명이었고 무기를 빼앗았다.[7]
5	모리오 대위 보고	적도(賊徒) 전사자 6명, 부상자 미상[8]

(3) 옥녀봉전투(10월 25일)

① 『남정록』에 의하면, 백낙완 부대가 옥녀봉을 습격하는 농민군을 상대하여 기습사격으로 9명을 죽였다.[9]

② "통위영 대관 신창희(申昌熙) 등이 총포를 마구 쏘고 갑자기 습격해 죽이니 적이 탄환에 맞아서 죽은 자가 50~60명이 되었고, 부상을 입은 자는

---

3 「순무선봉진등록」, 앞의 책, 69쪽.
4 「갑오군정실기」 1·2·3, 282~283쪽.(死傷甚衆, 紅傘一動, 賊兵漸却退屯於時也山. 영인본, 281쪽)
5 「공산초비기」, 『국역총서』 9, 385쪽.(血戰数時, 死傷甚衆.…是夜賊兵向南遁去, 中丸途斃者狼藉山谷間. 『사료총서』 2, 425~426쪽)
6 「갑오동란록」, 『국역총서』 6, 73쪽.(京軍與東匪, 一日接戰, 而東匪大敗. 死者壎壑, 生者四散. 『사료총서』 9, 218쪽)
7 「순무선봉진등록」, 『국역총서』 2, 89, 93쪽; 「갑오군정실기」 4·5·6, 30쪽.
8 『주한일본공사관기록』 1, 209쪽.
9 「남정록」, 249~250쪽.

그 숫자를 헤아릴 수가 없습니다."[10]라고 보고하였다.

(4) 이인전투(11월 8일)

다음 기록『공산초비기』에서 농민군이 무수히 살상당한 것이 확인된나;
"이인의 지세는 삼면이 모두 산으로 둘러싸여 있고 다만 한 면이 열려 있다.
농민군이 약속하고 산 뒤로 올라 일시에 횃불을 들어 돌리니, 한순간에 한
판 불꽃성을 이루었다. 관군이 포를 쏘아 돌리며 공격하여 적을 무수히 살
상했고 관병도 한사람이 다쳤다."[11](밑줄은 인용자)

(5) 우금티전투(11월 9일) 공방전(밑줄은 인용자)

① "산등성이에 벌려 서서 일제히 사격을 하고 다시 몸을 산속으로 숨겼
다가 적이 능선을 넘어오려고 하면 또다시 산등성이에 올라가 일제히 사격
을 하였으니, 이렇게 되풀이한 것이 40~50차례가 되어 시체가 쌓여 온 산에
가득하였다."[12]

② "조일진압군이 산꼭대기에 늘어서서 마구 총을 쏘아대기를 40~50차

---

10 「순무사정보첩」,『국역총서』1, 324쪽; 「순무선봉진등록」,『국역총서』2, 92쪽.(亂
　　砲掩殺, 賊之中丸者, 爲五六十名, 被傷者不計其數.『동학란기록』상, 442쪽)「갑오군정실기」
　　4·5·6(영인본)의 14쪽에는 '五六名'으로 되어 있는데 오기(誤記)로 본다.
11 「공산초비기」,『국역총서』9, 386쪽.(利仁地勢, 三面皆山, 只開一面, 賊兵約登山後一時擧火轉, 瞬
　　間便成一座火城. 官兵放砲環攻, 殺賊無數, 官兵亦傷一人.『사료총서』2, 429쪽)
12 「공산초비기」,『국역총서』9, 388쪽.(日兵官乃分軍, 排至牛金犬蹲之間, 羅立山脊, 一時齊放, 復隱
　　身山內, 賊欲踰嶺, 則又登脊齊發. 如是者爲四五十次, 積尸滿山.『사료총서』2, 430~431쪽)

례 하였는데, 적병은 죽음을 무릅쓰고 전진하다가 탄환을 맞고 넘어져 죽었습니다."[13]

③ "조일진압군은 사시부터 총을 쏘아 농민군을 여러 차례 죽였고, 일병은 봉우리 꼭대기 앞으로 진을 치고 총을 쏘기를 몇십 차례 하니 농민군이 많이 피살되었다."[14]

④ 다음은 『전봉준공초』에 나오는 전봉준의 진술로, "만여 명의 농민군이 우금티전투에 참전했는데 점검해 보니 500명만 남아 남쪽으로 퇴각했다"고 진술하고 있다.[15]

> … 두 차례 접전 뒤 10,000여 명의 군병(軍兵)을 점고(点考)한즉 남은 자가 불과 3,000여 명이요, 그 뒤 또 두 차례 접전한 뒤 점고한즉 불과 500여 명인 까닭에 패주(敗走)하여 금구(金溝)에 이르러….[16]

---

13 日兵官兵排立山巓, 沒放四五十次, 賊兵冒死直前, 中丸僵仆.(「갑오군정실기」 4·5·6(영인본), 111쪽) 충청가도사 공주판관 박선양의 등보(謄報)이다.

14 牛金峙西南兩邊賊徒, 則高喊紛, 擾常有犯入之意. 故先飭留駐領率瑞山郡守成夏永經理廳官尹泳成白樂浣, 與日兵合勢, 使之進討, 而自巳時量, 始爲放砲, 數場廝殺. 日兵則列陣前峯上, 設砲幾十次, 賊多被殺, 不敢犯近, 而尙有衆寡逈殊之勢. 「선봉진일기」,『동학란기록』상, 236쪽;…而自巳時量, 始爲放砲, 數廝殺. 日兵則列陣前峰上 沒砲幾十次, 賊多被殺, 不敢犯近, 而尙有衆寡逈殊之勢. 「순무선봉진등록」,『동학란기록』상, 487~488쪽;…而自巳時量, 始爲放砲廝殺. 日兵則列陣前峯上, 沒砲幾十次, 賊多被殺, 不敢犯近, 而尙有衆寡逈殊之勢. 「순무사정보첩」,『사료총서』16, 327쪽;…而自巳時, 數場廝殺. 日兵則列陣於峯上, 沒放幾十次, 賊多被殺, 而尙有衆寡之勢. 「갑오군정실기」 4·5·6(영인본), 114~115쪽.

15 여기에서 전봉준이 진술한 전투는 우금티에서 전투이다. 11월 9일 공주전투는 우금티전투와 동시에 다른 3곳(송장배미 산자락, 오실 마을 산자락, 효포)에서 동시에 일어났다.

16 「전봉준공초」,『국역총서』12, 16쪽.

⑹ 조일진압군의 반격으로 벌어진 정주봉·봉정동에서의 농민군 사상자

우금티 공방전에 이어서 일어난 사건이다.(밑줄은 인용자)

① "참모관 진 도사 권종석(權鍾奭)… 등이 명령에 따라 먼저 올라가서 몸을 떨쳐 독려하여 포살(砲殺)이 연이어졌는데, 그 숫자는 자세히 알 수가 없습니다."[17]

② "이때 서산군수가 계책을 내어 부대를 나누어 양쪽에서 총을 쏘게 하고 일본 병사 50명과 함께 적진을 격파해 들어가니 총에 맞아 죽은 자가 매우 많았습니다. 이에 적도들이 대포와 총과 창, 기치 등의 물자를 포기하고 정신없이 도주하였습니다."[18]

⑺ 송장배미산자락전투(11월 9일)

"양쪽 군대가 육박전(肉薄戰)을 벌이며 피나는 싸움을 10여 차례 했고, 총소리가 하늘과 땅에 진동하며 화약연기가 일어나서 짧은 거리도 분별하지 못하였다. 도유 중에 죽거나 다친 자는 그 숫자를 알 수가 없을 정도로 많았고, 피는 내를 이루었으며 시체는 산처럼 쌓여 눈으로는 차마 볼 수가 없었

---

17 …砲殺相屬, 未詳其數(「선봉진일기」, 『동학란기록』 상, 237쪽); 「순무선봉진등록」, 위의 책, 488쪽; 「순무사정보첩」, 『사료총서』 16, 328쪽. 이상 세 가지 사료는 동일한 기록이다);…砲殺相續, 未詳其數.(「갑오군정실기」 4·5·6(영인본), 115쪽) 이상 네 가지 사료는 선봉진의 보고이다. '砲殺'은 대포가 아니라 신식 소총에 의한 살상으로 본다.
18 「갑오군정실기」 4·5·6, 135쪽. 서산군수 성하영의 보고이다.

다."19(밑줄은 인용자)

(8) 효포전투(11월 9일)

"본영(本營) 대관 조병완(曺秉完)·이상덕(李相德), 참모관(參謀官) 이상덕 (李相德)·이윤철(李潤徹) 등은 여세를 몰아 10여 리나 추격하여 사살하였습 니다. 저들 무리들은 탄환에 맞아 죽거나 겁에 질려 죽은 자가 부지기수였 습니다. 살아남은 무리들은 고개를 넘어 도주하였습니다."20(밑줄은 인용자)

(9)『오하기문』의 공주전투

"(공주전투에서; 인용자 주) 무릇 세 번의 패배로 죽은 자가 만여 명이었다. 이때 날씨가 매우 추워 죽어 넘어진 채 얼어붙은 시체가 마치 산처럼 쌓였 다."21(밑줄은 인용자)

---

19 「동학도종역사」,『국역총서』11, 124~125쪽.(兩軍肉薄血戰十餘合,…血海成川, 尸體積山.『사료 총서』29, 325~326쪽)

20 「갑오군정실기」4·5·6, 135쪽. 경리청에 李相德 동명의 대관과 참모관이 각각 있다.(「각진 장졸성책」,『국총』12, 369, 375쪽)

21 『오하기문』(번역본), 281~282쪽.(凡三敗, 死者萬餘人, 天寒僵凍, 尸如山積.『사료총서』1, 268쪽) 이 외에도 "공주에서 세 번 패하여 수만 명이 죽자…"라는 기록도 있다.(『오하기문』(번역 본), 282쪽)

(10)『갑오동학란』의 공주전투

 "10월 25일에 손병희와 전봉준이 수십만 무리의 동학군을 이끌고 충청도
수부(首府)인 공주성을 점령하고 장차 경성으로 곧바로 올라가려 하여 공주
성으로 들어가는 요새인 우금티, 견준봉, 주봉(周峯), 웅포(熊浦), 금진(錦津)
등지에서 여섯 낮밤을 계속 교전하여 양군(兩軍)의 죽거나 상해를 입은 자
가 수만에 달하였다.… 동학군이 할 수 없이 논산으로 진을 물려 각 두령이
전봉준과 더불어 적을 이길 방책을 협의하고 11월 3일에 전봉준이 군사를
정돈하여 다시 병사를 움직여 이인역에서 성하영과 맨몸으로 싸워 관군이
크게 패하고 봉준이 매우 빠르게 관군을 추격하여 계속 혈전 십여 합에 관
군과 일본군이 맹렬히 추격하므로 봉준의 군이 크게 패하여 시체가 산처럼
쌓였고 흐르는 피가 개울을 이루었다."[22](밑줄은 인용자)

2. 구전에서 보는 농민군 공주 대규모 학살지

1) 견준산과 우금티 사이 산자락

 11월 9일 우금티전투에서 견준산과 우금티 사이의 산자락은 11월 9일의
공주전투에서 농민군이 가장 치열하게 공격했던 장소이고, 조일진압군에

---

22 「갑오동학란」, 『국역총서』 13, 125쪽.(積尸如山하고 流血成川하엿다. 『사료총서』 27, 367쪽)

의해 많은 농민군 희생이 일어났던 장소이다. 다음은 견준산과 우금티 사이 산자락에서 많은 농민군 희생자가 있었던 것을 미루어 볼 수 있는 구전이다.

① "… 공주를 점령하려고 우금 고개 방향인 오송쟁이와 양달로 나가서 공격했는데 일본군이 위에서 내려쏘니까 시체가 포개 쌓였다. 농민군들이 뒤적뒤적해서 시체를 찾아갔다. 농민군들의 많은 시체를 개좆배기(견준산) 밑 구렁텅이에 묻었다."[23]

② "그때 동학군은 총이 없었던 모양이야. 농민군들이 개좆배기에서 총 맞아죽고, 부상당한 사람들은 쫓겨 가다가 은골 고랑과 방축골에 가서 많이 죽었다. 새재 쪽으로도 공주로 넘어가려고 하다가 많이 죽었다고 했다. 납탄알을 맞으면 살이 썩었다고 한다."[24]

2) 농민군들의 무덤이 된 봉정동

11월 9일 4곳에서 동시에 일어난 전투 중에 가장 치열한 전투였던 우금티전투에서 농민군의 주력은 정주봉·봉정동을 거점으로 삼아 우금티 일대를 방어하는 조일진압군을 공격하였다. 이때 우금티 공방전에 뒤이은 조일진압군의 반격으로 정주봉·봉정동 일대는 농민군들의 무덤이 되었다. 봉정동의 정주봉, 승주골, 산제당, 은골, 방축골, 새재 논구덩이, 신경지 물레

---

23 『공주와 동학농민혁명』, 126쪽. 2003년 김학범 증언.
24 위의 책, 126쪽. 2004년 김영오 증언.

방앗간에서 농민군에 대한 큰 학살이 있었던 것을 마을 사람들은 증언하고 있다.[25]

　① "일군과 관군이 승주골이 약한 것을 알고 삿갓재(승주골을 둘러싸고 있는 북쪽 산날등)를 넘어 기습공격을 했다. 일군과 관군이 삿갓재를 넘어 승주골, 은골, 정주봉, 방축골에서 학살을 저지르고 이인 근처까지 가서 산에 불을 지르고 다시 우금티로 퇴각하였다."[26]

　② "농민군들이 개좃배기에서 총 맞고 부상당하고 쫓겨 가다가 은골 고랑과 방축골에 가서 많이 죽었다. 새재 쪽으로도 공주로 넘어가려고 하다가 많이 죽었다고 했다."[27]

　③ "산제당(정주봉 중턱) 근처에서 사람이 많이 죽었고 피가 고랑에서 벌겋게 내려왔다."[28]

　④ "승주골의 농민군 시신을 어떻게 할 수 없어서 동네 사람들이 묻었다. 시신이 너무 많아 흙만 덮었다. 여기가 전부 무덤이었다. 작은 무덤, 큰 무덤이 즐비한 묘지가 되었다. 동네에서 송장을 묻고 북이나 징, 꽹과리를 주워 왔다. 징과 꽹과리는 부서지면 바꾸기 때문에 그때 것이 남아 있지 않고, 그때 주웠던 북통을 우리 집안에서 헛간에 걸어 보관하고 있었다. 승주골 골짜기 가까이 3채와 왕밤나무골에 4채, 모두 7채의 집이 있었다. 동학난리 나

---

25 봉정동에서 농민군 학살은 '11월 9일 우금티전투' 및 『공주와 동학농민혁명』, 131~142쪽 참조.

26 『공주와 동학농민혁명』, 136쪽. 2002년 오성영 증언.

27 위의 책, 134쪽. 2004년 김영오 증언.

28 위의 책, 134쪽. 2002년 임영수 증언.

고 승주골 주민들은 도망가 버렸다. 날이 궂으면 우는 소리가 나고, 무서워서 사람들이 여기에 들어오지 못했다."[29]

⑤ "당시 은골에 동학군들이 꽤 많이 모였다. 동학군들이 점심밥 먹다가 당했다. 은골 마을 북쪽에 있는 정주봉에서 일본군 몇 명이 내려다보고 총을 쏴서 농민군들이 참나무 밭고랑에서 늘피하게 죽었다. 농민군의 시신을 많이 묻었다. 하나하나 묻지 못하고 굴멍진 데는 다 넣고 양쪽 언덕의 흙을 부수어 덮었다."[30]

⑥ "지금 살아 있으면 120세, 130세 되는 동네 노인들이 이야기했다고 하는데, 승주골과 주변 마을의 농민군 시신을 치우기 위해 3년을 두고 동원부대를 만들어 시신을 치웠다고 한다."[31]

⑦ "새재 둥구나무는 공주로 가는 길에 있는 쉼터였다. 새재 논구덩이에서 동학군이 전멸했다고 한다."[32]

⑧ 신경지 물레방앗간에서 양태인 등 여러 명이 왜군에게 학살되었다.[33]

3) 송장배미(웅진동)와 하 고개(교동)의 떼무덤

이곳은 11월 9일 송장배미산자락전투가 있었던 현장이다.

29 위의 책, 137쪽. 2003년 오성영 증언.
30 위의 책, 139~140쪽. 2002년 오천근, 오정남 증언.
31 위의 책, 137쪽. 2004년 오성영 증언.
32 위의 책, 248~249쪽. 2006년 최길환, 유병갑 증언.
33 위의 책, 141~142쪽.

① "동학난리에 동학군을 아픈 사람도 넣고 죽은 사람도 넣어 무더기로 넣어 묻어 버렸다고 한다. 칠석날 누르미 한쪽이라도 붙여 둑재를 지내지 않으면 독사가 하도 많이 생겨 징그러워 견딜 수가 없었다. 우리가 생각할 적에는 죽은 혼신이 하도 억울해서 독사가 되어 떼잽이로 돌아다니는 것으로 보고 있다. 송장배미는 세 배미가 있었나."[34]

② "왜군이 동학군을 송장배미 논에 주욱 묶어 세워 놓고 총을 쏴서 죽었다. 많이 죽었다는 사람도 있는데 일곱 여덟 된다고 하더라. 시신은 다른 데로 치웠다고 하더라. 금성여고 앞길에 외딴집(지금 나이로 130세 쯤 되는 김인제 씨의 집)이 있었는데, 밤에 허신이 와서 '뜨거워서 죽겠다, 물달라'고 소리 지른다고 했다고 한다. 총맞아 죽어서 뜨겁다고 했다고 한다. 6·25 난리 전까지 허신이 왔다 갔다 하고, 도깨비불이 왔다 갔다 하고, 두세두세 사람 목소리도 나고, 투닥투닥 하는 소리도 나고 해서 송장배미 앞으로 다니기가 힘들었다."[35]

③ 송장배미 논을 경작하던 이상직씨에 의하면, 어른들 말씀에 농민군 18명이 이 논에서 죽었다고 한다. 우금티에 위령탑(1973년 건립)이 세워진 뒤인 1979년까지 주변 땅을 경작하던 소작인이 매년 '무언(無言)의 고사(告祀)'를 지냈다고 한다.[36]

④ "하 고개에서 일제시대에 길을 닦다가 해골이 여러 바지게 나왔다.[37]

---

34 위의 책, 234쪽. 2005년 정영덕 증언.
35 위의 책, 234~236쪽. 2005년 황석준 증언.
36 위의 책, 233쪽. 1994년 무렵 이상직 증언.
37 위의 책, 237쪽. 1970년 무렵 김노인 증언.

⑤ "하 고개와 송장배미에서 사람의 뼈가 무더기로 쏟아져 나왔다."[38]

4) 오실 마을(오곡동)의 농민군 학살

이곳은 11월 9일에 오실산자락전투가 일어난 곳이다. 보아티 들판과 보아티 고개에 농민군들의 시신이 늘비하게 늘어져 있었다고 한다.

(1) 보아티 들판과 보아티 고개

"우금티에서 동학군들이 밀리면서 이곳 오곡동의 보아티 들(부화터 들)과 보아티 고개(부화터 고개)에서 동학군들이 늘비하게 죽었다고 한다. 우리 젊었을 때는 보아티 들과 보아티 고개가 '아이고 팔아, 아이고 다리야 하고 죽은 자리'라고 계속 이야기해 와서 장자울 마을(보아티 들 건너편 마을)에서는 밤에 혼자 다니지 못했다. 마을 어른들이 거의 돌아가시면서 최근에야 그런 이야기가 그쳤다. 8.15해방 때까지 지금 마을회관 앞에 큰 뽕나무가 있었는데 동학 당시에는 보아티 들에 뽕나무가 꽤 있었다고 한다. 설 쇠고 보름까지 오실 마을에 서는 나이 먹은 어른들에게 새해 인사를 다녔다. 그때 들었는데 마을 어른들이 그 이야기를 또 하고 또 하고 사뭇 이야기해서 알고 있다."[39]

---

38 『동학농민전쟁 역사기행』, 여강출판사, 1993, 82쪽. 김상만 증언.
39 『공주와 동학농민혁명』, 152쪽. 2005년 송일룡(동학 유족) 증언.

(2) 동학군의 시신과 기물이 묻혀 있는 큰병재울

"동학군들이 병재울에 와서 주둔했다. 장자울 마을의 큰병재울 산자락에 안씨네 논이 있는데, 농민군의 시신과 각종 기물이 묻혀 있다고 한다."[40]

(3) 농민군을 추모하는 돌탑이 있었던 돌탑모랭이

"동학군 출신 이악사가 동학군을 위령하기 위해 돌탑을 쌓은 곳이다."[41] 장자울 마을 길가에 있었던 돌탑은 오곡동에서 학살된 수많은 농민군들을 위령하기 위해서 세웠다고 한다.

(4) 막골 들판의 농민군 무덤[42]

5) 효포의 혈흔천(血痕川, 혈저천血底川)

"효포 마을 앞 들판 가운데 흐르는 천을 혈흔천 또는 혈저천이라고 하는 데, 갑오경장 난리통에 전쟁 마당이 되어서 서로 싸우다 보니까 사람들이 너무 많이 죽어서 개울물이 핏물로 흘렀다고 해서 혈흔천이라고 했다고 했 다. 사람들이 시체를 밟고 다닐 정도로 시체가 많았다고 한다."[43]

---

40 위의 책, 151쪽. 2005년 송옥룡(동학 유족) 증언;『공주지명지』, 152쪽.
41 『공주와 동학농민혁명』, 151쪽. 2005년 송옥룡 증언.
42 위의 책, 155쪽.
43 효포의 혈흔천이 동학농민혁명 관련 지명이라고 하는 증언은 박재민(72세, 신기동 거주), 2017년의 증언이다. 최근까지 공주에서는 효포에 있는 혈흔천의 지명은 혈흔천을 마주하 고 있는 효포의 효가리 마을(공주시 소학동 76-6)의 신라시대 효자 향덕 관련 이야기라고 알 려져 왔다. 그러나 위의 구전을 계기로『삼국유사』등 한문 문헌을 검토하고, 1945년 이

6) 이인의 동학군 무덤 떼

이인은 10월 23일, 11월 8일의 두 차례에 걸쳐 크게 전투가 있었던 곳이다.

(1) 이인면사무소에서 구시티 고개까지(약 2킬로미터)

"구시티 고개(이인 소재)에서부터 이인면사무소 직전까지 한발 두발 걸음 사이로 바가지 모양으로 동학군 무덤 떼가 있었다. 도로 확장하면서 없어졌다."[44]

후 나온 옛이야기를 검토한 결과 '혈저천(또는 혈혼천)'의 이야기는 1894년 동학농민혁명 이후 생겨난 이야기로 동학농민혁명 관련 구전인데, 효자 향덕의 이야기에 혼입된 것을 확인하였다. 신라시대 755년에 일어난 효자 향덕의 효행은 390년 뒤에『삼국사기』(고려 인종 23년, 1145년 완성)에 처음 기록으로 남겨졌다. 신라시대 공주 효자 향덕의 효행 기념 사건은 당시 국가적 기념사업이었기 때문에 '혈저천(또는 혈혼천)' 이야기가 755년 사건 당시에 있었으면 당시 기록과 이후 기록에 꼭 남겼을 것으로 추정된다. 그러나 '효자 향덕 이야기'의 첫 기록인『삼국사기』열전 제8'에는 '부모에게 자신의 넓적다리 살을 떼어 내어 먹게 하여 봉양하고 또 어머니의 종기를 입으로 빨아 모두 완쾌시킨 효행(無以爲養 乃刲髀肉以食之 又吮母癰 皆致之平安)'만이 기록되어 있다. 또한『삼국사기』경덕왕 14년 기록에도 '아버지의 봉양을 위해 자기의 다리 살을 베어 아버지에게 먹였다(割股肉 飼其父)'는 기록이 있을 뿐이다. 이후 효자 향덕 이야기가 나오는『삼국유사』(1285년 간행),『公山誌』(1858) 등에도 '혈저천(또는 혈혼천)' 이야기는 없으며 특히 1894년 동학농민혁명 이후에 나온 1923년판『公山誌』(『공주의 충·효·열 유적』, 공주문화원, 2000, 295쪽)에도 '혈저천(또는 혈혼천)' 이야기는 없다. 1973년판『한국전설대관』(임헌도 저, 정연사)에 실린 '효도전설, 신라효자향덕비' 항목(213~217쪽)에 '혈혼천' 이야기가 나오고 있는데 이 이야기는 1960년 3월 9일 공주군 계룡면 소학리 이석주(남)가 제공하였다고 한다. 이후『공주시지』하권(공주시지편찬위원회, 2002년), 952쪽에는 효자 향덕과 관련한 전설로 '혈혼천' 이야기가 실려 있다.『공주지명지』(1997년 발행)에는 소학동과 신기동 지도에 '혈저천'이 표시되어 있고(120, 123쪽), 설명 항목은 없다.
44 『공주와 동학농민혁명』, 226쪽. 2005년 신용석(동학 유족) 증언.

(2) 주봉초등학교에서 태봉 고개(발티 고개)까지

"주봉초등학교에서 태봉 고개(발티 고개)까지 드문드문 동학군 무덤 떼들이 줄지어 있었다."[45]

(3) "이인 마을 묘지에 동학군 무덤이 50~60기가 있었다."[46]

7) 재피골(계룡면 내흥리)

"동학군들이 많이 죽었던 곳이다."[47]

8) 돌무덤, 중무덤(계룡면 기산리 산골)

돌무덤, 중무덤은 노성산에서 공주의 공주바깥산줄기로 이어지는 산줄기의 길목에 있는 산골에 있다. 공주싸움에서 농민군이 패배하고 산줄기를 따라 노성산으로 퇴각할 때 사망자 및 부상 후 사망자를 매장했던 곳으로 보인다.

"동학난리 뒤에 돌무덤이 7개가 생겼다고 한다. 동학군이 패전으로 퇴각하면서 동학군 전사자를 정상적으로 장례를 치르지 못하고 돌무덤을 세워놓고 갔다고 했다."[48]

---

45 위의 책, 226쪽. 2005년 신용석 증언.
46 위의 책, 207쪽. 2005년 홍석준 증언.
47 위의 책, 198~200쪽. 2004년 임종국, 소재걸 증언; 『공주지명지』, 162쪽.
48 『공주와 동학농민혁명』, 188쪽. 2003년 유영욱 증언.

제3장 동학농민혁명, 정규전과 유격전

동학농민혁명 시기 벌어진 여러 전투에는 공주전투와 같이 정규전 성격의 전투도 있었지만 유격전[1] 사례도 있었다.

1. 진압군 일본군이 본 동학농민군의 유격전

동학농민혁명의 2차 봉기 기간 농민군 진압을 지휘했던 일본군 현장 지휘부인 남부병참감(南部兵站監)[2] 및 후비19대대장 미나미 고시로는 2차 봉기 초기부터 농민군의 비정규적 유격 전술에 대한 대응에 농민군 진압의 승패가 있다고 보고 매우 깊은 주의를 하고 있었다.

---

1 유격전(게릴라전)이란 군사적 역량이 부족한 당사자가 그 열세를 극복하기 위해 전투 지역 주민들의 물리적 또는 정신적 지원을 배경으로 일반적으로는 경화기(輕火器)를 사용하여 기습의 방법으로 이루어지는 전투이다. 동학농민혁명에서의 전쟁 유형과 유격 전쟁 관련성은 이노우에 가쓰오의 선행연구에 도움을 받았다.
2 남부병참감부 사령관 이토는 히로시마 대본영의 지시에 따라 10월 9일 동학농민군 진압에 대한 전권을 부여받고 농민군 진압 활동을 지휘한다. (박맹수, 『남부병참감부 진중일지(南部兵站監部 陣中日誌 -自明治二十七年十月五日至同十一月九日-)』해제)

다음은 9월 22일 남부병참감 이토가 일본 공사 오토리에게 보고한 내용이다.

> 지난번 부산(釜山)·경성(京城) 간에 병참노선을 설치한 이후 소위 동학당이 각 곳에 집합, 출몰하였고… 이렇듯 요즈음의 상황으로는 부산·경성 간의 병참지는 동학당 진압 때문에 모든 사업이 정지되어 있는 실정입니다. 이 점 본관으로서도 유감을 금치 못하는 바입니다. 필경 동학당을 박멸하지 않고서는 우리의 병참로, 특히 귀중한 군용선로의 안전을 기할 수 없을 것입니다.[3] (밑줄은 인용자)

다음은 1894년 9월 24일, 남부병참감부에서 일본 대본영에 보낸 전보이다.

> 해당(該黨; 동학)의 거동, 출몰이 심함. 이를 한쪽에서 제압하면 다른 한쪽에서 나타나는 것이 끝이 없음. 수비병은 실로 동분서주하는 어려움에 빠져 있음.[4]

후비19대대의 중로분진대를 직접 지휘하면서 농민군과 연산전투(11월 14일)를 치른 후비19대대장 미나미는 「연산전투상보(連山戰鬪詳報)」에서 유격

---

3   『주한일본공사관기록』1, 193~194쪽.
4   『남부병참감부 진중일지』10월 22일. 이노우에 가츠오, 「일본군의 동학농민 섬멸작전에 대한 조사로부터 동아시아의 미래로」, 앞의 책, 78쪽에서 재인용.

전술로 대응하는 농민군의 전술에 대해 다음과 같이 서술하고 있다. 미나미 부대가 용산에서 출발하여 10월 24일 청주에 도착하여 지명 전투, 주안 전투, 금산 전투, 연산 전투 등을 치르면서 또한 옥천, 금산, 진산, 연산으로 농민군을 뒤쫓아 이동하면서 맞닥뜨린 동학농민군에 대한 평가이다.

> 동학당은 집산이 매우 신속함. 즉, 비도(匪徒; 동학농민군)가 되었다가 흩어지면 평민이 된다. 따라서 군대가 통행하는 여러 읍에서는 비도가 없는 것 같았다.[5]

다음은 미나미 고시로가 나주에서 동학농민군을 진압 활동을 종료하면서 남긴 전투에 대한 총괄 평가 중의 하나인 「동학당정토책전(東學黨征討策戰) 실시보고(實施報告)」(1895년 1월 16일 보고)의 일부이다.

> 동학당(東學黨)은 일종의 난민(亂民)으로서 대개는 양민과 혼합해 있어, 그중에서 동학당을 판별해 내는 것이 정토군(征討軍)으로서는 제일 곤란한 점이었다. 그리고 그들은 도처에서 기포(起包)하여 그 무리를 모으고 군대에 저항하므로, 한 번 싸워 이를 격파하면 즉시 흩어져 인민이 되고… 제2항에서와 같이 관민(官民)과 동학도(東學徒)의 구별이 몹시 곤란했기 때문에, 작전별로 수많은 사정이 발생하여 작전 진행 속도가 매우 늦어졌다.[6]

---

5 『주한일본공사관기록』 1, 252쪽.
6 『주한일본공사관기록』 6, 61쪽.

다음은 청일전쟁 뒤 일본군 참모본부에서 펴낸 청일전쟁의 공식기록인
『메이지 27·8년 일청전사(明治二十七八年日淸戰史)』에 나오는 동학농민군의
유격전 실행에 대한 서술이다. 농민군이 유격전으로 일본군을 매우 곤란에
빠뜨리고 있는 것을 보여준다.

전라·충청·강원·경상 여러 도에서 동학당의 폭동이 다시 발생하여, 걸핏하
면 우리 병참선을 위협하고 때로는 전화선을 절단하는 등, 방해 행위가 매우
심해 병참수비병이 이를 진압하는 일에 종사하였으나, 적(동학농민군)의 이합
집산이 보통이 아니어서 (일본군은) 쓸데없이 동분서주할 뿐이었다.[7]

2. 동학농민군의 유격전에 대한 연구자들의 평가

박종근, 신용하, 이노우에 가쓰오는 다음과 같이 동학농민혁명 시기 동학
농민군의 여러 전투에 대해 유격전 관점으로 재평가할 것을 제기하고 있다.
박종근은 동학농민혁명 시기 경부·경의로(京釜·京義路) 등에서 전개된 농
민군의 유격전(게릴라전)에 대해 다음과 같이, 남접과 북접 농민군의 투쟁
이상으로 매우 긍정적으로 평가하고 있다.

1894년, 1895년의 반일 봉기에 대하여 전봉준 등의 제2차 농민전쟁을 높게

---

7 『일청전사(日淸戰史)』 제8권 29쪽. 이노우에 가츠오, 「일본군의 동학농민 섬멸작전에 대한
조사로부터 동아시아의 미래로」, 앞의 책, 78~79쪽에서 재인용.

평가한 나머지 경부·경의로(京釜·京義路)와 강원도·진주·좌수영 지방의 봉기를 등한시해 온 경향이 있다. 전봉준 등의 전투를 높이 평가하는 것에 대해서 이론은 없지만, 필자는 그것 이외의 광범위한 지역에서 다양한 형태로 전개된 봉기를 재평가할 필요가 있다고 생각한다. 경부·경의로(京釜·京義路)의 투쟁은 산발적이었기 때문에 일본군에 대하여 단기간에 큰 타격을 줄 수는 없었지만 광범위한 지역에서 '밥상 위의 파리'라고 표현될 정도로 게릴라전을 장기적으로 전개해서 일본군을 농락함으로써 농민군의 주력군(호남·호서군)보다 나으면 나았지 그것에 못지않은 타격을 주고 있었다.[8]

신용하는 제2차 농민봉기에서 공주전투 패전의 원인을 분석하면서 농민군 지도부의 유격전 전개의 필요성을 '매우 강하게' 다음과 같이 이야기하고 있다.

동학농민군 지도자들의 군사적 전략·전술의 부족이 제2차 농민전쟁의 패전의 한 원인이 되었다. 동학농민군과 일본군과의 무기와 화력의 격차, 전투력의 격차가 큰 조건에서는 동학농민군은 일본군·관군의 방비가 약한 지점이나 허점을 기습하여 타격하고 철수한 후 이어서 다음 허점을 기습하여 일본군·관군을 대혼란에 빠뜨리는 유격전을 감행하면서 서울로 향하여 바로 북상하는 전략·전술이 절실하게 필요했다고 볼 수 있다.[9]

---

8 박종근, 『청일전쟁과 조선』(번역본), 243쪽. 동학농민군의 유격전에 대한 "밥상 위에 몰려드는 파리떼"라는 표현은 11월 13일 경성 일본공사관의 보고에 나온다.(『주한일본공사관기록』 1, 201쪽)
9 신용하, 『동학과 갑오농민전쟁 연구』, 455쪽.

신용하에 따르면, 이러한 필요성에도 불구하고 전봉준 등 동학농민군 지도부는 공주 포위 작전을 통한 전면전을 감행하였다. 그러나 이는 근대 무기로 무장되고 조직적인 전투 훈련을 받은 일본군이 주축을 이룬 진압군을 제압하는 데 한계가 있었다. 결국 농민군은 막대한 희생을 치르며 공주로부터 퇴각하지 않을 수 없었다.

이노우에 가쓰오는 동학농민군의 일본군과의 전투를 '20세기의 제3세계 게릴라전과 같은 형태'로 높이 평가하고 있다.

> 전쟁 국면을 크게 보면 동학농민군은 미력하고 열악한 죽창·화승총밖에 갖지 않은 농민군으로 개개의 전투에서는 참패했지만, 위와 같이 지리적인 이점, 사람들의 지혜를 가지고 가능한 유효하게 일본군에 대항했습니다.… 동학농민군은 20세기의 소위 '제3세계'에서 전개했던 민족해방전선 게릴라전의 철칙을 철저하게 실행했던 것이라고 생각합니다.[10]

이상의 견해를 염두에 두면서, 다음 절에서는 구체적으로 동학농민군이 유격전 및 정규전을 벌인 사례를 살펴본다.

---

10 나카츠카 아키라 외, 『동학농민전쟁과 일본』, 97쪽.

3. 동학농민혁명 시기 농민군이 유격전을 벌인 사례

(1) 서울-부산 일본군 병참선로(兵站線路) 전선 절단 사건(7월~8월)

1894년 7월 중순 일본군이 불법적으로 가설한 경부 군용전선이 7월~8월 사이에 농민군의 습격으로 10번이나 파괴되었다.[11] 일본군이 동학농민군 진압에 나선 직접적 목적은 청일전쟁 수행을 위한 군용전선 보호를 위해서였다.[12]

(2) 후비19대대장 미나미 고시로가 맞닥뜨린 농민군의 유격전

청주가도로 전진했던 미나미 부대는 농민군의 게릴라전술에 농락당해, 공주에 주둔하고 있던 일본군 모리오 부대가 "포위에 빠졌으니 구원해 달라"는 요청에도 도움을 주지 못하고, 오히려 협공을 당할까 걱정하며 농민군의 뒤를 쫓아 백두대간의 험한 산길을 두 번이나 넘으며 문의에서 옥천으로, 금산, 진산, 연산으로 추격하느라 악전고투를 하였다. 결국 미나미 부대는 15일의 작전 완료 예정 기간을 넘어 청주-연산 경로에서만 20일을 소진하였다.[13]

---

11 『주한일본공사관기록』 2, 55~56, 61쪽; 강효숙, 「동학농민전쟁과 조청일전쟁」, 57~58쪽.
12 『주한일본공사관기록』 1, 194쪽.
13 나카츠카 아키라 외, 『동학농민전쟁과 일본』, 93~97쪽. 일본군 후비19대대의 예정 작전 기간은 29일(중로분진대와 동로분진대는 각 15일)이었으나 실제 90일이었다(1894년 10월 15일 ~1895년 1월 15일). 중로분진대는 작전 완료 예정일 15일이었으나 농민군의 유격 전쟁으로

(3) 당진 승전곡(승전목) 전투

당진 승전곡 전투는 내포지역 동학농민군이 유인, 매복, 습격으로 일본군을 패배에 빠뜨린 전투이다.[14] 홍주 등 내포 지역 농민군 진압을 목표로 10월 18일 진위에서 갈려나간 아카마츠 부대(후비19대대 노리오 부대의 지대)가 10월 24일 당진 승전곡에서 농민군과 맞닥뜨렸다. 이때 농민군 진압에 동원된 조일진압군은 일본군은 1개 소대와 2개 분대, 경군 34명이었다.

조일진압군은 오전 10시 여미읍 근처에서 총소리를 듣고, 벌판에 있는 농민군 10여 명을 추격하여 승전곡의 좁은 골짜기에 이르렀고, 11시 30분 500미터 전방 밭에 진을 치고 있는 농민군 4~5백 명에게 사격을 가하였다. 12시 30분 조일진압군은 계곡길로 전진했고 이때 농민군 1만 5천여 명이 기다리고 있었다. 3시 30분 농민군 수천 명이 사격하는 동시에 서풍을 이용하여 산에 불을 질렀다. 이에 조일진압군은 퇴각을 시작했고, 오후 4시 조일진압군이 모두 퇴각하여 승전곡 좁은 골짜기를 빠져나와 덕산읍으로 후퇴하였다. 농민군은 전사자 3명, 일본군의 피해는 없고 배낭 78개 등을 유실하였다.[15]

청주-옥천-연산 노선에서 20일간(10월 24일 중로분진대 청주 도착, 11월 14일 연산 전투) 저지되었다.(『주한일본공사관기록』 1, 155~156쪽; 『주한일본공사관기록』 6, 63~64쪽)

14 김학로, 「당진지역 동학농민혁명의 양상과 승전목전투」, 『당진에서 본 동학농민혁명』, 당진문화원, 2015, 122쪽.

15 『주한일본공사관기록』 1, 206~208쪽.

(4) 연산 전투(11월 14일)

11월 13일 연산에 도착한 후비19대대 미나미 부대는 11월 14일 공주의 모리오 부대를 지원하기 위해 연산 관아를 출발하려 하자, 3만 이상의 농민군이 나타나 11시 10분부터 오후 5시까지 전투를 치렀다.[16] 이 전투에서 일본 병사 1명이 전사했다. 농민군 진압전담부대 후비19대대의 90일간 농민군과 전투 일정 중에서 나온 유일한 전사자이다.[17]

공주전투에서 모리오 부대가 참전한 이틀간(10월 25일, 11월 9일)의 전투에서 일본군은 2,500발의 탄약을 소모했는데, 연산 전투 약 6시간 동안 일본군은 1,400발의 탄약을 소모했다.[18] 치열했던 연산 전투의 단면을 보여 준다.

연산 전투에서 농민군은 미나미 대대장을 두려워하게 했던 조직력을 보여주고서 신속하게 후퇴했는데, 연산 전투는 전봉준 지휘하의 농민군 본대의 퇴각을 도와주는 양동작전이었다.[19]

---

16 위의 책, 252쪽; 『주한일본공사관기록』 6, 35쪽.
17 나카츠카 아키라 외, 『동학농민전쟁과 일본』, 97쪽. 일본의 인천 병참사령관은 10월 25일 (양력 11월 22일)까지 일본군이 동학농민군과의 전투로 전사 9명, 부상 9명이 있었다고 보고하고 있다. (『주한일본공사관기록』 1, 190쪽) 동학농민혁명 기간 농민군과의 전투 과정에서 일어난 일본군 사상자는 더 정리되어야 한다.
18 『주한일본공사관기록』 1, 253쪽.
19 나카츠카 아키라 외, 『동학농민전쟁과 일본』, 107쪽.

(5) 황해도 농민군의 유격전

임종현 등 황해도 농민군은 해주성(황해도 수부)을 점거했으나(10월 25일 ~11월 4일, 9일간), 농민군은 일본군이 공격해 오기 전에 해주성에서 스스로 물러났다. 즉 11월 4일 농민군이 해수성에서 물러나고, 11월 8일 평양에 주둔하던 일병 200여 명이 해주감영으로 들어왔는데, 이는 농민군이 해주감영을 점거한 채 일본군에 대응하기 어렵다는 판단 때문이었다.[20] 황해도의 여러 농민군들은 대체로 각 고을을 공격 후 전반적으로 퇴각하는 유격전법을 사용하였다.[21]

(6) 충주 출신 농민군 대장의 유격전

괴산 전투에 참전한 농민군 백인장(百人長) 임명근(林命根)에 대한 일본군 조사 기록이다. "될 수 있는 대로 일본군이 없는 곳을 찾아서 지나가는데… 뜻밖에 조우하는 경우가 있고 또 통행로에 부득이 장해가 될 경우에는 전투를 한다. 그럴 때는 일본군 1명에 동학당 100명꼴의 예산(豫算)으로 싸운다."[22]

---

20 「갑오군정실기」 4·5·6, 116쪽; 정은경, 「1894년 황해도·강원도지역의 농민전쟁」, 『1894년 농민전쟁연구』 4, 역사비평사, 1995, 404쪽.
21 정은경, 위의 논문, 408쪽.
22 『주한일본공사관기록』 1, 217쪽.

4. 정규전에 의한 농민군의 참혹한 패배

동학농민혁명 시기 농민군이 일본군과 정면 대결의 정규전을 벌인 여러
전투 사례는 다음 사례와 같이 믿을 수 없을 만큼 참혹한 패배였다.

(1) 공주전투

공주전투 22일(10월 22일~11월 14일) 중에서 특히 일본군 모리오 대위가 지
휘했던 20일간(10월 24일~11월 14일, 공주전투의 일부분)을 살펴본다. 높은 방
어 진지(즉 공주바깥산줄기)에 포진하고 있는 조일진압군에 대해 농민군이
공격을 시도하여 10만여 명의 농민군이 공격하였고, 모리오 부대(약 150명)
와 경군 800여 명이 방어하였다. 이 전투에서 경군 부상자가 3명, 일본군 부
상자가 1명이 있었고 농민군은 많은 사상자를 내고 논산으로 퇴각했다.

(2) 청주 전투(11월 13일)

김개남 부대의 청주성 전투는 일본군 군로조사대 호위대(후비19대대 소속,
쿠와하라(桑原榮次郎) 소위 지휘, 소대 규모)와 청주병영군이 방어했고 농민군
은 이만 오륙천 명이 3시간가량 공격했으나 결국 퇴각했다.[23]

---

23 『주한일본공사관기록』 1, 249~251쪽; 『주한일본공사관기록』 3, 249~251쪽. 군로조사대
　(軍路調査隊) 호위대는 후비19대대로부터 군로조사대 호위를 위하여 분파(分派)한 소대(小
　隊)로 1894년 10월 17일 용산을 출발, 95년 1월 27일에 인천으로 귀환하였다. 쿠와하라(桑
　原) 소위는 약 40명의 병력으로 청주성을 방어하였다. 청주성 전투에 참여한 쿠와하라 부

(3) 논산 황화대 전투(11월 15일)

농민군은 논산 황화대 전투에서 고지에 진지를 구축하고 방어전을 벌였다. 지형은 야산에 있는 산성으로 성의 둘레는 840미터이며 성의 최대 높이는 5미터로 들판 한가운데 우뚝 솟아 있는 고지이다.[24] 공격자는 ① 일본군 1소대(약 60명; 필자 주) ② 장위영병 1대대 ③ 통위영병 약 200명이었고, 황화대에서 방어하는 농민군은 최대 3천 명인데, 오후 3시 30분 조일진압군이 공격을 시작하자 4시 10분경, 40분 만에 농민군 진영은 무너지고 남쪽 산기슭을 타고 전주 방향으로 퇴각했다.[25]

(4) 원평 전투(11월 25일)

농민군은 원평 전투에서 고지에 진지를 구축하고 방어전을 벌였다. 원평 구미란 뒷산에서 수만 명 농민군이 산 위에서 3면에 품자(品字) 모양의 진을 펼쳤다. 공격자는 일본군 1대와 교도병 1대로 들판에서 공격을 하였다. 손시(8시 30분~9시 30분)부터 신시(오후 3시~5시)에 이르기까지 약 7시간의 전투로, 조일진압군의 공격으로 농민군이 무너졌는데 일본군과 경군은 사상자가 없었다.[26]

대가 20여 명이라는 기록도 있다.(『갑오군정실기』 4·5·6, 126쪽)
24 문화재청 국가문화유산포털 참조.
25 『주한일본공사관기록』 1, 253~254쪽.(「논산 전투상보」)
26 「순무선봉진등록」, 『국역총서』 2, 243~244쪽.

(5) 태인 전투(11월 27일)

농민군은 태인 전투에서 고지에 진지를 구축하고 방어전을 벌였다. 전봉준 등 8천여 명의 농민군이 태인의 진산인 성황산(높이 125미터)·한가산·도리산의 아홉 봉우리에 진을 치고 전투를 준비하였다. 일본군 60명과 관군 장위영병 230명이 이 산 위의 농민군을 공격하였다.[27] 오전 10시 무렵부터 오후 8시 무렵까지 약 10시간의 전투로 농민군이 패배하여 흩어졌는데 조일진압군의 희생자는 없었다.[28]

5. '전봉준의 공주 점거와 항일 농성전 견해' 비판

"전봉준의 공주전투의 목적이 경사직향(京師直向)을 위한 전투가 아니라 공주 점거 자체가 목표였다. 남북접 농민군은 공주를 전격적으로 점거한 뒤에 유리한 지세를 활용하여 항일 농성전을 벌이고자 했던 것으로 보인다."[29]는 견해가 있다. 이 견해에 대한 비판적 관점은 다음과 같다.

(1) '전봉준의 공주점거와 항일농성전' 작전 구상은 실체가 불분명하다. '공주점거와 항일농성전' 작전 구상이 확인되는 사료는 전쟁에서 승리한 일

---

27 「양호우선봉일기」, 『국역총서』 7, 131쪽. 「순무선봉진등록」에는 장위영병 230명과 일본 병사 40명이다.(『국역총서』 2, 259쪽)
28 「순무선봉진등록」, 앞의 책, 259~260쪽.
29 지수걸, 『충남 지역 동학 농민 혁명 교육 자료집』, 충청남도교육청, 2017, 41~42쪽.

본과 조선 정부 측에서 전봉준을 심문한 기록인 『전봉준공초』에 나오는 전봉준의 진술 한 가지뿐이다. 『전봉준공초』에 보이는 전봉준의 진술은 다음과 같다.

> 공주(公州)에 들어가 일본(日本) 병사(兵士)에게 격문(檄文)을 진하여 서로 버티고자[相持] 하였더니….[30]

우선 이 진술을 역사적 사실로 볼 것인가 하는 문제가 제기된다. 『전봉준공초』에는 역사적 진실만 기록되어 있지 않기 때문이다. 『전봉준공초』에는 전봉준의 2차 봉기와 대원군과의 관련성에 대하여 전봉준이 대원군과의 관련을 부정하는 진술을 놓고 전봉준과 심문자가 진실 공방을 주고받는 것이 여러 차례 계속된다.

『전봉준공초』 275개의 문답 항목 중에서 심문자는 스물세 번(문답의 8%)이나 전봉준에게 거짓 진술을 한다고 다그치고 있고, 거짓 진술을 한다고 5번이나 언어폭력을 가했다. 다섯 차례의 언어폭력은 다음과 같다;

① "너의 진술은 부실한 곳이 있어 공연히 재판을 끌고 있다"(「전봉준공초」, 『국역총서』 12, 31쪽), ② " 남자의 말답지 않다"(위의 책, 28쪽), ③ "전라도 사람들은 앞뒤 행동이 다르다"(위의 책, 33쪽), ④ " 해로운 것을 물어보면 모른다고 대답하느냐"(위의 책, 33쪽), ⑤ "너의 몸에 많은 해가 있을 것이다."(위의 책, 46쪽) 또한 전봉준은 심문자의 집요한 추궁에 거짓 진술을 했다고

---

30 「전봉준공초」, 『국역총서』 12, 16쪽.

두 차례 시인하고 있다.(위의 책, 31, 33쪽)

전봉준이 거짓 진술을 했다고 시인한 사실은 대원군과 관련된 송희옥 관련 진술이다. 『전봉준공초』에서 전봉준은 흥선대원군과의 연대 관련성을 단호히 단절하는 진술로 일관하고 있으며, 전봉준의 동학농민혁명의 2차 봉기와 최시형과 관련성에 대해서도 일체 관련을 끊어 버리는 진술로 일관하며, 심문자가 질문하지 않는 손병희에 대한 언급은 전혀 보이지 않는다.

이상의 이유에서 『전봉준공초』에 나오는 전봉준의 진술 전부를 역사적 사실 그대로 받아들이기는 어렵다고 본다. '공주전투의 목적이 공주 점거와 항일 농성전'이라는 기록은 『전봉준공초』를 제외하고는 동학농민혁명의 전쟁 전개 과정 전체에서 일본군 기록, 관군 기록, 다른 농민군 지도자 기록 어느 곳에서도 찾을 수 없다. 일반적으로 공주전투는 서울 공격을 위한 징검다리[橋頭堡] 전투로 언급되고 있다.[31]

(2) 만약에 전봉준이 공주전투의 목표를 '공주 점거와 항일 농성전'으로 세웠다면, 전봉준의 작전 구상은 현실에서 실현 불가능하였다. 그 이유를 정리하면 다음과 같다. 동학농민혁명 시기 농민군과 일본군의 정규전은 위의 사례와 같이 농민군이 고지를 선점하고 방어를 하든지, 아니면 고지를

---

31 『주한일본공사관기록』 6, 38쪽. "전술한 바와 같이 동학도(東學徒)가 힘을 다해 공주를 공격한 것은 다른 방면은 제쳐 놓고라도 공주만은 점거하여 본거지로 삼아, 단숨에 경성(京城)으로 달려가서 치면 쉽게 목적을 달성할 수 있으리라 생각한 까닭이 아닌가 한다."(후비 제19대대 대대장 미나미의 동학농민군 진압에 대한 총괄 보고서 '(2) 동학당(東學黨) 정토약기(征討略記)'의 기록)

공격하는 전투를 하든지 모두 패배로 끝났다.[32] 동학농민혁명에 이어지는 의병전쟁 시기에도 의병부대가 세 차례에 걸친 '점거 농성전'(각 17일, 23일, 12일간)을 펼쳤으나, '점거 농성전'의 끝은 일본군에 의해 분쇄되어 정치적으로 의미 있는 전투가 되지 못하였다.[33]

동학농민혁명 시기 화승총과 스나이더 소총의 대결이라는 무기의 차이, 중세의 농민군과 근대적 징병제 군대의 대결 등 현실 조건에서는 동학농민군이 일본군을 상대로 '공주를 점거하고 정치적으로 의미 있는 항일 농성전'을 한다는 것은 실현 불가능했다고 본다.

6. 동학농민혁명 시기 유격전의 의의

1894년 6월 21일 일본군의 조선 왕궁 점령 사건에 항거하여 일어난 동학농민혁명의 2차 봉기는 실질적으로는 농민군과 일본군의 대결로 전개되었

---

32 1894년 일본군의 조선 왕궁 점령에 항거하고, 일본군의 불법적인 경부 병참선 및 전신선을 파괴하기 위해, 경상도에서도 9월 동학농민군이 상주·선산·개령을 함락시켰다. 그러나 "동학교도가 1만 명 정도였다면, 일본군은 10명 내지 30~40명 정도였는데, 일본군이 총을 쏘며 해산시켰다."라고 경상도 예천의 유생이 기록하고 있다.(「나암수록」, 『국역총서』 6, 447쪽)

33 동학농민혁명에 이어 전개되는 의병전쟁에서 1896년 을미의병 전쟁 당시에 제천의병부대가 충주성을 17일간 점거하고 방어했고, 1896년 여주·이천·광주의 연합의병부대는 남한산성을 23일간 점거하고 방어하였다. 또한 1906년 을사의병전쟁 당시에는 민종식 의병부대가 12일간 홍주성을 점거하고 방어전투를 치렀다. 그러나 의병부대의 진지방어전투(즉 점거농성전투)는 모두 조일진압군의 신식무기를 앞세운 무력 앞에 무너졌다.(김상기, 『한말의병연구』, 146, 196~198쪽; 원종규, 『조선인민의 반침략투쟁사(근대편)』, 사회과학출판사, 주체 99(2010)년, 162~164, 208~210쪽)

다. 동학농민혁명은 일본군의 개입으로 농민군의 패배로 끝났지만, 동학농민혁명의 패배 속에서 역사적 교훈을 찾으려는 시도는 여러 측면에서 진행되어 왔다.

화승총·죽창으로 무장하고 훈련되지 못했던 농민군은 스나이더 소총(또는 무라다 소총. 모두 라이플총)으로 무장하고 징병제 군대이며 근대식 훈련을 받은 일본군, 20만분의 일 지도와 전신선 등을 활용하여 작전을 지휘하는 일본군과의 대결에서 공주전투와 같은 정면 대결도 하였지만, 다른 한편으로는 유격전을 통해 농민군의 활로를 찾고자 했다. 농민군은 유격전을 통해 일본군을 매우 어려운 상황으로 몰아넣었던 사례도 적잖게 확인된다.

동학농민혁명 시기 농민군의 유격전은 한국 근대 반일무장투쟁의 기나긴 역사에서 유효한 전략이었던 유격전의 첫 시작이었다. 한국 근대 반일무장투쟁은 동학농민혁명, 의병전쟁, 만주의 독립군 투쟁을 거치면서 무장투쟁의 방법론으로서 유격전의 이론과 실전 능력을 정립해 나갔다. 동학농민혁명에서 일본군의 개입이 본격적으로 진행되는 상황은 항일 투쟁이 정면 대결이 아니라 유격전으로 전환이 필요한 결정적인 시기였다는 것을 보여준다.[34]

---

34 동학농민혁명 시기에 농민군과 일본군의 전투는 흔히 중세와 근대의 싸움이라고 이야기된다. 농민군과 일본군 역량의 가장 큰 차이는 무기였다. 농민군의 주요 무기인 화승총은 유효사거리가 50~100m인데, 정조준이 불가능하고 비가 오면 사용 불가능하다.(강효숙, 「일본군의 강원도 농민군 탄압」, 65쪽; 이노우에 가쓰오, 『메이지 일본의 식민지 지배』, 128쪽) 일본군 후비19대대가 사용하던 스나이더 소총의 최대사거리는 1,800m로 일본군은 유효사거리 400m에서 농민군에게 집중 사격을 퍼부었다.(박맹수, 「동학농민전쟁기 일본군의 무기」, 앞의 책, 259~260쪽; 「우와지마(宇和島)신문」. 나카츠카 아키라 외, 『동학농민전쟁과 일본』, 121쪽에서 재인용; 『주한일본공사관기록』 1, 212, 250, 255쪽)

제4장 공주전투의 평가와 의의

1. 일본군의 동학농민군 진압 계획 파탄

공주전투는 일반적으로 동학농민혁명 과정에서 남북접 연합 농민군이 함께 일본군에 맞서 투쟁했으나 큰 희생자를 낸 패배 등으로 주로 평가되고 기억된다. 그러나 그 이면을 들여다보면 공주전투의 의의를 새롭게 고찰하고 평가할 수 있다. 무엇보다 공주전투는 일본군의 동학농민군 진압 계획을 일정 부분 좌절시킨 전투였다.

일본 정부는 농민군의 항일 봉기를 진압하기 위해 후비19대대를 파견하였다. 당초 후비19대대의 농민군 진압 계획에 따르면 일본군은 최대 29일의 기간에 동학농민군을 완전 제압할 계획이었다. 그러나 전국 여러 지역에서 농민군의 피로 얼룩진 항쟁이 계속되어 후비19대대의 실제 전투 기간은 90일로 늘어났다. 후비19대대가 용산에서 남하하는 1894년 10월 15일(음)부터 전라도 나주에서 철수하기 전날인 1895년 1월 15일(음)까지, 꼬박 3달이 걸렸다. 당초 계획보다 3배 이상이 늘어난 것이다.

동학농민혁명은 청일전쟁과 얽혀서 동시에 일어난 사건이며, 동북아시아에서 조선·중국·일본과 영국·러시아의 이해관계가 충돌한 국제 전쟁이었다. 동학농민혁명 및 청일전쟁은 조선과 황해, 요동반도, 산동반도 그리고 대만을 무대로 동북아시아에서 일어난 전쟁이었다. 동학농민혁명 시기 공주전투 22일 또한 '1894년 동북아시아전쟁'[1] 또는 '조청일 전쟁(朝淸日戰爭)'[2]에서 일본 제국주의 침략을 일정 기간 저지·파탄시킨 혁혁한 전투 중의 하나였다. 당초 후비19대대 「출군 훈령」에서 공주는 후비19대대의 모리오 부대(서로분진대)가 29일의 작전 일정 중에서 8일째 단 하루 숙박하는 것으로 예정되어 있었다. 그런데 공주로 집결한 농민군의 격렬한 저항은 모리오 부대를 22일(10월 22일~11월 14일) 동안 공주에 묶어 놓고, 남진을 저지시켰다.[3]

물론 공주전투 22일간 강고하게 투쟁할 수 있었던 것은 전국 각지에서 농민군들이 후비19대대 등 일본군과 동시다발적으로 투쟁했기 때문에 가능했다. 즉, 청주-옥천 지방에 진출했던 미나미 부대와 접전한 충청도 농민군, 홍주에서 아카마츠 부대와 싸운 내포 지방 농민군, 마츠키 부대 등 2개

---

1 '1894년 동북아시아전쟁'은 동학농민혁명과 청일전쟁은 함께 묶어서 인식해야 한다는 시각이다.(정근식, 「전쟁박물관에서 다시 보는 동학농민혁명과 청일전쟁: 1894년 동북아시아전쟁의 개념화를 위하여」, 『아시아리뷰』 제4권 제1호(통권 7호), 2014, 66~67쪽)

2 '조청일 전쟁'이라는 명칭은 1894년 동학농민혁명과 청일전쟁은 기본적으로 조선·중국·일본 관계 속에서 발생하였고, 여기에 영국과 러시아가 깊게 관련되어 있는 국제적 전쟁이었다는 의미이다.(강효숙, 「동학농민전쟁과 조청일전쟁」, 46쪽 참조)

3 후비19대대의 90일간의 진압 과정에서 공주전투 때 사용한 총탄 소모량을 살펴보면 공주전투의 치열함을 짐작하게 된다. 후비19대대는 공주전투에서 모두 2,500발(10월 25일 효포전투 500발, 11월 9일 우금티전투 2,000발)을 사용하여 후비19대대의 총소모량 19,173발 중에서 약 13%를 사용하였다.(『주한일본공사관기록』 6, 62쪽; 『주한일본공사관기록』 1, 209, 248쪽) 후비19대대 19,173발의 총탄 소모량은 농민군 진압에 동원된 조선 관군의 총탄 소모량은 제외된 것이다. 또한 후비19대대가 아닌 전국에서 농민군 진압에 동원된 다른 일본군의 총탄 소모량도 제외된 것이다.

중대의 일본군과 맞서 싸운 강원도·충청도·경상도의 농민군, 서울로 가는 청주 길을 열려고 했던 김개남 농민군, 남쪽에서 일본군과 관군을 견제했던 손화중·최경선의 전라도 농민군 등이 동시에 때로 접전하고 때로 대치하면서 전선을 확장시키고 일본군의 전력을 분산시키는 과정이 있었다. 그리고 동학농민군의 공주전투 패배 이후에도 나주 등 전라도 서남해안지역의 농민군들은 48일간 처절한 항쟁을 계속하였다. 또한 황해도에서는 다음 해 3월까지 항쟁이 계속되었다.

공주전투는 동학농민혁명뿐만 아니라 청일전쟁 전국(戰局)을 좌우할 정도로 장기적이며, 조직적이고 치열한 전투였다. 따라서 공주전투를 '패배한 전투'로 동학농민혁명을 '좌절된 혁명'으로 보았던 종래의 관점은 재검토할 필요가 있다.

2. 공주전투는 제국주의 일본의 제노사이드 사건

공주전투는 제국주의 일본이 저지른 조선 민중에 대한 본격적인 제노사이드 사건이었다.

공주전투는 일본의 조선에 대한 제국주의적 침략성과 야만성을 여실히 폭로하는 사건이었고, 일본군의 조선 민중에 대한 '제노사이드(특정 집단의 멸종을 목적으로 한 대량 살육행위) 군사 작전'을 실행했던 현장이었다.

일본은 조선 왕궁(경복궁) 점령 사건을 일으키는 것으로 '조일전쟁'(朝日戰爭, 청일전쟁의 또 다른 측면으로 일본의 조선 침략과 그에 대한 조선의 항전)을 도발하여 조선 식민지화 야욕을 실행에 옮겼다. 청국 함대에 대한 선전포고 없는 선제공격 이전에, 이미 왕궁 점령 사건으로서 조선에 대한 선전포고 없는 전쟁 도발이 있었음을 기억해야 한다. 일본 대본영은 조선 식민지화의 걸림돌이 될 동학농민군을 철저히 소멸시키고자 농민군의 항일 2차 봉기에 대응하여 "동학교도에 대한 처치는… 향후 모조리 죽일 것"이라고 하는 조선 민중에 대한 제노사이드 방침을 수립하고 예하 일본군에게 그 실행을 명령하였다. 대본영의 방침에 따라 농민군 진압을 담당했던 후비19대대 및 병참부대는 바로 농민군 및 농민군 포로, 동학교도(비무장 민중)에 대한 무차별 학살을 작전이 계속된 90일 동안 지속적으로 실행에 옮겼다. 대본영의 '동학교도에 대한 전원 학살' 방침의 하달과 그 실행은 '비전투원 및 포로에 대한 보호'가 명시된 당시 국제법 위반이었다. 또한 동학농민혁명 당시 조선 민중에 대한 사법권은 조선 정부와 조선군에 있었기 때문에, 일본군의 명령 계통을 통해 이루어진 조선 민중에 대한 학살 지휘와 집행은 명백하게 조선의 국내법과 조선의 사법권을 침해하는 행위였다.

항일 2차 봉기 시기에 일본군은 조선 관군의 군사지휘권을 탈취하였고, 공주전투에서는 공주 방면으로 진출한 모리오 대위(후비19대대 서로분진대 지휘)가 일본군 및 조선 경군(선봉진 이규태 부대 등), 충청감영의 지방군 그리고 충청감사를 지휘하여 농민군 및 비무장 민중을 학살하였다. 공주전투는 일본군의 신식 소총(스나이더 소총)과 농민군의 화승총·죽창·활의 대결로 되었다. 일본군은 공주전투에서 신식 소총으로 400미터 거리부터 조준 사격, 집중 사격으로 농민군을 학살하였다. 또한 전투가 끝난 뒤에도 수색하여 비

무장 민중을 학살하였는데, 다음은 공주의 사례이다.[4]

① 양태인 등 여러 명이 견준산 농민군에게 밥을 갖다 주고 오다가, 봉정동 신경지 물레방앗간에서 왜군 총에 맞아 사망했다.

② 공수원의 박제억 접주는 칼 차고 빨간 띠 두른 모자를 쓴 일본군에게 공수원에서 잡혀, 정주뱅이에서 여럿이 장작불에 산 채로 불태워 죽임을 당했다.

③ 금강의 금상골나루에서 감찰을 했던 김씨가 동학운동을 했는데, 일본군들이 우성 작골에 사는 형제를 대신하여 잡아가 송장배미에서 장작가리에 불태워 죽였다.

④ 복명리 대장쟁이 손씨가 관군에게 붙잡혀 늘티의 논에서 생화장을 당해 죽었다.

⑤ 봉정동 방축골 부자 장씨가 쫓겨 온 굶주린 농민군에게 밥을 주고 숨겨 주었는데, 수색하던 관군에게 발각되어 방축골 집에서 관군의 창에 맞아 즉사했다.

공주전투 시기 공주의 많은 지역은 조선 민중들의 피로 넘쳐흘렀다. 공주 사람들은 공주전투를 제노사이드 사건으로 기억하고 있다. 우금티에서는 농민군들이 총에 맞아 앞 대열이 쓰러지면 뒤이어 돌격하다가 '쓰러지고, 쓰러지고' 하여, '시체가 포개져 쌓였다.' 승주골 골짜기는 전부 무덤이 되었다. 피는 내를 이루고 시체는 산처럼 쌓여 '송장배미'가 생겨났다. 오실 마을

---

4 『공주와 동학농민혁명』, 141, 189, 252, 253쪽. ⑤ 이야기는 필자가 2019년 후손에게 채록하였다.

에서는 '보아티 들판'과 '보아티 고개'에 시체가 즐비하였다. 효포 앞 냇물은 '혈흔천'이 되었다. 이인역에서 구시티 고개까지 2킬로미터 거리에 무덤이 줄지어 생겨났다.

근대 일본제국주의가 저지른 반인류적 여순학살(1894년), 난징대학살 (1937년)을 인류가 기억하고 있다. 동학농민혁명에 불법적으로 개입한 일본군은 5만여 명의 조선인을 학살했다고 한다. 동학농민혁명 시기 일본군 후비19대대는 조선 민중에게 야만적 제노사이드 학살을 자행하였다. 후비19대대가 자행한 나주 등 서남해안지역에서의 제노사이드 학살과 함께, 공주전투 역시 동학농민혁명 과정에서 후비19대대가 조선 민중에게 저지른 반인류적 야만적 제노사이드 사건으로 기억해야 할 것이다.

3. 남접과 북접, 토착 동학농민군이 연대한 공주전투

공주전투는 전봉준 휘하의 남접 농민군은 물론이고 충청도와 경기도 및 경상도의 북접 농민군이 대규모로 참전하였고, 공주지역의 토착 동학농민군도 함께하여 치러낸 전투였다.

이 책의 연구에 의하면, 북접 농민군 지도자 중 공주전투에 참전한 이로 손병희, 손천민, 이종훈, 임학선 등이 확인되며, 공주전투에 참전한 북접 농민군은 6만~7만에 달한다. 이러한 사실은 그동안 공주전투를 남접 중심, 즉 전봉준이 이끄는 전라도 농민군 중심의 전투로 이해해 왔던 통설을 수정하도록 한다. 공주전투의 규명으로 충청도와 경기도 농민군의 역할, 그 규모와 조직력에 대한 새로운 평가의 계기가 마련되었다. 손병희 부대 등 북접 농민군은 22일간의 공주전투에서 대교전투(10월 24일), 옥녀봉전투(10월 25일), 이인전투(11월 8일), 송장배미산자락전투(11월 9일)를 주도하며, 남접 농민군과 지역을 나누어 전투를 벌였다.

공주전투에 참전한 지역의 대표적인 토착 농민군은 공주창의소 의병장 이유상 농민군, 정산접주 김기창 농민군, 공주접주 장준환 농민군과 공주의 유성에서 일어나 공주전투에 함께한 최명기·강채서·박화춘의 농민군 세력이 있었다.

공주전투 직전 임기준은 대접주로 이름을 날리며 충청도의 수부(首府) 공주의 충청감사를 압박하였다. 임기준은 1894년 3월 대교에서 동학교도들을 모아 유림의 집회를 해산시켰고, 7월 초 이인을 거점으로 "위국안민을 내세우며 마을을 마음대로 다니며 돈과 곡물을 모았다." 7월 말에는, 1만여 명이 모이는 3일 동안의 궁원 집회, 2일 동안 수천 명의 공주부내 시위를 지휘하였다. 8월 말에는, 5일 동안 수천 명의 농민군들이 금강 근처에서 공주부를 에워싸고 충청감영을 위협했다. 임기준이 공주전투 직전 충청감사에게 투항하여 충청감영의 중군이 되자, 잠시 공주에서는 농민군의 활동이 주춤거리기도 했다. 임기준의 활동을 쫓아가 보면 공주전투 직전 공주지역 농민군의 거세차고, 거대한 규모의 활동을 짐작하게 된다.

조선 후기에 시대의 한계를 극복하고 새로운 시대를 열고자 했던 종교적·사상적 운동인 동학이 공주에는 비교적 이른 시기부터 전파되었다. 1880년 초부터 동학에 입도한 공주접주 윤상오의 활동이 있었고, 1891년에는 최시형이 공주를 중심으로 활동하면서 공주가 전국의 동학 포교 거점이 되었으며, 1892년에는 동학 교조(敎祖)인 최제우에 대한 신원운동이 공주에서 시작되었다. 교조신원운동 시기에 전국의 동학교도 천여 명이 공주의 충청감영 앞에 모여 공개적인 첫 집회를 했던 것은 공주에 전국 어느 지역보다도 믿음직한 그리고 상당한 규모의 동학 조직이 뿌리내리고 있었기 때문이다.

동학농민혁명 시기 공주전투에 참전한 공주지역 농민군 지도자들은 북접(동학교단)과 밀접한 관련을 맺고 있는 동학 접주였다. 또한 동시에 남접의 전봉준과도 활발한 교류를 한 정황도 뚜렷하다. 이유상은 전직 도사인 관리이자 양반이었으며 건평접주이기도 했다. 9월 21일 충청감영의 참모관 구완희가 이인과 노성에서 동학과 유림 의병을 해체시킬 때, 건평에 있던 이유상은 전주의 전봉준에게 피신했다. 10월 12일 논산에서 이유상과 전봉준이 세력을 모은 이래, 두 사람은 22일간의 공주전투에 함께했던 것으로 추정되며, 10월 14일 논산으로 후퇴한 농민군 지도자 이름에도 두 사람은 같이 기록되어 있다.

김기창은 8월 6일에 선무사 정경원이 홍주에서 경내에 있는 이름 있는 접주들을 불러 모아서 효유할 때 접주 15명의 이름에 정산접주 김기창이 있었다. 김기창 농민군은 공주 1차 전투(10월 23~25일)에서 전봉준·이유상 농민군과 함께 참전했다. 11월 9일 전봉준·이유상 농민군이 우금티를 공격할 때, 김기창 농민군은 오실산자락전투에 참전해서 지역을 분담해서 전투를 치렀다.

공주접주 장준환은 8월 24일 관에서 파악한 충청도 동학당 수령 41명 중 공주접주로 등장한다. 10월 25일 효포전투 뒤에 남접과 북접 농민군이 논산으로 퇴각하여 공주에 대한 재공격을 준비하고 있을 때, 장준환은 새로운 공주전투의 성공을 위해 적지가 된 자신의 근거지인 공주 달동으로 돌아와 비밀리에 조직 활동을 하다가 체포되어 처형당했다. 유성에서 일어나 공주전투에 함께한 최명기·강채서·박화춘의 농민군은 10월 23일 대교 점거를 시작으로 북접 농민군과 함께 공주전투에 함께 참전했으며, 11월 14일 논산 퇴각에도 전봉준과 함께하였다.

4. 민족연합전선의 실천장 공주전투

공주전투는 '민족연합전선'의 실천이었다. 1893년 3월 보은·금구취회 이후 조선의 민심은 동학으로 기울어졌고, 뒤이어 계속된 1894년 동학농민혁명은 전국 각지에서 1년 넘게 지속되었다. 이는 동학농민군이 조선의 실질적인 민심을 대변하였기에 가능했던 사태의 전개였다. 1894년 충청도 서산에서는 동학교단으로 하층 민중들이 물밀듯 들어와 한두 달 만에 동학 세상이 되었다. 경기도 여주에서는 하룻밤에 700명이 동학교단에 몰려들었다. 경상도 예천의 동학에는 경상도 일대와 강원도에서까지 48개 접 7만여 명이 밀려들었다. 황해도에서 농민군 진압 활동을 했던 일본군 스즈키 소위는 황해도 민중의 3분의 2가 농민군에 동조하고 있다고 했다. 갑오년 8월경 천안군민의 십중팔구는 동학당이었다. 5월경 공주에서도 동학교도들이 수십여 곳에 접을 설치하였다. 당시 조선을 방문했던 영국인 비숍 여사는 동학농민군은 조선의 민중들을 대변하고 있고, 무장한 개혁자이며 자주독립국가를 지향한다고 했다.[5]

---

5 I.B. 비숍 지음·신복룡 역주, 『조선과 그 이웃 나라들』, 집문당, 2021, 173, 176, 274쪽.

조선의 민심과 함께하고 있었던 농민군은 공주전투에서 각계각층이 모인 '항일민족연합전선'을 실천하여 자주적 민족국가를 열어가는 역사적 진로에 함께하였다. 농민군으로 남접과 북접 농민군이 참전하였고, 이 외에도 관리, 양반, 부자, 여성들이 함께하였다.

'일본군의 조선 왕궁 점령'을 계기로 다시 봉기한 전봉준은 스스로 '의병'임을 표방하였다. 『전봉준공초』에서 전봉준은 자신을 다음과 같이 규정하고 있다.[6]

① 초야의 사민(士民)들이 충군애국(忠君愛國)의 마음으로… 의려(義旅)를 규합해 일본인과 접전하여…."

② (2차 봉기에; 인용자 주) 군사를 모집할 때 충의의 선비는 같이 창의(倡義)하라고 방문(榜文)을 내걸었다.

여기에서 '의려'는 '창의의 군대'의 준말로, 곧 '의병'을 의미한다. 의병으로서의 농민군의 정체성은 북접 농민군에서도 확인된다. 10월 15일 무렵 북접 농민군은 "우리 접주들은 힘을 합하여 왜적을 치자"라고 호소하였다. 또한 공주전투에서는 일부 유생들까지 참여함으로써 '민족연합전선적 의병전쟁'의 성격을 띠고 있었다. 10월 13일 공주 수촌의 농민군들은 '왜적을 쳐부수기 위해' 봉기하고 있었다. 논산에서 합류한 이유상과 전봉준은 10월 15일, 16일 연이어 충청감사 박제순에게 '항일'을 위해 함께 싸울 것을 호소

---

6 『국역총서』 12, 7, 15, 17쪽.

하였다. 11월 12일 논산으로 후퇴한 전봉준은 경군과 영병(營兵; 충청감영의 관군-인용자 주)에게 항일 전쟁에 함께할 것을 호소하였다.

노성의 물레방앗간 부자는 노성에서 밥을 해서 소에 싣고서 멀리 공주로 농민군들에게 실어 날랐다. 오곡동 마을 사람들이 밥을 해서 농민군에게 날랐다. 우금티 공격의 농민군 거점이었던 봉정동에서는 마을 사람들이 밥을 해서 농민군들이 싸우던 최전방 정주봉으로 날랐다. 봉정동 옆마을 주미동에서는 부자가 쌀을 내고, 동네 여자들이 밥을 짓고 여자들이 이고 지고 정주봉으로 오르락내리락하며 밥을 날랐다.

동학농민혁명 시기 농민군의 주력은 평민·천민층 등 민중 세력이었다.[7] 그러나 동학농민혁명 시기에 적지 않은 양반들과 전현직 관리들, 향리층들이 동학농민혁명과 항일 투쟁에 참여하였다.[8] 전봉준의 2차 봉기에 전라감사 김학진, 여산부사 유제관은 농민군의 운량관(運糧官)이 되어 동참하였다. 전 여산영장 김원식이 전봉준과 함께하였다. 공주전투에 양반이며 전직 관리 출신인 이유상이 공주창의소 의병장 이름을 걸고 유생 의병부대를 이끌고 참전하였다. 경상도 안동의 서상철 유생 의병부대는 8월~9월 2천여 명의 유생 의병으로 경상도·충청도에서 일본군과 전투를 벌였으나 좌절되었다.[9] 그런데 공주전투에서는 이유상의 유생 의병부대가 전국 어느 지역보

---

7 동학농민혁명 시기에 농민군의 주력을 이룬 계층은 사회적으로 평민·천민층, 경제적으로는 영세농민·농촌노동자·영세상인·영세수공업자층 등 민중 세력이었다.(박찬승, 「1894년 농민전쟁의 주체와 농민군의 지향」, 『1894년 농민전쟁연구』 5, 역사비평사, 2003, 151쪽)

8 ① 『오하기문』(번역본), 228~229, 318~319쪽; ② 이서배들의 동학 참여. 『주한일본공사관기록』 1, 45쪽; ③ 후비19대대장 미나미가 본 조선 관리들의 동학 참여(『주한일본공사관기록』 1, 199~200쪽; 『주한일본공사관기록』 6, 46, 54, 56~58쪽).

9 김상기, 『한말의병연구』, 일조각, 1997, 113~115쪽.

다 선구적으로 나서서 공주전투에서 항일전을 벌였다. 이유상은 공주전투에서 단순 참여를 넘어 전봉준과 함께 공주전투의 한 축을 이루었다.[10]

대원군의 '항일 연대'의 밀지가 이유상의 활동을 고무했을 가능성이 크다. 9월 초에 노성 윤씨 정수암에 소모장 최익현이 다녀갔고, 그 뒤에 교리 송정섭이 정수암을 중심으로 유생 의병을 조직했으며, 노성 인근의 12포(包)의 동학 대접주와 접촉하였다. 이러한 활동은 이유상과 공주·노성 인근의 유생들에게 영향을 끼쳐, 그들이 농민군으로 참여하는데 영향을 주고 또한 농민군과의 연대를 용이하게 했을 것이다.

예를 들면, 이유상의 활동 근거지인 건평 바로 옆 부여 세탑리의 노론 가문 20여 명의 한씨 청년들은 식량을 짊어지고 가서 공주전투에 참전했는데, 그중 4명이 전사했다고 한다. 공주에서는 이인 오룡리의 소령원참봉 편씨, 태봉동 강정자의 신참봉, 금강의 금상골나루 감찰 김씨도 농민군과 함께했다. 이인 넌추골의 김씨네 양반집에서는 집안에 내려오는 과거급제증서를 소중하게 보여주면서도, 공주전투 시기에 집안에서 쌀을 내어놓았고 동네 사람들이 밥을 짓고, 양반 김씨네 총각이 밥 버들고리를 지게에 지고 우금티로 갔었다는 이야기를 자랑스럽게 전해주었다.

---

10 부여 유생은 이유상을 전봉준의 '선봉', '전위', '전봉준을 좌지우지하는 인물'로 평가하였다.(「남유수록」, 『사료총서』 3, 238쪽)

5. 장기적, 조직적, 결사적으로 항쟁한 공주전투

공주전투에 참전한 농민군들은 장기간에 걸쳐 조직적이고 결사적으로 항쟁하였다. 1차 봉기에서의 전투 경험은 물론이고, '살림의 군대'로서의 군율을 엄격히 하면서 길러온 자긍심이 농민이던 그들을 짧은 시간 내에 조직적인 혁명군으로 길러낸 셈이다.

조일진압군의 신식 소총과 농민군 화승총 대결로 압축되었던 공주전투는 22일간 계속되었다. 또한 농민군 대열은 3일간의 1차 전투(10월 23일~25일)의 패배에도 불구하고 논산으로 후퇴하여 11일간 전열을 가다듬었고, 다시 공주 포위 공격을 감행하여 이인전투(11월 8일)를 벌였으며, 11월 9일에는 조일진압군 방어선인 공주바깥산줄기의 우금티 등 4곳에서 동시에 공격을 감행하였다. 이어 농민군 대열은 2차 공주전투 실패의 상황에서, 청주로 진격하는 김개남 농민군과의 연합전선으로 재공격을 모색하며 공주에서 5일간 대치를 계속하였다. 이상의 사실로부터, 공주전투 22일 동안 농민군들은 조일진압군에 대해 장기간에 걸쳐 매우 조직적으로 대응했음을 알 수 있다.

또한 11월 9일의 전투에서, 우금티에서는 약 3시간 40분(오전 10시~오후 1시 40분)에 걸쳐 40~50차례 돌격전이 있었고, 송장배미 산자락에서도 10여 차례 육박혈전이 있었다. 신식 소총과 화승총이라는 압도적 무기 차이의 조건에서 한두 차례가 아닌 '40~50차례 돌격전', '10여 차례 육박혈전'은 어떻게 가능했을까?

공주전투 당시 농민군이 처한 조건은 매우 열악했던 것으로 보인다. 22일간 지속된 장기간의 공주전투는 식량의 절대적 부족, 숙소의 부족, 추위, 열악한 무기의 조건 등 이중삼중의 악조건 속에서 감행되었다. 모리오 부대와 직접 맞서 싸운 우금티전투(11월 9일)의 농민군들조차 "사흘을 못 먹었네, 나흘을 못 먹었네"[11]라고 하소연했다. 효포전투에 참전한 농민군들은 밤에는 산 위에서 이불로 감싸고 추위를 견디며 날밤을 새다시피 하고 다음 날을 준비했다.[12] 오곡동의 농민군들은 기와집 등 마을의 큰집들을 찾아 들어 잠자리를 해결했다.[13] 이러한 상황은 당시 공주 인근의 농민군 지원 세력이 감당할 수준 이상의 많은 농민군들이 공주로 모여 들었던 것도 한 원인이 되었다고 할 수 있다. 효포전투에서는 총탄이 부족해서 농민군이 퇴각했다는 구전도 있다.[14] 10월 17일 공주전투를 준비하며 논산에 모인 농민군들 중의 일부는 추위가 시작되고 식량이 부족해 부득이하게 흩어지기도 했다.[15] 공주전투에 모인 농민군들은 이러한 악조건을 딛고서 참여한 것이다. 공주전투는 비록 객관적 조건은 농민군에게 매우 불리했지만, 그러한 열악한 상황 속에서도 농민군은 결사적으로 전투에 임하였다.

전주성을 11일간 점거했던 경험을 간직한 농민군들은 공주성 점거도 가능하다고 확신했을 것이다. 공주바깥산줄기를 방어하는 조일진압군의 적은 인원으로 보아, 공주바깥산줄기 40리를 포위한 수많은 농민군들은 고전

---

11 우금티전투에 나선 농민군은 공주전투에 집결한 농민군 중에서 가장 강력한 군세의 농민군이어서 모리오 부대가 직접 맞섰을 것이다. 우금티전투 농민군 거점은 봉정동이었고 이 이야기는 봉정동 주민들의 구전이다. 『공주와 동학농민혁명』, 135쪽 참조.

12 「시문기」, 『국역총서』 6, 9쪽.

13 『공주와 동학농민혁명』, 2005, 152쪽.

14 위의 책, 2015, 165쪽.

15 「순무선봉진등록」, 『국역총서』 2, 29~30쪽;「선봉진일기」, 『국역총서』 1, 253쪽. 충청감사 박제순의 보고이다. 이때 많은 수의 농민군이 도망쳤지만, 당시 농민군의 기세는 '격급(激急)'하다고 했다. 농민군은 거대한 규모로 급박하게 공주전투를 준비하고 있었던 것을 살펴볼 수 있다.

에도 불구하고 반드시 승리할 수 있다고 믿었을 것이다. 공주를 가로막고 있는 무도한 침략자 일본군과 수탈자 조선 정부의 관군에 대해 농민군은 정의로운 의병전쟁인 공주전투에서 결코 무기력하게 물러날 수는 없었을 것이다.

공주전투에서 농민군의 패배에 대한 아쉬움은 우금티전투에서 농민군의 거점이었던 봉정동 사람들에게 "무르팍으로 내밀어도 나갈 수 있었는데, 주먹만 내질러도 나갈 수 있었는데…"라는 이야기를 남겼다. 봉정동에서는 주민들이 농민군들에게 밥을 지어 지원하였고, 부상당한 농민군들을 일일이 업어서 냇물을 건너 피신시켰다. 또한 봉정동 주민들은 당시 농민군들이 결사적으로 항쟁하면서 두들겼던 '북(북통)'을 백 년이 넘도록 보존하여 후손들에게 남겨 주었다.

공주전투에서 농민군들이 이처럼 장기적, 조직적, 결사적 전투 양상을 보여주었던 것은 새 세상을 열고자 하는 의지와 염원이 그만큼 강했기 때문이고, 동학을 통한 농민군들의 종교적·사상적 각성이 또한 중요한 역할을 했을 것이다. 동학에 입도한 농민군들은 만나면 꼭꼭 맞절을 하며 서로 존중하는 사이가 되었고, 먹을 것을 서로 나누고 어려움을 도와주어서, 한 집안 식구가 되는 세상에 살았다. 농민군들은 현실에 펼쳐진 동학 공동체의 경험을 통해 후천개벽이 되는 새 세상의 도래를 확신했을 것이다. 농민군들은 봉기하여 각지에 주둔하면서, 낮에는 진법 훈련을 하고 밤이면 주문을 외웠다.[16] 공주전투에 모인 농민군들도 동학 수련을 통해 누구나 하늘님을

---

16 1894년 4월 18일 무렵, 1차에 봉기하여 무장·정읍·영광·장흥·태인·옥과 등지에 주둔하고 있던 농민군들은 매일 진법을 연습하고 밤이면 주문을 외었다. 『주한일본공사관기록』

모신 '시천주'의 존귀한 농민군들이 되었고, 스스로 이 나라의 주인으로서 '보국안민'과 '척왜양창의'의 주체로 거듭나면서 공주전투의 승리, 나아가 일본군을 물리치고 국권을 수호할 수 있으리라 굳게 믿었을 것이다. 공주전투를 "현숙한 모든 군자 동귀일체"하는 성운(盛運)의 역사적 순간으로 보았고, 지상천국을 만들어가는 후천개벽의 역사적 현장으로 확신했을 것이다. 김지하는 "주검을 넘고 또 넘어 나아갔던" 우금티전투에서 "동학을 통한 민중의 집단적 신기(神氣)의 대각성"을 보았다.[17] 동학을 통한 농민군들의 종교적·사상적 각성은 공주전투에서 농민군들의 새 세상을 향한 염원과 죽음을 넘어선 항쟁 의지를 고무했을 것이다.

6. 우금티전투를 넘어선 '공주전투 역사'의 정립

그동안 우금티전투로 축소되어 인식되었던 공주전투는 역동적으로 다시 정립되어야 하고, 공주전투에 참여한 농민군의 규모도 재조명되어야 한다. 이 책은 그 점에 대하여 중대한 분기점을 마련했다고 본다.

지금까지 공주전투는 대체로 우금티전투, 1차 전투와 2차 전투 정도만 알

1, 19쪽.

17 "화승총이나 죽창 따위가 있었다고는 하나 거의 맨손에 지나지 않는 그 수십만 민중이 도대체 무슨 힘으로 일본과 이씨 왕조의… 작열을 뚫고 고개를 넘으려 했던 것인가? 시산혈해(屍山血海)를 이루며 실패에 실패를 거듭하며 주검을 넘고 또 넘어 그들로 하여금 해방을 향해 나아가게 했던 힘의 근원은 무엇인가?… 동학을 통한 민중의 집단적 신기의 대각성, 그것에 있는 것이다." 김지하, 「우금치 현상」, 『살림』, 동광출판사, 1987, 33쪽.

려져 있었다. 그러나 본 연구의 결과 그동안 알려지지 않았거나 잘못 알려진 세부 전투 내용이 밝혀졌다. 그로 말미암아 공주전투 전체를 역동적으로 이해할 수 있게 되었다. 공주전투는 22일 동안 계속되었고 아홉 차례의 큰 전투가 있었고 3차에 걸친 대치가 있었다. 이인전투는 두 차례 있었는데 10월 23일 이인전투는 남섭 농민군이 주도했고, 11월 8일 이인전투는 북접 농민군이 주도한 것을 밝혔다. 10월 25일 북접 농민군이 주도한 옥녀봉전투를 밝혔으며, 11월 9일 송장배미산자락전투도 북접 농민군이 주도하였는데, '육박혈전 10여 차례'의 처절한 항쟁은 '송장배미', '하 고개의 떼무덤' 이야기로 전승되고 있는 것을 밝혔다. 효포전투도 10월 24일~25일, 11월 9일에 걸쳐 두 차례 전투가 있었던 것을 밝혔다.

그동안 공주전투에 집결한 농민군의 규모는 대체로 3만~4만으로 알려져 왔다. 그러나 공주전투에는 남북접이 연합하여 전라도의 전봉준 농민군과 충청도와 경기도 일대의 북접 농민군이 전면적으로 참여하였다. 뿐만 아니라 의병전쟁을 표방하면서 유생들도 참여했고, 공주지역 농민군들도 동참하였다. 공주지역 농민군들은 7월 말부터 1만여 명이 모여서, 3일 동안의 궁원 집회를 하면서 충청감영을 압박하기도 하였다. 이상의 사실로 미루어 볼 때, 공주전투에 참여한 농민군의 규모는 통설보다 커질 수밖에 없다. '10만여 명'이라는 기록은 과장의 소지가 없지 않지만, 종래의 연구에 놓쳤던 새로운 사실을 고려하면 공주전투에 집결한 농민군의 규모는 종래의 3만~4만을 훨씬 상회할 것이다.

결론

한국 근대사에서 반외세·반봉건·신분 해방 투쟁을 전개했던 동학농민 혁명은 1860년 최제우가 창도하고 최시형이 발전시킨 동학의 사상적, 조 직적 영향력과 조선 후기 들어 빈발하던 민중운동을 배경으로 전개되었다. 1894년 동학농민혁명 이후, 동학은 한국 신종교운동으로 계승되어 천도교, 증산교, 대종교, 원불교 등의 발전을 가져왔다. 다른 한편으로는 독립운동· 사회운동으로 계승되어 의병전쟁, 3·1운동과 일제하 독립운동, 만주의 무 장독립전쟁에 영향을 미쳤으며 그리고 해방 후 통일운동과 민주화운동의 역사적, 사상적 배경으로 영향을 미쳐 왔다.

　1860년 최제우의 동학 창도와 최시형의 포교에 의한 동학의 발전 과정에 서 정립된 시천주(侍天主), 보국안민(輔國安民), 후천개벽(後天開闢), 척왜양 (斥倭洋)·반침략(反侵略) 민족자주의 동학사상은 동학농민혁명과 동학농민 혁명 시기 공주전투에 사상적, 조직적 영향력을 끼쳤다. 공주에서는 1880년 초부터 최시형의 공주 포교와 공주접주 윤상오의 활동이 계속되어 1891년 경에는 공주가 전국적 동학 포교의 중심지가 되었고, 1892년에는 동학교조 최제우에 대한 신원운동이 공주에서 시작되었다. 삼례, 서울, 보은·금구로 이어지며 6개월여 기간 계속된 교조에 대한 신원운동은 민중에 대한 수탈 금지와 척왜양의 요구를 내걸었고 이는 민중들의 민심을 결집시키고 민의 를 각성시키는 계기가 되어, 이듬해 갑오년 초에 동학농민혁명의 농민봉기 로 이어졌다. 동학농민혁명 시기 공주전투에서는 농민군으로 동학접주이 며 공주 유생 의병장인 이유상, 공주 접주 장준환, 유성에서 일어난 최명기 등이 활동하였고, 이들은 남북접 농민군의 공주 진출에 호응하여 공주 지역 동학교도의 이름으로 공주전투에 함께 참전하였다.

동학농민혁명 시기 공주전투는 동학농민혁명 전체 전개 과정의 일부분이었다. 동학농민혁명은 한국 근대 반외세·반봉건 투쟁의 기나긴 역사의 서막으로, 시기적으로는 1894년 1월 전라도 고부농민봉기를 시작으로 1895년 3월 황해도 지역의 농민봉기까지, 지역적으로는 평양 이남의 전국에서, 즉 전라도, 충청도, 경상도, 경기도, 강원도, 황해도 등지에서 전개된 농민봉기였다.

1894년 농민군의 1차 봉기는 전라도의 수부(首府) 전주 감영을 11일간 점거(4월 27일~5월 7일)하며 조선왕조 체제를 뒤흔들었다. 농민군의 왕조 체제 개혁을 위한 봉기를 빌미로, 조선의 식민 지배에 눈독을 들이고 있던 청·일 양국은 조선에 군대를 출병시켰고, 그중에서 선제적이고 공격적으로 출병한 일본군은 조선 왕궁 점령(6월 21일)을 감행하여 선전포고 없는 '조일전쟁'을 일으키고 친일개화파 정부를 수립한 데 이어, 청일전쟁(6월 23일)까지 전격적으로 도발했다.

일본군의 조선 왕궁 점령으로 메이지 정부가 조선에 대한 식민 지배 의도를 노골적으로 드러내자, 농민군은 조선에서 일본군을 몰아내기 위한 반외세 투쟁의 중추 세력으로 나섰다. 전봉준의 남접 농민군은 9월 10일 무렵 전라도 삼례에서 봉기하였고, 손병희 등 동학교단의 북접 농민군은 9월 18일 청산에서 봉기하여 서울로 진격하기 위해 각각 공주로 집결하였다.

한편 농민군이, 청일전쟁 수행을 위해 일본군이 부산-서울 사이에 불법적으로 설치한 병참부와 군용전선에 대하여 7월~8월경에 공격에 나서자, 일본의 대본영(청일전쟁 지휘부)에서는 동학농민군 진압특별부대인 후비보병 제19대대의 파견을 결정하였고, 9월 29일(양력 10월 27일)에는 "동학농민 군을 모조리 살육하라"는 명령을 일본군 인천남부병참감(후비19대대의 지휘 부)에 하달하였다. 이후 일본군 후비19대대 등 일본군 4천~5천 명이 동원되 어 조선 각지에서 동학농민군을 진압하고 학살하였다.

농민군의 2차 봉기는 일본군의 조선 왕궁 점령 사건을 배경으로 출범한 친일개화파 조선 정부에게도 위협이었다. 민중의 지지를 등에 업은 동학농 민군의 공세를 감당할 수 없었던 조선 정부는 농민군에 대한 일본군의 공동 진압 방침을 수용하며 도순무영을 설치하였고(9월 22일), 일본군에게 군사 지휘권이 넘어간 조건에서 농민군 진압에 나섰다.

일본군 후비19대대는 10월 15일 용산에서, 29일 일정으로 삼로(三路, 즉 일본군 경부병참노선 및 강원도 방면 농민군 진압(동로분진대), 청주-보은-성주 방면 농민군 진압(중로분진대), 천안-공주-전주-장성-남원 방면 농민군 진압(서로분진대)) 로 남하하였다.

공주에 모인 남접과 북접 농민군, 공주지역 농민군들은 일본군이 하루로 잡았던 공주에서의 체류를 22일간이나 저지시켰다. 그러나 동학농민군은 결국 공주전투에서 조일진압군에 패배하면서 남쪽으로 퇴각을 시작하였 다. 11월 27일 태인 전투 이후, 전봉준은 남접 농민군 지휘부를 해산하였고, 손병희가 지휘하는 북접 농민군 수만 명은 백두대간을 따라 영동·보은 등 고향(충청도, 경기도)으로 올라갔다.

11월 27일 태인 전투 이후, 해남·강진·장흥·나주·진도 등 전라남도 서 남해안 지역의 농민군들은 2차 농민봉기의 남접 지도부 및 북접 농민군의 주력이 없는 가운데, 다음 해인 1월 15일까지 48일간 처절한 투쟁을 계속하 였다. 또한 황해도에서는 농민군이 황해도의 수부(首府) 해주감영을 9일간 점거(10월 25일~11월 4일)하는 등 세력을 과시하였다. 특히 황해도에서 농민군 스스로 감사·부사·군수를 임명하여 왕조 체제에 대한 거부를 천명하였고, 유격전법을 사용하면서 투쟁을 계속하였다. 황해도에서는 남접과 북접 농민군이 해체되고, 전라남도 서남해안지역의 농민군들의 투쟁이 끝난 뒤에도, 1895년 3월까지 수백에서 수천 명이 참가하는 전투를 계속하였다.

동학농민혁명 시기 공주전투는 일본군을 몰아내기 위한 2차 봉기 단계에서 남접과 북접 농민군 그리고 지역의 농민군들이 서울로 가는 길목인 공주에서 조일진압군과 22일간의 전투를 벌인 사건이다. 본 연구의 주된 목표는 동학농민혁명 시기 22일간의 공주전투에 대하여, 공주전투에서 남접과 북접 농민군 그리고 지역 농민군들의 투쟁과 이에 대응했던 조일진압군의 진압 활동을 포함한 공주전투의 전모를 파악하는 것이었다. 동시에 그동안 낮게 평가되어 온 공주전투에 참전한 농민군 인원 그리고 공주전투에서 학살된 농민군의 진상을 규명하고자 시도하였다.

이 책에서는 22일간의 공주전투(10월 22일~11월 14일)를 공주전투 제1차 대치(10월 22일), 제1차 전투(10월 23일~25일, 3일간), 제2차 대치(10월 26일~11월 7일, 11일간), 제2차 전투(11월 8일~9일), 제3차 대치(11월 10일~14일, 5일간)로 세부적으로 구분하였다. 22일간의 공주전투 기간에는 아홉 차례의 개별적인 처절한 전투, 대치 중 세 차례의 농민군 피습 사건(10월 23일 南月村 사건, 10월 26일 孝浦 사건, 11월 11일 中坮·牛臥里 사건), 한 차례의 유구(維鳩) 농민군에 대한 침탈 사건 등이 있었다.

10월 12일, 논산에 진출한 전봉준 농민군은 공주 이유상 농민군과 연합하여 노성(10월 16일)과 경천(10월 18일)에 진출하였다. 10월 22일에는 공주의 이인과 남월까지 진출하여 공주에 주둔하고 있던 일본군 스즈키 부대와 경군 경리청(經理廳) 부대를 공주바깥산줄기(공주에서 조일진압군이 충청감영의 방어선으로 삼았던 공주 시가지 외곽을 둘러싼 병풍처럼 솟은 산줄기) 안으로 몰아넣고 포위하며 공주전투가 시작되었다.(공주전투 제1차 대치)

제1차 공주전투는 10월 23일 이인전투, 10월 24~25일 효포전투, 10월 24일 대교전투, 10월 25일 옥녀봉전투로 구분된다. 10월 23일 이인전투는 전날 이인을 함락한 전봉준·이유상 농민군을 일본군 스즈키 부대, 성하영의 경리청 부대, 참모관 구완희가 지휘하는 충청감영군 4분대가 공격하면서 전투가 시작되었다. 이날 이인전투에는 정산 김기창 농민군도 참전하였다. 낮 시간 하루 종일 전투가 계속되었고 농민군은 회선포를 쏘며 대응하였다. 날이 저물 무렵 고마나루(곰나루, 熊津)를 건넌 농민군이 봉황산(충청감영의 뒷산) 뒤쪽에 나타났다는 정보 때문에 조일진압군은 충청감영으로 퇴각하였다.

10월 23일 이인전투가 벌어질 때 공주 북서쪽 대교에서는 대규모 북접 농민군이 나타났다. 또한 공주 동쪽 계룡산 산줄기의 동쪽 편 신소에서도 10월 23일 농민군 1만여 명이 나타나 저녁과 다음 날(10월 24일) 아침을 먹고 계룡산 고개 구치를 넘어 효포로 진출하였다.

효포전투(10월 24일~25일)는 공주바깥산줄기 동쪽 편 효포 인근에서, 10월 24일 낮 시간 하루 종일, 그리고 10월 25일은 오전 6시부터 오후 1시까지, 농민군의 공격으로 조일진압군이 능티(능치; 能峙·陵峙, 熊峙) 쪽 공주바깥산줄기를 방어하면서 일어난 이틀에 걸친 전투이다. 10월 24일 효포전투는 효포에서 일본군의 개입이 없는 가운데 전봉준·이유상·김기창이 지휘하는 농민군과 경리청 성하영·백낙완 부대가 격돌하였다. 10월 24일 효포에서 대규모 전투가 벌어질 때, 금강 건너 공주 북서쪽 대교에서는 경리청 홍운섭 부대가 북접 농민군을 습격하여 낮 시간 대교전투가 일어났다. 대교전투는 경리청 홍운섭 부대가 농민군과 승부를 결정짓지 못하고 공주로 퇴각하였고, 술시(오후 7시~9시)부터 군대를 나누어 금강나루터와 능티, 우금티로 나아가 주둔하였다.

10월 23일 이인전투에 참전했던 일본군 스즈키 부대는 10월 24일 새벽에 일본군 용산수비대로 귀환하기 위해 공주를 출발했고, 24일 유시(오후 5시~7시) 무렵에 천안에 있던 모리오 부대와 경군 선봉진(先鋒陣) 이규태 부대의 본대·통위영(統衛營)이 공주에 도착하여 이후 공주전투에 참전했다.

10월 25일 효포에서는 전봉준·이유상·김기창 농민군이 조일진압군과 공방전을 벌이는 효포전투가 계속되었다. 이때 효포 북쪽 금강변에서는 북접 농민군이 금강변의 큰길을 따라 충청감영을 직접 함락하려고 하자 이를 막아 나선 선봉진 본대와 통위영 부대 사이에 옥녀봉전투가 벌어졌다. 효포전투에 참전했던 백낙완 부대가 옥녀봉을 방어하고 있던 선봉진 부대를 지원하면서 옥녀봉전투에서 북접 농민군이 퇴각하였다. 10월 25일 옥녀봉 앞, 납교 마을 앞, 효포·오실마을·늘티에 포진하고 전투를 했던 남접과 북접 농민군 그리고 지역 농민군(이유상·김기창 농민군 등)은 저녁 무렵 경천·정산 방면으로 퇴각을 시작했다.

10월 26일부터 11월 7일까지 농민군은 경천·논산·정산에서 재공격을 준비하였고, 조일진압군은 충청감영을 지키며 이인과 늘티에 관군을 보내 거점을 확보하며 또한 정탐활동을 하였다.(공주전투 제2차 대치, 11일간) 10월 26일 오시(午時)에 효포에서는 경리청의 병사 12명이 대치하고 있던 농민군의 진지를 급습하여 농민군을 해산시키고, 회선포 1대를 빼앗았다. 11월 3일 농민군이 노성과 경천에 대규모로 다시 나타나 산을 오르고 쌀을 운송하고 포대를 설치하였다.

이어 11월 8일~9일 이틀간 공주전투 제2차 전투가 시작되었다. 11월 8일 미시(오후 1시~3시)에 경천·노성 방면에서 진을 치고 있던 농민군들이 이인과 오실 마을 그리고 늘티·효포로 총공격을 시작했다. 11월 8일 이인전투와 함께 농민군들이 다시 공주바깥산줄기를 포위하였다. 이인전투(11월 8일)는 북접 농민군이 수도하여 이인을 점령하고 있던 경군 성하영·백낙완의 경리청 2개 소대를 우금티로 물리쳤다.

11월 9일 아침, 농민군은 금강을 제외한 공주바깥산줄기 삼면을 포위하고 4곳(우금티, 송장배미 산자락, 오실 마을 산자락, 효포 일대)에서 일제히 공격을 시작했다. 우금티 일대에서는 전봉준·이유상 농민군이 공격했고 일본군 모리오 부대와 성하영·백낙완 부대(약 280명)가 방어했다. 송장배미 산자락은 북접 농민군이 공격했고 공주영장 이기동 부대가 방어했다. 오실 마을 산자락은 김기창 농민군이 공격했고 통위영 오창성 부대(약 120명)가 방어했다. 효포를 공격했던 농민군들은 확인되지 않는다. 이때 효포 방어는 경리청 구상조·조병완 부대(280명)가 담당했다. 효포 옆 봉화대는 통위영 장용진 부대(약 120명)가 지키고 있었다. 공산성과 금강나루는 충청감영의 비장 최규덕이 지키고 있었다.

11월 9일 공주전투가 일어난 4곳에서 농민군은 화승총·죽창으로 무장하고 결사적으로 돌격전을 벌였으나 일본군(400미터 유효사거리를 가지고 있는 신식 소총인 스나이더 소총 사용)과 관군에 의해 무수히 학살되었다.

11월 10일부터 공주전투 제3차 대치(11월 10일~11월 14일, 5일간)가 시작되었다. 이때 조일진압군은 공주바깥산줄기를 방어선으로 충청감영을 지켰다. 11월 11일, 늘티 근처 중대(中垈) 뒷산 봉우리와 우와리(牛臥里) 앞뒤 봉우리에서 진을 치고 있던 농민군 최전방 주둔군이 한낮에 경군의 습격을 받아 농민군이 조금 뒤로 물러났다. 그러나 이후에도 농민군은 공주의 경천 및 계룡산 갑사, 노성을 점거하고 공주를 노리고 있었다. 11일 저녁 무렵에는 공주 북서쪽 유구에서 내포 농민군 진압을 마치고 돌아오던 이두황이 지휘하는 경군 장위영병에게 유구 농민군 천여 명이 체포되고 27명이 학살되었다.

11월 14일 저녁 무렵 공주바깥산줄기 방어선을 지키고 있던 조일진압군이 일제히 남하하여 공주 남쪽에 있는 용수막·이인·경천을 점령하여 공주를 장악하였고, 농민군은 논산으로 후퇴하였다. 전선(戰線)은 공주바깥산줄기에서 공주 대 논산으로 이동되었다. 11월 15일 모리오 부대와 경군 장위영·통위영은 노성을 점령하였고, 소토산·황화대 전투를 치르면서 논산을 점령하고 남으로 남하하기 시작하였다.

동학농민혁명 시기 22일간 공주전투의 의의는 무엇보다도 각계각층이 대동단결하여 반일(반외세) 민족자주수호를 위한 전쟁을 수행했다는 데에 있다. 공주전투에 참여한 농민군 주축 세력은 전국에서 모인 남접 농민군과 북접 농민군 그리고 지역 농민군이었다. 공주전투에 참전한 지역 농민군에는 공주창의소 의병장 이유상이 지휘하는 유생 의병부대가 포함되었고, 정산접주 김기창 농민군, 공주접주 장준환 농민군 그리고 공주에 속한 유성의 최명기·강채서·박화춘의 농민군이 활동하였다.

11월 9일 공주전투에서 농민군들은 죽음을 무릅쓰고 우금티전투에서는 "40~50차례 연속 돌격 전투", 송장배미산자락전투에서는 "육박혈전 10여 차례"를 감행하였다.

이상의 공주전투 상황을 구체적, 개별적, 계기적으로 연구 구명하면서

'항일전을 대비해 결사대를 조직해 연속 공격을 감행한 조직화된 농민군 대열'과 '농민군들의 죽음을 넘어선 항쟁 의지와 새 세상을 향한 염원'을 확인하였다.

공주전투에서 보여준 이러한 농민군들의 대규모의 조직적이고 결사적인 항쟁은 일본군의 동학농민군 진압전담부대 후비19대대의 90일 일정 중에서, 모리오 부대를 공주에서 22일(10월 22일~11월 14일) 동안 저지시켜, 일본의 조선과 중국 침략을 상당 기간 저지시키는데 기여했다.

공주전투에 참여한 농민군의 인원수에 대해서는 여러 견해가 있다. 이 책에서는 남접과 북접 농민군 그리고 지역의 농민군을 합하여 '10만여 농민군'이 참가했다는 가설을 제기하였다. 전봉준의 남접 농민군의 인원은 10월 23일 밤 경천에 모여 공주를 노리던 4만여 명을 기본 인원으로 본다.(관군 경리청 홍운섭의 보고) 경천에 모인 4만여 명의 농민군에는 지역의 이유상·김기창·장준환 농민군의 인원도 포함되었을 것이다. 공주전투에 참전한 북접 농민군의 기본 인원은 6만여 명으로 보았다.(영동 현감 보고에서 확인된 10월 19일 옥천으로 모인 6만여 농민군, 『균암장임동호씨약력』에서 확인된 북접 농민군 기본 대오 6~7만 명) 이들을 합산하면, '10만여 농민군'의 인원수가 과장이 아님을 알 수 있다.

또한 11월 9일 공주 충청감영의 외곽인 공주바깥산줄기 40~50리(약 16킬로미터)를 포위하고 장렬하게 달려드는 농민군 대열은 선봉진 등 관군을 "뼈가 떨리고 가슴을 서늘하게 했다."(骨戰心寒)는 증언도 '10만 농민군' 설을 뒷받침한다. 단지 1~2만 명 정도의 농민군으로 약 16킬로미터의 산자락과 골짜기에 대열을 지어 관군을 "뼈가 떨리고 가슴이 서늘하도록" 위협할 수 있겠는가? "콩나물 동이의 콩나물처럼 빽빽이 올라간 우금티전투 농민군"(구전)에서도 많은 농민군 대열을 짐작할 수 있다.

동학농민혁명의 전개 과정에서 많은 농민군이 학살당했다. 30~40만 명이라고도 한다. 공주전투에서는 얼마나 많은 농민군이 희생되었을까? 우금티전투에서 죽음을 무릅쓴 40~50차례 농민군의 연속 공격은 "우금티 산자락에 시체를 가득하게 했다."(積尸萬山) "우금티전투에서 조일진압군의 반격으로 봉정동 일대는 무덤이 되었고, 봉정동은 삼 년을 두고 시체를 치웠다."(구전) 우금티전투를 지휘했던 전봉준은 "1만여 농민군이 (최종적으로) 5백 명만 남았다"고 증언했다. 송장배미산자락전투에서는 "육박혈전 10여 차례"에 "피는 내를 이루고 시체는 쌓여 산을 이루었다."(血海成川, 尸體積山) "오실 마을에서는 보아티 들과 보아티 고개에 시체가 즐비하였다."(구전) "농민군의 피로 적셔진 효포의 혈흔천"(血痕川, 구전), "이인에서 길을 따라 약 2킬로미터 줄을 선 무덤떼"(구전)는 농민군의 희생자 수가 만만치 않게 많았음을 전하고 있다. 『오하기문』에서는 공주전투에서 "무릇 세 번의 패배로 죽은 자가 1만여 명이었는데, 이때 날씨가 매우 추워 죽어 넘어진 채 얼어붙은 시체가 산처럼 쌓였다."고 기록하고 있다.

동학농민혁명 시기 농민군과 일본군의 대결은 중세 구식 화승총과 근대 신식 소총의 대결이었다. 동학농민혁명 시기 공주전투 등 많은 전투는 일본군의 개입으로 패배로 종결되었다. 그런데 동학농민혁명 시기 농민군은 압도적인 무력의 차이라는 조건에서, 공주전투와 같이 정면 대결도 하였지만 다른 한편으로는 유격전을 시도하였다. 농민군의 유격전 사례는 일본군의 경부병참노선에 대한 습격과 전선 절단 투쟁, 후비19대대 중로분진대에 대한 옥천-금산-연산에서의 유격 전쟁, 황해도에서 농민군의 유격 전쟁 등이 대표적이다. 일본군 참모본부의 청일전쟁 공식 기록인 『메이지 27·8년 일

청전사(明治二十七八年日淸戰史)』에서는 동학농민군의 항쟁을 "청일전쟁 수행을 집요하게 막아 나선 유격전"으로 기술하고 있다. 동학농민군의 유격전은 일본의 조선 식민지화 책동이라는 역사적 상황에서 항일 전쟁인 의병전쟁, 만주의 독립군 투쟁을 거치면서 무장독립운동 방법론으로서 유격 전쟁을 정립해 나갔던 기나긴 역사의 첫 시작이었다.

부록

- 부록1 — 동학농민혁명과 공주 인물
- 부록2 — 사료에서 보는 공주전투에 모인 농민군 인원, 40리 포위망
- 부록3 — 동학농민혁명 공주전투 관련 일지

동학농민혁명과 공주 인물

1. 공주창의소 의병대장 이유상

2. 임기준, 이인대접주에서 충청감영의 중군으로

3. 공주접주 장준환

4. 정산접주 김기창

1. 공주창의소 의병대장 이유상

1) 「이유상상서」(李裕尙上書)

이유상(李裕尙)은 공주전투 시기에 지역 유생 세력을 결집하여 항일전투에 동참한 인물로, 유생 출신의 농민군을 대표하는 공주 의병대장이다. 그는 의병 부대를 인솔하여 논산에서 10월 12일에 전봉준을 만나고,[1] 이후 22일간 공주전투를 함께하였으며, 공주전투에서 패배한 뒤에 논산으로 퇴각도 같이 하였다.

전봉준이 9월 10일 무렵 삼례에서 재봉기하고, 10월 12일에 논산에 도착하여 충청감영이 있는 공주를 함락하기 위하여 농민군의 세력을 모을 때, 이유상이 이끈 부대도 동참했다. 이유상은 10월 15일에 공주감영에 있는 충청감사 박제순에게 "공주창의소의장(公州倡義所義將) 이유상(李裕尙)"의 이름으로 "항일"을 위해 함께하자고 권유하는 「이유상상서」(李裕尙上書)를 보낸다.[2] 그다음 날 10월 16일, 이번에는 전봉준이 박제순에게 "양호창의영수

---

1 「남유수록」, 『국역총서』 4, 274쪽; 「황해도동학당정토략기」, 위의 책, 516~517쪽; 「선유방문병동도상서소지등서」, 『국역총서』 10, 431쪽. 이유상과 전봉준의 연계는 구완희의 보고에 따르면 9월 22일 무렵 이유상이 포중(包中) 70여 명과 전주로 도망갔다고 파악하였는데, 이 무렵 이미 연계가 되었다고 보고 있다.(『주한일본공사관기록』 8, 58쪽)
2 「이유상상서」에 대한 기록은 다음과 같다. 「선유방문병동도상서소지등서」, 『국역총서』

(兩湖倡義領袖) 전봉준(全琫準)"의 이름으로 「전봉준상서」(全琫準上書)를 보내 "항일"을 위해 함께 싸울 것을 제안한다.

동학농민혁명 시기 공주전투는 남접 농민군과 북접 농민군(즉 동학교단 측 농민군) 등 전국에서 모인 농민군이 연합하여 조일진압군과 한판 벌인 대결전이었다. 그런데 이 공주전투는 전봉준의 신전포고보나 하루 선날 "공주 창의소의장 이유상", 즉 "공주 의병대장 이유상"의 이름으로 한 선전포고로 시작되었다. 「이유상상서」에서 이유상은 의병 5,200명을 모았고, 전봉준은 호남에서 16만 7천명을 거느리고 왔다고 했다. 「이유상상서」에 대해 당시 공주를 지키던 일본군 스즈키 소위는 "'개전서'(開戰書)를 보내왔다"고 상부에 보고하였다.[3]

"공주의병대장 이유상"의 참여로, 동학농민혁명 시기 공주전투는 남접과 북접 연합군의 전투라는 전국적 성격과 함께, 지역 사람들 즉 공주(이유상이 활동했던 논산과 부여 지역 포함) 사람들이 주체적으로 참여한 역사적 사건이 되었다. 무엇보다 이유상 부대의 참전으로 공주전투는 유생·양반·관리와 같은 조선 왕조의 기득권 세력 중 뜻있는 이들도 동학농민군의 일원으로서 조직적으로 참여한 전투로 자리매김되었다. 이와 같이 공주전투는 전국에서 모였고, 각계각층이 대동단결하여 외세의 침략에 대항한 역사적 사건이었다.

10, 430~432쪽(『사료총서』 10, 335~336쪽; 『동학란기록』, 하, 381~382쪽); 「황해도동학당정토략기」, 『국역총서』 4, 516~517쪽(『사료총서』 12, 357~360쪽).

3 『주한일본공사관기록』 1, 174쪽; 황해도동학당정토략기, 『국역총서』 4, 516쪽; 「선유방문병동도상서소지등서」, 『국역총서』 10, 431쪽.

2) 전직 도사(都事)이며 건평접주

이유상은 건평(乾坪)을 중심으로 공주·논산·부여에 영향력을 미치며 활동한 것으로 보인다.[4]

먼저 이유상이 "부여 건평에서 유회를 도모했다."[5]는 기록과, 부여 유생이 건평 유회(갑오년 7월 29일 또는 7월 30일 개최)에 참여했다[6]는 기록으로 보아, 건평은 부여 유생들의 생활권으로 추측된다. 또한 「1915년 1:50,000 지도, 《論山》(논산)」에 공주 건평에 인접해서 부여 초촌면에도 건평이 있다.

한편 이유상은 10월 12일 이후에 전봉준과 함께 논산에서 활동한다. 『갑오동란록』에서는 이유상이 노성 사람이라고 이야기한다.[7] 충청감영의 참모관 구완희가 9월 21일, 노성에서 양반 의병 조직 및 동학 조직을 해산시킬 때 건평의 이유상에게도 같이 항복을 받으려 하는 것으로 미루어 보아, 건평의 이유상은 노성, 즉 논산과 매우 밀접하게 관련되어 있음을 짐작할 수 있다.[8]

이유상이 공주를 거점으로 활동했다는 것은 「이유상상서」의 "공주창의

---

4 이유상이 활동한 건평 지역에 대한 확인이 필요하다. 건평은 현재 지명에 공주 건평(탄천면 남산리)도 있고, 부여 건평(초촌면 진호리)도 있다. 조선 말 노성 지역(즉 논산)일 가능성도 있다.(현재 부여 건평이 있는 진호리는 조선시대 말에 노성군 소사면의 지역으로 초천면에 편입되었다. 부여군청 홈페이지 자료)

5 「갑오동란록」,『국역총서』6, 73쪽.

6 「남유수록」,『국역총서』4, 246~247쪽.

7 「갑오동란록」, 앞의 책, 73쪽. 논산은 1914년 연산, 은진, 노성, 석성 등 4군을 병합하였다.(논산시청 홈페이지)

8 『주한일본공사관기록』8, 58쪽.

소의장"(公州倡義所義將)[9]에서 보는 이유상 직책의 "공주", "공주건평시(公州 乾坪市)에 진(陣)"을 친 이유상의 활동,[10] "공주(公州) 동괴(東魁) 이유상(李裕 相)"[11] 등의 기록에서 확인된다. 또한 1859년에 편찬된『공산지』(公山誌)에 공주목의 곡화천면(曲火川面)에 건평리(乾坪里), 건평시(乾坪市; 건평 시장-인 용자 주)가 있다.[12] 1914년 행정구역 조정 때, 공주 탄천면 남산리에 건평동 (乾坪洞)이 있다.[13]

동학농민혁명 1차 봉기 때에는 사회적으로 차별·수탈 받던 농민들과 하 층민인 노비와 천인들이 주력으로 참가했다면, 일본군의 조선 왕궁 점령에 항거하는 2차 봉기 시기에는 선진적인 의식을 가진 적지 않은 양반들과 전· 현직 관리들이 항일 투쟁에 함께했다.[14]

공주에서 가까운 목천(지금의 천안)에서는 전직 도사(都事)[15] 김화성이 1883년에 동학에 입도하여 목천의 동학 거두인 삼로(三老) 중 한 사람이 되 었고, 1894년 동학농민혁명 때에는 세성산 전투(10월 21일)를 지휘하였다. 김화성은 관리 출신이자 양반 신분이었지만, 유교의 신분 차별과 농민을 수 탈하는 조선왕조 체제에 반대하고 동학의 인간평등사상에 공감하여, 일찍 부터 동학 포교 활동에 나섰고, 일본군의 조선 왕궁 점령에 맞서 동학농민

9 「선유방문병동도상서소지등서」,『사료총서』 10, 335쪽;『동학란기록』 하, 381쪽; 「황해도 동학당정토략기」,『사료총서』 12, 357쪽.
10 오지영,『동학사』, 497쪽.
11 「전봉준공초」,『사료총서』 18, 47쪽. 전봉준의 답변이다.
12 「공산지」, 앞의 책, 131, 149쪽.
13 장길수,『공주의 땅이름 이야기』, 공주문화원, 2016, 308쪽.
14 『오하기문』(번역본), 228~229, 318~319쪽;『주한일본공사관기록』 1, 45, 199~200쪽;『주 한일본공사관기록』 6, 46, 54, 56~58쪽.
15 도사(都事)는 종5품의 감영 또는 중앙의 관리이다.

혁명의 2차 봉기에도 함께했다.

　부여 유생 이복영의 『남유수록』[16]에서는 이유상을 가리켜 전직 관리 칭호인 "이도사(李都事) 유상(裕尙)"이라고 부른다. 「이유상상서」에서는 "소생은 합하(閤下)와 비록 깊은 인연은 없으나 감영에서 존안(尊顔)을 모셨으며, 서찰(書札)로 신칙(申飭)할 때 고심(苦心)을 느꼈으며,… 과거에 자신을 알아준 것을 고맙게 여기어…."[17]라고 기록되어 있다. 이 표현은 이유상이 충청감사 박제순이 공주에서 행정을 수행한 사실을 알고 있고, 간접적으로나마 안면이 있는 사이임을 말해줄 뿐만 아니라, 이유상이 전직 관리 또는 유생 신분임을 추측하게 한다. 오지영은 『동학사』에서 "유도수령(儒道首領) 이유상이 동학군에 투합(投合)"했다고 기록하였다.[18]

　또한 『갑오동란록』에는 "이유상은 처음에 부여(扶餘) 건평(乾坪)에서 유회(儒會)를 꾀하였는데, 나중에 동도(東徒)에 들어가서 전봉준과 합세하였다"고 기록되어 있다. 『남유수록』에서는 이유상이 왜를 토벌하는 의병을 일으키려고 하는 건평의 유회에 참여했고,[19] 유회에 의탁하여 그 무리를 안심시켜서 동도(東徒)로 만들었다고 했다.[20] 또한 8월 1일자에는 "전주 사람 이도

16　「남유수록」에서 확인되는 저자 이복영은 아버지가 전직 관리이고 관리·유생들과 지속적인 교류를 하고 있으며, 부여와 충청감영의 소식지인 '기별지'(奇別紙)를 보고 있으며(1894년에 8차례), 소작인을 둔 지주이고, 노비들을 시켜 함열의 웅포에서 부강까지 상거래를 하는 등 세상 정보에 밝은 유생이다. 이복영의 이유상에 대한 정보 파악은 상당히 신뢰할 만하다고 하겠다.
17　生之於閤下, 雖無宿契, 承尊顔於布政之下, 感苦心於札飭之際,… 果感昔日之知已. 「이유상상서」, 『사료총서』 10, 335~336쪽; 『사료총서』 12, 357~359쪽.
18　오지영, 『동학사』, 497쪽.
19　「남유수록」, 『국역총서』 4, 247쪽.
20　위의 책, 274쪽.

사(李都事) 유상"라고 하였는데, 10월 22일에는 "건평접주 이도사 유상"이라고 하여, 호칭을 바꾸어 부르고 있다.[21] 이들 자료로 미루어 이유상은 유회에 참여하는 유생이었고, 항일 전쟁을 위해 농민군에 합류하고자 지역에서 유생 세력을 결집했음을 확인할 수 있다. 또한 지역의 유생들은 이유상이 동학교도의 접주로 변신했다고 보고 있다.

1894년 9월 초 대원군의 지시로 노성에서 교리 송정섭이 전 판서 최익현을 소모장(召募將)으로 하여 양반 중심의 항일 의병을 조직하고, 동시에 노성의 동학 12포를 항일을 위해 봉기하도록 독려하는 조직 활동을 개시하였다. 하지만 9월 21일에 충청감영에서 참모관 '구완희'를 보내 노성지역의 양반 의병 조직을 무혈 진압·해체하고 동학 조직도 해체한다.[22] 이때 구완희가 건평을 중심으로 활동하고 있던 이유상에게도 만날 것을 제의하지만, 이유상은 "포중(包中) 70여 명"과 함께 군기(軍器)를 가지고 전주의 전봉준 진영으로 도주했다고 기록에 나온다.[23] 구완희는 이유상을 "전봉준의 심복이고 또한 송모(宋某)와 더불어 서로 협력"하는, 즉 전봉준과 함께하는 인물이자 동시에 유생 의병(즉 교리 송정섭 측)과 기맥을 통하는 인물로 보았다. 다만 이유상을 유생 또는 전직 관리 출신이라고는 서술하고 있지 않다.[24]

1894년 9월 초에 노성에서 대원군과 연계하에 항일 봉기를 위해 의병 조

---

21 위의 책, 247, 274쪽.
22 『주한일본공사관기록』 8, 56~58쪽.
23 위의 책, 58쪽.
24 "이(李)는 본래 옥구(沃溝) 군교(軍校)의 아들로서 일찍이 보부상(保負商)의 무리에 투신하였다가, 지용(智勇)과 검술(劍術)이 뛰어나 명화당(明火黨)을 만들고, 또 전봉준의 심복이고 또한 송모(宋某)와 더불어 서로 협력한다고 하니 이 사람은 필연코 귀화할 사람이 아닐 것이다."(『주한일본공사관기록』 8, 58쪽) 구완희의 보고이다.

직과 동학 조직이 활동을 시작한 것은 1894년 공주전투에 큰 영향을 미쳤다고 추측된다. 그중 하나는 유생 출신으로 전직 관리인 이유상이 공주전투의 전면에 나서서 "공주창의소의장"(公州倡義所義將) 이유상의 이름으로 개전서를 보내고 공주전투에 참여한 것이다. 또한 그 영향이라고 보이는데, 공주전투에 여러 유생들도 항일 대열에 참가하지만, 특히 이유상이 활동했던 건평 바로 옆 마을에서는 노론 가문의 20여 명의 한씨(韓氏) 청년들이 공주전투에 참여 했다.[25]

이유상은 유생이고 전직 관리이며 또한 동학접주인 '건평접주'로 불렸다.[26] 그런데 이유상은 건평접주라기보다는 공주전투에 앞서 「이유상상서」라고 하는 충청감사에게 보낸 개전서에서 자신의 신분을 "공주창의소의장"으로 밝히고 있다. 따라서 지역에서 유생 세력을 결집하여 항일 전쟁에 나선 "공주창의소의장", 즉 "항일의병장"을 이유상의 대표적 신분으로 보는 것이 옳다고 본다.

---

25 이유상이 활동했던 부여 건평 바로 옆 마을인 세탑리 가는골은 당시 노론 한씨네 집성촌이었는데, 노론 한씨네 장정 20여 명이 공주전투에 참여하여 11월 8일을 제삿날로 같이 모셔 온 분이 4명이다.(한규배(후손), 이정현 증언. 2015년에 세탑리 가는골에서 필자 채록)

26 이유상이 유생 또는 전직 관리라는 기록은 ① 「이유상상서」; ② 「갑오동란록」, 『국역총서』 6, 73쪽; ③ 「남유수록」, 『국역총서』 4, 247쪽; ④ 오지영, 『동학사』, 497쪽에 보인다. 이유상이 동학접주 또는 동학의 건평접주라는 기록은 ① 『주한일본공사관기록』 8, 58쪽. "包中 70여 명과…."; ② 「남유수록」, 앞의 책, 274쪽. "건평접주 이도사 유상"; ③ 「전봉준공초」, 『사료총서』 18, 47쪽. "公州東魁李裕相." 전봉준의 답변이다; ④ 「흥선대원군 효유동학도문」(「동학문서」), 『사료총서』 5, 108쪽. "乾坪接主, 李裕尙, 率二萬三千人"에 보인다.

3) 전봉준과 함께 공주전투 지휘

부여 유생 이복영은 『남유수록』에서 이유상을 평가하면서, 전봉준 휘하 부대의 핵심적인 인물로서 "선봉"(先鋒), "전위"(前隊) 또는 "전봉준을 좌지 우지하는 대단한 인물"로 파악하고 있다.[27] 이유상에 대해 관군의 기록에서 는 공주전투에 모인 동학 지도자 중에서 전봉준, 김개남, 손화중 다음가는 4 인자로 평가하기도 했다.[28]

이유상은 전봉준과 함께 10월 23일 이인전투에 참전했고,[29] 10월 24일 ~25일의 효포전투에 참전했다.[30] 11월 8일 선봉진에서 순무사에게 보낸 농 민군의 세력 배치를 보면 이유상의 근거지인 건평(乾坪)에 여전히 농민군 세력이 존재하고 있다.[31] 공주전투에서 농민군이 패배한 뒤 소토산·황화 대 전투 직전 초포·논산의 농민군 배치에 대한 관군 기록에 전봉준과 함께 '이유상'(李有相)이 있다.[32] 이유상이 전봉준과 함께 논산으로 후퇴하여 소토 산·황화대 전투 직전에도 함께 있었다면, 11월 9일의 처절했던 우금티전투

27 湖南東道全明叔, 十二日來屯論山, 乾坪接主 李都事裕尙, 先鋒左右之. …還附於全, 爲其 前隊, 將向利仁.(「남유수록」, 『사료총서』 3, 238쪽)

28 「선봉진정보첩」, 『국역총서』 8, 78쪽.

29 「남유수록」, 『국역총서』 4, 274쪽.(10월 22일자 기록)

30 위의 책, 275쪽.(10월 25일자 기록)

31 「선봉진상순무사서부잡기」, 『국역총서』 8, 345쪽.

32 全琫準·金可(介)南·孫華仲(中)·李有相·姜采西·吳一相·崔命基·朴化春·安城包·尙州包, 此外不足數也. 今會於草浦論山.《左東徒排置圖》(「선봉진정보첩」, 『사료총서』 16, 201~202쪽) 이 자료를 신뢰한다면, 김개남이 나오는 것으로 보아 이 자료는 11월 13일 김개남의 청주 전투 패배 뒤부터 11월 15일 노성·황화대 전투 직전의 농민군 배치상황으로 보인다. '李 有相'은 李裕尙과 동일 인물로 본다.

에도 함께했을 것이다. 공주전투 22일 동안 이유상은 전봉준과 생사를 함께
하였고 논산으로 같이 퇴각하였다.

공주전투 이후 이유상의 종적에 대해 "이유상은 주력 농민군과 헤어져
부여로 나와 몸을 숨겼다가 다시 종적을 감추었다. 화적떼의 두목이 되었다
는 기록이 있으나 확인할 길이 없다. 세상이 조금 잠잠해질 적에 다시 나타
났는데, 단군 교주가 되어 있었다고 한다. 국조 단군을 받들어 독립정신을
고취했던 것이리라."는 이야기가 전한다.[33]

2. 임기준, 이인대접주에서 충청감영의 중군으로

임기준(任基準)[34]이 공주의 동학 역사에 처음 등장하는 것은 1894년 3월
14일이다. 3월 14일 접주 임기준이 이끄는 동학교도 700여 명이 공주 대교
에 모여, 3월 15일에 열린 대교의 유회(儒會)를 해산시키고 3월 16일에 해산
하였다.[35]

이후 공주에서는 8월까지 동학교도의 왕성한 활동이 보이는데 그 중심에

---

33 오지영, 『동학사』, 526쪽; 이이화, 『파랑새는 산을 넘고』, 앞의 책, 267쪽.
34 임기준의 한자 표기는 任基俊(『주한일본공사관기록』 1, 194쪽), 任瑩俊(『주한일본공사관기록』
   2, 63쪽), 任箕準(『주한일본공사관기록』 5, 67쪽; 「선봉진상순무사서부잡기」, 『국역총서』 8, 306쪽),
   林基準(『주한일본공사관기록』 1, 161, 163쪽) 등으로 나오는데, 「동학관련판결선고서」(『국역총
   서』 12, 217쪽)에 따라 任基準으로 표기한다.
35 「약사」, 『국역총서』 6, 27(3월 14일~16일의 기록), 57~58쪽. 유림들의 '유회' 또는 '향약 시행'
   은 전국 각지에서 농민군의 세력 확장에 대한 유림·양반들의 농민군 탄압 대책의 하나였
   고, 관의 지원 아래 시행되었다.(『오하기문』(번역본), 67쪽; 「소모일기」(10월 19일), 『국역총서』 3,
   420쪽; 「갑오척사록」, 위의 책, 287쪽; 「면양행견일기」, 『국역총서』 10, 103쪽)

7월에 등장하는 '이인민회소'(利仁民會所)가 있고, 거기에 '이인대접주 임기준'의 이름이 보인다. 4월 7일에는 충청도의 농민군들이 공주 이인역과 진잠(鎭岑)·연산(連山)·옥천(沃川) 등지에서 각각 5,000~6,000명씩 무리를 모아 주둔하고 있었다.[36] 5월에 공주에서는 "동학이 접(接)을 수십여 곳에 설치하여 대접(大接)은 천여 명이고, 소접(小接) 역시 3, 4백여 명 이하로 내려가지 않았다."[37]고 할 정도로 동학이 왕성하게 세력을 넓히고 있었다. 또한 6월 21일, 일본군의 조선 왕궁 점령 사건을 전후로 전국에서 항일 봉기가 활발하게 일어나는데, 논산의 강경·황산[38]에서도 농민군들이 6월 22일 무렵부터 서울을 공격하여 일본인과 싸우기 위해 일본 상인들과 부민들을 대상으로 군수품 탈취 활동을 하였고, 이때 "농민군의 근거지는 충청도 공주로서 만사를 지휘하고" 있다는 기록이 있다.[39] 공주에서 강경·황산의 항일 봉기를 지휘하는 농민군 세력의 지휘자가 임기준인지는 확인되지 않지만, 그럴 가능성이 매우 높다고 생각된다.

7월 초에 충청감사 이헌영이 이인민회소(利仁民會所)[40]에 네 차례에 걸쳐 해산을 종용하는 전령을 내렸고, 농민군들은 "위국안민(爲國安民)을 앞세우

---

36 『주한일본공사관기록』 1, 5쪽; 『동학농민전쟁관계자료집』 I, 63쪽.

37 「시문기」, 『국역총서』 6, 6쪽.

38 현재 논산시 강경읍에 황산리가 있다. 황산은 전북 여산군의 지역이었는데 1895년(고종 32년)에 은진군에 편입되었고, 1914년에 강경면에 편입되었다.(논산시 강경읍 홈페이지, 지역 유래 참조)

39 『주한일본공사관기록』 3, 236~237, 240~241쪽.

40 「금번집략」에 이인민회소(利仁民會所)가 3회 나오고, 이인취회소(利仁聚會所)가 1회 나온다.(「금번집략」, 『국역총서』 4, 38~39, 42~43쪽) 부여 유생의 기록 「남유수록」에서는 이인도회소(利仁都會所)라고 했다.(「남유수록」, 위의 책, 236쪽)

고 마을을 마음대로 다니며 돈과 곡물을 빼앗는다"고 했다.[41] 7월 3일에는 농민군들이 이인역에 모여서 집회를 했다.[42] 7월 5일, 이인 반송의 동학접이 신소마을(계룡산 산자락의 동쪽에 위치)의 양반 이단석 가에 들어가 일본군을 치기 위한 군수품을 요구하자, 7월 6일에 이단석이 직접 반송접을 찾아가고, 이단석의 아들 이긍석은 '이인대접주(利仁大接主) 임기준'을 만나서 농민군의 침탈을 면했다.[43] 7월 6일에는 동학교도가 자주 부여 중리(中里)에 침입하여 부여 민참의가 이인도회소(利仁都會所)에 가서 소 1마리와 돈 100금을 헌납하였다.[44] 7월 7일, 공주목(公州牧) 판관(判官) 신욱(申楫)의 보고에 의하면, "공주의 대교(大橋), 공수원(公壽院), 반송(盤松) 등지에 동학무리 10명 혹은 100명 정도가 무리를 이루었는데 모이는 것이 일정치 않고, 압류한 돈과 곡물의 정황은 헤아릴 수 없다"고 하였다.[45] 8월 12일에는 부여 동리(東里) 박성백이 임기준의 영향력이 미치는 공주 반송포에 입도하였다.[46]

7월 29일에서 8월 1일까지 사흘 동안, 정안면 궁원(弓院)에 1만여 명의 농민군이 모였는데 임기준이 지휘하였다.[47] 8월 2일에 임기준이 지휘하는 농민군 수천 명이 깃발, 창, 칼을 들고 공주부 안으로 들어왔고, 농민군이 길에 가득하여 마을이 시끄러웠다. 8월 3일에는 농민군들이 차츰 흩어져 공

41 「금번집략」, 앞의 책, 38~39, 42~43쪽.
42 위의 책, 9쪽.
43 「시문기」, 『국역총서』 6, 6~8쪽.
44 「남유수록」, 앞의 책, 236쪽.
45 「금번집략」, 앞의 책, 23쪽.
46 「남유수록」, 앞의 책, 251쪽.
47 「약사」, 『국역총서』 6, 40쪽; 「금번집략」, 『국역총서』 4, 32쪽.

주부에서 10여 리 혹은 30여 리 떨어진 곳에서 각각 주둔하였다.[48] 8월 4일에는 다시 농민군 수천 명이 공주부에 모였다.[49] 8월 19일부터 23일까지 5일간, 농민군 수천 명이 금강 근처에 모여 충청감영으로 들어가려 해서, 감영에서 감영과 공주목의 군졸과 감영의 동민들을 동원하여 4~5곳에 진을 친 채, 밤새 막고 지켜서 농민군과 대치히였다.[50]

　8월에도 임기준은 공주에서 농민군 중 핵심 인물로 나온다. "8월에 서병학이 이인접주 임기준과 따지다가 도리어 소란을 일으켰다."고 했다.[51] 조선 정부의 선무사 정경원이 8월 24일 충주에서 농민군 선무활동을 하던 중 일본군 충주병참사령관(忠州兵站司令官) 후쿠도미(福富孝元)를 만나 "공주(公州)와 전의(全義) 같은 데서는 그 당(黨)이 소집한 수가 2만에서 3만 명에 이르지만, 내가 그 수령을 효유·설득하여 무사히 해산시킬 수 있었다."고 했다. 그리고 이때 정경원이 제공한 충청도 동학당 지도자 41명의 명단에 "전의(全義) 집강(執綱) 임기준"이 있다.[52] 이때 선무사 정경원과 동행한 박동진은 대원군의 지시로 공주에 머물면서 임기준과 서장옥으로 하여금 항일 거병하도록 일을 도모하였고,[53] 8월에는 이인의 동학교도가 온양을 장악하였지만 9월 초에는 나타나지 않아서 아산 아전들이 동학을 배도하였다는 기록이 있다.[54]

---

48 「금번집략」, 위의 책, 12, 32~33쪽.
49 初四日, 東學輩幾千名, 府下聚會. 「금번집략」, 『사료총서』 4, 11쪽.
50 「금번집략」, 『국역총서』 4, 13~14쪽; 「갑오기사」, 『국역총서』 6, 103~104쪽.
51 「시문기」, 『국역총서』 6, 8쪽.
52 『주한일본공사관기록』 2, 63쪽; 『주한일본공사관기록』 1, 194~196쪽.
53 『주한일본공사관기록』 8, 58, 60쪽.
54 「순무선봉진등록」, 『국역총서』 2, 53~54, 81~83쪽.

8월 홍선대원군의 동학교도 효유에 응답하여, 9월 9일에 "호서창의소"(湖西倡義所) 이름으로 충청감사에게 귀화하겠다는 문서에 도접주(都接主) 안교선(安敎善)과 그 휘하 20명의 접주 명단이 있는데, 이때 임기준은 도접주 안교선 휘하 2명의 최고지도자 중의 한 사람으로 "대접주(大接主) 임기준"으로 나온다.[55]

위의 사건들로 보면 임기준은 공주 농민군의 최고 지도자 지위였지만 8월 말에서 9월 초 무렵에 변심하여, 충청감사 박제순에게 귀순한다. 임기준은 귀순하여 충청감영의 중군(中軍)[56]이 되어 활동하고, 10월 24일에는 '중군 임기준'의 이름으로 선봉진 이규태를 만나겠다는 공문서를 보낸다. 선봉진 이규태가 10월 25일에 충청감영에서 이 공문서를 접수했다는 문서가 있다.[57]

그런데 충청감사에게 귀순하여 충청감영의 중군이 된 임기준을 일본군은 농민군의 우두머리로 파악한다.[58] 모리오 대위가 공주에 도착한 10월 24일 이후 어느 날 임기준은 일본군에 체포되어 서울로 압송되었다. 그리고 1895년 윤5월 24일, "태형(笞刑) 100대에 2,500리 유배" 형에 처해진다.[59]

---

55 「홍선대원군 효유동학도문」(「동학문서」), 『사료총서』 5, 100~110쪽.
56 중군(中軍)은 정3품 당상관으로, 8도 감영에 1명씩 병조에서 파견하며 감사를 보좌하여 군사 업무를 총괄하는 중요한 직책이다.(『충청감영 400년』, 33쪽)
57 「선봉진정보첩」, 『국역총서』 1, 49쪽.(『동학란기록』 하, 164쪽)
58 『주한일본공사관기록』 1, 161쪽; 『주한일본공사관기록』 5, 67쪽. 조선 정부와 일본군은 출병을 앞두고 후비19대대 훈령에서 '보은(報恩)에 있는 동학교(東學敎)의 주괴(主魁) 최시형(崔時亨), 전주(全州)에 있는 폭도들의 대괴수이며 전주감사(全州監司)를 압도하는 전녹두(全祿斗) 그리고 공주에서 충청감사 박제순을 강박하여 공주가 거의 그의 수중에 들어간 것 같은 임기준(任箕準)'을 동학당의 핵심 인물로 보고 있다.
59 「동학관련판결선고서」, 『국역총서』 12, 217~218쪽.

동학접주 임기준의 근거지는 공주의 궁원, 이인, 전의를 확인할 수 있으며,[60] 임기준의 세력이 미치는 범위는 공주와 부여, 온양, 정산의 왕진나루, 논산의 입석촌(立石村)이 확인된다.[61] 「흥선대원군 효유동학도문」에서 확인되는 임기준은 "도접주(都接主) 안교선"[62] 휘하의 "대접주(大接主) 임기준"으로 나온다. 안교선은 동학교단 측 인물이다. 따라서 임기준의 활동은 동학교단 측과 밀접한 연관을 가지고 있었을 것으로 추측된다.

3. 공주접주 장준환

조선 정부의 선무사 정경원이 8월 24일 충주에서 농민군 선무활동을 하던 중 충주병참사령관(忠州兵站司令官) 후쿠도미(福富孝元)를 만나 "충청도 동학당 수령 41명의 소재 및 성명"을 제공하는데, 여기에 "전의 집강(執綱) 임기준"과 함께 "공주 집강 장준환(張俊煥)"이 있다.[63]

60 궁원(「약사」, 『국역총서』 6, 40, 57~58쪽; 「남유수록」, 『국역총서』 4, 245~246쪽; 「금번집략」, 위의 책, 32쪽), 이인(「시문기」, 『사료총서』 2, 180쪽. "利仁大接主 任基準", "利仁接主 任基準"), 전의(『주한일본공사관기록』 2, 63쪽; 『주한일본공사관기록』 1, 194~196쪽. "全義執綱 任基俊").
61 부여(「남유수록」, 『국역총서』 4, 236, 251쪽), 온양(「순무선봉진등록」, 『국역총서』 2, 53~54, 81~83쪽), 정산의 왕진나루(「남유수록」, 앞의 책, 245~246쪽), 논산의 입석촌(「선봉진상순무사서부잡기」, 『국역총서』 8, 337쪽(『사료총서』 16, 290쪽)).
62 충청도 아산 출신 안교선은 1883년 계미중하판 『동경대전』 간행 때 공주 윤상오와 같이 유사(有司)로 참여한 이래, 수원 지방까지 포교 활동을 전개할 만큼 활발한 활동을 전개하였고 1894년에는 충청도 대접주가 되어 수천의 농민군을 거느렸다.(박맹수, 「최시형 연구」, 160쪽) 안교선은 1894년 12월 25일 남벌원에서 효수된다.(「갑오실기」, 『국역총서』 9, 97쪽)
63 『주한일본공사관기록』 2, 63쪽; 『주한일본공사관기록』 1, 194~196쪽.

장준환[64]은 "한 읍의 거괴(巨魁)"로 10월 25일 효포전투에서 농민군이 패하여 노성·논산으로 남하했을 때, 공주에 비밀리에 포를 설치하고자 자신의 근거지인 공주 달동으로 돌아와 활동하다가 추격을 받고, 11월 1일은 체포를 피했으나, 11월 3일에 체포되어 효수되었다.

장준환의 체포를 관군 측에서는 매우 큰 공로로 여겨 장준환을 체포한 전 오위장(五衛將)이자 선봉진의 별군관인 이상만의 벼슬을 높여 주고 선봉진에서 50냥, 충청감영에서 200냥을 상급으로 주었다. 그리고 장준환 체포에 앞장선 원당과 단평의 2개 마을에는 동포(洞布)를 면제하는 조치를 취한다. 또한 장준환의 처가 체포된 사실을 공주영장 이기동이 선봉진에 보고하기도 한다.[65]

10월 25일 효포전투 뒤에 남접과 북접 농민군이 논산으로 퇴각하여 공주 재공격을 준비하고 있을 때, 장준환은 적지가 되어 버린 자신의 근거지인 공주 달동(達洞)으로 돌아와 비밀리에 조직 활동을 하다가 체포된 인물이다. 그는 동학농민혁명의 공주전투에 공주접주의 직책을 가지고 끝까지 온몸으로 참여하였다. 장준환이 근거지로 삼아 활동했던 달동은 정안면 쌍달리에 있는데, 이 쌍달리 마을에는 여러 가지 동학 이야기가 남아 있다.[66]

---

64 장준환에 대해서는 다음의 사료를 참고하였다. ① 「순무선봉진등록」, 『국역총서』 2, 133~134쪽; ② 「순무사정보첩」, 『국역총서』 1, 335쪽; ③ 「선봉진일기」, 위의 책, 284~285쪽; ④ 「이규태왕복서병묘지명」, 『국역총서』 8, 413~414쪽; ⑤ 「선봉진상순무사서부잡기」, 위의 책, 342~343쪽; ⑥ 「갑오군정실기」 4·5·6, 71~72쪽.

65 「이규태왕복서병묘지명」, 『국역총서』 8, 373쪽.

66 ① 이야기 하나: "동학군들이 동학을 하기 위해서 막을 치고 활동을 하였는데 그 골짜기를 '동막골'이라고 한다. 그 당시 동학군들이 막을 지었던 집터(정안면 쌍달리 246번지)가 남아 있다. 관군들이 이곳으로 동학군을 잡으러 오자 한 사람이 동막골 산모퉁이에 들어가 자살을 했다. 뒷산에 무덤이 있었는데, 지금은 없어졌다."(『공주와 동학농민혁명』,

11월 1일 장준환 집을 수색할 때 압수된 물건은 "장지(壯紙)로 만든 깃발과 대나무로 만든 깃대 6~7개, 망가진 총 3개, 환도(環刀) 1자루, 창 13자루와 그 밖에 포(包)를 만든 문서 등"[67]이 있었는데, 여기에서 보이는 무기와 문서를 통해 장준환의 활동을 일부나마 미루어 볼 수 있다.

장준환 접의 성찰(省察)[68] 지삼석(池三石)[69]의 이야기도 관군의 기록에 보인다. 공주 정안면 달원(達院)에 거주하는 28세 지삼석은 1892년 9월에 요당면 북촌에 사는 사촌 지명석의 집에서 동학에 가입하였다. 그 당시에는 접주(接主)와 접사(接使)가 없었는데, 장준환이 달동(達洞)으로 이사 온 뒤에 장준환을 접주로 삼았고, 지삼석은 성찰(省察)을 맡았다. 지삼석은 장준환이 붙잡힌 뒤에 동네 사람들에게 붙잡혔다.[70] 지삼석을 통해 공주에서 1892년에도 동학교도가 활동했던 것을 알 수 있다. 장준환도 공주에서 1892년 전후부터 활동했던 것으로 보인다.

294쪽. 2004년 김행각, 김행구 증언) ② 이야기 둘: 동학 난리에 정안 달울에서 남편이 죽어 궁골(공주 의당면 중흥 2구)로 개가한 '달울 할머니' 이야기가 있다.(위의 책, 295쪽, 2006년 이봉주 증언) 달동(達洞)과 달원(達院)은 정안면 쌍달리에 있는 지명이다.

67 「이규태왕복서병묘지명」, 앞의 책, 414쪽.

68 '성찰'(省察)은 '동학 직명(職名)의 하나'(『주한일본공사관기록』 6, 24쪽), '동학의 접(接)에서 부리는 자'(「갑오동란록」, 『국역총서』 6, 70쪽) 또는 '기포할 때 사용하는 직책'(『오하기문』(번역본), 129쪽) 등으로 나온다.

69 「선유방문병동도상서소지등서」, 『국역총서』 10, 438쪽.(『사료총서』 10, 339~340쪽)

70 "지삼석을 잡아들여야 동네가 무사할 것이다"라고 한 순무영 별군관 최일환(崔日煥)·유석신(柳錫信)의 압력으로 동네 사람들이 체포했다고 했다. 최일환은 농민군 정탐·체포 부대를 이끌고 직산, 아산, 홍주, 서산, 공주 등에서 활동했는데, 평민을 침탈하고 재산을 약탈한 혐의로 홍주 초토영에서 처형되었다.(「홍양기사」, 『국역총서』 4, 118쪽)

4. 정산접주 김기창

1) 정산을 질서 있게 통치한 김기창(金基昌) 접주

1894년 8월 6일에 조선 정부의 선무사 정경원이 홍주에 도착하여 경내에 있는 이름 있는 접주들을 불러 모아서 효유할 때 접주 15명의 이름이 보이는데, 그중에 정산 김기창이 있다.[71] 9월 21일부터 22일까지 이틀 동안, 충청 감영의 참모관 구완희가 대원군과 기맥이 통하는 노성의 유생 의병 조직과 동학 조직을 해체시키고, 뒤이어 정산의 건지동(乾芝洞)으로 가는데, 구완희의 기록에 "김은 도주하였다"고 나온다. 여기어 '김'은 건지동에서 활동하던 김기창일 것이다.[72]

건지동을 진압했던 이두황의 기록에 "정산 땅의 건지동은 다름 아닌 동도(東徒)의 소굴이고, 새벽과 저녁에 문을 열고 닫는 것이 마치 관부(官府)와 같이 한다."고 나온다.[73] 정산을 접수한 김기창의 동학군은 질서 있고 체계적으로 지방 통치를 행했음을 엿볼 수 있다. 또한 구전에 건지동 근처 현재 공주 봉현리에 속해 있는 "새울과 무재에 건지동을 본부로 동학군들이 잔뜩 포진해 있었다."[74]는 이야기는 건지동에서 근처 공주까지 영향력을 미치고 있던 김기창 농민군의 커다란 세력을 짐작하게 한다.

정산의 건지동은 9월 22일에 충청감영의 참모관 구완희 부대가 습격하였

---

71 「홍양기사」, 위의 책, 67쪽.
72 『주한일본공사관기록』 8, 56~58쪽.
73 「양호우선봉일기」, 『국역총서』 7, 108쪽.
74 『공주와 동학농민혁명』, 246쪽.

고, 11월 3일에는 공주에서 나온 일본군이 습격하였으며,[75] 11월 14일에는 관군 이두황 부대가 습격하였던 것으로 보아, 농민군 세력이 깊이 뿌리내리고 있었음을 짐작할 수 있다. 김기창의 후손이 증언하기를, "김기창은 사살되고 밤에 장사를 지냈지만, 건지울(건지동)에서 집안이 인심을 잃지 않고 내로라하게 살아서 후손이 그대로 건지울에 살아왔다"고 했다.[76]

2) 공주전투에 참전한 김기창 농민군

22일간의 공주전투 기간 중 10월 23일 이인전투에 참전한 농민군 세력은 전봉준·이유상의 농민군이었다.[77] 그런데 10월 23일 이인전투에 정산 김기창의 농민군이 함께한 것이 사료로 확인된다.[78] 이두황이 지휘하는 장위영군이 11월 14일에 정산 건지동의 김기창 농민군을 습격하여 체포하고 조사하여, "지난달 23일 이인에서 접전할 때에 따라간 자"[79]를 적발해 내었다. 또한 "이장헌(李章憲)은 정산에서 붙잡은 동도의 도집강(都執綱)으로 정산현의 하리(下吏, 낮은 벼슬아치)로 이인에서 접전할 때에 따라갔던 자인데,… 이두

75 「홍양기사」, 앞의 책, 105~106쪽.
76 『공주와 동학농민혁명』, 325쪽.
77 「남유수록」, 『국역총서』 4, 274(10월 22일), 275쪽(10월 25일).
78 이두황 부대가 11월 13일 정산에 도착하고, 11월 14일 오경(五更, 오전 3시~5시)에 정산 건지동에 군사를 파견하여 포위하고 이칠천(李七千) 등 6명을 그 자리에서 처단하고, 100여 명을 체포하여 엄중하게 잡아 가두고 밤을 지냈다.(「양호우선봉일기」, 『국역총서』 7, 108~109쪽) 아침을 먹은 뒤 농민군을 취조하고 이승주(李承周) 등 10명을 정산읍 앞에서 처형하였다.(「양호우선봉일기」, 위의 책, 114쪽)
79 「양호우선봉일기」, 위의 책, 109, 111쪽; 「순무사정보첩」, 『국역총서』 1, 357쪽; 「순무선봉진등록」, 『국역총서』 2, 206쪽.

황 부대가 이인으로 이동하면서 이인으로 압송해 왔다"[80]고 했다. 그리고 효포전투의 일본군 지휘자 모리오 대위의 기록에, 효포전투(10월 24일~25일)가 끝나고 10월 25일 농민군이 남쪽으로 퇴각할 때 경천과 정산으로 퇴각한 것이 확인된다.[81] 이때 정산 방면으로 퇴각한 농민군 대열은 김기창 농민군일 것이다. 김기창 농민군은 효포전투(10월 24일~25일)에 참전한 것이다.

11월 8일, 즉 11월 9일의 공주전투 직전, 공주를 포위한 농민군 세력의 동향을 공주에 주둔하고 있던 이규태가 도순무사 신정희에게 보고하는 내용에, 남쪽의 전봉준 부대 등과 함께 공주 서쪽 정산에서 "김기창이 아들로 하여금 통문(通文)을 내어 미륵당(정산 소재; 인용자 주)에 수천 명을 모았다"고 하면서 선봉진 이규태의 근심거리(憂)라고 보고하였다.[82]

11월 8일 무렵, 정산의 미륵당에 모인 김기창의 농민군은 11월 9일의 공주전투에 참여하였을까? 11월 9일 공주전투에서 조일진압군의 전투 지휘자인 모리오 대위의 기록에 "11월 9일 오전 10시, 우금티로 농민군 1만여 명이 공격할 때, 동시에 '삼화산(三花山)의 적(賊), 1만여 명'이 오실 마을 뒷산을 공격해 정세가 급하여 노나카(野中) 군조(軍曹)에게 일본군 일개 분대와 조선 관군 일개 분대를 파견해 단단히 지키도록 했다."고 했다.[83] '거세차게 농민군 1만여 명이 오실 마을 산자락을 공격'해 왔는데 그 농민군을 모리오 대위는 "삼화산의 적, 1만여 명"이라고 간략히 표현했다.

80 「양호우선봉일기」, 앞의 책, 110~111쪽.
81 『주한일본공사관기록』 3, 387쪽; 「폭민동학당」, 『신국역총서』 14, 196쪽; 「海南新聞」 1894년 12월 6일. '公州の東學黨'; 「東京朝日新聞」 1894년 12월 5일 1면.
82 「선봉진상순무사서부잡기」, 『국역총서』 8, 345쪽.
83 『주한일본공사관기록』 1, 247쪽.

금강 건너에서 정산접주 김기창 농민군의 주요 근거지인 건지동(지역에서는 '건지울'로 부름)의 주요한 산이 '사마산'(司馬山)이고, 지역 주민들은 '삼화산'(三花山)으로도 부르고 있다.[84] 10월 25일 효포전투에서 모리오 부대와 김기창 농민군은 이미 한 차례 대적한 사이이고, 11월 3일 충청감영에 주둔하고 있던 모리오 부대의 일부가 정산 건지동을 습격[85]하기도 해서 김기창 농민군을 "삼화산의 적"이라고 간략히 표현한 것이라고 추정된다.

오실 마을 주변에 사마산과 비슷한 산 이름이 없고, 사마산과 오실 마을까지 직선거리(도중에 금강이 있다)는 약 7킬로미터이고, 김기창 농민군이 활동했던 근거지의 하나인 미당장과 충청감영은 20리로, 멀지 않은 거리이다.[86] 이상의 자료로 보아, 모리오 대위의 기록에 나오는 "삼화산의 적, 1만여 명"은 정산의 김기창 농민군으로 추정한다.[87] 또한 김기창의 세거지인 정산의 건지울 마을에 살고 있는 김기창 후손의 증언에 의하면, 김기창 농민군이 공주전투에 참여하였다고 한다.[88]

---

84 건지동 근처 지역 주민으로 일본군에 학살당한 유족 후손의 족보에 '사마산'(司馬山)을 '삼화산'(三花山)으로 표기하고 있다.(墓牛城面龍鳳里三花山下亥坐.『공주와 동학농민혁명』, 327쪽 참조) 사마산(司馬山)은 공주 우성면에서 용봉리, 어천리, 죽당리, 오동리에 걸쳐 있는 산이다.(『공주지명지』, 316쪽) 우성면 용봉리는 건지동과 맞닿아 있다. 「1914년 1:50,000 지도, 《公州》」에는 사마산(司馬山)으로 표기되어 있다. 2020년 10월 17일 필자가 현지를 답사했는데, 마을 주민들이 어천리에서는 삼마산(三馬山), 죽당리에서는 하마산 또는 자모산(慈母山), 보홍리에서는 사마산(四馬山)으로 각각 다르게 표현하는 것을 확인하였다.
85 「홍양기사」,『국역총서』 4, 105~106쪽.
86 「선봉진상순무사서부잡기」,『국역총서』 8, 345쪽.
87 공주동학기념사업회 2대 회장을 역임한 구상회는『주한일본공사관기록』의 '삼화산(三花山)의 농민군'은 정산 김기창 농민군이라고 추정하였다. 신용하는 오실 마을 산자락에서 전투했던 농민군을 동학교단 측 농민군으로 정리하고 있다.(신용하,『동학과 갑오농민전쟁 연구』, 428쪽)
88 김기창 관련 구전은『공주와 동학농민혁명』, 325~326쪽 참조.

오실 마을 산자락 주변 오곡동에는 동학군이 늘비하게 죽은 '보아티 들'
과 '보아티 고개', 동학군 시신이 묻혀 있는 '병재울', 농민군을 추모하는 돌
탑이 있던 '돌탑모랭이' 등 많은 동학 이야기를 간직한 유적이 있다. 이들 이
야기는 오실 산자락을 공격했던 김기창 농민군의 치열한 전투와 많은 희생
을 전해준다.[89]

3) 공주전투 농민군의 핵심 지도자

1895년 3월 7일에 김기창이 체포되었을 때, 충청감영에서 조선 정부로
그의 체포 소식을 전할 정도로 김기창은 중요한 인물이었다.[90] 또한 1895
년 5월(양)에 일본군 미나미 소좌(후비19대대 대대장)가 조선 총리대신(總理大
臣), 조선 군무협판(軍務協辦), 쿠스노세(楠瀬) 고문관(顧問官)[91] 앞에서 동학
농민군 진압의 개략을 설명[92]할 때, 조선 총리가 미나미 소좌에게 김기창에
대해서 묻는 장면이 나온다.

조선 총리: "귀관(貴官)은 충청감사에게 명하여 김기창을 체포하도록 했고 감
사가 그를 체포했는데도, 그 체포된 자에게 사감을 갖고 있는 보부상 등을 시

---

89 오실 마을과 그 주변 오곡동 마을의 동학 관련 구전은『공주와 동학농민혁명』, 145~157쪽
   참조.
90 「찰이전존안」(札移電存案),『국역총서』 7, 460쪽.
91 동학농민혁명 시기 개화파 조선 정부의 일본인 군사고문으로 공사관 소속 일본군 중
   좌(中佐) 쿠스노세 사치히코(楠瀬幸彦, 1858~1927)이다. (박종근,『청일전쟁과 조선』(번역본),
   97쪽)
92『주한일본공사관기록』 6, 58~59쪽.

켜 그를 죽이게 했다는 전보가 있었다. 귀관은 그를 잡으라는 명령을 내린 적이 있는가?"

미나미 소좌: "그렇다. 김기창은 비도(匪徒)의 수령이다. 만약 잡기만 하면 참살(斬殺)해 마땅한 자이다."

미나미 소좌는 공주에서 직접 김기창과 대적한 적이 없으므로, 공주전투를 지휘한 모리오 대위를 통해 정보를 전해 들었을 것이다. 그렇다면 미나미 소좌는 왜 김기창을 참살하라고 지시했을까? 추측하건대 미나미 소좌는 김기창이 이인전투(10월 23일), 효포전투(10월 24일~25일)에 참전하였고, 11월 9일 공주전투의 하나인 오실산자락전투에서 1만여 명의 농민군을 지휘하여 일본군에 도전한 공주전투의 지도적 인물로 판단하고 있었기 때문일 것이다. 김기창에 대한 처형 관련 논란은 『주한일본공사관기록』에서 한 번 더 확인된다.[93]

8월 홍선대원군의 효유문에서, 9월 9일 호서창의소(湖西倡義所) 이름으로 충청감사에게 귀화하겠다는 문서에 도접주(都接主) 안교선과 그 휘하 20명의 접주들의 명단이 있는데, 이 문서에 "지동접주(芝東接主) 김기창(金基昌)"이 있다.[94] '지동'(芝東)은 김기창의 활동 중심지인 정산의 '건지동'(乾芝洞)의 다른 표현으로 본다. 이 문서로 보면 김기창은 동학교단 측 인물 안교선과 관련 있는 인물로 보인다.

1894년 정산접주 김기창은 공주전투에서 전봉준과 연계하며 활동하였

---

93 『주한일본공사관기록』 8, 12~13쪽. 날짜, 수신자, 발신자를 확인할 수 없는 문서이다.
94 「홍선대원군 효유동학도문」(「동학문서」), 『사료총서』 5, 100~110쪽.

으며, 1894년의 동학교단 안교선 휘하의 접주로 이름이 올라 있지만(위의 『동학문서』), 1895년 이후의 동학교단 측 역사 기록에는 지워져 있는 인물이다.[95] 김기창이 동학교단 측과 관련된 인물이 아니어서 동학교단 측 기록에 보이지 않는 것인지, 일본(일본군)이 매우 꺼리는 인물이어서 그런 것인지는, 좀 더 살펴볼 필요가 있다.

이 외에도 동학농민혁명의 2차 봉기 시기에 언급되는 공주지역의 중심 인물로 김지택(金知擇)과 배성천(裵成天)이 있다. 오지영의 『동학사』에 보은 집회 때 접주로 "공주에 김지택"(『동학사』(초고본), 『사료총서』 1, 443쪽), "공주 대접주 김지택"(『동학사』, 『동학사상자료집』 2, 440쪽)이 나온다. 또한 오지영 의 『동학사』에 2차 봉기 시기에 공주의 중심인물로 "김지택·배성천은 공주 에서 기병(起兵)하고"(『동학사』(초고본), 『사료총서』 1, 489~490쪽; 『동학사』, 『동학 사상자료집』 2, 496쪽)라고 나온다. 이후에 표영삼은 보은집회에서 임명된 "공 주포대접주(公州包大接主) 김지택"(표영삼, 『동학』 2, 303쪽)을 언급하고 있고, 신용하는 2차 봉기 시기에 공주 두령으로 김지택·배성천을 기록하고 있 다.(신용하, 『신판 동학과 갑오농민전쟁 연구』, 387쪽)

---

95 「천도교창건사」(『동학사상자료집』 2, 156~159쪽)에 전국에서 도인들이 많이 피살당한 지역 에 홍주·정산을 언급하지만 그 지도자 김기창은 언급이 없다. 「갑오동학란」(권병덕, 『국역 총서』 13, 115~116쪽)에서 2차 봉기 지역과 지도자를 언급하고 있고 또한 저자 권병덕은 충 청도에서 함께 봉기하였는데, 정산과 김기창에 대한 언급이 없다. 「시천교종역사」(『국역총 서』 11, 300쪽)에 홍주군·정산군에서 탄압으로 동학교도들이 많이 살상당한 것을 언급하 는데 김기창의 이름은 없다. 「천도교서」(『국역총서』 13, 299~302쪽)에 2차 봉기 시에 포가 일 어난 지역과 지도자 73읍 314인을 언급하는데 정산 및 김기창의 언급은 없다. 「동학도종 역사」(『국역총서』 11, 124~125쪽)에 동학농민혁명기 대접주와 접주의 언급 부분에 정산 및 김기창은 없다.

그런데 동학교단 역사서에서는 김지택과 배성천은 『김낙철역사』에서 1900년부터 활동한 인물로 나오고(『국역총서』 5, 197, 199, 210쪽), 『동학도종역사』에서는 1900년 '대두령 및 당해 두목'으로 배성천이 언급되고 있으며(『국역총서』 11, 168쪽), 『시천교종역사』(『국역총서』 11)와 『천도교서』(『국역총서』 13)에는 김지택과 배성천이 언급되고 있지 않다. 또한 동학농민혁명 당시 관변 측, 유생 측, 일본 측 기록에도 김지택과 배성천이 보이지 않는다. 그러므로 그들은 보은집회 및 1894년 당시에는 핵심 인물은 아니었던 것으로 보인다. 아마도 1900년 무렵부터 공주에서 지도적 역할을 했을 것으로 추정된다.

사료에서 보는
공주전투에 모인 농민군 인원,
40리 포위망

1. 제1차 공주전투(10월 23일~25일) 참전 남북접 농민군

2. 제1차 공주전투(10월 23일~25일)와 농민군의 40리 포위망

3. 11월 8일 밤, 공주를 포위한 10만여 농민군

4. 11월 9일, 농민군의 40리 포위망

1. 제1차 공주전투(10월 23일~25일) 참전 남북접 농민군

이하의 [부록, 표 1]에서 정리한 [사료 1]을 종합해 보면 제1차 공주전투에 참여한 남접과 북접 농민군은 10만여 명으로 추산할 수 있다.

[부록, 표 1] 제1차 공주전투에 참전한 남북접 농민군 인원

[사료 1]
[사료 1-1], [사료 1-2]㉠, [사료 1-2]㉡, [사료 1-2]㉢, [사료 1-2]㉣, [사료 1-2]㉤, [사료 1-3](밑줄 및 강조 표시는 모두 인용자. 이하의 표도 같음)

1-1	[사료 1-1] 『순무선봉진등록』, 『선봉진정보첩』, 『순무사정보첩』, 『갑오군정실기』 "(10월 23일; 인용자주) 이경(오후 9시~11시) 이후에 정보 보고의 말에, '호남(湖南)의 적 전봉준이 40,000명을 이끌고 남쪽으로 거리가 30리 되는 경천을 점거하고 장차 공주목으로 향하려 한다고 말했다' 합니다."[1] [정리] 10월 23일 저녁 충청감영 남쪽 경천에는 공주로 진격하려고 하는 '4만 명'의 전봉준 등 남접 농민군이 있다.
1-2	[사료 1-2] ㉠ 『갑오군정실기』 영동현감 오형근이 보낸 정보에 "10월 14일에 동도(東徒) 6만여 명이 각각 총과 창을 휴대하고 영동읍에 와서 주둔하면서 군기(軍器) 및 환곡 6섬… 모두 탈취해 가지고, 19일에 옥천을 향해 갔다."[2] ㉡ 『균암장임동호씨약력』 "그 후에 옥천 읍내에서 숙박하였다. 그때 전봉준이 논산에서 군기(軍器)를 다수 수집해서 유진(留陣)하고 옥천 성사 본진으로 통지하되, 공주 감영을 공격할 터이니 공주 감영의 북문 밖에 매복하였다가 관군을 격파하라 하였으므로, 의암성사, 송암(松菴), 이종훈(李鍾勳), 임학선(林學先), 이용구(李容九), 정지택(鄭知澤) 등 여러 사람이 포군 6~7만 명을 인솔하고 공주 감영의 북문 밖에 매복하였다."[3]

1 「순무선봉진등록」, 『국역총서』 2, 69쪽; 「선봉진정보첩」, 『국역총서』 8, 59쪽; 「순무사정보첩」, 『국역총서』 1, 315쪽; 「갑오군정실기」 1·2·3(영인본), 293쪽.
2 「갑오군정실기」 4·5·6, 162쪽.
3 「균암장임동호씨약력」(영인본), 157쪽.

ⓒ『소모일기』"각처의 탐리(探吏)들이 돌아와서 보고한 내용 가운데는 황간과 영동의 여러 적들이 (10월; 인용자 주) 23일부터 옥천(沃川)을 넘어 공주(公州)로 향하고 있다."[4]

ⓔ『시문기』"10월 23일 동학교도 1만여 명이 갑자기 본촌(本村) 신소(莘沼)에 들어와 유숙하면서 마을 사람들에게 저녁밥을 요구하였다.… 10월 24일 동학교도가 상신(上莘)에서 출발하여 구치(鳩峙)를 넘었는데, 물고기를 꿴 것과 같이 행군하여 몇 리(里)까지 길게 연이어 있었다."[5]

ⓜ『순무선봉진등록』,『선봉진정보첩』,『순무사정보첩』,『갑오군정실기』
"(10월 23일; 인용자 주) 이경(오후 9시~11시) 이후에 정보 보고의 말에,… '옥천포(沃川包) 동도(東徒) 수만 명은 동쪽으로 거리가 30여 리 되는 대교(大橋)에 모여 주둔하고 있다가 전봉준과 합세하려고 한다'고 합니다."[6]

[정리] 10월 23일 저녁, 공주의 대교와 신소에 나타난 북접 농민군은 ⓖ, ⓛ 사료를 근거로 '6~7만'으로 추산할 수 있다. 또한 위의 사료에 의하면 10월 14일부터 영동·옥천·황간에 모인 농민군들은 10월 23일 공주의 대교와 신소에 진출했다.

1-3	[사료 1-3] 『시문기』"10월 24일… 사방의 동학교도가 모이니 대체로 10여만 명이었다."[7]
	[정리] 10월 24일 무렵, 공주에 나타난 동학농민군은 공주 신소에 살던 유생의 기록에 의하면 '10여만 명'이다.

위의 [사료 1-1]과 [사료 1-2]를 종합하면, 10월 23일 저녁 공주에 모인 남접과 북접 농민군은 10만여 명으로 추산된다. 또한 [사료 1-3]으로 보면, 10월 24일 공주에 모인 농민군은 10여만 명이다.

---

4 「소모일기」(10월 25일),『국역총서』 3, 429쪽.
5 「시문기」,『국역총서』 6, 9쪽.
6 「순무선봉진등록」,『국역총서』 2, 69쪽;「선봉진정보첩」,『국역총서』 8, 59쪽;「순무사정보첩」,『국역총서』 1, 315쪽;「갑오군정실기」 1·2·3, 291쪽.
7 「시문기」, 앞의 책, 9쪽.

2. 제1차 공주전투(10월 23일~25일)와 농민군의 40리 포위망

제1차 공주전투(10월 23일~25일) 시기의 큰 전투는 10월 23일의 이인전투, 10월 24일~25일 효포전투, 10월 25일 옥녀봉전투로 각각 나누어 볼 수 있다. 이 외에도 10월 24일의 대교전투가 있었다. 이때 각 전투에서의 농민군의 포진과 그 외 지역에서 공주바깥산줄기를 포위하고 대치했던 농민군의 포진은 다음 [사료 2]를 통해 종합해 보면 다음과 같다.

농민군은 효포뿐만 아니라 공주바깥산줄기를 포위하면서, 금강가-효포-향봉-늘티(약 8.5킬로미터), 향봉-오실마을-우금티 근처(직선거리 약 5킬로미터 이상)의 들판과 골짜기 그리고 산자락에 포진하면서, 공주바깥산줄기를 포위한 채 충청감영을 노리고 있었다. 모두 40리가량(약 16킬로미터)의 포위망이다. 『남정록』에서도 "40리 산길"의 농민군 포위망을 말하고 있다. 이때 이인에도 농민군이 존재하고 있었다.

[부록, 표 2] 제1차 공주전투와 농민군의 40리 포위망([지도 1] 참고)

[사료 2]	
[사료 2-1], [사료 2-2]㉠, [사료 2-2]㉡, [사료 2-2]㉢, [사료 2-3], [사료 2-4]㉠, [사료 2-4]㉡, [사료 2-5]	
2-1	[사료 2-1] 『시문기』 "10월 24일… (동학교도가; 인용자 주) 효포(孝浦), 태봉(胎峯), 오곡(梧谷), 이인(利仁) 등지에 나누어 주둔하였다."[8] [정리] 10월 23일 이인전투 이후에 이인에 주둔하고 있는 농민군이 있다.

---

8 위의 책, 9쪽.

2-2	[사료 2-2] ㉠ 『공산초비기』 효포지전(孝浦之戰)〈그림 지도〉'에 나오는 "自板峙至柴花山二十里賊兵及旗幟相連"⁹은 효포 건너편 들판과 산줄기를 따라 늘티에서 시화산까지 '20리'에 걸쳐 가득 늘어선 농민군을 묘사하고 있다. ㉡ 『갑오동란록』 "효포에서 수월령(水越嶺, 늘티 또는 판치; 인용자 주)에 이르는 '10여 리'의 긴 골짜기에 산을 가득 채우고 들판을 가린 것은 모두가 동비(東匪)들이었는데,… 경군은 동비들과 하루(一日) 동안 전투를 벌였다."¹⁰ ㉢ 『선봉진일기』('통위영병'을 지휘하며 10월 25일 새벽부터 납교후봉(蠟橋後峯, 납교 마을 뒷봉우리)에 주둔하고 있던 선봉진 이규태의 기록) "통위진(統衞陣)의 건너편에 있는 적진은 모두 성원(聲援)하는 적이었다. 납교후봉의 앞과 효포봉의 방어하는 곳은 남북으로 연이은 서로의 거리가 '십 리' 정도이고 계속 이어져 끊어지지 않아 한 곳으로만 진격하지 못하였다."¹¹ [정리] 효포전투에 참전한 농민군들은 효포 인근뿐만 아니라 금강변(즉 납교후봉 앞)에서 늘티까지 약 8.5킬로 거리의 들판과 산기슭에 농민군들이 포진하고 있었다.
2-3	[사료 2-3] 『남정록』 "동도 수만 명이 사면으로 둘러싸고 엄습해서 지금 막 포위 중에 들었으니 성화같이 빨리 와서 구원하라'고 했다. 백낙완이 이런 급보를 듣고… ."¹² [정리] 납교후봉을 지키던 선봉진 이규태 부대(즉 통위영)가 금강가에서 옥녀봉전투를 치를 때 농민군 '수만 명'이 금강가에 있다.
2-4	[사료 2-4] ㉠ 『시문기』, 『공산초비기』 "10월 24일… (동학교도가; 인용자 주) 효포(孝浦), 태봉(胎峯), 오곡(梧谷), 이인(利仁) 등지에 나누어 주둔하였다."¹³ 위 사료에서 '태봉'에 주둔하고 있는 농민군은 위치로 볼 때 바로 우금티를 노리고 있다. 관군도 농민군의 이러한 포진에 대응하여 10월 24일 밤에 "홍운섭·구상조 부대의 군사를 나누어 우금티를 막아 지켰다."¹⁴ 또한 오곡(즉 오실 마을)에 주둔한 농민군도 있다. ㉡ 『공산초비기』 "10월 25일 효포전투에서 일본군이 1명이 부상당했는데, 금학동을 정찰하다가 유탄을 맞았다."¹⁵ 금학동에서 유탄을 맞았다고 하는 것은 오실 마을 산자락에서 농민군이 대치하고 있었다는 것이다. [정리] 10월 24일~25일 효포전투가 계속될 때, 농민군의 일부는 우금티와 오실 마을 쪽인 태봉·오곡에서 공주바깥산줄기를 따라 충청감영을 노리고 있었다.

---

9 「공산초비기」, 『국역총서』 9, 384쪽. '柴花山'은 지금도 효포 근처에 있다.
10 이철영, 「갑오동란록」, 『국역총서』 6, 73쪽. (璩準以其衆屯于孝浦, 孝浦與烽火臺上下相望之地也. 自孝浦至水越嶺十餘里, 長谷滿山蔽野皆是東匪, 而衣白如雪. 喊聲震地. 火藥煙炎蔽昏白日, 京軍與東匪一日接戰. 『사료총서』 9, 218쪽)
11 統衞陣越邊所在賊屯, 則俱是聲援之賊是乎所, 蠟橋後峯之前, 孝浦峯防守處, 相距南北橫亘里數, 爲數十里假量, 而連亘不斷, 則不可只從一處而進擊. (「선봉진일기」, 『동학란기록』 상, 230쪽, 밑줄은 인용자) '금강변에서 효포까지는 실제로 약 2.7킬로미터'인 것을 고려하여 밑줄 친 부분을 '십 리(十里)가량'으로 수정하였다.
12 「남정록」, 248~249쪽.

2-5	[사료 2-5] 『남정록』 효포전투 중인 10월 24일 『남정록』의 기록이다. "… 능티현에 올라갔다. 거기서 바라보니 40리 산길에 깃발과 창이 섞이여 사람 병풍이 쳐있는 듯 하고, 20리 넓은 들에 총과 칼이 빽빽하여 밀밭의 밀대 같았다."[16]
	[정리] 사료의 '20리 넓은 들의 농민군'은 백낙완이 능티에서 직접 목격한 효포-늘티 포위망이라면, '40리 산길의 농민군'은 정보로 취득한 사실을 포함한 효포(금강변)-향봉-우금티까지 포위망으로 볼 수 있다.

이상의 [사료 2]를 종합해 보면, 제1차 공주전투에서 농민군은 공주바깥산줄기를 따라 금강변-효포-향봉까지, 향봉에서 우금티 근처까지 40리 포위망을 형성하였다. 이때 향봉에서 늘티까지의 농민군 대열도 확인되고, 이인에도 농민군이 주둔하고 있었다.

3. 11월 8일 밤, 공주를 포위한 10만여 농민군

11월 8일 밤, 이인에는 수만 명의 북접 농민군이 진을 치고 있었고, 오실마을에도 수만 명, 효포 앞에도 수만 명, 향봉산 동남쪽에 농민군 약 2만 명이 확인된다. 송장배미 앞에도 농민군이 나타났다. '수만 명'을 각각 3만여명으로 본다면 10만여 명의 농민군이 공주를 포위한 것으로 추정할 수 있다.

---

13 「시문기」, 앞의 책, 9쪽.
14 乃分送洪具所領之兵, 距守牛金峙.(「공산초비기」, 『사료총서』 2, 425쪽)
15 「공산초비기」, 『국역총서』 9, 385쪽; 『주한일본공사관기록』 1, 209쪽.
16 「남정록」, 245쪽.

[사료 3]
[사료 3-1]㉠, [사료 3-1]㉡, [사료 3-1]㉢, [사료 3-2], [사료 3-3]㉠, [사료 3-3]㉡, [사료 3-4], [사료 3-5]

3-1	[사료 3-1] ㉠『순무선봉진등록』이인전투(11월 8일) 농민군 측 세력을 선봉진의 기록에서는 '몇만 명의 농민군(幾萬之匪類)'[17]이다. ㉡『남정록』이인전투(11월 8일)에 참전한 농민군은 '이십만 대군'이다.[18] ㉢『균암장임동호씨약력』'6~7만'의 북접 농민군이 11월 8일 이인전투에서 승리하고 산중에서 하룻밤을 자고 새벽에 공주 서쪽으로 진출하였다.[19]
	[정리] 11월 8일 이인전투에 참전한 '수만 명'의 농민군이 있다. 이들은 이인에서 하룻밤을 묵고, 다음 날 송장배미산자락전투에 참전했다.
3-2	[사료 3-2]『순무선봉진등록』,『선봉진일기』,『순무사정보첩』 "이인을 지키던 서산 군수 성하영이 공주감영을 지키던 선봉진에 구두로 보고 하기를 '비류 몇만 명(匪類幾萬名)'이 논산에서 직로(直路)로 고개를 넘어 (이인으로; 인용자 주) 왔고, 또 '몇만 명(幾萬名)'이 오실(梧室)의 산길을 따라 뒤를 끊고 포위하고 있다."[20]라고 했다.
	[정리] 11월 8일 오후, 오실 마을에 '몇만 명'의 농민군이 나타났다.
3-3	[사료 3-3] ㉠『선봉진일기』"초8일 미시(오후 1시~3시)경에 판치에 주둔한 경리청 참영관 구상조가 구두로 전한 급보에 의하면, '당일 미시 경에 '비도 몇만 명(匪徒幾萬名)'이 경천점에서 곧바로 올라오고 혹은 노성현(魯城縣)의 뒷산에서부터 산으로 올라와서 포위하니,… 우리의 병력으로는 막아내기가 어렵기 때문에 우선 효포·웅치 등지의 요새라 할 수 있는 높은 봉우리에 나아가 진을 치고 특별히 지키고 멀리서 조망하도록 명령하였습니다.'고 합니다."[21] ㉡『선봉진상순무사서부잡기』"이번 7일에 영감의 지시를 받들어 참령관(參領官) 구상조(具相祖)… 2개 소대를 인솔하여 판치(板峙)에 주둔해서 지켰는데, 8일 묘시(오전 5시~7시)쯤에 경천(敬川) 수월리(水越里) 등지에서 적들이 산과 들에 가득하여 사방을 에워싸고 오기에 형세가 매우 급박해서 능치(陵峙)로 물러나 주둔하였더니, 적이 마침내 잠깐 사이에 이르러 높은 봉우리를 바라보며 진을 치고 지키는 자가 '거의 수만 명(洽爲數萬衆)'이 되었고, 작은 산등성이를 사이에 두고 모여서 엿보는 자도 300~400명이 되었습니다."[22]
	[정리] 11월 8일 오후, 효포 앞에서 관군과 '수만 명의 농민군'이 대치했다.

17 「순무선봉진등록」,『국역총서』2, 153쪽.(『동학란기록』상, 487쪽)

18 「남정록」, 252쪽.

19 「균암장임동호씨약력」, 117쪽.

20 「순무선봉진등록」,『국역총서』2, 153쪽(『동학란기록』상, 486쪽);「선봉진일기」,『국역총서』 1, 271쪽(『동학란기록』상, 235쪽);「순무사정보첩」,『국역총서』1, 339쪽(『사료총서』16, 326쪽).

21 「선봉진일기」,『국역총서』1, 270~271쪽.(『동학란기록』상, 235쪽)

22 「선봉진상순무사서부잡기」,『국역총서』8, 340쪽.(『사료총서』16, 292쪽)

3-4	[사료 3-4] 『주한일본공사관기록』 1 (공주전투에 참전한 모리오 대위의 11월 8일 밤의 기록) "4. 향봉(香峰)에 이르러 적의 정세를 정찰했더니, 적은 향봉산(香峰山) 위로부터 약 1,400미터 떨어진 산 위 일대에 적도가 모여 있었다."(약 2만 명)[23]
	[정리] 11월 8일 밤, 향봉산 동남쪽에 '약 2만 명의 농민군'이 있었다.
3-5	[사료 3-5] 『공산초비기』 11월 8일 밤, 공주영장 이기동이 두리봉에 주둔하였다.[24]
	[정리] 공주영장 이기동 부대의 두리봉 주둔은 농민군이 송장배미 산자락 및 두리봉 앞으로 나타나기 시작한 것에 대한 대처이다.

4. 11월 9일, 농민군의 40리 포위망

11월 9일 공주전투는 다음 [사료 4-1]의 ㉠, ㉡, ㉢, ㉣을 종합하면, 공주바깥산줄기의 조일진압군의 방어선을 따라 골짜기와 건너편 산 위로 40~50리에 걸쳐 사람들이 "병풍을 친 것처럼", "삼면을 둘러싸고" 진을 치고 있었다.[25] 그렇다면 그 인원은 얼마 정도로 볼 수 있을까?

11월 9일의 공주전투는 4곳의 각각 다른 장소, 즉 우금티, 송장배미 산자락, 오실마을 산자락, 효포에서 동시에 이루어진 전투였다. 그중에서 농민군 인원을 추산할 수 있는 전투는 [사료 4-2], [사료 4-3]에 의하면, 우금티와 오실마을 산자락에서 각각 1만여 명씩 모두 2만여 명이 확인된다. 그러면 나머지 송장배미 산자락과 효포에 모인 농민군은 얼마나 될까? 송장배미 산자

---

23 『주한일본공사관기록』 1, 247쪽.
24 「공산초비기」, 『국역총서』 9, 388쪽.
25 공주바깥산줄기 농민군 포위망을 지도에서 직선거리로 확인해 보면 개략 14킬로 이상이고((지도 7) 참고), 구불구불한 실제 거리는 40리 이상으로 볼 수 있다.

락전투에 참전한 농민군은 북접 농민군의 기본 대오인 6~7만 명으로 추산된다. 효포전투에 모인 농민군은 사료가 없어 추산할 수 없다. 따라서 11월 9일, 공주전투에 모인 남접과 북접 농민군 그리고 지역 농민군의 기본 인원은 10만여 명 정도로 추정된다. 이들이 공주바깥산줄기를 포위하고 죽음을 무릅쓰고 조일진압군에게 달려들어 경군으로 하여금 "뼈가 떨리고 가슴을 서늘하게"(骨戰心寒)[26] 한 것이다.

[부록, 표 4] 11월 9일, 농민군의 40리 포위망([지도 16] 참고)

[사료 4]
[사료 4-1]㉠, [사료 4-1]㉡, [사료 4-1]㉢, [사료 4-1]㉣, [사료 4-2]㉠, [사료 4-2]㉡, [사료 4-3], [사료 4-4]㉠, [사료 4-4]㉡, [사료 4-5]

4-1	[사료 4-1] ㉠ 『갑오군정실기』 "밤새 적병이 '삼면'을 포위하였다."[27] ㉡ 『공산초비기』 "적병이 '삼면'을 빙 둘러 에워쌌다. 수미(首尾)가 '삼십 리'가량 되었다."[28] ㉢ 『선봉진일기』, 『순무선봉진등록』, 『순무사정보첩』, 『갑오군정실기』 "아! 저 비류 몇만 명의 무리가 '40~50리'에 걸쳐 포위하여 길이 있으면 서로 빼앗고, 높은 봉우리가 있으면 다투어 점거하고… ."[29] ㉣ 『순무선봉진등록』 "이튿날 초9일 아침에 적의 형세를 자세히 탐색해 보니 각 진영이 서로 바라다 보이는 곳에 여러 깃발을 어지럽게 꽂아 놓고 동쪽으로는 판치 뒷 봉우리로부터 서쪽으로는 '봉황산(鳳凰山)의 뒷 기슭'에 이르기까지 연이어 '30~40리'를 산 위에 진을 펼쳐 마치 사람들이 병풍을 친 것처럼 둘러 있는데… . 금학·웅치·효포 건너 봉우리에 있는 비도(匪徒)가 10리쯤 되는 곳에 서로 바라다보이는 높은 봉우리에 죽 늘어서 머물고 때로는 고함을 지르고… ."[30] [정리] 11월 9일, 농민군이 금강을 제외한 공주바깥산줄기 삼면을 포위하였다.

26 「순무선봉진등록」, 『동학란기록』 상, 489쪽.
27 經夜賊兵周迊三面. 「갑오군정실기」 4·5·6(영인본), 110쪽.
28 賊兵環繞三面, 首尾可三十里如. 「공산초비기」, 『사료총서』 2, 430쪽.(『국역총서』 9, 388쪽) 공주바깥산줄기의 포위망의 거리는 대체로 40리 이상으로 기록되어 있다.
29 「선봉진일기」, 『국역총서』 1, 274쪽(『동학란기록』 상, 237~238쪽); 「순무선봉진등록」, 『동학란기록』 상, 489쪽; 「순무사정보첩」, 『사료총서』 16, 328쪽; 「갑오군정실기」 4·5·6(영인본), 117쪽.
30 「순무선봉진등록」, 『국역총서』 2, 154쪽.

4-2	[사료 4-2] ㉠ 『주한일본공사관기록』 1 "5일(음력 11월 9일; 인용자 주) 오전 10시, 이인 가도(街道)와 우금티산(牛禁峙山) 사이 약 10리에 걸친 곳에 적도(賊徒)가 대략 '1만여 명'이 나타나 우리의 오른쪽 서편을 향해 돌격해 왔는데, 그 기세가 맹렬하였다."[31] ㉡ 『전봉준공초』 "10,000여 명의 군병(軍兵)을 점고(点考)한즉 남은 자가 불과 3,000여 명이요, 그 뒤 또 두 차례 접전한 뒤 점고(点考)한즉 불과 500여 명인 까닭에 패주(敗走)하여… ."[32]
	[정리] 우금티전투. 11월 9일 전투에서 고개 우금티를 공격한 농민군은 모리오 대위의 공주전투 기록이나 전봉준의 진술로 보아 최소 1만여 명이다.
4-3	[사료 4-3] 『주한일본공사관기록』 1 "삼화산(三花山)의 적(약 1만여 명)도 '오실 뒷산(梧實後山)'을 향해 전진(前進)해 왔는데, 그 정세가 매우 급하였다."[33]
	[정리] 오실산자락전투. 11월 9일 오전 10시, 오실 마을 산자락으로 농민군 1만여 명이 공격해 들어왔다.
4-4	[사료 4-4] ㉠ 『균암장임동호씨약력』 송장배미산자락전투에 참전한 농민군은 북접 농민군으로 기본 대오는 '6~7만 명'이다.[34] ㉡ 『동학도종역사』 (송장배미산자락전투) "마침내 봉황산에 이르러… 양쪽 군대가 육박전을 벌이며 피나는 싸움을 10여 차례 했고… ."[35]
	[정리] 11월 9일 송장배미산자락전투는 북접 농민군이 주도하였고, 기본 대오는 6~7만 명이다.
4-5	[사료 4-5] 『순무선봉진등록』 "경리청 대관 조병완·이상덕, 참모관(參謀官) 황승억 등은 웅치의 최고봉을 방어하고 있다가 백여 명의 병사를 이끌고 지나가는 길의 왼쪽부터 돌격하여 힘을 합하여 섬멸하면서 10리쯤에 이르렀습니다."[36]
	[정리] 효포전투. 11월 9일 효포에서 대치가 있었고 관군의 반격으로 많은 농민군이 희생되었다.

---

31 『주한일본공사관기록』 1, 247쪽.

32 「전봉준공초」, 『국역총서』 12, 16쪽.

33 『주한일본공사관기록』 1, 247쪽.

34 「균암장임동호씨약력」, 117쪽.

35 「동학도종역사」, 『국역총서』 11, 126쪽.(『사료총서』 29, 325~326쪽)

36 「순무선봉진등록」, 앞의 책, 155~156쪽.

동학농민혁명 공주전투 관련 일지

* 음력 기준 표기(양력은 '양'으로 표시)

* 『동학농민혁명 국역총서』는 『국총』으로 표기

『동학농민혁명 신국역총서』는 『신국총』으로 표기

『東學農民戰爭史料叢書』는 『사총』으로 표기

1894년 공주

◆1894년. 호서(湖西)의 경우 최명기(崔明基)·강채서(姜采西)·박화춘(朴和春)이 유성(儒城)에서 일어나 남의 무덤을 파고 남의 재화를 빼앗았다.(「약사」, 『국총』 6, 57쪽)

◆3월 14일~16일. 접주 임기준이 이끄는 동학교도 700여 명이 공주 대교에 모여, 3월 15일에 열린 대교의 유회(儒會)를 해산시키고 3월 16일 해산하였다.

◆3월 14일. 대교에 동학당 수백 명이 서로 불러 모였다.(「약사」, 『국총』 6, 27쪽)

◆3월 15일. 대교에서 향약(鄕約)을 행했다.(「약사」, 『국총』 6, 27쪽)

◆3월 16일. 대교의 정계(淨溪)에서 동도가 해산했는데 모두 700명이었다.(「약사」, 『국총』 6, 27쪽)

◆3월. 임기준은 궁원에서 일어났다. 3월에 대교에 진입하여 유회와 향약을 파괴하였다.(「약사」, 『국총』 6, 57~58쪽(任基準 起于弓院 三月入大橋 破儒會鄕約. 『사총』 2, 235쪽))

1894년 전국

◆1월 10일. 전라도 고부에서 고부군수 조병갑의 폭정에 항거하여 농민봉기가 일어남

◆2월 2일. "밤이 되자 덕산(德山)에 살 만한 계집종이 있다는 말을 듣고, 김윤경이 안성현 등을 데리고 덕산으로 가서 사왔다. 계집종의 이름은 순녀(順女)이고 가격은 600냥이었다. 이틀 뒤 새로 산 계집종이 도망갔다."(「면양행견일기」, 『국총』 10, 87~88쪽)

◆2월 8일. 서산에서 30세 청년 홍종식이 동학에 입도했다. 그후 마치 봄잔디에 불붙듯 포덕(布德)이 어찌도 잘되는지 불과 한두 달 내에 서산 일군이 거의 동학화가 되었다.(홍종식, 「70년 사상의 최대활극 동학란 실화」)

◆3월 12일. 동학교도 수천 명이 짧은 몽둥이를 들고 흰 두건을 머리에 쓰고서 금산군에 모여들어 구실아치들의 집을 불태웠다.(『오하기문』(번역본), 75쪽)

◆3월 11일~3월 29일. 동도(東徒)가 황간·영동·청산·보은·옥천 등지에서 크게 일어났다.(『백석서독(白石書牘)』, 『국총』 10, 357, 358, 359쪽)

◆3월 19일. 호서 좌도(湖西左道)에 동학과 서학이 크게 번성하여 무리를 모아 세력을 믿고 폐단을 많이 저질렀다. 저명한 사대부가 중에 욕을 보지 않은 집이 없었다. 이 지방은 평소에 동학(東學) 명색이 없었는데, 요즈음 들어 점점 전파되고 있다.(「면양행견일기」, 『국총』 10, 98쪽)

◆3월 21일. 전라도 무장에서 전봉준, 손화중 등이 이끄는 동학농민군 4천여 명 봉기

◆3월 21일. 서천에서 접주 김시형이 유생 최덕기에게 동학 입도를 권함(「갑오기사」, 『국총』 6, 77쪽)

◆3월 29일. 남원 유생 김재홍이 소문을 듣기를, 공주에 동학교도 수천 명이 모였다.(『영상일기』, 『국총』 5, 23쪽.(又聞 東賊會于公州 其徒亦數千. 『사총』 2,280쪽))

◆3월 25일경. 백산결진. 백산격문(『동학사』, 『동학사 상자료집』 2, 468쪽), 4대명의(『대한계년사』, 『사총』 4, 363쪽) 발표

◆3월 26일. 덕산(德山)군수가 합덕(合德) 민사(民事)를 감영에 보고할 때 난민(亂民)이라 지칭한 일로 합덕 사람 수백 명이 관정으로 쳐들어가 따지며 쫓아 내려고 하자, 덕산군수가 몸을 낮추어 변명하여 겨우 면했다고 한다. 마침 김일관(金日觀)이 관아 안에 있다가 붙잡혀 구타를 당하였다고 한다.(『면양행견일기』, 『국총』 10, 100쪽)

◆3월 29일. 좌도(左道, 충청도 내륙지방)는 동학(東學)의 폐해가 날로 심해진다.(『면양행견일기』, 『국총』 10, 100쪽)

◆4월 2일. 금산의 행상 우두머리인 김치홍·임한석 등이 상인과 고을 백성 천여 명을 인솔하여 진산 방축점에 있는 동학교도를 공격하여 114명을 베어 죽였다.(『수록』, 『국총』 3, 18쪽; 『오하기문』(번역본), 78쪽)

◆4월 3일. 동학이 크게 일어나서 종종 무리를 모아 사대부에게 못된 짓을 하고 욕을 보였다.(『남유수록』, 『국총』 4, 180쪽. 부여유생 이복영)

◆4월 4일. 청주성 밖에 동학교도 3천 명이 성 밖에 주둔하고 있는데 그 수가 늘어나고 있다.(『주한일본공사관기록』, 1, 3쪽)

◆4월 6일. 최시형의 '청산 소사전 기포'. 최시형이 통문을 보내 "호남에서 모두 죽는 것을 앉아서 기다릴 수가 없으니 6일에 청산(靑山)의 소사전(小蛇田)에서 모이자"라고 하였고, 4월 8일에는 회덕의 군기를 빼앗았다.(『동비토록』, 『국총』 3, 97, 98쪽; 「양호전기」, 『국총』 1, 190, 191쪽; 『주한일본공사관기록』, 1, 7쪽)

◆4월 6일. 양호초토사 홍계훈이 중앙 관군 3대(隊)의 부대를 인솔하여 4월 4일 인천항에서 출발하여 4월 6일 군산을 거쳐 전주에 도착했다.(『주한일본공사관기록』, 1, 11~12쪽; 『갑오실기』, 『국총』 9, 7쪽)

◆4월 7일. 충청도의 동학교도들이 진잠·연산·옥천·공주 이인역 등지에서 각 5,000~6,000명씩 일당(一黨)들을 모아서 주둔하고 있다. 공주 이인역에서

◆4월 7일. 동학교도들이 회인현에서 현감을 잡아 가두고 군기(軍器)와 전량(錢糧)을 탈취하였다.(『동학농민전쟁관계자료집』 I, 62쪽; 『주한일본공사관기록』, 1, 5쪽)

부상(負商)들도 동학교도에 대항하여 무리를 모아 5,000명이 모였다.(『동학농민전쟁관계자료집』I, 63쪽; 『주한일본공사관기록』1, 5쪽)

◆4월 7일. 청산에 집결한 수천 명의 도인들은 공주로 진출하였고, 계룡산 및 진잠·회덕·괴산·연풍 등지를 습격하여 관아와 토호들을 약탈하였다.(『저상일일(渚上日月)』, 167쪽)

◆4월 7일. 황토현 전투에서 동학농민군이 전라감영군에게 승리함

◆4월 8일. 회덕의 관아를 점거한 수천 명 농민군들은 총과 창을 들고 회덕의 사오(沙塢)와 문지리(文旨里)에 주둔하였다.(『주한일본공사관기록』1, 6쪽)

◆4월 9일. 호서(湖西)의 경우 동도(東徒)가 사대부를 능욕하고 가옥을 때려 부수어 어떤 사람은 배상(賠償)를 지급하고 모면하기까지 하였다. 감사가 각 읍에 병력을 동원하여 성을 지키도록 명하였다. 또 부보상(負褓商)을 징발하여 전선(電線)을 지키고 적정(賊情)을 정찰하게 하였다. 또 각 읍에 향약(鄕約)을 시행하고 무리를 모아 방어하도록 하였다고 한다. 어제는 동도(東徒) 100여 명이 원평(元坪)의 민가에 와서 묵고 오늘은 개심사(開心寺)로 향한다고 하였다. 아침에 일어나 보니, 동도(東徒)가 개심사로 가는 행렬이 끊임없이 이어졌다.… 내포(內浦)는 동학(東學)이 가장 적었는데, 지금은 넘쳐나서 날로 맹렬하고 달로 왕성해지고 있다.(『면양행견일기』, 『국총』10, 103~104쪽)

◆4월 11일. 충청도 정산 출신 김영배(金永培)가 전주에서 효수되었다. 나주에서 19명, 무장에서 9명의 동학농민군이 체포되었다. 이때 체포된 김영배(金永培)는 원래 충청도 정산(定山) 차현(車峴)에 사는 사람으로 2월경 서울에서 내려와 양성(陽城) 소사평(素沙坪)에 도착, 그곳의 동학농민군들과 10여 일 머무르다가 이어 금구 원평 무리로 갔고 그후 무리를 불러 모으는 사통을 가지고 충청도로 가던 중 전주 독교가(獨橋街)에서 진영(鎭營)의 포교에게 체포되었다.(『양호초토등록』, 『국총』1, 108~109쪽; 『양호전기』, 『국총』1, 196쪽)

◆4월 12일. 금산민(錦山民)이 보상(褓商) 5백~6백 명과 함께 동당(東黨)을 공격하여 10여 명을 살상하고 동당의 나머지는 모두 패하여 흩어졌다.(『면양행견일기』, 『국총』10, 104쪽)

◆4월 13일. 동학교도 3,000명 또는 그 이상이 옥

◆4월 19일. 호서(湖西)의 경우는 회덕(懷德)에서 군기(軍器)를 빼앗겼다가 관에서 탈환하자 저들 무리 가운데서 귀화하거나 흩어져 달아난 사람이 1,000여 명이나 되었다. 조정에서 이를 가상히 여겨 윤음(綸音)을 내려 포상하였다. 그러나 진잠(鎭岑), 공주(公州), 청산(靑山) 등지에서는 한결같이 숫자가 불어나 날로 저들의 기세가 드세어졌다. (「면양행견일기」, 『국총』 10, 107쪽)

천·회덕·진잠·문의·청산·보은·목천읍 등에 주둔하고 있다.(『주한일본공사관기록』 1, 12쪽)

◆4월 중순경. 경상도 서부인 김산·지례·거창 등에서 불온한 싹이 트기 시작하여 충청·전라 양도와 접경한 각 지방에 동학당류가 많고 선산·상주·유곡(幽谷, 문경에 있는 역) 등은 동학당의 소굴이다. 평소 동학당의 소굴인 상주에서는 충청도 동학당을 응원하기 위해 간 사람도 적지 않았다.(『주한일본공사관기록』 1, 69쪽)

◆4월 18일. 충청도 괴산과 연풍 등지를 동학교도가 포위하였으며, 회덕과 노성 등지를 유린하였다. 그들은 토호들을 몽둥이로 두들겨 다리를 부러뜨렸으며 심지어 뼈를 깎고 거세까지 하는 만행을 저질렀다고 한다.(『저상일월』, 167쪽)

◆4월 19일. 난민이 점거했거나 또는 횡행했던 시읍은 전라도에서는 고부·태인·부안·금구·정읍·고창·무장·나주·함평·무안·영광 등의 각 읍, 충청도에서는 회덕·진잠·청산·보은·옥천·문의 등의 각 읍이었던 바, 전라·충청 양도의 거의 3분의 1에 걸쳐 있다.(『주한일본공사관기록』 1, 47쪽. 임시대리공사 杉村濬의 보고)

◆4월 19일. 영남 김해(金海)에서 민요(民擾)가 일어나 관부(官府)를 범하고 부사(府使) 조준구(趙駿九)를 포박하여 그가 민을 해치고 괴롭힌 죄상을 열거하며 난타하고 문초한 후 그의 인부(印符)를 빼앗고 고을 경계 밖으로 축출하였다.(「면양행견일기」, 『국총』 10, 107쪽)

◆4월 21일. 청산에 있는 동학교도들은 무장으로 문장(文狀)을 보내기를, "지금 황해도와 평안도의 회답을 받아보니 5월 그믐날에 접응을 한다고 하므로, 동남제부(東南諸部)에 서한을 보냈습니다." … 충청도에 있는 동학교도들도 무리를 지어 호남지방으로 많이 내려가 합세하고 있다.(『주한일본공사관기록』 1, 24쪽. 임시대리공사 杉村濬의 보고)

◆4월 21일. 충청도 동학교도(匪類)가 그 무리를 불러 모아서 호중(湖中)의 많은 사대부가 곤욕을 당했다.(「영상일기」, 『국총』 5, 26쪽)

◆4월 23일. 장성 황룡촌 전투

◆4월 29일. 충청감사 진보에 "공주 이하는 국가 소유가 아니다."(『주한일본공사관기록』 1, 33쪽)

◆5월. 공주에서 "동학이 접(接)을 수십여 곳에 설치하여 대접(大接)은 천여 명이고 소접(小接) 역시 3, 4백여 명 이하로 내려가지 않았다."(「시문기」, 『국총』 6, 6쪽)

◆6월 14일. 4월 25일 충청감사로 임명받은 이헌영이 건청궁에서 왕에게 하직인사를 함. 왕이 "호서는 경기를 방어하는 삼남의 요충지이다. 경은 임지로 가라. 가서 관찰사의 책무를 열심히 하라.… 청국 병사들이 아산 등 여러 곳에 진을 쳐서, 이 더위를 만나 몸을 상한 사람과 말들이 많다고 한다. 매우 우려되는데, 비류(匪類)들은 아직도 두려워 그칠 줄을 모르고 수시로 모였다가 흩어졌다 한다고 하니…." 이헌영이 아뢰기를, "이른바 비류들은 작년 봄에 보은에서 난을 겪은 이후부터, 남은 무리들이 아직까지도 모였다가 흩어지는 것을 수시로 하고 있습니다. 호서는 비록 호남처럼 창궐하지는 않았으나, 회덕, 진잠 등의 고을은 침학당하는 것을 면하지 못하였습니다."(「금번집략」, 『국총』 4, 4~6쪽)

◆6월 22일경. 동학당이 황산(黃山, 현재

◆4월 27일~5월 7일(11일간). 농민군 전주성 점거 (「동비토록」, 『국총』 3, 123, 139쪽; 「남유수록」, 『국총』 4, 194쪽; 『개벽의 꿈』, 353쪽)

◆4월 27일. 지난번 동학 괴수 백홍석(白弘錫)을 살해했는데, 동학교도 수만 명이 진주로 들어와 큰 소란을 일으킨다.(『주한일본공사관기록』 1, 33쪽. 경상감사의 보고)

◆4월 29일. 청산현에 수전 명의 동학교도가 결집하였다.(「영상일기」, 『국총』 5, 134쪽)

◆4월 30일(양.6.3.). 조선 정부가 청에 농민군에 대한 "파병 진압 요청"(『청일전쟁』(후지무라 미치오), 83쪽; 『청일전쟁, 국민의 탄생』, 79쪽; 「이홍장전집」, 『신국총』 9, 109~110쪽)

◆5월 2일(양.6.5.). 일본 정부가 전시 대본영 조례에 근거하여 대본영을 참모본부 내에 개설(『청일전쟁』, 83쪽; 『청일전쟁, 국민의 탄생』, 79쪽)

◆5월 5일. 청군 아산만 도착. 5월 6일 일본군 인천 도착. 이후 청은 5월 22일까지 약 2,800명이 아산으로 진출했고, 일본은 5월 말까지 8천여 명의 병력이 서울로 진출(『청일전쟁과 조선』(박종근), 13쪽; 『주한일본공사관기록』 1, 73쪽; 『개벽의 꿈』, 643쪽)

◆6월 21일. 일본군의 조선 왕궁(경복궁) 점령

논산읍 강경리 황산읍; 인용자 주)에서 경성을 공격하여 일본인과 맞붙기 위해 재봉기하여, 일본 상인들과 부민들을 대상으로 군수품 강제모집활동을 하였는데, 이때 동학당의 근거지는 충청도 공주로서 만사를 지휘하고 있다.(『주한일본공사관기록』, 3, 236~241쪽)

◆7월 초. 충청감사 이헌영이 이인민회소(이인취회소, 이인도회소)에 4차례에 걸쳐 해산을 종용하는 전령을 내렸는데, 동학교도들은 "위국안민(爲國安民)을 앞세우고 마을을 마음대로 다니며 돈과

◆6월 23일(양.7.25.). 풍도 해전과 청일전쟁 발발
◆6월 23일경. 일주일 안에 고부·부안·무장·김제 등지에서 농민군이 다시 봉기할 것이라는 소문이 돌았다. 이들의 거괴(巨魁)들은 6월 8, 9일경에 모의하여 6월 16일 김제에서 대회를 가지기로 결정하였던 것이며, 일본이 대병(大兵)을 일으켜 우리나라를 집어삼키려 하므로 나라를 생각하는 자라면 모두 무기를 들고 일어나 막아야 한다며 사방의 사부(士夫)도 동참할 것을 촉구하였다고 한다.(『東京日日新聞』 1894년 8월 5일(『사총』, 22, 509쪽))
◆6월 28일. 서울 좌포도청에서 서장옥 석방(6월 22일 많은 사람들이 석방되었으나, 서장옥은 신시쯤 좌포도청으로 옮겨 수감되어 사경에 이르렀고, 28일 신시에 방면) (『주한일본공사관기록』, 8, 54쪽)
◆6월 28일경. 남원의 동학농민군들이 "궁중의 일을 물을 겨를조차 없으므로 우리가 먼저 일어나 일병을 막아내야 한다."(『東京日日新聞』 1894년 8월 5일 (『청일전쟁과 조선』, 213쪽))
◆6월 29일. 전라도 무장의 동학농민군 5백~6백 명이 일본병이 장차 이를 것이라면서 성중에 난입, 무기를 탈취(『동학농민혁명사 일지』, 103쪽)
◆6월 29일. 전라도 장성의 동학농민군 5백~6백 명은 일본병이 장차 이를 것이라면서 성중에 난입, 무기를 탈취(정창렬, 「갑오농민전쟁연구」, 241쪽)
◆6월 29일. 전라도 성당 도인 20여 명이 충청도 임천으로 위국안민(爲國安民)의 명분으로 쳐들어와 총·마필·곡물·돈을 압류(『금번집략』, 『국총』 4, 23쪽)
◆6월~7월. (경상도 예천)동학의 세력이 크게 성행하여 "마을을 횡횡하면서 포덕이라 일컫고 입도를 시키는데 합류한 사람이 하루에 수천 명… 접소(接所)가 없는 곳이 없고… 대접은 만여 명, 소접은 수십, 수백 명이 되었다." (『갑오척사록』, 『국총』 3, 262쪽)
◆7월 1일. (부여)읍(邑)마다 당(黨)이 있고, 촌(村)마다 도(徒)가 있었으며 하루에 오는 것이 3~4번 아래로 내려가지 않았다. 금구접(金溝接), 김제접(金堤接), 옥구접(沃溝接)이라고 하고 서로 접장(接長)으로 불렀다. 거기에 속한 사람들은 도인(道人)이라고 불렀고, 그 무리에 들어가지 않은 자는 속인(俗人)이라고 불

곡물을 빼앗는다."(「금번집략」, 『국총』 4, 38~39, 42~43쪽)

◆7월 3일. 동학교도들이 이인역에 모여서 집회(「금번집략」, 『국총』 4, 9쪽)

◆7월 5일. 이인 반송(盤松)의 동학접(東學接)이 양반 이단석에게 외국 침략으로 병사를 일으켜 토평(討平)하기 위한 군수품을 요구. 7월 6일 이단석이 반송으로 가서 반송접주 김필수를 만나고, 아들 이긍석은 이인 대접주 임기준을 만남(「시문기」, 『국총』 6, 6~8쪽)

◆7월 6일. 동학교도가 자주 부여 중리를 침입하여 민참의가 이인도회소(利仁都會所)에 가서 소 1마리와 돈 100금을 내주었다.(「남유수록」, 『국총』 4, 236쪽)

◆7월 6일~10일. 동학무리(東學輩)가 대교에 무리를 불러 모았다.(「약사」, 『국총』 6, 37쪽)

◆7월 7일. 공주목 판관 신욱의 보고, "공주의 대교, 공수원, 반송 등지에 동학무리 10명 혹은 100명 정도가 무리를 이루었는데 모이는 것이 일정치 않으며, 압류한 돈과 곡물의 정황은 헤아릴 수 없다."(「금번집략」, 『국총』 4, 23쪽)

◆7월 8일. 동학무리가 와서 장전(長田,

렀다.(「남유수록」, 『국총』 4, 235쪽)

◆7월 2일. 보은 사각면(思角面) 고승리(高升里) 천변에 수백여 명이 모였다고 하여 효유하러 간 보은군수 정인량(鄭寅亮)에게 동학교도들이 창의두령(倡義頭領)이 되어주기를 강요하여 녹명기(錄名記)에 군수와 이방을 이름을 넣어 "사유창의(士儒倡義)하는 자는 도약장(都約長) 보은군수 정인량, 약장 임규호(任圭鎬)·황하일(黃河一)·이관영(李觀榮)·김재현(金在顯), 이방 이상준(李商準)"이라고 기록하였다.(「금번집략」, 『국총』 4, 25~26쪽)

◆7월 4일. 전라도 함열 웅포의 300여 동학교도가 강경 시장에 들어와 부민(富民)의 금곡(金穀)을 약탈하여 약간을 빈민에게 급여하고 또 도총류(刀銃類)를 수색하여 가지고 갔다. 다음으로 황산(강경 근처)으로 가서 같은 활동을 한 뒤 북쪽을 향하여 갔다.(『주한일본공사관기록』 3, 239쪽)

◆7월 5일. (부여)"며칠 전부터 동학교도가 자주 동네에 들어 부유한 집에서 말·총·창·칼·돈·왜산 등을 빼앗았다. 원한을 가지면 눈을 흘겨보고 반드시 보복하였다. 비록 노예라고 하더라도 동도(東徒)에 들어오면 반드시 존대하여 감히 이름을 함부로 부르지 않았다. 상하의 구분과 귀천의 분별이 없어 옛날에는 없던 것이었다."(「남유수록」, 『국총』 4, 236쪽)

◆7월 6일. 연산현감 이병제의 보고, "7월 초6일에 동학무리 20여 명이 각각 총과 창을 지니고 쏘면서 돌입하여 총 4자루, 돈 30냥, 백성의 말 3필을 빼앗아 갔으며, 초7일 미시 무렵에 100여 명이 또 갑자기 들이닥쳐 돈 100냥을 토색해 갔고, 초8일에는 10여 명이 총을 쏘면서 들어와서 읍의 말 1필을 빼앗아 가서 읍과 마을에서 폐단을 저지르고 민정을 시끄럽게 하였습니다."(「금번집략」, 『국총』 4, 27쪽)

◆7월 7일. 홍주 관아에서 밤새 동학 주문 외는 소리를 들었고, 이교(吏校)와 노령(奴令)도 감염되지 않는 이가 없었다.(「홍양기사」, 『국총』 4, 58~59쪽)

대교 근처) 유생 이용규에게 엽전 400냥을 강제로 빼앗았다.(『약사』, 『국총』 6, 38쪽)

◆7월 9일. "이인역(利仁驛)에 동학교도가 매우 많이 모였다고 합니다. 협판내무부사(協辦內務府事) 정경원(鄭敬源)을 호서선무사(湖西宣撫使)로 차하하여 당일로 내려 보내고,…."(『나암수록』, 『국총』 6, 445쪽)(7월 17일 호서선무사 정경원을 삼남선무사(三南宣撫使)로 겸차(兼差)하여 임명(『일성록』))

◆7월 12일. 홍주목사 이승우가 공주감영에서 홍주로 돌아오던 중, 공주 동천점(銅川店)에 이르렀는데, 동학교도에게 말 3필을 빼앗겼다. 산의 중턱에 병풍과 장막을 친 6~7명의 두령과 수십 명의 동학교도들은 '보국안민(輔國安民)과 척화거의(斥和擧義)의 대의'를 이야기하였는데, 이들 동학교도들을 설득하여 말을 되찾아 홍주로 왔다.(『홍양기사』, 『국총』 4, 60쪽)

◆7월 20일. 선무사 정경원이 공주에 도착하여 여러 고을에 관문을 보냈고, 감사 박제순과 상의하여 최시형에게 동학교도 중에서 집강의 직임을 주어 그들을 살피게 하였다.(『홍양기사』, 『국총』 4, 66~67쪽)

◆7월 15일. 서천에서 도인 1만여 명이 도회를 열어 김찬여를 죽였다.(『갑오기사』, 『국총』 6, 98쪽)

◆7월 19일. 이때 삼남의 동학교도가 곳곳에서 세력을 확장시켜 나아갔고, 경기 인근 지역에도 창궐하지 않은 곳이 없었다. 그 우두머리는 호남의 전녹두(全綠豆), 보은의 최법헌(崔法軒), 단양의 강화산(姜華山), 충주(忠州)의 성두한(成斗漢)이다.… 사대부와 평민, 천민들까지 모두 휩쓸리듯이 동학을 추종하니, 성읍의 여염집을 막론하고 서로 이어져 포접(包接)을 만들었다. 대접은 3백 인으로 구성되고, 소접은 60~70인으로 구성되었다.… 하루 내에 온 경내에 만들어진 포접이 셀 수 없을 정도였다.(『나암수록』, 『국총』 6, 446쪽)

◆7월 20일. "신정부에서 선무사로 학무협판(學務協辦) 겸 의원(議員)인 정경원을 충청도에 파견했을 때 대원군은 전 정부 때부터 수감되어 있던 동학교도 2명을 석방하고 이들에게 관직을 주어서 동학당 설유(說諭)를 위해 정선무사에게 부속시켰던 바, 요사이 들리는 말에 의하면 그 두 사람은 오히려 동학교도를 선동해서 경성으로 향하도록 계획을 꾸미고 있는 것 같다."고 전해 들었다.(『주한일본공사관기록』 5, 47쪽. 발신자 특명전권공사 大鳥圭介)

◆7월 23일. 조선 정부의 허락없이 불법적으로 7월 중순 완공한 경부선로 일본군 군용 전선은 7월 23일부터 8월 29일까지 10차례 절단됨(『주한일본공사관기록』 2, 55~56, 61쪽)

◆7월 23일. 충청도 동학이 불과 같이 날로 번창함
(「면양행견일기」, 『국총』 10, 149쪽)

◆7월 24일. 동비(東匪)가 초경(初更) 쯤에 총을 쏘고 나팔을 불며 대교로 들어와 주둔하며 폐해를 끼쳤는데 인근에 폐해가 이르지 않은 곳이 없었다.(「약사」, 『국총』 6, 39쪽)

◆7월 25일. 동비(東匪)가 와서 장전(長田) 유생 이용규에게 쌀 5섬(石)을 요구해서 할 수 없이 1섬을 줄 수밖에 없었는데, 대교포(大橋包)가 가지고 갔다.(「약사」, 『국총』 6, 39쪽)

◆7월 28일. 동비가 또 깃발을 세우고 총을 쏘며 나팔을 불어 대교에 모였다. 또 흑정(黑亭)에 모였다가 장전 유생 이용규에게 와서 화약 20근을 요구하자 부득이 엽전 10냥을 대교포에게 주었다.(「약사」, 『국총』 6, 39쪽)

◆7월 28일. 정산 왕진 마을의 포에서 깃발을 만들어 궁원도회에 가려고 준비함(「남유수록」, 『국총』 4, 245~246쪽)

◆7월 29일(또는 30일). 수천 명이 모여 건평 유회 개최(「남유수록」, 『국총』 4, 246~247쪽; 「갑오동란록」, 『국총』 6, 73쪽)

◆7월 29일~8월 1일(3일간) 일만여 동학교도가 공주 정안면 궁원(弓院)에서 집회(「약사」, 『국총』 6, 40쪽; 「금번집략」, 『국총』 4, 32쪽)

◆8월 2일. 대교의 동비로 궁원에 가서 모였던 자들이 대교에 다시 모임(「약사」, 『국총』 6, 40쪽)

◆8월 2일. 동학교도들이 깃발을 잡거나 창과 칼을 지니고 공주부내로 들어와 길에 가득 차고 마을을 소란스럽게 함(「금번집략」, 『국총』 4, 32쪽)

◆8월 3일. 동학무리들이 조금씩 흩어져 공주에서 10여 리 혹은 20리 내지 30리 떨어진 곳에 각각 모임(「금번집략」, 『국총』 4, 33쪽)

◆8월 4일. 동학무리 수천 명이 공주부 내로 모임(「금번집략」, 『국총』 4, 12쪽(初四 日東學輩 幾千名 府下聚會. 『총서』 4, 11쪽))

◆8월 5일. 동비가 장전(長田) 유생 이용규에게 연일 사람을 보내 돈과 쌀과 땔감을 요구. 매일 3~4명, 5~6명이 와서 소란을 피움(「약사」, 『국총』 6, 40쪽)

◆8월 6일. 동비가 장전 유생 이용규에게 1,000민(緡)을 토색질하여 가지고 갔는데 김영국(金榮國) 포(包)가 가지고 감(「약사」, 『국총』 6, 40쪽)

◆8월 7일. 동도(東徒) 김영국 포가 또다시 와서 장전 유생 이용규에게 돈 90냥을 요구함. 동비가 잠시 대교에서 해산했는데 서병학(徐丙學)이 와서 유시(諭示)했기 때문이라고 함(「약사」, 『국총』 6, 41쪽)

◆8월 10일. 저녁 삼기(三岐) 갈산(葛山)의 동비 30명이 와서 족제(族弟) 치삼(致三)을 찾았는데 만약 찾아내지 않으면 장전 유생 이용규에게 같이 가야한다고 협박. 밤에 이용규가 갈산에 감(「약사」, 『국총』 6, 41쪽)

◆8월 11일. 이른 아침 평기의 동도(東徒) 서상학(徐相學)이 4~5명을 거느리고 갈산에 왔는데 치삼의 일을 해결하기 위해 왔다가 감(「약사」, 『국총』 6, 41쪽)

◆8월 12일. (부여)동리(東里) 박석사(朴碩士) 성백(聖伯)이 공주 반송포(盤松包)에 입도(入道)(「남유수록」, 『국총』 4, 251쪽)

◆8월 16일. 박동진이 말하기를, "대원군의 명령에 따라 나는 공주에 머무르면서 임기준·서장옥과 더불어 일을 도모하고 박세강은 전주에 가서 전봉준·송희옥과 더불어 일을 도모하여 현재 몇십만 명이 모였다."(『주한일본공사관기록』 8, 58쪽). 박세강과 박동진은 원래 동학당의 수괴로서 민씨(閔氏) 정부 때 경성감옥에

◆8월 4일. 해질 무렵 공주에서 도인 700여 명이 정산의 평촌(坪村)을 거쳐 정산 광암(廣岩)으로 들어감. 포를 쏘자 사람의 그림자가 흩어짐(「갑오기사」, 『국총』 6, 101쪽)

◆8월 10일. 예천읍 사람들이 노략질한 동학교도 11인을 매장해서 죽였다. 영남의 동학 38접이 용궁(龍宮)의 군기를 탈취하여 예천읍을 공격하려고 도모하였다. 8월 28일 저녁에 이르러 동쪽과 서쪽에서 한꺼번에 진격하였는데 예천읍 사람들이 엄중히 방비하여 기다렸다가 죽을 힘을 다해 싸우자 동학교도가 흩어졌다.(「나암수록」, 『국총』 6, 446~447쪽)

◆8월 12일. 동학교도들이 천안에서 일본인 6명을 살해하였다. 8월 27일 천안에서 와서 이를 조사하던 일본 경찰은 "천안 군민 십중팔구는 동학당에 가맹하고 있고 더욱더 성대해가는 경향이다."라고 보고(『주한일본공사관기록』 1, 118, 122쪽)

◆8월 17일. 일본군이 평양전투에서 청군에게 승리(『주한일본공사관기록』 3, 274쪽)

투옥되었던 자이다. 그런데 작년 8월 하순 대원군은 두 사람의 죄를 사면하고 세강을 내무아문(內務衙門) 주사(主事), 동진을 의정부(議政府) 주사(主事)로 임명하여 동학당 선유사 정경원과 함께 충청도로 동행시켰다. 두 박씨는 충청도에 이른 후 동학당을 진무하지 않고 도리어 이를 선동(煽動)했다고 하여 충청감사 박제순이 먼저 박세강을 체포하여 옥에 가두고 조사하려고 했다. 그런데 대원군은 10월 초순 그 심복 박준양을 공주로 파견했다. 그가 도착한 후 2일이 지나 세강, 동진 두 사람은 피살되었다고 한다.(『주한일본공사관기록』 8, 60쪽)

◆8월 19일~23일(5일간). 반송접 · 공주접의 동학교도 수천 명이 금강 근처에 모여 감영으로 들어가려 하여, 감영과 공주목에서 이끌고 있는 군졸과 영(營) 아래 사는 각 동민들을 불러 모아 4~5곳에 진을 치고 밤새 막아서 지키도록 하여, 감영의 군사와 동학교도들이 대치(「금번집략」, 『국총』 4, 13~14쪽(『사총』 4, 12~13쪽); 「갑오기사」, 『국총』 6, 103~104쪽(『사총』 9, 254~256쪽))

◆8월 24일. 삼남선무사 정경원이 8월 24일 충주에서 동학교도 선무활동을 하던 중 일본군 충주병참사령관(忠州兵站司令官) 福富孝元을 만나, 41명의 충청도 동학당 거괴(巨魁) 인명부(수령의 성명 및 소재 기록)을 제시하고, "공주와 전의 같은 데서는 그 당(黨)이 소집한 수가 2만 내지 3만 명에 이르지만, 내가 그 수령을 효유 · 설득하여 무사히 해산시킬 수 있었다."고 했다. 이 명단에 공주 집강(執綱) 장준환, 전의 집강 임기준, 아산 집강 안교선이 있다.(『주한일본공사관기록』 2, 63쪽; 『주한일본공사관기록』 1, 194~196쪽)

◆8월 25일. 공주목 동헌에서 박제순이

이헌영으로부터 충청감사 업무를 인수 (「금번집략」, 『국총』 4, 14쪽)

◆8월. 서병학이 이인의 접주 임기준과 따지다가 도리어 소란을 일으켰다. 동학교도 괴수 서병학(徐丙學)은 보은에 주둔할 때 경병(京兵)에게 체포되어 한양으로 보내졌다. 조정에서는 서병학을 도사(都事)로 차출하여 금영(錦營, 충청감영)에 내려 보내어 동학교도를 금지시켰는데, 오랑캐로써 오랑캐를 공격하는 의도였다.(「시문기」, 『국총』 6, 8쪽)

◆9월 8일. "외서(外署)에 갔다. 금백의 편지가 왔는데, 운현 어른의 효유문이 내려간 후 각포 동학들이 상서(上書)하여 그들의 뜻을 이야기하는 등 귀화할 생각이 있다고 하였다."(「면양행견일기」, 『국총』 10, 160쪽)

◆9월 9일. 8월 흥선대원군의 동학교도 효유에 응답하여, 9월 9일에 '호서창의소(湖西倡義所) 제생등(諸生等)' 이름으로 충청감사에게 귀화하겠다는 문서에 도접주(都接主) 안교선(安敎善)과 그 휘하 20명의 접주들 명단이 있는데, 그 명단에 '대접주(大接主) 임기준', '건지동접주 김기창', '건평접주 이유상'이 있다.(「흥선대원군 효유동학도문」(「동학문서」), 『사총』 5, 100~110쪽)

◆9월 10일. 프랑스 공사관의 주사가 대원군이 동학교도들에게 보낸 포고문의 원본과 충청도의 우두머리 15명이 보낸 답서를 가지고 왔다. 답서의 내용은 전투를 중지하겠다는 것이다. 대원군은 여전히 일본인들에 대해 대단히 좋지 않은 감정을 가지고 있으며 17인위원회가 연구해 낸 그릇된 개혁에 대해 전력을 다해 반대하고 있다.(『뮈텔 주교 일기 1(1890~1895)』, 335쪽)

◆8월 27일경. 갑오정부의 농민군 탄압방침에 대하여 흥선대원군이 반대하여, 전라, 경상, 충청 등 삼남지방에 효유문을 보내 농민군을 설득시키기로 하고, 당분간 추이를 지켜보기로 했다.(「주한일본공사관기록」 5, 48쪽)

◆9월 초. 온양에서 8월에는 이인의 동학교도가 온양을 장악하였지만, 9월 초에는 나타나지 않아 아산 아전들이 동학을 배도함(「순무선봉진등록」, 『국총』 2, 53~54, 81~83쪽)

◆9월 4일. 강원도 영월·평창·정선과 충청도 제천 등지에서 온 수천 명의 동학농민군이 강릉읍내를 점거하였다. 삼정 폐막의 개혁과 보국안민한다는 게시문을 내어 걸고 읍내에 머물던 동학농민군은 9월 7일 술시(오후 7시~9시)에 양반과 향리들이 민보군을 만들어 기습하자 이를 막지 못하고 다시 대관령을 넘어 후퇴하였다.(「동비토론」, 『국총』 4, 389~390쪽; 「임영토비소록」, 『국총』 4, 473~477쪽)

◆9월 10일. "외서(外署)에 갔다. 완영(完營)의 효유인(曉諭人)이 운현(雲峴) 어른께 상서(上書)하여, 호남(湖南) 동도(東徒)들이 효유문을 보고 모두 다 감화되어 군기(軍器)를 실어다 바치고 해산할 뜻이 있다고 하였다."(「면양행견일기」, 『국총』 10, 160쪽)

◆9월 10일. 의정부에서 경기도 죽산과 안성의 농민봉기에 대처하기 위해 죽산부사로 장위영 영관 이두황(李斗璜)을, 안성군수로 경리청 영관 성하영(成夏泳)을 임명하도록 하여 윤허를 받음(『조선왕조실록』 9월 10일; 「양호우선봉일기」, 『국총』 7, 3쪽)

◆9월 10일. "조선 정부에서 압수한 병기류(兵器類)

◆9월 11일. '호주대의소(湖州大義所)'의 이름으로 '공주호서구접(公州湖西九接)에게' 알리기를, "방금 왜병이 크게 소란을 피워 조야가 근심으로 가득 차 있다.… 오도(吾道)의 여러 군자는 하나의 북소리에 함께 일어나 이구동성으로 크게 힘쓰며, 제반 군대에 필요한 것을 재빨리 마련하고 훈련에 힘써서 충성을 다하여 나라에 보답하기를 바란다."라고 말하며 "항일거병준비"를 촉구함(『황해도동학당정토략기』, 『국총』4, 518쪽)

◆9월 21일. 충청감사 박제순이 대원군과 연계를 갖고 활동하던 박세강과 박동진을 효수(『조선왕조실록』9월 21일)

◆9월 21일~22일. 충청감영 참모관 구완희가 공주 우영(右營)의 병사를 거느리고 이인과 노성의 동학농민군과 노성의 의병 조직을 해체하였고 이어서 정산 건지동 김기창 농민군을 습격함(『선유방문

반려의 건을 병참감에게 신청하여 오늘 선적해 용산(龍山)으로 발송했다."(『주한일본공사관기록』3, 280쪽)

◆9월 10일경. 전봉준 재봉기를 위해 전라도 삼례에 대도소를 설치함(『공주와 동학농민혁명』, 353쪽)

◆9월 11일. 동학당은 경상·충청·전라 3도 곳곳에서 일어나, 그 가운데 충청·전라의 동학당은 연합해서 경성으로 육박하려고 하고 100리 내외의 곳까지 왔다.(『주한일본공사관기록』3, 282쪽. 발신 大鳥 공사, 수신 대본영 육군참모)

◆9월 15일. '청양의 동학당이 대원군의 효유문에 감동하여 온 고을 모두 귀화하였다'고 함(『면양행견일기』, 『국총』10, 162쪽)

◆9월 보름 이후. 경상우도의 동학교도가 사방에서 구름같이 모였다. 상주·선산·개령 세 읍을 일제히 공격하여 성을 함락시켰다. 28일에 일본인이 와서 공격하니 동학교도가 낙엽처럼 흩어지고 별처럼 달아났다. 가령 동학교도가 1만 명 정도였다면 일본인의 수는 10여 명 내지는 30~40명이었는데, 일본인이 총을 쏘며 해산시켰다. 또 충주·단양·영춘 및 제천 동학교도들이 모두 일본인에게 쫓김을 당하였다.(『나암수록』, 『국총』6, 447쪽)

◆9월 18일. 북접 농민군은 9월 18일 청산에서 기포령을 내리고, 손병희 통령 지휘 아래 갑을 두 대로 나누었다.(『갑오동학란』, 『국총』13, 119쪽; 「천도교회사초고」, 『동학사상자료집』1, 466~467쪽)

◆9월 18일(양.10.16.). 일본공사가 외무대신 김윤식에게 "경성·부산 두 곳에서 일본군을 파견하여 농민군 진압(匪徒剿滅)을 하려고 하니 조선군도 함께 해야 한다"고 통고함(『주한일본공사관기록』1, 132~134쪽)

◆9월 19일. 일본군 2개 소대가 동학군 진압을 위해 출발(『주한일본공사관기록』3, 285쪽; 『주한일본공사관기록』5, 64쪽)

◆9월 22일. 도순무영(都巡撫營) 설치. 조선 정부의 동학농민군 진압 최고기관인 도순무영(최고 책임자 도순무사都巡撫使 신정희申正熙)은 9월 22일 설치되어 12월 27일 폐지되어 95일 동안 공식 활동을 하였

병동도상서소지등서」, 『국총』 10, 431쪽; 『주한일본공사관기록』 8, 56~58쪽)

다.(『갑오군정실기』 1·2·3, 『신국총』 6, 해제 31쪽; 「면양행견일기」, 『국총』 10, 163쪽)

◆9월 22일. "작금의 상황으로는 부산·경성 간 병참지는 동학당 진압 때문에 모든 사업이 정지되어 있는 실정입니다.… 필경 동학당을 박멸하지 않고서는 우리의 병참로, 특히 귀중한 군용전선의 안전을 기할 수 없을 것입니다."(『주한일본공사관기록』, 1, 194쪽. 〈남부병참감〉 伊藤祐義가 공사 大鳥에게 보고)

◆9월 23일. 서장옥이 인솔하는 수십만 군중이 청주성 포위(『주한일본공사관기록』, 1, 173쪽)

◆9월 24일. 농민군 수만 명이 청주성을 포위·공격하였는데 청주병영에서 격퇴(「계초존안」, 『국총』 7, 369쪽)

◆9월 26일. 일본군이 압록강을 도하하여 요동에 진입(『청일전쟁』, 165쪽)

◆9월 27일. 동학농민군 2만여 명이 가흥병참사령부(충주) 습격, 일본군 1명 사망(이노우에 가쓰오, 『메이지 일본의 식민지 지배』, 107쪽)

◆9월 28일. 대전 등지에서 동비가 난동을 부리고 있으며 소, 짐, 돈, 양식을 빼앗음(「약사」, 『국총』 6, 45쪽(『사총』 2, 225쪽))

◆9월 28일. 井上馨 공사 서울 도임(『청일전쟁』, 174쪽)

◆9월 28일. 조선 정부, "양호 비류가 서로 연결되어 있으며, 호서에서 호남에 구원을 요청했다."(『일성록』 9월 29일; 「갑오실기」, 『국총』 9, 63쪽; 兩湖匪類互相連結 自湖西見方請援於湖南云. 「갑오군정실기」 1·2·3(원문), 27쪽)

◆9월 28일. 안보병참부(충주)가 동학당 2천 명의 공격을 받아 안보병참부가 불 태워짐(『주한일본공사관기록』 3, 290, 292쪽)

◆9월 28일. 경상도 관찰사 조병호가 보낸 공문에, "지금 받은 외무아문이 전보로 한 지시에, 진주에 동도가 창궐하여 동래의 감리사무(監理事務)와 일본 영사가 병사를 인솔해서 해당 주를 향해 가니 감영에서는 통제사에게 성화같이 병사를 조달하여 함께 나가 토벌하도록 하라."(「장계」, 『국총』 7, 316쪽)

◆9월 29일(양.10.27.). 일본의 청일전쟁 수행 최고지휘부인 대본영에서 '동학농민군을 모조리 살육하라'는 명령을 일본군 인천 〈남부병참감〉에 하달(『1894년, 경복궁을 점령하라』, 207쪽)

◆10월 3일. 일본군 42명 공주에 도착
(『갑오군정실기』 1·2·3, 142쪽)
◆10월 3일. 공주의 대전평(大田坪)에서 충청병영(忠淸兵營, 즉 진남영(鎭南營)) 영관(領官) 염도희(廉道希) 등 73명의 장졸(將卒)이 농민군에게 몰살당함(『慕忠祠實記』 (『慕忠祠 戰亡將卒氏名錄』), 『사총』 10, 293쪽). 염도희에 대적하였던 농민군은 북접의 강건회(姜建會) 부대(『갑오동학란』, 『국총』 13, 123쪽; 「시천교종역사」, 『국총』 11, 294쪽)

◆9월 29일. 목천 관아에 동도 수백여 명이 난입하여 현감을 끌어내고 관속을 마구 때리며 창고에 있는 집물을 빼앗아 감(『갑오군정실기』 1·2·3, 151쪽)
◆9월 29일. 농민군이 청주성을 침범하였으나 관군이 겨우 물리침(「양호우선봉일기」, 『국총』 7, 14쪽)
◆9월 29일. 현재 동학당이 충주 부근에서 수를 늘려 동쪽으로 약 40리의 곳인 청풍(淸風)의 서창(西倉)에 2만 명, 보은에 역시 수만 명이 집결하여 곧 충주를 습격하려고 한다. 가흥병참사령부 남쪽 약 15리의 남소(南巢)에도 동학교도가 모여 가흥병참사령부 습격을 준비하고 있다.(『주한일본공사관기록』 3, 290~291쪽. 가흥병참사령관 福富대위 보고)
◆9월 29일. 충주 가흥에 있는 일병참(日兵站)에 비도(匪徒)들이 쳐들어와 전선을 끊어버림(『주한일본공사관기록』 1, 145쪽)
◆9월 30일. 호서선무사 정경원이 청풍의 동학교도에게 붙잡힘(「면양행견일기」, 『국총』 10, 165쪽)
◆9월 30일. 경상도 낙동병참지부에서 〈남부병참감〉으로 상주에서 동학 간부로 보이는 2명을 체포했는데 '참살'해도 좋은지 문의해 오고, 이에 참살을 실행하라고 명령함(『동학농민혁명의 동아시아적 의미』, 301쪽)
◆9월 그믐. 천안·목천에서 활동하고 있던 동학교도 김화성(金化城)·김용희(金鏞熙)·김성지(金成之) 등이 천안·목천·전의 3읍의 군대 물품을 탈취하여 세성산에 들어가 웅거(「순무선봉진등록」, 『국총』 2, 84~86쪽)

◆10월 6일. 백낙완이 지휘하는 경리청 부대 90명이 공주에 도착(「남정록」, 『사총』 17, 231쪽)

◆10월 8일. 공주에 있는 鈴木 소위가 공주의 동학당이 해산한 상황이므로 예정대로 귀경할 뜻을 파발로 띄워 井上 공사에게 신청했는데, 井上 공사는 伊藤 병참감에게 새로운 동학당 정토대가 도착할 때 공주에 계속 주둔할 것을 요청함(『주한일본공사관기록』 3, 366~367쪽)

◆10월 6일. 5~6만의 농민군이 괴산 아문을 점거하고 일본군을 즉사 1명, 4명을 부상시킴(『주한일본공사관기록』 1, 217, 220~221쪽)

◆10월 6일. "청주에 이미 운집한 수만 명이 불일간 청주병영을 침범할 기세인데 방어할 힘이 없다."(『주한일본공사관기록』 1, 149쪽. 박제순이 김윤식에게 보낸 공문서)

◆10월 9일. "동학당을 초토하는 일로 전후에 걸쳐 귀(조선) 政府의 간청을 받아 현재 우리(일본) 군대를 보냈으니 내일 안으로 인천에 도착할 것입니다."(『주한일본공사관기록』 1, 151쪽. 일본공사 井上馨이 김윤식 외무대신에게)

◆10월 9일(양.11.6.). "… 귀(조선) 정부는 이런 사유로 행진 각 대장 및 연도(沿道)의 지방관에게 칙령을 내리되, 전진과 후퇴를 조절하는데 있어서는 모두 우리(일본) 사관(士官)의 지휘를 따르도록 하게 하고 아울러 귀(조선) 사관과 병사들에게 칙령을 내려 이 말을 준수토록 하게 하십시오. 만일 이 명령을 준수하지 않고 혹 겁내어 후퇴하거나 도피하는 사람이 있으면 즉시 군법으로 다스릴 것입니다."(『주한일본공사관기록』 1, 150쪽. 일본공사 井上馨이 김윤식 외무대신에게)

◆10월 10일. "… 이 사연을 서한에 초록한 후 이미 순무사(巡撫使)에게 보내, 행진의 각 대장과 연도의 각 지방관에게 칙령을 내려 준행하도록 하였습니다. 그럼 이것으로 회답을 올리오니 귀 백작공사께서 깊이 헤아리시기 바랍니다."(『주한일본공사관기록』 1, 150쪽. 김윤식 외무대신이 일본공사 井上馨에게)

◆10월 10일. 선봉진 이규태가 통위영 및 교도소를 지휘하여 서울 출발(「순무사정보첩」, 『국총』 1, 303쪽)

◆10월 10일. 10월 7일 시모노세키를 출발한 동학당 정토대 후비보병(後備步兵) 독립(獨立) 제19대대(대대장 南小四郞 소좌)가 인천에 상륙(『미나미 고시로 문서』, 『신국총』 5, 73쪽)

◆10월 12일. 전봉준의 남접 농민군이 논산으로 진출하여 주둔. *호남동도(湖南東道) 전명숙(全明叔)이 12일에 논산에 와서 주둔(「남유수록」, 『국총』 4, 274쪽(『사총』 3, 238쪽)) **"의병을 소집하여 겨우 지혜롭

고 용맹한 자 200명과 포사(砲士) 5,000명을 모아서 이달 10월 12일에 논산포(論山浦)에 주둔하였습니다.… 전장(全將)을 만나서 군사를 일으킨 이유를 물었더니….”(「공주창의소의장 이유상상서」,(「선유방문병동도상서소지등서」),『국총』 10, 430~432쪽(『사총』 10, 336쪽); 「황해도동학당정토략기」,『국총』 4, 516~517쪽(『사총』 12, 358쪽))

◆10월 12일. “동학당을 진압하기 위해 파견된 조선군 각 부대는 우리(일본) 사관의 명령에 따르게 할 것.”(『주한일본공사관기록』 1, 154쪽;『주한일본공사관기록』 5, 66쪽)

◆10월 14일. 김개남 남원을 출발하여 북상(『오하기문』(번역본), 268쪽)

◆10월 14일. 수원에서는 동학교도의 남은 무리들이 세력을 회복하는 조짐이 있다.(『주한일본공사관기록』 1, 160~161쪽)

◆10월 14일. 임천 읍내에서 동학교도 수만 명이 기포(「갑오기사」,『국총』 6, 116쪽)

◆10월 14일. 진주 서쪽 30리 수곡촌(水谷村)에 집결한 농민군 4천~5천 명과 일본군 鈴木 대위 부대가 접전하여 농민군이 패퇴. 농민군 186명 전사, 일본군 3명 부상(『주한일본공사관기록』 1, 204~206쪽)

◆10월 15일(양.11.12.). 동학농민군 진압을 위해 후비보병 독립 제19대대가 용산에서 삼로(三路)로 출발(『주한일본공사관기록』 6, 26, 60쪽;『주한일본공사관기록』 1, 159쪽; 「폭민동학당」,『신국총』 14, 180~181쪽)

◆10월 15일. 이유상이 논산에서 “공주창의소 의병장”의 이름으로 충청감사 박제순에게 “항일”을 위해 함께 싸울 것을 제안하는 개전서(開戰書)를 보냄(「공주창의소의장 이유상상서」,(「선유방문병동도상서소지등서」),『국총』 10, 430~ 432쪽(『사총』 10, 335~336쪽); 「황해도동학당정토략기」,『국총』 4, 516~517쪽(『사총』 12, 357~360쪽))

◆10월 15일. 대접주 이종필이 도인 수천 명을 신장(新場)에서 이끌고 임천읍에서 열린 도회로 감(「갑오기사」,『국총』 6, 116쪽)

◆10월 15일. 동학교도들이 연기읍의 군병기를 탈취(「양호우선봉일기」,『국총』 7, 50쪽)

◆10월 13일. 공주 금강 북쪽에 있는 수촌(水村)에서 일본인 통역자 김현갑(金鉉甲)의 말과 일본인 어학생(語學生) 齊藤의 마부의 말이 약탈당했는데 공주 인근에서 동학교도 진압 활동을 벌이던 스쯔끼 소위 부대가 출동하여 수촌 동학교도의 도소(都所)를 습격해서 3명을 죽이고 21명을 체포했다. 이때 스즈끼 소위는 압수한 문서 중에서 ‘청과 협력하여 왜적을 쳐부수자’라는 내용을 보고함(『주한일본공사관기록』 1, 174쪽; 「선유방문병동도상서소지등서」,『국총』 10, 433~434쪽; 「순무선봉진등록」,『국총』 2, 178~179쪽)

◆10월 15일경. "소위 최법헌은 지금은 청산 문암리에 살고 있는데… 수십만 군중을 인솔하고… 이상 10읍의 많은 적당(賊黨)들은 각기 그 수가 수만 명으로 군기(軍器)를 탈취하고 사창(社倉)의 환곡도 다 먹고 백성들의 양곡도 집치(執置)하여 군량으로 삼았다. 전날에 일컬었던 법소(法所)와 도소(道所)를 지금은 창의소(唱義所)로 개칭하여 군호(軍號) 문자마다 모두 의자(義字)를 사용하고 있다.… 접주의 통문(通文)에 '우리 접주들은 힘을 합하여 왜적을 치자.'라고 한다."(『주한일본공사관기록』 1, 173쪽)

◆10월 16일. 전봉준이 논산에서 "양호창의영수"(兩湖倡義領袖)의 이름으로 충청감사 박제순에게 "항일"을 위해 함께 싸울 것을 제안하는 개전서(開戰書)를 보냄(「전봉준상서」,「선유방문병동도상서소지등서」),『국총』 10, 434~435쪽(『사총』 10, 337~338쪽);「황해도동학당정토략기」,『국총』10, 515쪽(『사총』 12, 355~356쪽))

◆10월 16일. 전봉준의 남접 농민군이 노성을 점거(『주한일본공사관기록』 1, 164쪽;「갑오군정실기」 1·2·3, 206~207쪽;「순무선봉진등록」,『국총』 2, 42쪽)

◆10월 17일. 곤지암에 도착한 후비1중대가 동학접주 김기룡을 체포하여 그날 저녁에 총살하고, 집집마다 수색해 달아나는 자들을 모두 총살했으며, 부녀자 13명을 구금(『메이지 27(1894)년 일청교전 종군일지』)

◆10월 17일. 충청도 관찰사의 보고, "적의 기세는 격렬하면서 급하지만, 초겨울 날씨에 춥고 식량이 적어 도중에 도망치는 자가 많습니다. 만약 지금 진격하면 큰 성공을 이룰 수 있을 것입니다."(「순무선봉진등록」,『국총』 2, 29~30쪽;「선봉진일기」,『국총』 1, 253쪽)

◆10월 18일. 선봉진이 천안에서 공주 감영의 충청도 관찰사 박제순에게 조회(照會)하는 공문, "유성·경천·은진·노성 사이에 비류가 출몰하여 예측하기가 어려운데, 다만 전진하여 그들을 빨리 토벌하려고 합니다."(「일본사관함등」,『국총』 12, 280쪽)

◆10월 18일. 은진·노성의 농민군들이 공주 경천점으로 노성 창고의 쌀을 운반하며 경천을 점거(「순무선봉진등록」,『국총』 2, 40쪽(『동학란기록』 상, 406쪽);「순무사각진전령」,『국총』 8, 434쪽(『사총』 16, 5~6쪽))

◆10월 18일. 공주의 동쪽 유성과 대전 등지에 농민군 출현. "장위영 영관이 10월 18일 연기에 도착하여… 비도의 출몰 상황을 말하면 공주의 유성과 대전 등의 지역 즉 청주 관군이 타 죽은 곳에 수천 명이 모여 있다."(「순무선봉진등록」, 『동학란기록』 상, 406쪽; 「순무사각진전령」, 『사총』 16, 5~6쪽)

◆10월 19일. 경천점의 백성들이 비도(匪徒)에게 괴롭힘을 당하여 날마다 관군이 오기만을 기다리고 있다.(「순무사각진전령」, 『국총』 8, 434쪽)

◆10월 20일. 경리청 교장 김명환의 50 병사가 청주에서 공주로 돌아와 백낙완 부대와 합침(「남정록」, 『사총』 17, 243쪽)

◆10월 20일. 천안에 도착한 일본군 서로분진대 본대는 충청감사 박제순의 공주 구원 요청에 따라 그중 3분대를 즉시 공주에 급파(「선봉진서목」, 『국총』 8, 194쪽; 「갑오군정실기」 1·2·3, 256~257쪽; 「순무선봉진등록」, 『국총』 2, 38쪽(今日酉時量 轉向安城之日兵 大尉率領來到 日兵丁三分隊 卽地派遣于錦營是乎遣. 『동학란기록』 상, 405쪽))

◆10월 20일. 충청감사 박제순이 전봉준의 서신을 전한 문석렬, 백윤문을 금강나루터에서 효수(「갑오군정실기」 1·2·3, 245쪽)

◆10월 22일. 전봉준·이유상의 연합부대 이인 점거 *"22일,… 전명숙에게 붙어서 그 전위부대가 되어 이인(利仁)을 향해 가다가 부여에 들린다고 하여 인심이

◆10월 19일. 영동현감(永同縣監) 오형근(吳衡根)이 보낸 첩정에, "10월 14일에 동도 6만여 명이 각각 총과 창을 휴대하고 영동읍에 와서 주둔하면서 군기(軍器) 및 환곡 6섬, 탁지아문(度支衙門)에 납부할 계사조(癸巳條) 전세목(田稅木) 16동(同) 29필(疋), 친군영(親軍營)에 납부할 계사조(癸巳條) 삼수목(三手木) 6통 16필을 모두 탈취해 가지고 19일에 옥천을 향해 갔다."(「갑오군정실기」 4·5·6, 162쪽)

◆10월 19일. 후비19대대 동로분진중대에 1개 중대(후비보병 제18대대 제1중대)를 추가 파병(『주한일본공사관기록』 1, 165쪽; 「폭민동학당」, 『신국총』 14, 183쪽)

◆10월 20일. 일본군이 광양에서 동도와 싸움을 하여 동도의 죽은 자가 셀 수가 없었고, 나머지는 일정함이 없이 모였다가 흩어졌다.(「찰이전존안」, 『국총』 7, 414쪽)

◆10월 21일. 목천 세성산을 중심으로 활동하고 있던 농민군들을 이두황의 장위영병과 청주병영의 병사들이 합세해서 진압(「갑오군정실기」 1·2·3, 264쪽)

◆10월 22일. 일본군과 영남우도 토포사 지석영 부대가 9월 이후 농민군이 차지하고 있던 하동을 공격하여 김인배와 유하덕의 농민군이 순천으로 퇴각(『오하기문』(번역본), 269~270쪽)

흉흉하였다. 그러나 바로 올라갔다는 소문을 듣고 바로 진정되었다."(『남유수록』, 『국총』 4, 274쪽(二十二日…還附於全爲其前隊 將向利仁而歷入扶餘 人心洶湧已 而聞其直行乃定. 『사총』 3, 238쪽)) **25일, … 전명숙과 이유상이 효포(孝浦)와 이인에 진군하였으나 불리하여 논산으로 물러났다고 한다."(『남유수록』, 『국총』 4, 275쪽)

◆ 10월 23일. 이인전투. 이인전투에 참가한 조일진압군은 스즈키 소위가 지휘하는 일본군 100명과 경리청의 성하영·윤영성이 지휘하는 경리청 1개 소대, 참모관 구완희가 지휘하는 충청감영군 4분대였다.(『공산초비기』 이인지역, 『국총』 9, 381쪽; 「순무선봉진등록」, 『국총』 2, 87쪽; 「선봉진정보첩」, 『국총』 8, 50쪽; 「갑오군정실기」 1·2·3, 263, 273쪽)

◆ 10월 23일. 이인전투에 정산접주 김기창(金基昌)의 농민군 참전(「양호우선봉일기」, 『국총』 7, 109, 111쪽; 「순무사정보첩」, 『국총』 1, 357쪽; 「순무선봉진등록」, 『국총』 2, 206쪽)

◆ 10월 23일. 동비(東匪)가 대교에 크게 침입하였다.(「약사」, 『국총』 6, 48쪽)

◆ 10월 23일. 최명기는 유성에서 들어와 대교를 점거하였다.(「약사」, 『국총』 6, 58쪽)

◆ 10월 23일. 동학교도 1만여 명이 신소(莘沼)에 들어와 저녁밥과 다음날 아침밥을 먹고 구치(鳩峙)를 넘어 갔다.(「시문기」, 『국총』 6, 9쪽)

◆ 10월 23일. "이경(오후 9시~11시) 이후에 정보 보고의 말에, '호남(湖南)의 적 전봉준이 40,000명을 이끌고 남쪽으로 거리가 30리 되는 경천을 점거하고 장차 공주목으로 향하려 한다고 말했다'고 합니다. '옥천포(沃川包) 동도(東徒) 수만 명은 동쪽으로 거리가 30여 리 되는 대교

◆ 10월 22일. 임천 읍내에 전라도 도인 천여 명이 관가에 쳐들어가 군기를 빼앗음(「갑오기사」, 『국총』 6, 117쪽)

◆ 10월 22일. 차기석 농민군 3천여 명과 소모관 맹영재 관군이 서석면에서 전투하여 많은 농민군이 학살됨(「갑오실기」, 『국총』 9, 74~75쪽)

◆ 10월 23일. 각처의 탐리(探吏)들이 돌아와서 보고한 내용에, "황간과 영동의 여러 적들이 23일부터 옥천을 넘어 공주로 향하고 있다."(「소모일기」, 『국총』 3, 429쪽)

에 모여 주둔하고 있다가 전봉준과 합세하려고 한다'고 합니다."(「순무선봉진등록」, 『국총』 2, 69쪽;「선봉진정보첩」, 『국총』 8, 59쪽;「순무사정보첩」, 『국총』 1, 315쪽)

◆10월 24일~25일. 효포전투.

◆10월 24일. 스즈끼 소위 부대는 미리 계획된 상부의 지시에 따라 10월 24일 묘시(오전 5시~7시)에 공주를 출발하여, 10월 29일 일본군 용산수비대로 귀환(「갑오군정실기」 1·2·3, 271쪽;「공산초비기」, 『국총』 9, 383쪽;「황해도동학당정토략기」, 『국총』 4, 497쪽)

◆10월 24일. 선봉진 이규태 부대가 금강 장기진(將旗津)에 도착한 시간은 신시(오후 3시~5시)이고, 유시(오후 5시~7시) 무렵에 이규태 부대와 모리오 부대가 모두 공주에 도착하여 이후 공주전투에 참전(「순무선봉진등록」, 『국총』 2, 91쪽;「순무사정보첩」, 『국총』 1, 303쪽;「갑오군정실기」 1·2·3, 271쪽)

◆10월 24일. 사방의 동학교도가 모이니 대체로 10여만 명이었다. 효포(孝浦), 태봉(胎峯), 오곡(梧谷), 이인(利仁)에 나누어 주둔하였다.(「시문기」, 『국총』 6, 9쪽)

◆10월 24일. 전해 들으니, "안성군수(安城郡守) 홍운섭(洪運燮)이 300명의 경병을 거느리고 수촌(水村)에서 대교를 향하여 동비를 공격하였다. 수십 발의 총성에 불과했지만 물고기나 새처럼 놀란 동비는 일시에 해산하였다."(「약사」, 『국총』 6, 48쪽)

◆10월 25일. 옥녀봉전투. "개가를 부르고 능티현에 올라 잠깐 쉬어 말을 먹이고 군사를 먹일 즈음에 홀연 보니 한 군사가 영기를 가지고 봉수현으로부터 바람 같이 달려와서 선봉장 이규태의 영을 전했다. '동도 수만 명이 사면으로 둘러싸고 엄습해서 지금 막 포위 한가운데에

◆10월 24일. 동학농민군이 승전곡에서 후비보병 19대대 서로분진대 지대(赤松 소위 지휘, 1개 소대와 2개 분대)와 한국병사 34명이 공격하는 것을 산 위에서 반격하고 서풍이 부는 것을 계기로 화공을 감행해서 면천으로 퇴각시킴(『주한일본공사관기록』 1, 206~208쪽)

◆10월 24일. 일본군에 의한 여순 학살(청국)

◆10월 25일~11월 4일(9일간). 동학농민군 수만 명이 황해도 감영 해주성을 점거(「갑오군정실기」 4·5·6, 116쪽)

◆10월 25일~11월 17일(22일간). 인천 주재 일본군 〈남부병참감〉이 후비보병 제19대대의 동로분진 중대(추가 파병된 후비18대대 1중대 포함)를 직접 지휘하여 22일간 강원도 농민군 진압활동이 진행됨. 10

들었으니 성화같이 빨리 와서 구원하라'
고 했다. 백낙완이 이런 급보를 듣고…
동도의 성세를 바라보니 심히 사나워서
쉽사리 앞으로 향하기 어려웠다. 또한
위태로움을 보고 구원하지 않을 수 없었
다. … 그리하여 본대병을 인가(人家) 장
벽 틈에 숨기고 저들을 향하여 몰방습격
했다."(「남정록」, 『총서』 17, 248~250쪽)

◆10월 25일. 西岡 조장(曹長)에게 2분
대를 이끌고 능암산을 점거하려는 적도
를 격퇴하고 또 냉천 뒷산에 있는 적도
의 인원수를 정찰케 했다. … 적정을 정
찰했던 西岡 조장이 이끄는 병졸 鈴木善
五郎가 적의 유탄을 맞고 오른쪽 정강이
에 부상을 입었다.(『주한일본공사관기록』
1, 209쪽)

◆10월 25일. 일본 병사 중 부상당한 자
가 1명 있었는데, 금학동을 정찰하다
가 유탄에 맞아 오른발에 부상을 입었
다.(「공산초비기」, 『국총』 9, 385쪽)

◆10월 25일. 일본군 수십 명이 서북쪽
으로 나눠 가다가 고개에서 적병에 둘러
싸여 그중에 한 명이 창에 넓적다리를
찔렸다.(「갑오군정실기」 1·2·3, 283쪽)

◆10월 25일. 효포전투(10월 25일)에서
모리오 대위가 산에 올라가 농민군을 바
라보고 말하길, "이와같이 많을 것은 생
각하지 못했다. 그들은 용병술도 있어
조선 관군이 대적할 바가 아니다."라고
함(『주한일본공사관기록』 1, 203쪽)

◆10월 25일. 농민군이 10월 25일 저녁
무렵부터 경천, 정산으로 퇴각을 시작하
였다.(『주한일본공사관기록』 3, 387쪽. 발신
중좌 伊藤, 수신 공사 井上; 「폭민 동학당」, 『신
국총』 14, 196쪽. 발신 인천 이토병참사령관,
수신 가와카미 병참총감)

◆10월 26일~11월 7일(11일간). 공주전
투 제2차 대치

월 15일 용산을 출발한 동로분진중대는 이천, 장호
원, 가흥, 충주를 거쳐 10월 25일 강원도로 진입했
고, 11월 18일 문경으로 들어와 후비19대대장 미나
미의 지휘하에 들어감(『주한일본공사관기록』 6, 63~65
쪽). 후비18대대 1중대는 계속 강원도 지방 진압에
종사하고 1895년 1월 하순(양) 경성으로 귀환(『明治
二十七八年日淸戰史』(이노우에 가쓰오, 「일본군, 동학농민
군 섬멸 작전의 사실」(자료집), 99쪽)

◆10월 26일. 지명장 전투. 문의 남쪽 20리 지명에
서 농민군 1만 2천~3천 명과 미나미가 지휘하는 후

◆10월 26일. 전해 들으니, 효가에서 서로 진을 치고 대치하다가 동비들이 패배하여 경천 등지로 달아났다.(「약사」, 『국총』 6, 49쪽)

◆10월 26일. 이인에서 농민군 수천 명이 9시경 남쪽으로 내려감(「갑오군정실기」 1·2·3(영인본), 279쪽)

◆10월 26일. 오시(午時)에 효포에서 강리청의 병사 12명이 남아 있는 농민군의 진지를 급습하여 해산시키고, 회선포 1대를 빼앗음(「순무선봉진등록」, 『동학란기록』 상, 444쪽)

◆10월 26일. 공주에 주둔하고 있는 중앙 관군은 10월 26일 이인과 늘티 그리고 감영의 셋으로 나누어서 배치(「선봉진일기」, 『국총』 1, 259쪽)

◆10월 27일. 10월 21일 세성산에서 농민군을 진압한 장위영 이두황 부대 850명(또는 712명)이 공주감영에 도착하였고, 10월 29일 내포 지역 농민군을 진압을 위해 공주에서 출발(「양호우선봉일기」, 『국총』 7, 81쪽. '850명'; 「갑오군정실기」 4·5·6, 40쪽. '712명'; 「순무선봉진등록」, 『국총』 2, 87쪽; 「선봉진서목」, 『국총』 8, 204쪽)

◆11월 3일. 농민군이 노성·논산·초포 및 경천에 나타나 산을 올라 쌀을 운송하고 포대를 설치함(「순무선봉진등록」, 『국총』 2, 108쪽; 「선봉진상순무사서부잡기」, 『국총』 8, 342쪽; 「공산초비기」, 『국총』 9, 386쪽)

◆11월 3일. 선봉진 이규태가 일본인 군

비19대대 본부 및 제3중대(중로분진대), 교도중대 및 약간의 진남영병이 전투하여 농민군 서남쪽으로 흩어짐(『주한일본공사관기록』 1, 209~211쪽). 이후 중로분진대는 문의에서 3일간(10월 26일~28일) 체류(『주한일본공사관기록』 6, 63쪽)

◆10월 26일. 지명장 전투. "적의 사망자는 7명, 생포 7명, 노획품은 창·총·화살·깃발·소·말 등이다. 아병(我兵)의 부상자는 1명뿐이며 시명의 석은 1만 3천~4천 정도 정도이다. 공주 부근에도 2~3만 명이 집합해, 그중 지나병(支那兵) 40~50명이 있다."(『주한일본공사관기록』 3, 304쪽. 발신 중좌 이토, 수신 공사 井上)

◆10월 26일. 지명장 전투. "적의 근거지 지명루(至明樓)를 공격해 적 7명을 죽이고 7명을 포로로 삼았다. 적은 서남 방향으로 퇴각했다. 공주 부근에는 2~3만이 집결해 있는데, 그 가운데 지나병사(支那兵士) 50명이 있다."(「폭민 동학당」, 『신국총』 14, 188쪽. 발신 인천 伊藤 병참사령관, 수신 川上 병참총감)

◆10월 26일. 예산 신례원 전투(「갑오군정실기」 4·5·6, 62쪽; 『주한일본공사관기록』 1, 222쪽)

◆10월 28일. "순천·나주 기타 전라 서남안(西南岸)은 모두 동학당이 많은 지방이므로 동로(東路)의 우리 군대가 도착한 후에는 곧 전라 지방쪽으로 진격하고 다른 2대(隊) 및 진주의 출장병(出張兵)과 연락하여 전라 서남부에서 적도를 초멸하도록 하시기 바람"(『주한일본공사관기록』 3, 381쪽. 발신 伊藤 병참감, 수신 井上 공사)

◆10월 28일~29일. 홍주성 전투. 내포 지역 동학농민군 3만 명과 후비19대대 서로분진대 지대 및 관군 호연초토사 이승우군이 전투(「홍양기사」, 『국총』 4, 101~103쪽; 『주한일본공사관기록』 1, 211~212쪽)

◆10월 29일. 중로분진대의 미나미 본대는 공주를 구원하기 위해 문의에서 공주로 출발하여 용포촌(龍浦村)에 도착. 그러나 미나미 대대장은 증약 전투(10월 29일, 증약(增若은 당시 옥천에 속함)에서 宮本 소위 지대의 패배를 보고 받고 다시 문의로 돌아와 문의에서 3일간을 체류하며 주변으로 지대를 보내며 정세를 관망하고, 11월 4일에 증약으로 진출. 宮本는

관과 논의하여 공주에 군사를 셋으로 나누어, 각각 늘티·이인·감영에 주둔하였고 그리고 매 이틀마다 부대를 윤회하여 바꿈(「공산초비기」, 『국총』 9, 386쪽)

◆11월 3일. 충청감영에 주둔하고 있던 일본군 한 부대가 정산의 괴수 김기창을 토벌(「홍양기사」, 『국총』 4, 105~106쪽(是時日兵一陣 方駐錦營 討定山魁金基昌, 『사료총서』 9, 160쪽))

◆11월 3일경. 공주 동천(銅川) 대문내포(大門內包)의 최접사(崔接司)에 대한 체포 의뢰(「이규태왕복서병묘지명」, 『국총』 8, 400~401쪽)

◆11월 4일. 봉명(鳳鳴)에 사는 접주 송두석(宋斗石)이 11월 4일 주민들에게 체포(「순무선봉진등록」, 『국총』 2, 168쪽)

증약 전투의 농민군을 "수만 명"이라고 보고함(「미나미 고시로 문서」, 『신국총』 5, 75쪽; 『주한일본공사관기록』 6, 63~64쪽)

◆11월 4일. "농민군 5만~6만 명이 옥천에 모여 있다."(「갑오군정실기」 4·5·6, 52쪽. 교도중대장 보고)

◆11월 5일. "농민군 수만 명이 황간·영동·청산에 모여 있다."(「갑오군정실기」 4·5·6, 77쪽. 교도중대장 보고)

◆11월 5일. 석성촌 전투(청산역 근처, 후비19대대 중로분진대 지대의 전투)(『주한일본공사관기록』 6, 64쪽; 『주한일본공사관기록』 1, 226쪽)

◆11월 5일. 평창·후평 등지에서 만여 명의 동학농민군이 일본군 2개 중대, 강원도 순영(巡營) 포군(砲軍)과 전투하여, 농민군 100여 명이 사살되고 접주 이문보 등 5명이 처형됨(「동비토론」, 『국총』 4, 430쪽)

◆11월 6일. 청산현 부근에 많은 농민군이 모여 있음(「미나미 고시로 문서」, 『신국총』 5, 76쪽)

◆11월 7일. 일본의 부산 일등영사 加藤增雄은 공사 井上馨에게, "후비19대대의 29일 작전 계획 중 '서로분진중대가 장성에서 꺾어져 경상도로 들어가는 계획은 매우 좋지 못한 계책'으로 수정해야 하는데, 그 이유는 나주·영암·흥양·순천 등에 동학교도가 만연해 있어 일본군의 출정(出征)이 반드시 필요하다"는 것을 기밀문서로 보고(『주한일본공사관기록』 2, 92~93쪽)

◆11월 7일. "진짜 동학교도도 결코 정사(政事)에 관계 없는 것이 아닙니다. 도리어 가짜 동학교도보다 무서운 혁명의 씨를 품고 있습니다. 왜냐하면 그들

♦11월 8일. "공주를 포위하고 있는 농민군 세력은 남쪽의 은진·논산의 전봉준 부대이고 또한 전봉준 부대는 김개남의 후원을 조직하고 있고, 동남쪽 갑사의 농민군들, 서남쪽 이인의 김의권 세력, 반송의 농민군, 건평 이유상의 농민군이 있고, 정산에서는 김기창이 아들에게 통문(通文)을 내게하여 미륵당(정산에 있다)에 수천 명을 모았다."(『선봉진상순무사서부잡기』, 『국총』, 8, 344~345쪽. 공주의 선봉진 이규태가 도순무사 신정희에게 보고)
♦11월 8일. 이인전투
♦11월 9일. 농민군과 조일진압군 사이에 공주바깥줄기를 둘러싼 공방전이 일어나 4곳(우금티, 송장배미, 오곡동, 효포)에서 전투가 벌어짐

♦11월 10일. 김개남의 4만여 명의 농민군이 진잠에서 청주로 향할 때 유성 등지에서 일제히 기포(『이규태왕복서병묘지명』, 『국총』 8, 393쪽)

♦11월 11일. 동학의 괴수 최윤신(崔允信)이 11월 11일 공주 우정면 주민들에게 체포(『선유방문병동도상서소지등서』, 『국총』, 10, 477쪽; 『순무선봉진등록』, 『국총』 2, 159쪽)
♦11월 11일. 장위영 이두황 부대가 내포지역 농민군을 진압을 마치고 11월 11일 신시(오후 3시~5시) 무렵에 유구에 도착하였는데, 천안의병행진소(天安義兵

이 부르짖는 바는 항상 '보국안민(輔國安民)'의 4자(字)로서, 그들은 일반 조선인 중에서 가장 완강한 인민이기 때문입니다."라고 보고(『주한일본공사관기록』, 2, 92~93쪽)
♦11월 8일. 양산촌 전투(영동 근처, 후비19대대 중로분진대 지대의 전투)(『미나미 고시로 문서』, 『신국총』 5, 76쪽; 『주한일본공사관기록』, 1, 246쪽)
♦11월 9일. 금산 전투(후비19대대 중로분진내 지대의 전투)(『주한일본공사관기록』 6, 64쪽; 『미나미 고시로 문서』, 『신국총』 5, 76쪽)

♦11월 9일. 황해도에서 동도가 크게 일어나 13개 읍이 일시에 화를 당했고, 동학교도의 기세는 금천(金川)까지 이름(『면양행견일기』, 『국총』 10, 173쪽)
♦11월 9일. 경상감사의 전보에, "양호의 비류는 갈수록 예측하기가 어렵고, 황간·영동·무주 등지에 천 명 또는 만 명씩 모여 행인을 만나면 바로 쏘아 죽여서 정탐하러 간 자가 바라만 보다가 지금 돌아왔습니다."(『찰이전존안』, 『국총』 7, 419쪽)
♦11월 10일. 김개남 농민군 5천여 명은 10일 진잠을 점거하고 청주로 향함(『순무선봉진등록』, 『국총』 2, 170~171쪽; 『순무사정보첩』, 『국총』 1, 348~349쪽)

♦11월 11일~14일. 대접주 차기석이 강릉·양양·원주·횡성·홍천 5읍의 동학 조직을 지휘해서 봉평과 내면 등에서 전투, 많은 농민군들이 학살되고 대접주 차기석과 주요 간부들이 체포됨(『동비토론』, 『국총』 4, 442~445쪽)

行陣所)에서 먼저 유구에 도착하여 농민군을 체포하여 이두황은 그들로부터 넘겨받은 동학교도 9명을 심문함. 유구에서 목천동학군(木川匪類) 또는 충경포(忠慶包) 4천~5천 명이 그날 저녁 유구에서 기포하여 금강의 북쪽에서 농민군을 지원하려 한다는 정보를 확인하고, 황혼 무렵부터 군사를 동원하여 밤을 세워 천여 명을 체포하고 27명을 학살(「선봉진일기」, 『국총』 1, 278쪽; 「순무선봉진등록」, 『국총』 2, 191쪽; 「양호우선봉일기」, 『국총』 7, 113쪽)

◆ 11월 12일경. "농민군이 경천과 노성에 있는데, 읍마다 무리를 모으고 있고, 분명 연산의 두마평(豆磨坪)까지 일말(一抹)이나마 이어져서 진잠으로 향하고 있다."(「이규태왕복서병묘지명」, 『국총』 8, 397쪽)

◆ 11월 13일. 용수막(공주)으로 모인 농민군이 오후에 노성을 향함(『주한일본공사관기록』 1, 253쪽)

◆ 11월 13일. 赤松 소위 부대(후비19대대 서로분진중대 지대)는 12일에 공주에 도착하여 13일에 경리청 홍운섭의 2개 소대와 함께 연기로 출발하여 청주쪽에 나타난 김개남군을 대처(「갑오군정실기」 4·5·6, 123쪽; 「선봉진일기」, 『국총』 1, 268~269쪽))

◆ 11월 14일경. "경천 이남, 갑사 이하에 여러 농민군들이 모여 있고 아직도 창궐하다고 하니 고민스럽다."(「이규태왕복서병묘지명」, 『국총』 8, 386쪽(敬川以南岬寺以下 諸賊之屯結 尙此猖獗云 可悶. 『사총』 16, 415쪽. 11월 14일, 도순무영의 신정희가 이규태에게 보낸 편지))

◆ 11월 14일. 공주를 방어하던 후비19대대 서로분진대와 관군이 공주의 남쪽 용수막·경천·이인을 오후부터 탈환하

◆ 11월 12일. 노성 부근으로 물러난 전봉준이 "동도창의소"(東徒倡義所) 이름으로 경군과 영병에게 항일연합전선을 제의하는 격문을 띄움(「선유방문병동도상서소지등서」, 『동학란기록』 하, 379~380쪽; 「선봉진정보첩」, 『사총』 16, 199쪽)

◆ 11월 13일. 김개남군의 청주성 전투. 신탄과 문의 방향에서 농민군 2만 5천~6천 명이 청주를 공격하여 7시 20분경~10시 40분까지 전투. 桑原 소위 부대와 진남영병 방어. "한때는 동학교도의 소행이라고 생각할 수 없을 정도였다."(桑原 소위 보고). 일본군이 400미터 떨어진 곳에서 기습사격을 하여 농민군은 20여 명의 전사자를 남긴 후 신탄 방면으로 패주(『주한일본공사관기록』 1, 249~250쪽; 「순무선봉진등록」, 『국총』 2, 180쪽)

◆ 11월 14일. 13일 용수막(공주)에 도착한 농민군이 오후에 노성을 향했으며, 14일 현재(오후 6시) 노성의 봉화산 정상을 방어하고 있고 인원은 2,500명(노성과 봉화대를 합침)(『주한일본공사관기록』 1, 253쪽)

◆ 11월 14일경. "전봉준, 김개남, 손화중, 이유상, 강채서, 오일상, 최명기, 박화춘, 안성포, 상주포 이외에는 따질 게 못된다. 지금 초포와 논산에 모여 있다."(「선봉진정보첩」, 『국총』 8, 78쪽(全琫準 金可(介)南 孫化重(中) 李有相 姜采西 吳一相 崔命基 朴化春 安城包 尙州包 此外不足數也 今會於草浦論山. 『사총』 16, 201~202쪽))

기 시작하여 전선이 공주 대 논산으로 바뀜. 모리오 대위 부대와 선봉진은 오실로(梧室路)를 따라 용수막(龍水幕)에 오후 6시에 도착하여 점령(『주한일본공사관기록』 1, 253쪽; 「선봉진일기」, 『국총』 1, 285쪽; 「순무사정보첩」, 『국총』 1, 354, 355쪽; 「장계」, 『국총』 7, 333쪽; 「갑오군정실기」 4·5·6, 125~126쪽). 경천은 11월 14일 사시(오후 11시~오전 1시) 무렵에 공주영장 이기동(李基東) 부대와 통위영 부대가 점령(「장계」, 『국총』 7, 333쪽; 「갑오군정실기」 4·5·6, 125~126쪽). 이인역은 정산에서 출발한 이두황 부대가 11월 14일 저물녘에 금강을 건너 점령함(「양호우선봉일기」, 『국총』 7, 110쪽)

◆11월 14일~15일. 용수막-노성. 모리오 대위 부대는 노성 점령을 위해 11월 14일 밤 12시 용수막을 출발하였고, 11월 15일 오전 2시 노성 봉화대 점령, 아침 7시에 노성을 점령(『주한일본공사관기록』 1, 253쪽)

◆11월 14일~15일. 용수막-노성. 이두황 부대는 11월 14일 해시(오후 9시~11시)경 이인을 출발하여 10리 거리에 있는 용수막에서 모리오 대위 및 선봉진을 만남. 이후 모리오 대위의 지휘로 11월 15일 오전 3시에 용수막에서 출발하여 봉화대의 오른쪽으로 진격. 통위영병은 11월 15일 (경천에서; 인용자 주) 오전 3시에 출발하여 봉화대의 왼쪽을 공격함(「양호우선봉일기」, 『국총』 7, 112쪽; 『주한일본공사관기록』 1, 253쪽)

◆11월 15일. 접주 최성록(崔成祿)과 임원갑(林元甲)이 11월 15일 공주 신상면 유구 주민들에게 체포(「순무선봉진등록」, 『국총』 2, 183쪽)

◆11월 14일. 이두황이 지휘하는 장위영군이 11월 14일 정산 건지동의 김기창 농민군 부대를 습격. 11월 13일 정산에 도착하고, 11월 14일 오경(3시~5시)에 정산 건지동에 군사를 파견하여 포위하고 이칠천(李七千) 등 6명을 그 자리에서 처단하고, 100여 명을 체포하여 엄중하게 잡아 가두고 밤을 지냄. 아침을 먹은 뒤 농민군을 취조하고 이승주(李承周) 등 10명을 정산읍 앞에서 치형(「양호우선봉일기」, 『국총』 7, 108~109, 114쪽). 이때 "지난 달 23일 이인에서 접전할 때에 따라간 자"를 적발함(「양호우선봉일기」, 『국총』 7, 109, 111쪽; 「순무사정보첩」, 『국총』 1, 357쪽; 「순무선봉진등록」, 『국총』 2, 206쪽)

◆11월 14일. 연산 전투. 후비19대대 중로분진대 본대(미나미 대대장 지휘)는 11월 13일 연산에 도착하여, 11월 14일 3만여 명의 농민군의 공격으로 연산 전투를 치루고 이때 일본군 1명이 전사. 미나미 부대는 연산에서 하룻밤을 지내고 11월 15일 공주로 출발하여 경천 부근에 도착하여 공주 영장 이기동 부대를 만나, 농민군이 논산으로 퇴각하였고 모리오 부대가 뒤쫓아 논산으로 진격한 것을 확인함(「미나미 고시로 문서」, 『신국총』 5, 77쪽; 『주한일본공사관기록』 6, 39쪽; 「순무사정보첩」, 『국총』 1, 355쪽)

◆11월 15일(양.12.11.). 이노우에 공사와 이토 병참사령관이 협의하여, 후비19대대에 대해 농민군을 나주 등 전라도 서남지방으로 몰아넣고 섬멸하라는 명령을 내림(12월 11일 명령) "동로분진중대는 가흥에서 영춘 부근으로 침입한 후 아직 남진하지 않았다. 또 중로 및 서로의 부대도 계속 공주 부근에서 머물

면서 전진을 주저하듯 민활하게 운동하지 못하고 있다. 그래서 다시 이노우에 공사와 협의한 후 제 중대에 다음과 같이 명령을 내렸다. 동로분진대는 제천 부근의 적을 공격하는 것을 경성에서 파견한 중대에 맡기고, 그것을 고려하지 말고 개령, 김산, 지례, 거창을 거쳐 함양, 남원을 향해 전진하라. 중로 및 서로분진대는 전주, 무주, 지례 선까지 전진해서 동로분진대가 거창으로 나아가기를 기다려서 함께 적을 전라도 서남쪽으로 몰아넣어 토벌하기를 도모해야 한다."(「남부병참감부 진중일지」(이노우에 가쓰오, 「미나미 코시로 대대장과 병사들, 그리고 일본군 대본영과 정부」(자료집), 101쪽))

◆11월 15일. 논산 황화대 전투. 농민군은 고지에서 진지를 구축하고 방어전을 벌였다. 지형은 야산에 있는 산성으로 성의 둘레는 840미터이며 성의 최대 높이는 5미터로 들판 한가운데 우뚝 솟아 있는 고지이다. 공격자는 (1) 日本軍 1소대 (2) 壯衛營兵 1대대 (3) 統衛營兵 약 200명이었고, 황화대에서 방어하는 농민군은 3천 명으로 오후 3시 30분 공격을 시작하자 4시 10분경, 40분 만에 농민군 진영이 무너지고 남쪽 산기슭을 타고 전주방향으로 퇴각했다.(「주한일본공사관기록」, 1, 253~254쪽)

◆11월 15일. 중로분진대(미나미 대대장 지휘)는 15일에는 노성에 머물렀고, 16일부터 21일까지 은진에 머무르며 각지에 지대를 파견하여 농민군을 정탐하였다. 또한 중로분진대의 지대는 진안·율곡읍부근·고산에서 전투를 하였다.(「주한일본공사관기록」, 6, 64~65쪽) 11월 20일 중로분진대와 서로분진대(모리오 대위 지휘)는 은진에서 합류하였고, 11월 22일 중로분진대·서로분진대는 은진을 출발하여 전라도 삼례로 진출(「미나미 고시로 문서」, 『신국총』 5, 78쪽; 「주한일본공사관기록」, 6, 65쪽)

◆11월 25일. 원평 전투. 농민군 수만 명이 구미란 뒷산 고지에서 진지를 구축하고 3면에 품자 모양의 진을 펼쳤다. 일본군 1대와 교도병 1대가 들판에서 공격을 하였다. 손시(8시 30분~9시 30분)부터 신시(오후 3시~5시)에 이르기까지 약 7시간의 전투로 일본군과 관군의 공격으로 농민군이 무너졌는데 일본군

◆11월 17일. 동도의 거괴(巨魁) 임원갑(林元甲)과 한가(韓哥)를 11월 17일 공주 신하면 봉암에 사는 조석구(曹錫九)가 체포(「순무선봉진등록」, 『국총』 2, 201쪽)

◆11월 20일. 갑사의 농민군이 통위영 좌3소대의 갑사 점령에 의해서 해산(「순무선봉진등록」, 『국총』 2, 224쪽)

◆날짜 미상. 공주 산내면(山內面) 부사리(夫沙里)에 사는 정용업(鄭容業)은 금산 침범을 도모하였는데, 피신하여 잡지 못함(「의산유고」, 『국총』 6, 150쪽)

과 관군은 사상자는 없다.(「순무선봉진등록」,『국총』2, 243~244쪽)

◆ 11월 27일. 태인 전투. 전봉준 등 8천여 명의 농민군이 태인의 진산인 성황산(높이 125미터)·한가산·도리산의 아홉 봉우리에 진을 치고 방어전투를 치렀다. 일본군 60명과 관군 장위영병 230명이 산 위의 농민군을 공격하였다. 오전 10시경부터 오후 8시경까지 약 10시간의 선투로 농민군이 패배하였고 일본군과 관군 사상자는 없다.(「양호우선봉일기」,『국총』7, 131쪽;「순무선봉진등록」,『국총』2, 259~260쪽.「순무선봉진등록」에는 참전 일본 병사가 40명)

◆ 11월 27일. 황해도의 재령·신천·문화·장연·옹진·강령에서 총동원된 동학농민군 3만여 명이 해주성을 다시 공격하였으나 일본군이 개입하면서 실패(「황해도동학당정토략기」,『국총』4, 504~505쪽;「갑오해영비요전말」,『국총』4, 537~538쪽)

◆ 12월 10일. 후비19대대 본대 나주 입성. 이후 36일(12월 10일~95년 1월 15일) 동안 후비19대대 미나미 대대장은 전라도 서남해안지역 농민군 진압·학살을 지휘. 여기에는 후비19대대, 장위영, 통위영, 교도중대, 재부산 후비보병 제10연대 제4중대, 소코(操江)함, 쓰쿠바(筑波)함이 농민군 진압 작전에 참가.

◆ 12월 12일~13일. 영동 용산 전투. 태인 전투(11월 27일) 이후 백두대간을 따라 북상하던 북접 농민군 7~8만 명이 영동 용산 장터에서 경리청(經理廳) 군사 700여 명, 청주 충청병영 병사 180명, 박정빈의 유생의병 30명과 전투하여 북접 농민군이 승리하여 관군 3명 사망, 3명 행방불명(「순무선봉진등록」,『국총』2, 332~333쪽;「순무사정보첩」,『국총』1, 402~403쪽;「갑오군정실기」7·8·9·10, 156~158쪽)

◆ 12월 17일~18일. 북접 농민군의 보은 북실 전투(「소모일기」,『국총』3, 463~466쪽;『주한일본공사관기록』6, 9~10, 68~70쪽;「갑오군정실기」7·8·9·10, 205~209쪽)

◆ 12월 22일. 장호원과 음성 사이에서 가흥에서 파견한 정찰대와 제16대대 石森 중대의 지대가 농민군 수백 명의 내습에 따라 전투가 일어나 농민군 수

십 명이 죽고, 일본군 1명이 부상당함(『주한일본공사
관기록』 6, 16~17쪽)
◆ 12월 24일. 북접 농민군의 충주 외서촌(음성 되자
니) 전투(『천도교회사 초고』, 『동학사상자료집』 1, 470쪽;
「천도교창건사」, 『동학사상자료집』 2, 157쪽; 「이종훈 약
력」, 『신국총』 1, 138쪽(12월 29일로 기록됨))
◆ 12월 27일. 도순무영 철폐(「선봉진일기」, 『국총』 1,
298쪽; 「갑오실기」, 『국총』 9, 98쪽)

1895년 전국

◆ 1월 16일 후비19대대가 전라도 서남해안지역 농
민군 진압을 끝내고 나주에서 용산으로 출발(「미나미
고시로 문서」, 『신국총』 5, 85쪽)
◆ 1월 24일 대둔산 전투(『주한일본공사관기록』 6,
71~73쪽; 「양호우선봉일기」, 『국총』 7, 297~301쪽)
◆ 2월 27일(양력 3월 23일) 일본군 평후 제도 상륙
◆ 3월 23일(양력 4월 17일) 청일 강화조약 조인
◆ 3월 29일(양력 4월 23일) 삼국간섭(러시아·독일·프
랑스 삼국, 대일 간섭)
◆ 5월 25일(양력) 대만 민주국이 성립을 선언
◆ 5월 29일(양력) 일본군 대만 북부에 상륙
◆ 11월 18일(양력) 일본이 설치한 대만총독부에서
대만 평정을 대본영에 보고

1896년 전국

◆ 4월 1일(양력) 일본 대본영 해산

1. 자료

① 사료집

『東學亂記錄』上·下

『東學農民戰爭史料叢書』1~29권

『東學思想資料集』1~3권

『韓國學資料叢書(九) 東學農民運動篇』(한국정신문화연구원, 1996)

『동학농민혁명 국역총서』1~13권

『동학농민혁명 신국역총서』1~14권

② 일반 자료

『공주 우금치 전적 종합정비계획』, 공주시·충남역사문화연구원, 2017.

국사편찬위원회, 『신편 한국사』39, 탐구당, 1999.

동학농민혁명참여자명예회복심의위원회, 『동학농민혁명사 일지』, 2006.

오지영, 『東學史』(초고본), 『東學農民戰爭史料叢書』1, 1996.

오지영, 『東學史』, 영창서관, 1940(『東學思想資料集』2, 아세아문화사, 1979).

육군군사연구소, 『청일전쟁』, 2014.

이병헌 편저, 『三一運動祕史』, 시사시보사출판국, 단기 4292(1959).

『이홍장전집』(『동학농민혁명 신국역총서』9)

Gustave Charles Marie Mutel 지음, 한국교회사연구소 역주, 『뮈텔 주교 일기 1(1890~1895)』, 한국교회사연구소, 1986.

菊池謙讓, 『近代朝鮮史(下卷)』, 鷄鳴社, 1938.

『21세기 정치학대사전』

『한국민족문화대백과사전』

③ 관변 측 자료

「各陣將卒成册」

「갑오군정실기」

「甲午實記」

「公山剿匪記」(『東學農民戰爭史料叢書』2)

구상회 번역,「公山剿匪記」,『숨쉬는 우금티 동학농민전쟁 전적지 안내』, 우금티동학
　　　농민전쟁 100주년 기념사업회, 1994.

「錦藩集略」

「남정록」(『東學農民戰爭史料叢書』17)

구상회 번역,「남정록」

신복룡 校註,「남정록」,『한국학보』제74집(제20권 1호), 1994.

「東徒問辨」

「東匪討錄」

「沔陽行遣日記」

「慕忠祠實記」(「慕忠祠 戰亡將卒氏名錄」)

「先鋒陣上巡撫使書附雜記」

「先鋒陣書目」

「先鋒陣日記」

「先鋒陣傳令各陣」

「先鋒陣呈報牒」

「宣諭榜文竝東徒上書所志謄書」

「召募日記」

「巡撫使各陣傳令」

「巡撫使呈報牒」

「巡撫先鋒陣謄錄」

「兩湖右先鋒日記」

「兩湖電記」

「兩湖招討謄錄」

「義山遺稿」

「李圭泰往復書竝墓誌銘」

「日本士官函謄」

「狀啓」

「全琫準供草」

「札移電存案」

「聚語」

「洪陽紀事」

「興宣大院君 曉諭東學徒文」

④ 동학 및 천도교 측 자료

「大先生事蹟」(『韓國學資料叢書(九) 東學農民運動篇』, 한국정신문화연구원, 1996)

「海月文集」(『韓國學資料叢書(九) 東學農民運動篇』, 한국정신문화연구원, 1996)

「甲午東學亂」

「均菴丈林東豪氏略歷」

「金洛喆歷史」

「東學道宗繹史」

「本教歷史」

「侍天教宗繹史」

「李鍾勳略歷」

「天道教書」

「天道教創建史」

「天道教會史 草稿」

起田(김기전), 「慶州聖地拜觀實記」, 『新人間』 제15호, 1927년 8월.

小春(김기전), 「大神師收養女인 八十老人과의 問答」, 『新人間』 제16호, 1927년 9월.

洪鍾植 口演, 春坡 記, 「七十年史上의 最大活劇 東學亂實話」, 『新人間』 제34호, 1929
　　　년 4월.

박맹수 옮김, 『동경대전』, 지식을만드는지식, 2012.

윤석산 주해, 『용담유사』, 동학사, 1999.

윤석산 역주, 『도원기서』, 모시는사람들, 2020.

⑤ 儒生 측 자료

「甲午記事」

「甲午動亂錄」

「甲午斥邪錄」

「羅巖隨錄」

「南游隨錄」

「白石書牘」

「時聞記」

「略史」

「嶺上日記」

「歲藏年錄」

「避難錄」

황현 지음·김종익 옮김, 『오하기문』, 역사비평사, 1994.

황현 지음·김종익 옮김, 『오동나무 아래에서 역사를 기록하다』, 역사비평사, 2016.

⑥ 일본 측 자료

박맹수 역, 『메이지 27(1894)년 일청교전 종군일지(明治二十七年日淸交戰從軍日誌)』

한국정신문화연구원 근현대사자료팀 편, 『동학농민전쟁관계자료집』 I, 도서출판선
　　　인, 2000.

『明治二十七八年日淸戰史』 8권, 「병참부의 변천」

「미나미 고시로 문서(南小四郎文書)」 (『동학농민혁명 신국역총서』 5)

『駐韓日本公使館記錄』

「暴民東學黨」(『동학농민혁명 신국역총서』 14)

「黃海道東學黨征討略記」

⑦ 공주지역 地誌 관련 자료

『公山誌』

『大東地志』

『三國史記』

『三國遺事』

『輿地圖書』

『公州市誌』 上·下, 공주시지편찬위원회, 2002.

『공주시 지명 변천 약사』, 공주시, 2007.

『공주의 역사와 문화』, 공주대학교박물관·공주시, 1995.

『공주의 지리지·읍지』, 공주문화원, 2001.

『공주지명지』, 공주대학교지역개발연구소·충청남도·공주시, 1997.

『공주의 충·효·열 유적』, 공주문화원, 2000.

『충청감영 400년』, 공주시·충남발전연구원, 2003.

임헌도, 『한국전설대관』, 정연사, 1973.

장길수, 『공주의 땅이름 이야기』, 공주문화원, 2016.

「해동지도」 공주목 지도

「1914년 1:50,000 지도, 《公州》」(朝鮮總督府)

「1914년 1:50,000 지도, 《廣亭里》」(朝鮮總督府)

「1915년 1:50,000 지도, 《論山》」(朝鮮總督府)

「1914년 1:50,000 지도, 《扶餘》」(朝鮮總督府)

「1915년 1:50,000 지도, 《儒城》」(朝鮮總督府)

「고려대학교 민족문화연구원 조선시대 전자문화지도 시스템, 조선 후기 행정 구역」

2. 연구 논저

한국역사연구회, 『1894년 농민전쟁연구』(1~5권), 역사비평사, 1991~2003.

강재언, 『신편 한국근대사연구』, 한울, 1982.

金庠基, 『동학과 동학난』, 한국일보사, 1975.

金祥起, 『한말의병연구』, 일조각, 1997.

김용옥, 『도올심득 동경대전(1)』, 통나무, 2004.

동학농민혁명기념사업회 편, 『동학농민혁명의 동아시아적 의미』, 서경문화사, 2002.

박광수, 『한국신종교의 사상과 종교문화』, 집문당, 2012.

박광수 외, 『한국 신종교 지형과 문화』, 집문당, 2015.

박광수 외, 『한국 신종교의 사회운동사적 조명』, 집문당, 2017.

박맹수, 『사료로 보는 동학과 동학농민혁명』, 모시는사람들, 2009.

_____, 『개벽의 꿈, 동아시아를 꿈꾸다』, 모시는사람들, 2012.

_____, 『생명의 눈으로 보는 동학』, 모시는사람들, 2014.

박맹수·정선원, 『공주와 동학농민혁명』, 모시는사람들, 2015.(초판 2005년)

박성수 주해, 『저상일월(渚上日月)』, 민속원, 2003.

박종근 저·박영재 역, 『청일전쟁과 조선』, 일조각, 1989.

송기숙, 『녹두꽃이 떨어지면』, 한길사, 1985.

신용하, 『신판 동학과 갑오농민전쟁 연구』, 일조각, 2016.

신일철, 『동학사상의 이해』, 사회비평사, 1995.

역사문제연구소 동학농민전쟁 100주년 기념사업추진위원회, 『동학농민전쟁 역사기
       행』, 여강출판사, 1993.

우윤, 『전봉준과 갑오농민전쟁』, 창작과비평사, 1993.

원광대학교 원불교사상연구원 편, 『근대 한국 개벽종교를 공공하다』, 모시는사람들,
       2018.

유병덕 편, 『동학·천도교』, 敎文社, 1993.

윤석산, 『동학교조 수운 최제우』, 모시는사람들, 2014.

_____, 『일하는 한울님, 해월 최시형의 삶과 사상』, 모시는사람들, 2014.

이이화, 『파랑새는 산을 넘고』, 김영사, 2008.

_____, 『이이화의 동학농민혁명사』 1~3권, 교유당, 2020.

임형진, 『동학의 정치사상』, 모시는사람들, 2004.

장영민, 『동학의 정치사회운동』, 경인문화사, 2004.

조동일, 『동학성립과 이야기』, 모시는사람들, 2011.

표영삼, 『동학』 1~2, 통나무, 2004/2005.

_____, 『표영삼의 동학 이야기』, 모시는사람들, 2014.

한국종교연구회, 『한국 종교문화사 강의』, 청년사, 1998.

한우근, 『동학농민봉기』, 세종대왕기념사업회, 1976.

황선희, 『동학·천도교 역사의 재조명』, 모시는사람들, 2009.

나카츠카 아키라 지음·박맹수 옮김, 『1894년, 경복궁을 점령하라!』, 푸른역사, 2002.

나카츠카 아키라 지음·박맹수 옮김, 『'일본의 양심'이 보는 현대 일본의 역사 인식』,
      모시는사람들, 2014.

나카츠카 아키라·이노우에 가쓰오·박맹수 지음, 한혜인 옮김, 『동학농민전쟁과 일
      본』, 모시는사람들, 2014.

오타니 다다시 지음·이재우 옮김, 『청일전쟁, 국민의 탄생』, 오월의봄, 2018.

이노우에 가쓰오 지음·동선희 옮김, 『메이지 일본의 식민지 지배』, 어문학사, 2014.

후지무라 미치오 지음·허남린 옮김, 『청일전쟁』, 소화, 1997.

3. 연구 논문

강효숙, 「황해·평안도의 제2차 동학농민전쟁」, 『한국근현대사연구』 47, 2008.

_____, 「동학농민전쟁과 조청일전쟁」, 『청일전쟁·동학농민혁명과 21세기 동아시아
      미래 전망』(자료집), 2014.

_____, 「일본군 제19대대 동로군, 제18대대, 원산수비대의 강원도 농민군 탄압」, 『동
      학학보』 37, 2015.

구태환, 「최제우와 동학사상」, 『처음 읽는 한국 현대철학』, 동녘, 2015.

김연희, 「고종 시대 근대 통신망 구축 사업」, 서울대대학원 박사학위논문, 2006.

김학로, 「당진지역 동학농민혁명의 양상과 승전목전투」, 『당진에서 본 동학농민혁명』, 당진문화원, 2015.

박균섭, 「동학사상 연구사 검토: 하늘, 사람, 교육」, 『탈경계인문학』 13-2(28집), 이화인문과학원, 2020.

박맹수, 「동학농민전쟁과 공주전투」, 『백제문화』 23, 공주대학교 백제문화연구소, 1994.

_____, 「최시형 연구: 주요활동과 사상을 중심으로」, 한국정신문화연구원 한국학대학원 박사학위논문, 1996.

_____, 「동학농민전쟁기 일본군의 무기」, 『한국근대사연구』 여름호 제17집, 2001.

_____, 「동학농민혁명기 충청도 공주지역 농민군의 동향: 새로 발굴된 사료를 중심으로」, 『사료로 보는 동학과 동학농민혁명』, 모시는사람들, 2009.

_____, 「한국 근대 민중종교와 비서구적 근대의 길」, 『개벽의 꿈, 동아시아를 꿈꾸다』, 모시는사람들, 2012.

_____, 「동학농민혁명과 우금티 전투」, 『개벽의 꿈, 동아시아를 꿈꾸다』.

_____, 「동학농민혁명기 해월 최시형의 활동」, 『개벽의 꿈, 동아시아를 꿈꾸다』.

_____, 「동학농민혁명기 일본군의 정보 수집 활동」, 『개벽의 꿈, 동아시아를 꿈꾸다』.

_____, 「동학의 남·북접 대립설에 대한 재검토」, 『개벽의 꿈, 동아시아를 꿈꾸다』.

_____, 「동학계 종교운동의 역사적 전개와 사상의 시대적 변화」, 『한국 신종교 지형과 문화』, 집문당, 2015.

_____, 「동학계 신종교의 사회운동사」, 『한국 신종교의 사회운동사적 조명』, 집문당, 2017

_____, 「전봉준의 평화사상」, 『통일과 평화』 9-1, 2017.

_____, 「제2차 동학농민혁명 시기 연산전투에 관한 일본측 자료 검토」, 『한국독립운동사연구』 72, 2020.

박맹수·조성환, 「전봉준의 동학사상」, 『한국종교』 53, 2022.

박진홍, 「청일전쟁기 조일 간의 군사 관계」, 『한국근대사연구』 79, 2016.

_____, 「1894년 일본군의 전라도 전신선 가설계획과 그 의미」, 『강원도와 북한 지역

TM의 동학농민혁명』(자료집), 동학농민혁명기념재단, 2018.

박찬승, 「1894년 농민전쟁의 주체와 농민군의 지향」, 『1894년 농민전쟁연구』 5, 역사
　　　비평사, 2003.

서영희, 「1894년 농민전쟁의 2차봉기」, 『1894년 농민전쟁연구』 4, 역사비평사, 1995.

성강현, 「의암성사와 우금티전투」, 『신인간』 제735호, 2011.

송찬섭, 「황해도농민전쟁의 전개와 성격」, 『동학농민혁명의 지역적 전개와 사회변
　　　동』, 새길, 2011.

신순철, 「동학농민혁명의 역사상과 강원도 홍천」, 『강원도 홍천 동학농민혁명』, 모시
　　　는사람들, 2016.

신영우, 「북접 농민군의 공주 우금치·연산·원평·태인전투」, 『한국사연구』 154,
　　　2011.

_____, 「북접농민군의 충청도 귀환과 영동 용산전투」, 『동학학보』 24, 동학학회,
　　　2012.

_____, 「성두한과 충북 북부 지역 동학농민군의 활동」, 『갑오군정실기(甲午軍政實記)
　　　를 통해 본 동학농민혁명의 재인식』(자료집), 2016.

신항수, 「19세기 전후 남인의 학풍과 최옥」, 『동학학보』 7, 2004.

안현수, 「한국 사상사와 동학사상의 재음미」, 『대동철학』 제24집, 2004.

양진석, 「충청지역 농민전쟁의 전개 양상」, 『백제문화』 23, 공주대학교 백제문화연구
　　　소, 1994.

_____, 「1894년 충청도 지역의 농민전쟁」, 『1894년 농민전쟁연구』 4, 1995.

왕현종, 「조선 정부의 농민군 진압 지휘체계와 진압 과정」, 『갑오군정실기(甲午軍政實
　　　記)를 통해 본 동학농민혁명의 재인식』, 2016.

오문환, 「동학사상의 연구현황」, 『동학학보』 3, 동학학회, 2002.

위의환, 「장흥의 동학농민혁명과 석대들 전투의 전개과정」, 『전투로 살펴 본 동학농
　　　민혁명』(자료집), (사)동학농민혁명계승사업회·동학역사문화연구소, 2020.

유바다, 「동학농민전쟁과 갑오개혁에 대한 시민혁명적 관점의 분석」, 『동학학보』 58,
　　　2021.

이병규, 「금산(錦山)·진산(珍山) 지역의 동학농민혁명 연구」, 원광대학교사학과 박사

학위논문, 2003.

이상면, 「호서동학군의 결성과 공주 출정」, 『동학학보』 48, 2018.

이영호, 「『갑오군정실기』를 통해 본 황해도 동학군의 해주성 점령」, 『갑오군정실기 (甲午軍政實記)를 통해 본 동학농민혁명의 재인식』, 2016.

이이화, 「(집중분재 전봉준과 동학농민전쟁) ③전봉준, 반제의 봉화 높이 들다」, 『역사비 평』 11, 1990 여름.

이진영, 「전봉준·김개남의 정치적 지향과 전략」, 『동학농민혁명과 농민군 지도부의 성격』, 서경문화사, 1997.

장수덕, 「내포지역 동학농민전쟁 연구」, 공주대학교역사교육학과 박사학위논문, 2020.

정근식, 「전쟁박물관에서 다시 보는 동학농민혁명과 청일전쟁: 1894년 동북아시아전 쟁의 개념화를 위하여」, 『아시아리뷰』 제4권 제1호, 2014.

정선원, 「1894년 동학농민혁명의 공주전투 시기 남접과 북접농민군의 동향」, 『동학 학보』 56, 동학학회, 2020.

정용서, 「천도교의 '교정일치'론과 현실 참여」, 『인문과학 연구논총』 제37권 3호, 2016.

정은경, 「1894년 황해도·강원도지역의 농민전쟁」, 『1894년 농민전쟁연구』 4, 역사비 평사, 1995.

정창렬, 「갑오농민전쟁연구: 전봉준의 사상과 행동을 중심으로」, 연세대학교사학과 박사학위 논문, 1991.

정향옥, 「원불교 개벽사상의 역사적 전개와 특징」, 원광대학교불교학과 박사학위논 문, 2015.

조성환, 「동학이 그린 공공세계」, 『근대 한국 개벽종교를 공공하다』, 모시는사람들, 2018.

_____, 「한국에서의 전통사상의 근대화: 동학을 중심으로」, 『한일전통사상의 근대 화 과정과 비판적 성찰』(원광대학교 종교문제연구소 50주년기념 한일국제 학술대회 자료집), 2017.

조성환·이우진, 「ᄒᆞᄂᆞᆯ님에서 한울님으로: 동학·천도교에서의 천명(天名)의 변화」,

『대동철학』 100, 2022.

지수걸, 「호서 지역 동학농민운동의 성격과 의미」, 『충남지역 동학농민혁명 교육자
　　　료집』, 충청남도교육청, 2017.

최덕수, 「동학 농민군의 공주전투」, 『滄海 朴秉國 교수 정년기념 사학논총』, 1994.

이노우에 가쓰오, 「일본군에 의한 최초의 동아시아 민중학살」, 『동학농민혁명의 동
　　　아시아적 의미』, 서경문화사, 2002.

＿＿＿＿＿＿＿＿ ＿, 「일본군의 동학농민 섬멸 작전에 대한 조사로부터 동아시아의 미
　　　래로」 『동학농민혁명 평화·화해·상생의 시대를 열다』(자료집), 동학농민혁명
　　　기념재단·전국동학농민혁명유족회·천도교, 2014.

＿＿＿＿＿＿＿＿, 「일본군, 동학농민군 섬멸 작전의 사실」, 『청일전쟁·동학농민혁
　　　명과 21세기 동아시아 미래 전망』(자료집), 동북아역사재단·한국사연구회,
　　　2014.

＿＿＿＿＿＿＿＿, 「동학농민군 항일봉기와 일본군 토멸작전의 사실(史實)을 찾아서:
　　　장흥전투를 중심으로」, 『나주동학농민혁명 재조명과 세계시민적 공공성구
　　　축』(2020년 나주동학농민혁명 한·일학술대회 자료집), 주최 나주시/주관 원광대학
　　　교 원불교사상연구원, 2020.

＿＿＿＿＿＿＿＿, 「미나미 코시로 대대장과 병사들, 그리고 일본군 대본영과 정부」,
　　　『나주동학농민혁명의 세계사적 의의와 시민사회로의 확산』(2021년 나주 동학
　　　농민혁명 한·일학술대회 자료집), 주최 나주시/주관 원광대학교 원불교사상연구
　　　원, 2021.

찾아보기

금강 98
기포령 114
김기창 103
김윤식 50

【ㄱ】

가섭사 85
강채서 104, 106
강화조약 125
개벽 64
견준산 146
경전 간행 83
공경 45
『공산지』 81
공주 18, 27, 31, 75, 76, 87
공주 대회전 102
공주목 81
공주바깥산줄기 145
공주전투 17, 18, 21, 28, 31, 78, 79, 103,
        104, 144
공주접 99
교리문답 84
교정일치론 65
교조신원운동 87, 88, 91
구완희 101
구전 30
국제법 135
군용전신선 132
군자 55
근대적 군사력 131

【ㄴ】

나카츠카 아키라 21, 27
남계천 86
남접 18, 126, 128
「내수도문」 49
노비해방 49
농민군 18, 19, 98, 103, 104, 126, 128, 139
농민봉기 93
능티 145, 146

【ㄷ】

다시개벽 65
대종교 65
도 73
도순무영 139
도인 53
『동경대전』 44, 61, 83
동귀일체 67
동학 35, 37, 39, 55, 73
동학교단 40
동학농민군 113
동학농민군 진압 139
동학농민혁명 17, 35, 41, 42
동학농민혁명 100주년 19
동학농민혁명 공주전투 관련 논문 23
동학농민혁명 공주전투 관련 연구서 22

동학농민혁명사 19
『동학도종역사』 90
동학사상 42, 43, 63
동학의 생명평화 사상 60
동학 접주 41
두리봉 147

【ㅁ】

마음공부 46
마음수련 45
메이지 유신 121
명기 106
무라다 소총 131
「무장포고문」 60
미나미 131, 132
미나미 고시로 130
민족자주사상 68
민중 대학살 137

【ㅂ】

박맹수 21, 27
박인호 83
박화춘 104, 106
반송접 99
반침략 73
보국안민 63
보국안민사상 60
보은취회 71, 89
봉화대 146
봉황산 150
북접 18, 126, 128

비밀 활동 107

【ㅅ】

사인여천 48
사회적 실천 운동 54
삼례 68
상서 100
생명사상 57, 58
생명평화사상 57
「서계」 39
서학 72
설장률 107, 108
성신쌍전론 65
성환 전투 124
소법헌 108
속령화 138
손병희 65, 83
송두석 109
송보여 83
송장배미 산자락 147
스나이더 소총 131
시천주 44, 54, 56
신념체계 73
신분제 철폐 운동 46
신분 해방 51, 53
신분 해방 사상 46

【ㅇ】

『여지도서』 78
연미봉 150
영부 45

영해교조신원운동 49
오만년 68
오만년수운대의 68
오실 산자락 147
옥녀봉 148
『용담유사』 44
우금티 145, 146
우금티전투 104
우영장 81
운요호 121
운요호 사건 121
원불교 65
육임제 83
윤상오 82, 85, 86, 98
은신 84
이기동 81
이노우에 138
이노우에 가쓰오 27
이두황 51
이유상 103
이인민회소 95
이인역 78
이인전투 103
인간의 실천 66
일본군 121, 123, 124
일본군 구축 126, 127
임기준 95, 98, 100
임원갑 110

【ㅈ】

장준환 107

재기포 68
저미가 123
전봉준 62, 63, 126
『전봉준공초』 62, 69
전원 학살 명령 129, 132
접장 53
접주 54
정보 수집 132
정성 45
정용업 110
제2차 공주취회 90
조석구 110
조선군 지휘권 장악 137
조선 사회 38
조선 왕궁 점령 121, 123
조선 왕궁 점령 사건 94
「조선육도」 131
「조선전도」 131
종교체험 39
좌도난정 38
『주한일본공사관기록』 95
증산교 65
지명석 108
지삼석 107
지상신선 55
지상천국 67
집회 98

【ㅊ】

척왜 69
척왜양 71, 72, 73

척왜양·반침략 69

척왜양운동 71

척왜양창의 71

천도교 65

청군 124

청일전쟁 121, 122, 123, 124

체포 107

최명기 104

최성록 110

최시형 40, 41, 65, 82, 83, 84, 114, 116

최옥 37

최윤신 110

최접사 109

최제우 37, 38, 45, 65, 66

최판석 108

충청감사 90

침략 외교 121

【ㅌ】

통문 114

【ㅍ】

파병 124

평양 전투 124

평화사상 57

포교 41, 84

표영삼 27

풍도 해전 124

【ㅎ】

학살 18, 132

학살 명령 135

한가 110

〈한일 시민이 함께하는, 동학농민군 역사
　　　를 찾아가는 여행〉 21

항일 69

항일 봉기 126

『해월신사법설』 48

향봉 148

호남우도편의장 86

호남좌도편의장 86

홍계훈 114

황해 해전 124

효유문 100

효포 146

효포봉 150

후비19대대 129, 130, 131, 132

후비보병 독립 제19대대 18

후천개벽 65

후천개벽사상 64, 65, 66

훈령 137

흥선대원군 138

【기타】

1차 봉기 113

2차 봉기 68

4개조 약속 58

4월 기포 116

4월 기포령 113

12개조 군율 58, 59